자기 앎의 탐구

― 로너건 사상에 대한 하나의 시도 ―

자기 앎의 탐구

– 로너건 사상에 대한 하나의 시도 –

조지프 플래너건 지음

김재영 옮김
이숙희

서광사

이 책은 Joseph Flanagan의 *Quest for Self-Knowledge: An Essay in Lonergan's Philosophy* (University of Toronto Press, 1997)를 완역한 것이다.

자기 앎의 탐구
− 로너건 사상에 대한 하나의 시도 −

조지프 플래너건 지음
김재영
이숙희 옮김

펴낸이 | 김신혁, 이숙
펴낸곳 | 도서출판 서광사
출판등록일 | 1977. 6. 30.
출판등록번호 | 제 406−2006−000010호

(413−756) 경기도 파주시 교하읍 문발리 534−1
Tel: (031) 955−4331 | Fax: (031) 955−4336
E-mail: phil6161@chol.com
http://www.seokwangsa.co.kr | http://www.seokwangsa.kr

제1판 제1쇄 펴낸날 · 2014년 5월 30일

ISBN 978−89−306−2352−0 93200

종교학과 신학 그리고 철학을 함께 아우를 수 있는 캐나다 태생의 사상가는 윌프레드 켄트웰 스미스(Wilfred Cantwell Smith, 1916-2000), 버나드 로너건(Bernard Lonergan, 1904-1984), 그리고 찰스 테일러(Charles Taylor, 1931-)가 대표적이다. 스미스와 테일러의 연구는 한국의 학계 특히 종교학이나 철학 분야에서 많이 알려져 있고 핵심 저술들도 번역되어 있어서 접근하기가 쉽다. 그러나 로너건의 연구는 종교학과 철학 방법(method)과 관련한 새로운 관점을 보여 주고 있지만 신학 분야에서 이름 정도만 기억하고 있을 뿐이다. 어느 곳보다도 빨리 새로운 연구가 소개되고 있는 것이 한국 학계의 일반적인 상황이지만 로너건의 경우는 예외로 남아 있다. 폭과 깊이에 있어서 어떤 사상가 못지않은 독창성을 드러내 주고 있는 사상가이지만, 그의 사상은 몇몇 연구자들을 제외하고 전체 맥락 안에서 아직까지 제대로 소개되어 있지 못한 실정이다.

　로너건의 연구가 전체적으로 소개되어 있지 못한 문제가 여러 가지로 지적될 수 있겠지만 가장 큰 이유는 로너건의 핵심 저술이 지니고 있는 가독성 때문이다. 로너건의 방대한 저술 중에서 핵심은 그의 독창적인 사상이 전체적으로 구체화되어 있는 『통찰: 인간 이해에 대한 연구』와 그 논의를

---

* 　이 글은 『신학과 철학』 제19호(2011 가을) 서평 기고문을 토대로 하여 수정 보완한 글이다.

토대로 그의 사상을 완결하려 했던『신학 방법』이다.¹⁾ 로너건 사상을 연구
하려는 사람들은 우선적으로 이 두 저술을 정독해야 한다. 그러나 그 저술
들을 이해하면서 읽어 나가는 것은 쉽지 않다. 처음에 그 책들을 읽게 되면
한 문장도 제대로 파악할 수 없어서 처음의 다짐은 수포로 돌아가고 책읽
기를 포기하게 되는 경우가 흔하다.『신학 방법』은 그래도 연구자들이 접근
할 수 있지만『통찰』은 접근하기가 만만치 않다. 거의 900페이지에 이르는
방대한 분량 때문이기도 하지만 처음부터 수학적이고 과학적인 용어들이
나열되어 있어서 전문용어에 익숙하지 않은 연구자들은 읽어도 무슨 내용
인지를 파악하기가 쉽지 않다. 계속해서 읽는다고 하더라도 그 책을 읽는
독자 내면의 움직임에 대한 또 다른 "읽기"를 주장하고 있어서 그의 주장에
익숙하지 않은 독자가 그 의미를 전체적으로 파악해 들어간다는 것은 쉽지
않다.

　최고의 로너건 연구자들 중에서도 이런 경험을 공통적으로 갖고 있지 않
은 연구자는 거의 없다. 대부분의 연구자들은 로너건의 핵심 저술과 관련
되어서 어려움에 직면한 경험을 지니고 있다. 어떤 연구자들은 로너건의
핵심 저술을 몇 번이나 완독하려고 시도하였지만 그렇게 하지 못하고 단지
간혹 깊게 다가오는 몇 개의 핵심 단어나 문장을 평생 화두로 삼고 연구하
기도 하였다. 우리에게 신비주의 연구와 관련해서 많이 소개되어 있는 윌
리엄 존스턴(William Johnston)이 대표적인 경우이다. 존스턴은 열 번 이
상『통찰』을 독파하려고 시도하였지만 한 번도 완독하지 못하였다.²⁾ 대신

---

1)　옮긴이 주: 로너건은 모든 학문에 적용할 수 있는 문화를 초월한 보편적 방법을 인간
의 의식 활동인 인지 이론과 연결시키려고 하였다. 그래서 그는 그러한 방법의 토대를
『통찰: 인간 이해에 대한 연구』를 통해서 밝혀냈다. 그런 다음 그는 자신의 인지이론을
토대로 신학, 교육, 그리고 경제학 등 다양한 학문 분야로 그의 연구방법을 확장했다.
그러므로 로너건이 그의 후기 핵심 저술을 "신학 방법"이라고 이름을 붙였다고 해서 단
순히 신학에만 국한된 연구가 아니다. 그의 후기 저술은 다른 학문 분야에서도 적용할
수 있는 인간의 의식 활동에 뿌리를 둔 보편적 방법을 하나의 범례로 보여 주고 있다고
할 수 있다.

에 존스턴은 "신앙은 사랑 안에 빠져 있는 지식"이라는 로너건의 유명한 구절을 평생 화두로 삼아서 자신의 신비주의를 연구하기 위한 근본적 관점 또는 하나의 방법론으로까지 확장하였다. 그럼에도 로너건은 존스턴이 자신의 사상을 깊이 체득하고 있다고 생각하여서 동서양의 종교 간의 대화와 관련된 연구를 언급할 때 존스턴의 연구를 늘 지적하였다. 더 나아가 로너건은 그의 사상의 결론적 스케치라고 할 수 있는『신학 방법』에서도 존스턴의 신비주의 연구를 핵심 각주로 달고 있다.

　로너건의 저술이 지니고 있는 어려움 때문에 로너건 연구자들은 좀 더 쉽게 나름대로 정리해 놓은 글의 출판이 시급한 문제임을 인식하고 있었다. 그래서 1980년경부터 로너건의 사상을 깊게 이해하기 시작한 연구자들은 다양한 소개서들을 출판하기 시작하였다. 그러나 대부분의 연구서들은 로너건 사상의 특정부분 중심으로 요약되어 있어서 그의 사상 전체를 살펴보는 데 한계가 있었다. 이런 상황에서 1997년에 토론토대학교 로너건 연구서의 시리즈 중의 하나로 출판된 조지프 플래너건의『자기 앎의 탐구』는 로너건의 사상을 전체적으로 살펴볼 수 있도록 인도해 주는 이정표가 되었다.

　『자기 앎의 탐구』는 로너건의 사상을 정리한 다른 저작들과 달리 크게 다음 네 가지 측면에서 의의를 지닌다. 그러한 의의를 명심하면서 이 책을 읽어 나가면 로너건 사상의 전체 조감도를 이해하는 데 좋은 지침이 되리라고 생각한다.

　첫째, 이 책은 저자가 예수회원으로 평생 연구한 로너건 사상의 결과물이다. 단순히 로너건 사상을 잠시 연구하는 과정에서 나온 하나의 저술이 아니다. 이 책의 저자인 플래너건이 로너건의 사상을 본격적으로 연구하기 시작한 것은 1960년대부터이다. 저자가 생전에 책을 출판한 것은 이 책이

---

2)　옮긴이 주: 존스턴은 몇 년 전에 서강대학교 종교연구소 주최로 신비주의 국제학술대회에서 발표할 때 로너건의 저술에 대한 자신의 경험을 역자에게 들려주었다.

전부였다. 그러니까 이 책에는 저자가 거의 37년을 로너건 사상을 연구한 결과를 정리한 글이 담겨 있다고 할 수 있다. 저자가 학문적 유혹과 타협이 여러 가지로 많이 있었을 텐데도 평생 오직 로너건 연구에만 헌신하였음을 깨닫게 되면 놀라움과 숙연함을 느끼게 된다. 그러므로 이 책은 단순한 연구도서라기보다는 연구자로서의 저자의 삶이 온전히 녹아 있는 산물이다. 바로 이러한 오랜 기간 동안의 연구 덕분에 저자는 로너건의 『통찰』의 중심 내용을 기초로 해서 로너건의 사상의 핵심 주제들을 통찰, 자기 발견 체계, 상식, 물(物)들의 세계질서, 자기 확증적 지자, 형이상학, 윤리학, 그리고 종교로 분류해서 정리할 수 있었다.

둘째, 이 책은 로너건의 사상을 통합적으로 정리하는 데 그친 것이 아니라 이 책을 읽는 독자 스스로 로너건의 사상을 내면적으로 경험해 볼 수 있도록 끊임없이 "여러분"이나 "당신"이라는 호칭을 사용해서 독자를 초대하고 있다는 점이다. 로너건의 사상을 직접 경험하지 않고 단순히 지식적으로 이해하는 것은 의미가 없다는 것이다. 저자는 독자가 이 책을 읽어 가는 과정 동안에 독자 자신의 의식 안에서 경험, 이해, 판단 그리고 결정의 차원으로 계속 분화되어 가고 있는 역동적 순환 흐름을 집중해서 지성적으로 책임감을 가지고 "읽어 보기"를 강조하고 있다는 점이다. 다시 말해서 저자는 그러한 의식의 흐름이나 작동을 통해서 매개된 내용에 초점을 두기보다는 그러한 흐름이나 작동이 진정성의 토대 위에서 전개되고 있는지에 대해 관심을 기울일 것을 강조하였다. 그러므로 이 책은 근본적으로 독자 자신의 내면 성찰에 대한 물음에 목표를 두고 있어서 단순한 이론도서라기보다는 수행도서라고 할 수 있다.

셋째, 이 책은 저자가 개인적 삶만이 아니라 자신이 속해 있는 교육 공동체 기관에서 다양한 인문적 실험을 통해서 나온 결과물이다. 저자는 보스턴대학(Boston College)에서 가르치면서 교육의 핵심 프로그램을 로너건의 사상에 근거해서 구체적으로 실현하려고 하였다. 특히 저자는 많은 시행착오를 겪으면서 학부에서의 자유전공제도라고 할 수 있는 "퍼스펙티브 프로그램(perspective program)"을 신학을 비롯한 인문학과 사회과학 그리고 자연 과학 연구자들과 함께 협력해서 각 학년에 맞게 제도적으로 확립하였다. 더 나아가서 저자는 로너건의 사상에 근거해서 학부학생들을 위한 핵심 교양 교육이라고 할 수 있는 "펄스 프로그램(pulse program)"을 통해서 기초교육 프로그램을 제도적으로 확립하기도 하였다. 저자의 이러한 프로그램들은 미국 대학의 자유전공제도나 종립대학교의 건학 정신을 구체화한 기초교육의 모델로 이미 인정을 받고 있다.

넷째, 이 책은 거의 30년 넘게 매주 금요일 로너건 연구자들의 모임 장소인 "로너건 하우스"에서 다양한 연구자들과의 토론을 통해서 저자 자신의 로너건 사상에 대한 이해를 더욱 심화한 결과물이다. 그러므로 저자가 감사의 글에서 밝히듯이 글 행간에는 저자와 토론을 하였던 다양한 연구자들의 목소리들이 비판적이든 동조하는 입장이든 모두 녹아 있다. 이 모임을 통해서 저자는 늘 로너건 사상에 대한 자신의 이해가 고착화되는 것을 경계하였고 새로운 이해를 확장해 나갔다. 그러한 이해를 바탕으로 저자는 자신과 인연을 맺고 있던 다양한 후원자들의 기금으로 세계 최고의 로너건 연구소를 보스턴대학에 세워서 로너건 연구를 체계적으로 심화해 나갔고 또한 다양한 연구자들에게는 한 학기나 아니면 두 학기 정도 머물면서 자유롭게 로너건 사상을 연구할 수 있도록 배려해 주었으며, 대학원생들에게는 장학 기금을 마련해 주면서 로너건 연구를 집중적으로 할 수 있도록 교육제도를 마련해 주었다. 로너건 연구가 세계의 다양한 지역에서 교육프로그램으로 구체화되기도 하고 동시에 체계적 연구가 계속해서 이루어질 수 있었던 것은 많은 부분 저자의 한결같은 로너건 사상에 대한 헌신 덕분이라고 할 수 있다.

지금까지 책의 네 가지 의의를 통해서 살펴보았듯이 저자는 오직 로너건 사상을 정확히 이해하기 위해 저자 자신의 내면 성찰을 통해서 끊임없이 검증하려고 하였고 동시에 그러한 검증을 동료 연구자들로부터 확인받기를 원하였다. 또한 저자는 그러한 검증과 확인된 로너건 사상에 대한 이해를 교육적 공간에서 구체적인 프로그램으로 확장해 나갔다. 그러므로 저자에게 있어서 로너건 사상의 연구는 단순히 지식을 위한 지식이 아니라 삶의 진정성의 모습을 자기 자신으로부터 시작해서 동료와 학생 그리고 "온" 세상에 확장하려는 치열한 수행과정이었음을 알 수 있다.

저자는 생의 말년에 로너건 사상의 핵심 문제로서 교차문화의 논의 가능성을 다양하게 제시하였지만 시간적 제약 때문에 적극적으로 서구의 맥락을 넘어 다른 지역에까지 연결해서 구체화할 수 없었다. 이 문제는 숙제로 남아 있다. 저자가 남겨 놓은 숙제가 완성되기 위해서는 무엇보다도 로너건 사상에 대한 논의가 가톨릭 전통이나 서구사상의 맥락을 넘어서 다른 종교전통이나 사상으로까지 확장될 수 있는 한층 높은 관점(higher viewpoint)의 연결고리를 만들어 내어야 할 것이다. 아마도 그러한 숙제는 정체성이라는 이름으로 학문의 "경계 만들기"에 익숙해져 있는 한국의 독자들에게도 유효하리라고 생각한다. 저자의 소망대로 로너건 연구가 국제적인 시각 안에서 발전되어 가기 위해서는 "로너건주의(Lonerganism)"에 함몰되지 말고 비판적 조명과 개방성이 끊임없이 제기되어야 할 것이다.

더 나아가서 저자의 로너건 사상에 대한 논의는 스미스가 이미 제기한 인간의 전인적 마음인 인격에 초점을 두는 종교학의 논의를 재구성해서 종교연구의 방법을 더욱 발전시킬 수 있는 인지 이론적 토대를 새롭게 제시해 줄 수 있을 것이라고 판단된다.[3] 최근 굵직한 종교학의 거장들의 관점들이 비판을 받기 시작하면서 새로운 연구방법들이 종교학에서 일어나고 있지만 다양한 연구자들의 관심을 흡수할 정도로 그 파급력이 그렇게 크지는 않다. 한국의 종교학계에서 이름만 무성하게 많이 거론되고 있는 인지 종교학이나 자연주의적 종교학도 극히 일부의 종교학자들을 제외하고는 다양한 종교학자들의 관심을 불러내고 있는 것은 아니다. 이러한 상황에서

---

3)   옮긴이 주: 사실 1960년대 후반부터 북미의 종교학회를 중심으로 로너건의 사상을 스미스, 하일러, 그리고 엘리아데의 사상과 연결하려는 비교 연구가 있었다.

저자의 로너건 사상에 대한 논의는 종교학의 이론적 방법을 또 다른 차원에서 개척할 수 있는 가능성을 보여 줄 수 있을 것이다.

사실 이러한 문제 인식하에서 역자는 이 책을 중심으로 서강대학교 종교학과 대학원에서 종교학 방법론 세미나를 몇 년 동안 개설하였다. 그 과정에서 대학원생들과 원문을 정독하면서 로너건의 사상을 정밀하게 읽어 내려고 하였고 학생들에게도 그러한 논의를 토대로 종교연구 방법에 대한 새로운 인식의 가능성을 스스로 경험해 볼 수 있도록 하였다. 또한 역자는 로너건 사상의 최고 연구자들을 초빙할 수 있는 기회들을 통해서 대학원생들과 함께 종교학 방법을 한층 더 발전시킬 수 있는 가능성을 좀 더 확인할 수 있었다. 하지만 여전히 로너건 사상을 한국의 학계에 소개하기 위해서는 그의 핵심 사상을 전반적으로 잘 전달해 주고 있는 이차자료를 일차적으로 번역하는 것이 중요하다는 판단을 하였다. 그렇지만 번역 과정은 그렇게 쉽지만은 않았다. 로너건의 사상 자체가 인간의 의식 활동을 토대로 뿌리내려져 있기 때문에 적절한 번역어를 찾아내는 데 많은 어려움을 겪었다. 앞으로 로너건 사상의 핵심 용어들에 대한 번역과 그 의미를 기술해 주고 있는 용어 해제 선집이 출판될 필요가 있다. 처음에는 이 책을 번역하는 동시에 그렇게 하려고 생각했지만 그 작업도 많은 노력과 시간이 요구되어서 이번 번역 작업에서는 할 수 없었다.

마지막으로 이번 번역작업을 하면서 출판 기한이 많이 지났기 때문에 어려움이 있었지만 끝까지 좋은 책이 나올 수 있도록 인내해 준 서광사 이숙 부사장님과 편집부에 감사의 말을 전한다.

2014년 2월 24일
김재영

차 례

몇 년 전에 김재영 교수와 이숙희 박사가 조지프 플래너건의 *Quest for Self-Knowledge*를 한국어로 번역하고 있다는 말을 듣고 매우 반가웠다. 오늘 이렇게 추천서를 쓸 수 있어서 개인적으로 영광으로 생각하고 한국어로 번역 출간할 수 있게 된 것을 축하드린다.

캐나다 토론토대학교 출판부에서 1997년도에 처음 출판된 이 책은 버나드 로너건의 종교와 철학사상을 이해하는 데 가장 중요하고 잘 알려진 저술 중의 하나이다. 이 책이 번역되어 한국 독자들이 읽을 수 있게 된 것은 중요하다고 생각한다. 한국 독자들의 읽기를 돕기 위해서 버나드 로너건 사상의 일반적인 개요를 간단히 소개한 다음 플래너건 교수의 이 책이 기여한 측면을 지적해 보려고 한다. 젊은 시절에 로너건은 현대 종교사상, 특히 가톨릭 신학이 만약 현대 역사와 현대 과학의 도전에 응답하지 못한다면 위험에 처할 것이라고 생각했다. 그는 이러한 도전들에 응답하기 위해 진정으로 하나의 역사철학 프로젝트를 계획하여서 그의 생애 전체에 걸쳐 거기에 헌신하였다. 물론 그는 처음에는 가톨릭 사상에 특별히 주의를 기울였지만 그의 연구는 앞으로 모든 종교 전통, 국가 그리고 민족들에게까지 확장해서 그 도전에 대한 응답을 하려고 했다.

로너건은 후반기 연구를 마칠 무렵 수십 년간 매진한 이 프로젝트에 대한 핵심연구를 요약했다. 첫째, 만약 인간들이 모두 자신들의 의식의 규범성(말하자면, 주의, 이해, 판단, 그리고 책임)에 따라 충실하게 행동을 했더라면 인간의 역사는 모든 수준에서 인간 조건의 순수한 창조와 계속적인 발전을 통해서 눈에 띄게 발달했을 것이다. 그렇지만 둘째, 인간의 역사는, 편견, 증오, 허무주의 그리고 폭력이 인간 의식의 자연적 규범성을 타락시키기 때문에, 이해가능한 발달로부터 전진과 퇴보의 왜곡된 혼합의 파행을 겪게 된다는 것이다. 셋째, 그럼에도 여전히 인간 역사의 과정은 무제한적인 사랑과 용서를 통해서 결국에는 치유되고, 향상되고, 회복된다. 로너건은 어떻게 해서 이러한 역사의 세 가지 측면들이 현재와 과거에 스스로를 드러내고 있는지를 비판적으로 분별할 수 있는 철학에 인류의 운명이 결정적으로 달려 있음을 깨달았다. 다시 말하면 그러한 분별이 있을 때에만 인간은 진정성을 가지고 역사가 몰고 온 도전들에 응답할 수 있다는 것이다.

로너건은 그의 대작인 『통찰: 인간 이해에 대한 연구』(1957)에서 그의 연구의 결과에 대해서 가장 핵심적인 표현을 하였다. 두드러진 차이점이 있을지라도 스콜라주의의 "소박실재론(naive realism)"과 그것에 대한 현대적인 비판들(특히 칸트와 헤겔)은 모두 깊지만 미묘한 오해를 공유하고 있음을 주장했다. 즉 어느 정도 실재의 지식은 매개되지 않고 직관적인 실재에 대한 접촉의 문제, 다시 말하면 "안다는 것은 바로 바라봄"의 문제임을 주장한 것이다. 소박실재론은 인간은 실재를 알고 있다는 것을 확신하고 있기 때문에 존재하는 실재에 대한 매개되지 않은 직관의 형식임을 전제하고 있다. 대조적으로 현대 철학은 인간의 이성은 매개되지 않은 직접적인 것이 아니라 추론적임을 확신하고 있으므로 실재의 지식에 도달할 수 없음을 가정하고 있는 경향이 있다.

토마스 아퀴나스의 연구로부터 배운 것을 토대로 로너건은 소박실재론과 그것의 결점을 극복하려는 현대의 시도들과는 근본적으로 다른 대안을 제시하였다. 그는 자신의 입장을 "자기 적정화(self-appropriation)"의 철학으로 명명하였다. 그는 자신 안에서 알아감, 결정함, 그리고 사랑함의 실제적인 규범적 구조를 발견하는 것이 자신의 철학이 지니고 있는 의미라고

생각하였다. 그는 일상적이거나 과학적인 지성과 합리성의 실천 모두 진정
성을 발휘하였을 때 이미 내재적으로 작동하고 있는 "자기 초월"과 "내면
적 객관성"을 감지할 수 있다는 점을 이해하도록 추구하였다. 로너건의 입
장은 진정성 있는 사유의 매개 작동은 실재에 대한 객관적 지식을 실제적
으로 유출할 수 있다는 논의 때문에 독특하다. 그의 철학의 핵심은 인간의
알아감(knowing)의 과정에서 일어나고 있는 탐구함과 질문함의 역할을 면
밀히 주의해서 살피는 데 있다. 우리의 질문함은 우리의 모든 다른 의식 활
동들을 자동 수정의 과정으로 구조화하여 나아가게 한다. 로너건은 인간의
사유는 탐구함에 의해서 구조화되기 때문에 그 과정인 의식의 특정 활동
들, 경험함, 이해함(통찰) 그리고 판단함에 주목하였다. 그의 인지적 이론
은 많은 다른 영역들에 있어서 알아감의 이러한 구조적 함의들을 조사한
다.

　질문함과 알아감의 구조들에 토대를 둔 현대 과학에 대한 로너건의 독특
한 이해는 형이상학에 대해서도 또한 독창적인 논의를 시도하고 있다. 인
간은 모든 것에 대한 모든 것을 알려는 욕망을 지니고 있고, 이러한 욕망은
존재에 대한 "개념(concept)"이 아니라 어떤 "생각(notion)"을 구성한다.

　『통찰』을 출판한 이후 로너건은 인간 의미의 광범위한 범위와 인간의 알
아감과 결정함에서 일어나는 감정과 가치의 역할에 관해서 현상학적이고
해석학적인 운동을 이끈 중심 사상가들의 논의를 심층적으로 연구하였다.
문화를 초월한 종교적 경험과 종교적 의미들은 인간 역사의 전개에 영향을
미친다는 방식들을 조사했던 것처럼 『통찰』 이후에 있어서 로너건의 사유
는 또한 더욱더 분명하게 종교적이 되었다.

　조지프 플래너건은 평생 로너건 사상을 연구한 학자이고 교육자였다. 젊
었을 때 그는 미국에서 로너건 사상 연구로 박사 학위를 받은 최초의 연구
자 중의 한 사람이었다. 그는 1964년에 보스턴대학(Boston College)에 임
용되어 2010년 죽음을 맞이할 때까지 계속해서 가르쳤다. 그의 저술인 『자
기 앎의 탐구』는 수십 년간 가르친 경험을 바탕으로 해서 나오게 된 책이

다. 이러한 저술 배경 때문에 이 책은 로너건 사상, 특히 『통찰』에서의 중심 논의들과 더불어 『통찰』 이후의 로너건 사상의 더 진전된 주요 논의들을 이 해하는 데 좋은 지침서이다. 로너건이 가장 강조하는 주장은 "직접 눈으로 봄으로써의 알아감"의 소박실재론을 무너뜨리기 위해서 인간은 현대 과학 의 발전들을 통과해야 한다는 것이다. 로너건은 현대 문화에서 너무 자주 그러했듯이 현대 과학을 인간 경험과 의미의 풍부한 영역들을 막는 것으로 이해하기보다는 오히려 새로운 종류의 휴머니즘으로 나아가기 위한 창구 로서 해석하는 데 『통찰』의 처음 다섯 장들을 할애하였다. 이 다섯 장들은 매우 어렵게 되어 있다. 그러나 플래너건의 『자기 앎의 탐구』는 로너건 저 술의 어려운 부분들을 쉽게 접근할 수 있도록 엄청난 노력(처음 두 장과 네 번째 장)을 기울였다. 이 점은 바로 플래너건의 책이 보여 주고 있는 다양 한 장점 가운데 하나이다.

그러나 이러한 장점에 더해서 플래너건은 종종 가장 추상적이고 딱딱한 철학적 주제들로 간주된 형이상학에 대한 로너건의 논의를 독자들이 쉽게 접근할 수 있도록 인도할 수 있는 엄청난 능력을 지니고 있다. 플래너건은 이 책에서 자연 과학자들의 연구, 인간 두뇌의 발달, 그리고 살아가기 위한 가장 좋은 방법에 대한 질문과 연결하여 이러한 형이상학적 주제를 실감나 게 다루고 있다. 로너건의 형이상학에 대한 설명은 다음의 문장 속에 요약 되어 있다: "존재의 의미를 찾는 인간의 인지 탐구는 존재를 향한 우주 전 체의 정향적이고 역동적인 최종성에 대한 하나의 예다." 이 문장이 들어 있 는 장의 나머지와 책의 나머지 부분은 모두 이 문장이 함축하고 있는 의미 에 대한 원대한 설명이다.

플래너건은 로너건 사상을 명확하고 쉽게 접근할 수 있도록 해 줄 뿐만 아니라 로너건 사상 연구에 그 자신의 중요하고 창의적인 기여들이라고 할 수 있는 다양한 통찰의 예들을 더해서 이 책을 전개하고 있다. 이를테면 이 책 서론에서 플래너건은 한편으로는 개인적, 사회적, 그리고 문화적 동일 성들과 다른 한편으로는 지자, 선택자, 그리고 사랑하는 자로서의 우리의 더욱더 "기본적인 인간의 동일성" 간의 구별을 분명히 하고 있다. 그는 기본적인 동일성을 적정화하는 것이 개인적, 사회적, 그리고 문화적 동일성들을 비판적으로 평가하는 데 있어서 더욱더 중요한 일이라고 주장하였다. 이 책 후반부에서 그는 상징적 알아감에 대한 자신의 분석을 로너건이 명확히 다루었던 인간 지식의 영역들에 첨가하였다. 플래너건은 기본적이고 문화적인 동일성들과 상징적 알아감 사이의 상호작용들에 대해서 소포클레스의 『안티고네』를 중심으로 생생하게 묘사하고 있다. 그리고 난 다음 그는 로너건이 논의했던 편견의 문제를 풍부하게 설명하고 있다. 또한 그는 윤리학에 대한 로너건의 논의를 넘어서 문화적 동일성과 기본적인 동일성 사이의 교차점들이 선택을 하기 위한 기준들과 어떻게 관계되고 있는지, 그리고 윤리적 선택을 하기 위해서 충분히 적절한 지평으로까지 확장되는 데 어떤 어려움이 따르고 있는지를 조사하고 있다.

마지막으로 플래너건은 종교에 대한 로너건의 문화를 초월한 접근을 더욱 풍성하게 하고 있다. 로너건에게 종교적 경험은 자기-초월과의 관계 안에서 이루어진 "적절한 성취(proper fulfillment)"이다. 기독교의 맥락 안에서 이 경험은 "무조건적으로 사랑에 빠져 있는 상태"라고 불린다. 그렇지만 다른 종교 전통의 맥락은 이해할 수 있는 이유들로 다른 언어들을 사용할 것이다. 플래너건은 로너건의 설명에 첨가해서 새로운 전개, 즉 중요한 방식으로 새롭게 신에 대한 질문을 다음과 같이 던지고 있다: "종교적인 사랑의 주체는 알려지지 않는다. 어떻게 당신은 당신이 알지 못하는 누군가를 사랑할 수 있는가?" 종교학이나 철학의 중심부에 사랑과 그 사랑의 주체에 대한 무지를 드러내 놓는 것이 바로 종교 간의 대화에 있어서 가장 중요하다. 이러한 이유로 말미암아 어떻게 이러한 질문들에 접근할 수 있는지를 탐구한 플래너건의 연구는 특별히 종교연구에 있어서 가치를 지니고 있다.

나는 김재영 교수와 이숙희 박사께서 플래너건 교수의 책을 한국어로 번역한 귀중한 일에 다시 한 번 더 박수를 보내면서 이 책의 한국어 번역본을

적극적으로 추천한다. 앞으로 한국의 학자들과 다른 독자들과 함께 대화할
수 있는 기회를 갖기를 희망한다.

2011년 12월 30일
보스턴대학 로너건 연구소 소장
패트릭 H. 번 교수

버나드 로너건은 고대 철학자들이 소개했던 '자기 앎'이라는 주제를 『통찰』에서 채택하여 확장했다. 혁신적이며 복합적인 이 책에서 로너건은 자기 앎에 관한 발전을 이해하기 위한 체계적인 방법을 자세히 풀어냈다. 자기 앎에 관한 문제는 방법적으로 해결할 수 있다는 전제를 조지프 플래너건은 로너건과 공유했다. 이 책의 목적은 어려운 주제를 교사와 학생들에게 소개하고, 자기 정체성과 문화적 정체성을 비판적으로 평가할 수 있도록 문화를 초월한 규범적인 토대를 독자들에게 제시하려는 것이다.

로너건이 자신의 입장을 정립하게 된 복합적인 역사적 맥락을 플래너건은 해명한다. 특히 그는 로너건의 사상을 현대 과학과 관련해서 설명한다. 그는 『통찰』의 주요 쟁점을 자기 앎의 주제와 관련해서 추적한 후, 끝없는 진리 탐구에서 모든 지자들(knowers)이 공유하고 있는 근본적인 정체성을 의식경험에서 발견하고 확증하도록 독자들을 초대했다. 자기 적정화(self-appropriation)의 이 방법은 철학의 새로운 방법을 드러낼 뿐만 아니라 전통적인 형이상학을 한층 더 풍요롭고 더 포괄적인 윤리적 맥락으로 전환한다.

『자기 앎의 탐구』는 철학적이고 종교적인 대화를 위한 새로운 기반을 정립한다. 그리고 서구 철학에 우세한 분석적이고 현상학적인 접근을 로너건 철학이 어떻게 보완하고 더 풍부한 맥락을 제공하는지 증명했다.

(로너건 연구회)

조지프 플래너건, SJ(1925-2010)는 로너건 연구소(Lonergan Institute)의
소장이며, 보스턴대학의 철학과 회원이다.

풍요롭고 영감 가득한 유산을 이 세상에 남긴

버나드 로너건을 추모하며

이 책은 많은 저자들이 만들었다. 거의 15년 이상, 나는 버나드 로너건의 여러 저서를 읽고 토론하기 위해 매주 모였던 세미나의 회원이었다. 확신하건대 이 세미나에서 나눈 대화는 생각지도 못한 방식으로 내 사유의 한 부분이 되었고 이 텍스트 일부는 이때의 사유이기도 하다. 생각이 막혀 풀어 나가지 못할 때, 이 모임의 회원들은 그들의 지식을 모아 이 프로젝트에 상당한 기여를 했고 나는 이 부분에 대해 감사한다. 회원인 패트릭 H. 번, 메리 앤 글렌던, 찰스 헤플링, 톰 콜러, 매트 램, 그리고 프레드 로렌스는 전공은 달랐지만 이들이 지닌 다양한 관점 덕택에 나는 앞으로 이 책에서 논의될 다양한 주제들을 전개할 용기를 갖게 되었다.

이 책을 집필하던 초창기에 나는 보스턴대학의 철학과 학과장이었다. 이 기간에 우리 학과의 행정 조교인 페기 바칼로와 학과 비서인 루이스 디텐호프와 로즈마리 드레오가 보여 준 지원과 전문적인 수고에 감사한다. 그들은 항상 나의 강박적인 실수를 너그러이 봐 주었다. 그들이 보내 준 끊임없는 우정과 격려에 깊이 감사한다.

모든 교사들이 다 알듯이 학생들은 우리가 품고 있던 표현 이상의 것을 상당히 되돌려 주었다. 깊은 사색이 가득했던 나의 학생들의 시험답안, 에세이, 논평 등에 대해 감사한다. 은미하게 기대하지 않았던 방식으로 학생들의 아이디어는 이 책의 일부분이 되었다.

이 책의 자료가 막 모일 무렵 다섯 명의 대학원생 조교들인 해리 오타구로, 폴 키더, 제프 닐슨, 폴 부루노, 그리고 마크 굿맨이 있었다. 내 강의의 상당수는 선물과도 같은 이들 박사 과정 학생들과 하던 팀 수업이었다. 그들은 강의를 준비하고 진행하는 나를 도왔고, 또한 이 수업에서 통찰과 아이디어를 나누었다. 게다가 내가 이 원고를 준비하는 데 아주 다양한 방식으로 도움을 주었다. 그들이 보여 준 관대함과 열정적인 지지에 대해 그들에게 감사를 전할 수 있어 참으로 기쁘다.

조셉 애플리어드와 찰스 헤플링은 내 원고의 첫 시안을 읽어 주었으며, 그들의 비판적인 논평 덕분에 나는 상당히 많은 실수를 피할 수 있었다. 로너건 세미나의 다른 회원들도 전체를 다 읽어 주었고 이 최종판에 포함되어 있는 많은 것들을 제안했다. 또한 나는 토론토대학교의 출판부에 계신 서평자들께도 빚을 지고 있다. 그분들은 책의 체계에 몇 가지 변화를 제안했고 이 제안으로 훨씬 더 짜임새 있고 읽기 좋게 되었다. 린다 비젠틀의 세심한 편집은 독자들에게 열렬한 찬사를 받아야 할 것이다.

그녀의 책임하에 로너건 센터의 소장인 케리 크로닌은 원고를 검토하고 다른 세세한 부분들과 원고의 최종 준비를 도와주었다.

아주 특별한 감사의 말을 존 터너에게 전하고 싶다. 그는 색인 작업을 하고 도표를 준비해 주었을 뿐만 아니라 상당히 중요한 많은 부분을 더 좋게 편집해 주었다.

마지막으로 가족들에게도 이 책에 대한 많고 많은 말들을 다 경청해 준 것에 대해 감사를 전한다.

로너건의 용어에 대해 탁월한 해설 목록을 찾고자 하는 독자라면 『소통과 로너건: 새로운 시대로 나아가기 위한 공통의 토대』(*Communication and Lonergan: Common Ground for Forging the New Age*, 토마스 파렐과 폴 스컵 편집, Kansas City: Sheed and Ward, 1993)에 있는 카를라 매 스트리터가 편찬한 색인을 찾아보기 바란다.

1

나는 정말로 누구인가? 우리 각자는 아주 다른 정체성을 지니고 있다. 예를 들면 우리의 정체성을 가문으로 규정할 수도 있고, 문화적이며 종족적인 정체성, 예를 들면 일본 사람 혹은 프랑스계 캐나다 사람, 독일계 미국 사람 등으로 규정할 수도 있다. 이처럼 좀 더 사적이거나 사회적인 정체성뿐만 아니라 우리 각자가 타인과 공유하는 부분 즉 우리 대부분을 좀 더 포괄적이며 근본적으로 규정하는 인간 정체성이 있다. 인간이라는 정체성을 발견하고 적정화하기는 그리스 철학의 초창기부터 철학적 탐구의 목표였다.

현재 철학의 관점에서 이 철학적 탐구의 결과를 생각한다면 대단히 실망스럽다. 누군가에게 철학은 막다른 지점에 도달했다. 또 다른 누군가에게 철학은 자기 정체성의 모색을 역사나 다른 사회 과학에 이미 넘겼다. 그렇지만 여전히 다른 누군가는 잊혀진 질문을 회복하거나 지난 이천 년 동안 우리 정체성에 대해 묻고 대답하였던 잘못되었거나 숨겨진 가정을 벗겨 내는 작업을 함으로써 그 탐구를 계속해 가고 있다.

이 책에서는 철학자들이 왜 우리의 공통된 정체성을 찾아내는 데 그렇게 어려움을 겪었는지에 관해 색다르게 해석할 뿐만 아니라 대안도 다르게 제시한다. 나는 초기 그리스학자들이 던졌던 원래의 질문으로 되돌아감으로써 나 자신을 바라보게 된다. 나는 그 전통의 연속성을 증명하겠지만, 더 중요한 것은 독자들이 자기 자신의 기본적인 정체성의 비판적 해석과 평가를 발전시키도록 하려는 것이다. 이 책에 숨어 있는 근본적인 가정은 공통적인 우리 인간의 정체성에 대한 서구의 탐구가 향하고 있는 자기 앎이 방법적으로 해결될 수 있는가 하는 문제다. 또 다른 가정은 철학사를 보면 이 주제를 탐구하는 데 성공적인 결과를 얻지 못했는데 그 이유는 철학자들이 계속해서 질문하고 답을 했지만 질문을 다루는 종합적인 방법이 부족했기 때문이라는 것이다. 자연 과학의 역사를 보면 아주 극적으로 다른 이야기를 발견하게 될 것이다.

갈릴레이 이후로, 수학과 과학의 역사는 대단히 성공한 이야기 같다. 논의하겠지만 그 이유는 수학과 과학은 그 시대에 새로운 방법적인 절차와 방침을 발달시켰으며, 그 방법적 절차와 지도에는 수학과 과학의 공통되는 객관성이 무엇인지 분명히 하는 것이 포함되어 있다. 19세기에 과학자들은 상이한 절차와 객관성을 지닌 두 가지 이상의 방법을 발전시켰다. 르네상스 이래 점차 출현한 인문 과학(human sciences)이 자신의 방법적 문제를 갖고 등장한 것도 마찬가지로 19세기였다. 무엇이 인문 과학인가? 그 학문은 자연 과학(natural sciences)과 어떻게 연관되는가? 사회학과 역사학 같은 학문과는 어떻게 연관되는가? 이 질문은 여전히 미해결이다.

르네상스 시대에 자연 과학이 철학의 통제를 벗어난 후 철학자들은 철학을 하는 새로운 방법을 발달시켜야 할 압박을 느끼면서 자신들이 위기에 처해 있는 것을 보게 되었다. 데카르트는 방법적 회의와 생각하는 사람으로서 자신에 대한 주체의 자각에 주의를 돌리라고 학자들을 초대하면서 이 상황에 응답하였다. 그때부터 지금까지 일련의 상이한 방법적 절차가 있었고, 철학의 위치는 달랐지만 어떤 철학자들은 공통되는 우리 인간의 정체성의 문제에 답할 수 있는 방법을 발견하는 데 절망을 느꼈다. 이것에 대한 대안적 해석은 확실히 방법을 찾으려는 상이한 이 시도들이 기본적인 물음과 기본적인 실수를 분명히 이해하는 데 기여했다는 것과, 그리고 자연 과학과 인문 과학의 상이한 방법적 절차와 객관성 그리고 철학적 방법 둘 다를 해석하고 비판적으로 평가할 수 있는 토대가 될 수 있는 어떤 방법을 제시할 가능성은 여전히 있다는 것이다.

이 철학적 방법을 어떻게 전개시킬 것인지 개괄하기 전에, 내가 의미하는 '방법'이라는 용어에 관해 예비적인 차원에서 몇 마디 하려 한다. 방법이란 것은 원하는 결과를 성취하기 위해 가장 좋은 수단을 따라 진술하면서 시작하는 계획이나 프로그램이 아니다. 책꽂이나, 바비큐 판을 새로 조립하는 일련의 규칙이 아니며 요리법도 아니다. 방법이란 아직 알지 못하는 것을 발견하기 위한 절차다. 더구나 우리가 구하려는 대상을 아직 알지 못한다는 점에서 모순 같아 보이는 규범적 절차다. 그러나 마지막에 가면 방법이란 단지 한 번이 아니라 반복적인 결과로 인도한다. 이들 결과는 장담되는 것이 아니라 개연적이며, 또 그 개연성은 낮은 기대치에서 더 높은 기대치로 전환될 수 있다. 간단한 수학의 역사를 통해 '방법'의 의미를 우선적으로 개관하려 한다.

프랑스의 변호사이며 수학자인 프랑수아 비에타는 르네상스 시대 수학의 새로운 절차를 개척하는 데 막중한 책임을 다했다. 그는 우리 대부분이 고등학교 대수학에서 배웠던 간단한 방법, 어떤 수학적 문제에서 우리가 이미 알거나 알지 못하는 것을 분명하게 인식하면서 시작했다. 알지 못하는 변수를 x라고 한 후, 우리가 알고 있는 것을 가지고 알지 못하는 것을 간단한 연산식을 통해 발견하는 절차를 처음 제안했던 인물이다. 과학자와 일반 사람들은 알지 못하는 것을 발견하기 위해 알고 있는 것을 늘 이용하지만, 비에타처럼 방법적으로 그렇게 하지는 않는다. 일단 이 방법을 확실하게 적용하면, 수학자는 그것을 사용하지 않더라도 항상 '축적된 결과'를 만들어 낸다. 자연 과학이 수학의 진보에서 이 점을 취했을 때 자연 과학도 똑같이 연관된 바를 분명하게 하고 확장했지만, 절차와 객관성에서 다소 달랐다. 갈릴레이에서 시작된 새로운 과학 방법은 뉴턴이 보여 준 새로운 세계질서를 보증한 것이 아니라 그런 세계관이 더 개연성이 있게 했다. 그리고 케플러, 하위헌스, 보일, 데카르트, 그리고 이 새로운 방법을 따른 그

외의 사람들이 그 개연성을 더욱 발전시키면서 뉴턴은 지적인 핵심 단계로 나아갔고 전 우주에 대한 새로운 질서를 구축하면서 더욱더 개연적으로 극적인 전환이 이루어졌다.

당연히 인문 과학과 철학뿐만이 아니라 자연 과학과 인문 과학의 방법에는 차이가 있다. 그 차이를 다음 장에서 다룰 것이다. 여기서 내가 말하고자 하는 핵심은 방법의 발견이 지자(知者)들이 나아가는 길을 바꾼다는 점이다. 그렇지만 방법이 결과를 보증하는 것이 아니라 성공할 수 있는 기회들을 의미 있게 바뀌게 한다.

수학에서 최근의 진전은 방법에 관한 또 다른 예를 제공한다. 대수학에서 우리는 미지수나 미지 값을 구하였고, 좌표 기하학에서 '좌표'의 알려지지 않은 존재를 알 수 있는 두 좌표의 미지수를 구할 수 있게 되었으며, 19세기에 집합 이론의 발견으로 극적인 진전을 이루었다. 그러나 전에 미지수 혹은 값의 속성을 구하던 수학자들은 이제는 미지수를 만들어 내는 인지 작동의 특성을 발견하는 것으로 이동했다. 일단 이렇게 한 걸음을 내딛게 되자 수학자들은 그 체계를 만들어 내는 작동의 속성을 연구함으로써 수학의 전반적인 체계를 조사할 수 있게 되었다. 그런 후 수학자들은 상이한 체계들과 어떤 하나의 체계가 이전 체계의 기반 위에서 구축되고, 이전의 낮은 체계가 더욱 확장되어 효과적으로 고차적인 단계에 통합되고 협응하게 되는지를 연구하게 되었다. 간단한 예 하나가 이 진보를 설명한다.

수학자가 a + b = b + a라고 하면, 변할 수 있는 가치로 간주되는 미지수 a나 b에 우선적인 관심을 두지 않는다. 그 대신 수학자는 덧셈의 작동이라는 속성에 초점을 맞추고, 그 과정에서 수의 순서를 다르게 해도 결과가 바뀌지 않는다는(덧셈의 가환성) 속성하에서 이 덧셈의 작동이 수나 변수를 결합하고 있다는 것을 발견한다. 우리가 2 + 4 = 4 + 2라고 말하면 수에 초점을 두지만 그러나 a + b = b + a라고 하면 둘 혹은 그 이상의 수의 합을 만들어 내는 덧셈의 작동으로 초점을 전환하게 된다. 이 발견은 중요한 의미를 지닌다. 그 이유는 의미의 다른 모든 영역들을 포함하여 일반화를 할 수 있기 때문이다. 가장 중요한 것은 철학자들이 매개하지 않고 알게 된 것과 작동을 확실히 정의해 매개적으로 알게 된 것을 구별할 수 있었던 것처럼 수학자들도 가능한 작동의 정의를 형성했다는 점이다. 이러한 발전은 또한 인간의 앎에 있어 하나의 기본적인 반복실수를 드러내었다.

알아감이 과학적 형식이든 일상적 형식이든 실재가 이미 알려져 있을 뿐만 아니라 한정할 수 없고 절대적으로 알려져 있다고 가정하는 경향이 반복되었다. 이 실수는 실재의 개념 또한 공간과 시간 같은 실재의 기본 구성체와 관련된다. 이천 년 동안 과학자들은 공간과 시간이 무엇인지 안다고 주장했고 우리가 살고 있는 물리적 우주가 무한하며 절대적인 공간과 시간 안에 있다고 주장했다. 이는 뉴턴이 우리의 우주질서를 설명할 때의 기본 가정이었으며 아인슈타인에 이르기까지의 대다수 과학자들의 기본 가정이기도 했다. 마침내 아인슈타인은 과학자들은 저 '매개'라는 것을 깨닫지 못하고 관찰을 매개로 했다는 사실을 통해서 그는 측정 체계의 중요성과 속성에 주목했고 이 기본적인 실수를 뒤집을 수 있었다.

이와 비슷한 곤혹스런 실수를 수학사에서도 볼 수 있다. 칼 보이어는 『미적분의 역사』에서 이것을 아주 자세히 다루고 있다. 보이어는 제논의 모순으로 유명해진 무한한 연속체의 분석의 예에서 초기 그리스 수학자들이 이미 미적분의 기본 문제와 어떻게 씨름하고 있었는지를 보여 준다. 뉴턴과 라이프니츠는 미적분을 발견한 후에도 자신들이 계산한 것이 무엇이었는지 정의하지 못했다. 뉴턴 이후 이백 년 동안 가장 뛰어난 수학의 지성들도 미적분의 기본 용어와 관계성에 대한 일관적이고 논리 정연한 설명을 하려 애썼지만 실패했다. 마침내 수학자들이 일련의 정확하고 엄밀한 정의를 내놓게 되었을 때, 놀라운 사실을 발견했다. 수학자들이 깨달은 것은 지난 이백여 년 동안 매개하지도 않고도 무한을 알 수 있다고 잘못된 가정을 해 왔다는 것이다. 이렇게 가정된 무한의 개념을 매개하면서 수학자들은 자신들이 제한하지 않았던 것을 제한해야 한다는 것을 깨달았다. 실제로 아인슈타인이 무한의 공간과 시간을 제한해야 한다는 사실을 발견했던 것처럼, 수학

자들 역시 무한 개념에 대해 갖고 있던 자신들의 기본 가정들을 되돌아보
아야만 했다. 수학사에 관한 보이어의 설명이 중요한 이유는 최고의 수학
자들이 시간과 공간에 대해 다양한 형식의 상(象)을 통해서 무한을 가정해
온 흐름을 보여 준다는 점이다. 19세기에 상을 통한 의미에서 이해가능한
엄밀한 의미로 전환하면서 수학자들은 그동안 가정해 왔던 기본 개념을 조
절할 수 있었다. 그런 점에서 물리학과 수학의 이천 년의 역사는 알기를 원
하는 모든 지자(知者)들에게 알고 있을 때 무엇을 하고 있는지에 대한 기본
적인 교훈을 가르쳐 준다. 이런 이유로 나는 두 번째 장에서 이 역사들을
검토하려고 한다.

나의 목적은 수학이나 과학의 내용에 초점을 두는 것이 아니라, 독자가
바로 이 수학과 과학의 의미를 보면서 독자 자신이 알아감의 작동(opera-
tions of knowing)을 매개한다는 것을 주목하도록 하려는 것이다. 수학자
와 과학자의 관심은 의식의 작동을 매개하는 데에 있는 것이 아니라 이 작
동을 통해서 알게 된 내용에 더 관심을 둔다는 점에서 나의 관심사와는 다
르다. 나의 더 깊은 관심은 19세기에 과학자들이 발전시켰던 두 가지 방법
뿐만 아니라 지난 17세기 과학혁명 기간에 과학자들이 발전시켰던 작동 방
법도 적정화하는[1] 것이다.

이 방법들을 발전시켰던 과학자들은 방법이 무엇인지 아는 것 같다. 그

---

1)   옮긴이 주: 적정하게 한다는 것은 '자기의 것으로 만든다'는 의미로 로너건의 핵심
논의다. 전유, 체화, 적절화 등 'appropriate'의 번역어를 찾는 데 고심했으나 잠정적으
로 '적정화'로 표현하기로 했다. 그 이유는 1960년대 경제학자 슈마허(1911-1977)가
제안한 선진국의 거대기술에 대비해 그 기술을 직접 사용할 개개인과 현지 환경을 고려
한 중간기술 혹은 작은 기술을 적정기술이라고 표현하였는데 이 적정기술이라는 용어
가 요즘 환경 문제에 대응할 수 있는 대안기술로 널리 관심을 끌면서 '적정화'의 의미가
널리 보급되고 있기 때문이다. 로너건은 개개인이 자신의 인지 작동 체계를 알고 스스
로 이를 올바르게 사용할 것을 제안했는데, 그의 의도가 '적정기술'의 의미와 부합하기
때문에 독자들이 그 의미를 더욱 쉽게 파악할 수 있도록 하기 위해 '적정화'라고 번역하
였다.

러나 그런 가정을 한다면 위에서 개관했던 기본적 실수를 반복하는 것이다. 매개하지 않고 즉각 아는 것과 알아감이라는 우리의 작동을 통해서 매개적으로 아는 것은 근본적으로 차이가 있다. 분명히 과학자들은 자신들이 무엇을 하고 있는지 자각하고 있었지만, 우리가 보았던 것처럼 자각은 알아감이 아니다. 다만 알아감의 조건일 뿐이다. 과학자들은 무엇을 하고 있는 중인지 매개하지 않고 자각했지만, 자신들이 하는 것을 안다는 것은 알게 된 내용에서 이 내용들을 자신들이 매개를 통해서 알게 되었으며 알게 된 내용을 만들어 낸 작동으로 주의를 전환하는 것을 함축한다. 데카르트가 좋은 예다.

물리학과 수학에 중요한 공헌을 한 데카르트는 대상을 중심으로 하는 철학에서 작동하는 주체로 철학자들의 주의를 옮겼다는 점에서 철학에도 이바지하였다. 그는 사유하는 의식활동에 주목하도록 지지자들을 이끌었다. 그런데 2장에서 보겠지만 데카르트는 탐구라는 철학의 새로운 장을 열었던 반면에 과학과 수학하기의 방법과 철학하기의 방법을 혼동하는 중대한 실수를 범했다.

17세기 왕립협회는 과학하기의 새로운 방법적 절차를 마련하면서 모든 가설들은 반드시 실험상 참으로 증명될 수 있거나 감각으로 검증될 수 있어야 한다는 요건을 제시했다. 데카르트는 행성의 궤도운동을 설명하기 위해 소용돌이 혹은 나선형의 유체 이론을 세웠다. 이 소용돌이치는 유체는 눈에 보이지 않아 실험으로 입증할 수 없었다. 뉴턴은 데카르트의 이론이 잘못되었다는 것을 증명하기 위해 소용돌이 이론을 발전시켰다. 더 중요한 것은 뉴턴의 이론은 감각할 수 있는 실험을 통해 입증할 수 있었다는 점이다. 한 세기 후에, 무게를 지니지 않은 유체인 열의 가정을 포함한 열역학 역시 '방법적으로' 고려되지 않으면서 똑같은 일이 발생했다. 나의 요점은 과학적 방법은 많은 부분들로 이루어졌으며, 어떤 부분은 분명히 알게 될 때까지 시간이 걸린다는 점이다. 그렇지만 오래되면 방법은 매우 효과적이라는 것이 증명된다. 그 이유는 방법의 규범적 절차가 '축적되어 진척된 결과를' 유도하기 때문이다.

  과학적 방법을 감각으로 입증할 수 있는 자료(의식자료를 제외)로 제한한 것과 달리 데카르트에서 시작된 철학의 방법은 개개인의 생각의 의식자료에 호소한다. 앞으로 보겠지만 자신의 의식경험에서 적정화하고 타당성을 입증하는 것, 즉 당신이 생각할 때 당신이 무엇을 하는가를 생각하는 것은 공간과 시간이 제한되지 않았다는 것을 발견하는 것만큼이나 어려운 일이다.

  철학적 방법과 과학적 방법이 다르다는 마지막 예를 아리스토텔레스의 『물리학』에서 볼 수 있다. 특히 아리스토텔레스의 물리학이 체계적 방식으로 수많은 문제들을 조절하고, 새롭고 더욱 포괄적인 체계를 구성하는 요구를 대신할 수 있었기 때문에 이 책은 데카르트에서 뉴턴에 이르기까지 우선시되었다. 아리스토텔레스가 그의 마지막 저서인 『물리학』에서 신학의 문제를 언급하고, 초목의 영혼, 동물의 영혼, 인간의 영혼 등 영혼(soul)을 분석했는데 이런 방식에 현재의 과학자들은 놀랄지도 모르겠다. 자연 과학과 인문 과학의 방법적 차이의 문제는 19세기까지는 쟁점이 되지 않았다. 예를 들어 아리스토텔레스에게 있어 '대상' 이라는 용어는 '원인' 을 의미했지, 우리가 지향적 의식활동이라는 의미로 사용하는 '대상' 을 의미하지 않는다. 이 후자의 의미는 데카르트가 아리스토텔레스의 원인에 관한 일반적인 이론을 다루면서 의식자료에 대한 연구로 철학의 주의를 전환하면서 나타났다. 다른 말로 하면, 데카르트는 과학자로서 경험적으로 입증할 수 있는 감각자료에, 또 철학자로서 주체의 실증적(empirical) 의식자료에 호소했다. 그렇지만 그는 경험적 방법을 조절할 수 있는 또 다른 경험적 방법으로 전환하지 못했다. 나의 목적은 독자가 바로 이 규범적인 조절을 정확하게 발달시킬 수 있도록 하려는 것이다.

  인간으로서 우리의 철학적 정체성을 방법적으로 이해할 수 있다. 이 방법의 핵심은 우리가 우리 자신에 대해 혹은 다른 어떤 것을 아는 것에서 벗어나 알게 하는 의식작동을 주목하기 시작하는 것이다. 자기 발견의 이 여행에서 근본적인 문제는 우리 자신을 포함한 어떤 것의 실재도 아직 알지 못한다는 사실을 깨닫는 것이다. 우리가 알고 있는 실재는 알아감의 매개적 작동을 통해서 또 그 작동 안에서 장차 알게 된다. 이것은 실재, 무한, 우주, 시간 또는 실재의 또 다른 기본 구성체를 아주 제한된 방식으로 알고 있는 것을 제외하고는 온전히 알지 못한다는 의미를 함축한다. 아리스토텔레스가 말했던 것처럼, 우리는 알고자 하는 제한되지 않은 능력을 지니고 있으며 우리들 중 어느 누구도, 모든 인간들은 이 역량을 현실화할 수 없다. 우리는 우리 자신이 진정 누구인지 완전한 의미에서 알지 못한다. 니체가 말했던 것처럼 우리는 '불완전한' 실재이다.

2

이 책의 처음 다섯 장에서 '내가 알아가는 중일 때, 나는 무엇을 하고 있는가?' 라는 질문에 대한 답을 할 것이며, 이 질문에 답을 하고 난 후에 '나는 왜 알아감의 이 활동들을 하는가?' 라는 질문으로 돌아갈 것이다. '나의 목표나 객관성은 무엇인가?' 라고 다른 식으로 질문할 수도 있다. 이 두 질문에 답을 하는 가운데 첫째, 객관성에 관한 이론 또는 인식론, 둘째, 형이상학에 관한 이론을 세우기 위한 방법적 기반을 갖게 될 것이다. 이 방법을 추구하는 가운데 두 가지 중요한 발견을 하게 될 것이다. 첫째, 알아감은 단일한 차원의 활동이 아니라 다르지만 기능적으로 연관된 세 차원의 활동이라는 점이다. 이 발견으로 지자로서 우리 자신을 알아감이 왜 그렇게 어려웠던가라는 이유를 설명할 수 있고, 또 알아감이 무엇인지 안내하는 변증적 과정과 발달의 일부분인 알아감에 대한 설명이 왜 그렇게 다른가에 대한 해명도 할 수 있다. 일단 이 목표에 도달하면 알아감의 특정한 패턴들의 상이한 객관성과 형식을 규정할 수 있고, 이 패턴들을 통합하여 통일적인 객관성도 모색할 수 있다. 그 객관성은 우리 자신의 실재를 알게 되는 것이고 그리고 자기 앎은 모든 것을 알 수 있게 하는 규범적 토대를 제공해 주는 길이다. 자기 앎을 추구하는 이 방법에서 야기된 두 번째 중요한 발견은 우리가 발전시키고자 하는 인식론과 형이상학이 아리스토텔레스와 중세 스콜라의 전통적 형이상학보다 훨씬 제한적이라는 사실을 증명하게 된다는 점이다. 또한 이 방법은 아주 놀라운 지점, 즉 도덕적 인식론과 도덕적 형이상학이 전통적 형이상학과 인식론보다 훨씬 포괄적이고 더 풍부한 학문이라는 지점으로 이끌 것이다.

전통적으로 사변적 지혜는 철학적 삶을 추구하는 더 고차적이고 더 완전한 길로 간주되었다. 정치적 삶에 참여하는 정치가의 실질적 지식은 덜 완전한 삶의 방식으로 생각되었다. 루소, 칸트, 헤겔, 키르케고르, 마르크스, 그리고 이들의 계승자들은 사변적 지혜와 실질적 지혜에 대한 전통적 해석과 평가를 바꾸어 놓았다. 이제 이론이 아니라 실천의 우선성을 주장할 수 있게 되었다. 내가 제안하겠지만, 선택하는 자로서 우리의 정체성은 지자라는 우리의 정체성을 포섭하고, 전환하며, 통합한 것이다. 방법적 형이상학에서 더 고차적이고 더 포괄적인 윤리학의 연구로 나아간다면 철학자들은 역사적 존재로서 자신을 방법적으로 이해할 수 있게 된다.

7장에서 알아감에 대한 질문에서 선택함의 질문으로 전환하면서 '선택하는 중일 때 나는 무엇을 하는가?'를 물었다. 그런 후 '나는 왜 선택을 하는가?' '선택하는 데 있어 기본적인 객관성과 나의 목표는 무엇인가?'를 질문했다. 이 질문들은 인간의 동기화, 또 상(象)과 정감(情感)에 대한 논리가 새롭게 출현할 필요성을 논쟁적으로 개시하게 될 것이다. 우리가 알아가게 되는 것에 초점을 맞춘 처음 다섯 장에서 우리의 '상'이 미묘하게 잘못된 가정으로 이끌어 가는 방해를 계속하겠지만, 마지막 두 장에서는 상을 발전시키고 상이 우리의 느낌을 불러일으키고 조절하는 방식을 적정화하는 문제를 핵심적으로 다룰 것이다. 내가 그 질문에 다시 초점을 맞추고 독자가 자신의 문화적 정체성을 적정화하도록 하는 것은 바로 이런 맥락에서다. 앞으로 살펴보겠지만 문화는 단지 사람들의 행동양식이나 예의 범절이 아니다. 더욱 중요한 점은 문화는 민족이 왜 그런 방식으로 행동을 하는가이다. 제도적, 협력적 구조가 사람들이 무엇을 하는지에 대한 것이라면,

문화는 사람들이 그것을 왜 수행하는지에 대한 것이다. 몽테스키외(1689-1755)와 토크빌(1805-1859)이 알았던 것처럼 문화는 영(spirit)의 표현이다. 우리의 문화적 관습은 우선적으로 정신(mind)의 습관이 아니라, 영의 습관이다. 습관은 태도를 표현하고, 우리 행동의 의미를 동기화한다. 그래서 우리의 문화적 정체성을 적정화하려면 우리가 유산으로 물려받은 문화적 의미와 가치를 비판적으로 해석하고 평가해야 한다.

문화에 대한 이 같은 반성은 우리 자신을 '상징적 동물'로서 좀 더 포괄적이며 구체적으로 정의하도록 이끈다. 우리 개인의 정체성을 문화화하는 데 있어 상징의 역할은 우리의 생활 전반에 걸쳐 광범위하며, 구체적으로 작동한다. 이 같은 반성 때문에 우리는 '의심의 해석학'을 흡수하고 조직할 수 있게 되었고 이 책의 몇몇 장에서 다룰 것이다. 의심의 해석학은 프로이트, 마르크스, 니체의 관점에서뿐만 아니라 도덕적 나약함이라는 전통적 관점에서, 더 거슬러 올라가면 성 아우구스티누스와 성서 전통에까지 기원을 둔 변증적 질문에서 생겨났다. 바로 이런 맥락에서 우리의 방법적 접근은 아주 비전통적인 방식으로 종교적 질문을 제기하며, 동시에 지난 세기에 이룩한 종교 역사의 설명에 도움이 된다. 이들 고려사항들은 우리 자신의 문화적 정체성을 비판적으로 평가할 수 있는, 문화를 초월한 규범적 토대를 각 독자에게 제시하려는 이 책의 기본 목적을 더욱 분명하게 한다. 그렇지만 우리의 문화적 정체성은 우리 자신이 매개하지 않고 즉각적으로 산출된 앎을 통해서 알게 되는 것은 아니다. 오히려 우리가 믿기 때문에 우리는 우리의 인지적이고, 도덕적이며, 종교적인 정체성이 무엇인지 안다고 할 수 있다.

알아감에는 두 가지 방식이 있다. 하나는 우리 스스로 매개하지 않고 즉각적으로 생산한 앎에 의해서이고, 다른 하나는 다른 누군가의 알아감을 믿는 것에 의해서이다. 대부분의 경우 우리들은 종교적인 것을 믿음에 의해 알게 된다는 것에 익숙하지만, 우리 자신의 정체성에 관해 우리가 아는 것 대부분이 우리가 그렇게 믿기 때문에 아는 것이라는 점을 발견하면 놀랄 것이다. 과학자가 아는 것의 대부분은 그것을 믿기 때문에 아는 것이라는 아인슈타인의 말은 더욱 역설적이다. 내가 제안했듯이 만약 이것이 사실이라면 우리의 문화적 정체성에 대한 역사적 원천을 언급해야 하는 중요성은 더 설명되고 강조되어야 한다. 이것은 우리가 누구인지 알아가는 데 있어 돌아가는 길 같아 보이지만, 아리스토텔레스가 말했던 것처럼 만약 우리의 정체성이 잠재적으로 제한되지 않았다면, 우리의 현재 정체성이 얼마나 불완전한지를 깨닫게 되는 것은 오직 인류 역사와 그 역사와 함께하는 우리의 정체성을 다룰 때뿐이다.

3

나는 이 책의 제목인『자기 앎의 탐구』를 버나드 로너건의 중요한 철학 텍스트인『통찰: 인간 이해에 대한 연구』의 핵심 주제로 여겨 뽑았다. 이 책에서 기본적인 나의 목적은 자기 앎의 주제와 연관해서『통찰』의 각 장들을 요약하는 것이다. 이렇게 하기 위해 자기 앎의 주제와 연관된 주요 쟁점과 체계를 로너건의 저서에 따랐으며, 단 두 가지만은 예외로 했다.『통찰』의 2장부터 5장까지를 요약하면서 수학과 과학의 역사를 짤막하게 제시했다. 이 장들은 로너건의 책을 읽는 대다수 독자들에게 넘기 힘든 장벽이었고, 로너건이 독자에게 수학과 과학의 튼튼한 배경지식을 요구했지만, 만약 그럴 수 없을 것으로 예상되면 독자들을 돕기 위해 이 장들의 중심 주제를 이론적으로 덜 엄격하게 접근했을 것이다. 두 번째 예외는 7장과 8장에서 다룬 자료인데, 이 장들에서 나는 1957년에 발행된『통찰』과 1972년에 발행된 로너건의 두 번째 저서인『신학 방법』에서 전개된 로너건 사상의 중요한 발전을 소개하였다. 이 마지막 두 장에서 나는『통찰』과『신학 방법』에서 다룬 자료를 묶어 선택하는 자이며 사랑하는 자(lover)의 관점에서 자기 앎에 관한 나의 연구를 마무리 지었다.

   텍스트에서 로너건의 이름은 언급하지 않기로 했다(각주에서 내가 사용한 자료들의 출처는 밝혀 놓았다). 독자들에게 표현의 연속성을 제공하고,

또 사람들이 자기 스스로 자신의 구체적이고 실제적인 경험에서 철학하는 것을 배우게 하는 것이 자신의 목적이라고 로너건이 늘 말했기 때문이다. 로너건의 방법이 지닌 바로 이 인격적 측면을 강조하기 위해, 나는 독자를 직접 당신이라는 대명사를 사용하여 말했다.

마지막으로 지금 우리 시대 철학계에서 로너건의 위치에 관해 한마디 언급하고 싶다. 로너건은 20세기에 중요한 두 전통 즉 분석 철학과 현상학의 틀 안에서 철학하지 않았다. 그의 철학적 뿌리는 스콜라 철학에 있다. 그의 이해는 현대의 수학과 과학의 성취에 기원을 두고 있고, 아리스토텔레스와 아퀴나스의 사상으로 소급하기 때문에 그가 성장해 온 철학 전통의 토대를 완전히 새롭게 건설할 수 있었다. 나의 희망은 지금의 이 작업이 바로 현상학과 분석 철학을 연구하는 학자들과 새로운 토대에 대해 소통할 수 있었으면 하는 점이다.

4

이 책의 주제를 14가지로 요약하면 다음과 같다.

(1) 근본적인 질문은 '나는 누구인가?'이다. 우리는 아주 색다르게 드러나는 정체성을 지니고 있기 때문에 이에 대해 수많은 방식으로 대답할 수 있다. 그렇지만 우리의 근본적인 정체성은 구체적이며 계속적으로 지자, 선택하는 자, 사랑하는 자라는 점이다.

(2) 지금 현재 현실화한 우리의 문화적 정체성은 기본적인 초월적 정체성의 성격을 지니거나 혹은 지니고 있지 않다.

(3) 현실된 문화적 정체성과 잠재적인 전통적 정체성의 관계를 방법적으로 조사하고, 해석하고, 평가할 수 있다.

(4) 방법은 알아가고, 선택하고, 사랑하는 중일 때 무엇을 하고 있다고 추정하는 것과는 반대로 알아가고, 선택하고, 사랑하는 중일 때 무엇을 하는 중인지 적정화하는 것과 관련된다.

(5) 이 방법이 제안하는 것은 우리의 종교적 가정(假定)은 우리의 도덕

적 가정에 달려 있고, 우리의 도덕적 가정은 우리의 인지적 가정에 달려 있다는 점이다. 기능적으로 연관된 이들 가정들은 우리의 종교적 가정에서 시작하여 우리의 인지적 가정으로 되돌아오든 아니면 그와 반대이든 적정화할 수 있다. 나는 인지적 가정에서 도덕적 가정과 종교적 가정으로 나아가는 길을 선택했다. 그 이유는 우리가 하는 자기 앎의 탐구나 우리의 근본적인 초월적 정체성과 실재를 적정화하는 데 기본 문제가 된다고 생각하기 때문이다.

(6) 기본적인 문제는 무엇이 실재를 진짜로, 객관성을 객관적으로, 알아감을 알아감으로 만드는 것인지에 관해 구체적으로 작동하는 우리의 가정이다. 실재와 객관성에 관련된 구체적이고 생생한 이들 가정은 '알아감'을 '행하는' 중일 때 우리가 하고 있는 것이 무엇인가' 라는 질문에 어떻게 답을 하는가에 달려 있다.

(7) 이 문제의 해법에는 '알아가는 중일 때 우리는 무엇을 하고 있는가'와 '왜 그것을 행하는가' 라는 하나의 가정으로부터 엄밀하게 정의되고 반대되는 가정으로 되돌아설 것을 포함하고 있다. 그런데 타인을 '회심하도록' 그들이 갖고 있는 기본 가정을 바꾸라고 논쟁할 수는 없다. 그렇지만 우리가 할 수 있는 것은 소크라테스가 했던 방식, 즉 그들 스스로가 갖고 있는 기본 가정이 그들 스스로 자발적으로 지니게 된 경향인지 자연적으로 주어진 경험인지를 검증하고 반성하도록 하는 것이다.

(8) 바로 이 지적 회심은 아주 어렵고 해결하기 쉽지 않은 문제다. 그 이유는 지적 회심은 사람의 존재론적 체계에서 또 우리 개인의 삶과 집단적인 역사적 삶에서 자라난 인간 존재로서 우리가 발전해 온 방식에서 야기되었기 때문이다. 내가 보기에 이 문제의 복잡함은 수학과 과학의 역사에서 가장 잘 볼 수 있다. 이 역사는 그 문제의 완고함과 고질적 특성을 설명할 뿐만 아니라 그 문제를 해결할 일련의 조건을 제시한다.

(9) 이 문제의 핵심은 실재, 객관성, 알아감에 관한 우리의 개념이 시간과 공간에 대해 우리가 갖고 있는 개념과 관련한 방식에 놓여 있다. 수학의

역사는 미적분학이 토대를 삼는 용어들인 무한, 수, 극한, 기능, 미적분 등의 용어의 정의를 논리적 공식으로 만드는 데 수학자들이 계속해서 실패했던 특별한 증거를 제공한다. 물리학의 역사는 첫째는 물리적 공간과 시간을 측정하는 좌표체계를 포괄적인 공식으로 만드는 것이 얼마나 어려운지, 둘째는 물리적 공간과 시간이 서로 상호적 조건이라는 것, 그래서 시공간은 독립적이거나 무한한 실재가 아니라는 것, 그러나 매우 상반되고 종속적이며 제한적이라는 것을 이해하는 것이 얼마나 어려웠던가를 보여 준다. 수학과 물리학의 역사는 문제의 본질을 분명하게 이해하는 것에 더해, 이 문제가 사실상 해결된 방식을 보여 주었다. 인간 지자들이 새롭고, 역동적이며, 축적적으로 방법들을 성공시키는 가운데 계속해서 작동하고 있는 것을 보여 주는 새로운 방법을 이 두 학문은 발달시켜 왔다. 철학자들에게 자신들의 방법적 절차를 명료하게 하고, 자신들 내부에 있는 인간의 알아감의 불변하는 체계를 규정할 수 있도록 기회를 제공한 것은 바로 이 방법이었다. 바로 이 불변의 체계를 적정화한 후, 우리들 스스로에게서 볼 수 있는 인지적 경험 내에서 알아감의 다른 패턴들이 무엇인지, 이것을 어떻게 형이상학으로 통합할 수 있는지를 규정하는 것으로 나아갈 수 있다. 초월적 지자로서 우리 자신의 기본 정체성을 적정화할 수 있다면 상이한 모든 종류의 실재에 대한 실재를 알아갈 수 있다고 예기할 수 있으며, 그것들의 질서와 연합에 관한 형이상학도 구상할 수 있게 된다. 그런데 그와 같은 형이상학적 세계질서를 구상하는 데에 중요한 점은 초기 스콜라의 세계질서와 아리스토텔레스의 세계질서 간의 근본적인 유사성과 차이를 강조하는 것이다.

(10) 전통적 세계질서와 4장, 6장에서 내가 결합하여 정교하게 발전시키고 있는 세계관과의 근본적 차이는 방법이다. '방법'이라는 말은 일련의 규범적 작동을 의미하는데, 이 규범적 작동으로 아직 알지 못하는 목표를 예기할 수 있으며, 그 목표를 향해 갈 수 있는 효과적이면서 꾸준하고 진보적인 결과를 만들어 내는 그 길로 나아갈 수 있다. 다른 말로 방법은 우리 스

스로가 수행하는 정신, 혹은 타자의 정신 또는 이들 전부가 협력해서 움직이는 것을 말한다. 모든 방법들은 우리 자신이 수행하는 지성의 특정화이다. 바로 이 방법은 세 가지 기본적인 특징을 지닌다. 즉 작동적이며, 자기 발견적이고, 초월적이다.

(11) 작동이라는 말로 내가 의미하는 것은 다음과 같다. 방법은 알아가는 우리 자신의 구체적인 작동에서 기인하며, 그 내용을 산출하는 인지 활동을 강조하기 위해 내용은 추상화하고, 인지 활동이 만들어 낸 인지 내용을 매개하고 설명한다. 이 방법의 특징은 엄밀한 설명적 학문, 그리고 관계와 차이를 기술적이며 설명적으로 섞어 놓은 학문 간의 차이를 강조한다. 후자는 관계와 차이에 대한 기술적인 단계로부터 분명히 분화되어 관계와 차이에 대한 설명의 단계로 아직 도달하지 못했다. 6장에서 설명하고 있는 형이상학적 세계질서는 엄정한 설명적 단계인 반면, 전통적인 존재론의 세계질서는 기술적이고 설명적인 관점이 섞여 있어, 이들 관점들 간의 차이를 조절할 수 있는 분명한 길을 제시하지는 못했다.

방법은 또한 아직 알지 못하는 목표를 예기한다는 점에서 자기 발견적이다. 방법은 계획, 프로그램, 혹은 청사진이 아니다. 계획은 목표에 도달하기 위한 수단을 개관하고 그대로 따라가는 명백한 목표를 갖고 있다. 방법은 그와 정반대다. 그 객관성은 알려지지 않았고, 알려진 것은 지향하는 작동뿐이다. 우리는 그 대상이 존재하도록 산출하거나 원인이 될 수는 있지만 이는 다만 이 작동의 조건이 주어졌기 때문에 그럴 수 있다. 그렇기 때문에 이들 작동은 규범적으로 정향된 지향성이며, 지금은 알지 못하지만 장차 알게 될 그것을 향하도록 우리를 주도한다. 이들 작동은 작동자를 갖고 있다. 즉 당신이라는 주체인데 당신은 이들 작동을 주도할 뿐만 아니라 이들 작동들을 수행하는 가운데, 수행을 통해서 작동들을 구성한다. 마지막으로 이들 작동은 초월적이다. 우리가 이미 성취한 결과들을 넘어서, 여전히 아직 알지 못하는 객관성을 추구하도록 우리를 초대한다는 점에서 초월적이다. 초월에 관한 고전적인 예는 질문이다. 질문은 관찰자로서 우리 자신을 넘어 질문하는 자로서 우리가 관찰한 것들을 이해함으로 옮겨 가게 하기 때문이다. 그러나 상이한 형식의 질문들과 상이한 형식의 관심 혹은 지향성이 있다. 이 상이한 형식의 질문 혹은 지향성은 알지 못하는 상이한 객관성을 향해 우리가 조용히 고집스럽게 계속해서 나아가도록 정향된 질문하기를 시작하고 주도하게 한다. 이 질문에 관한 해답은 원만한 전체를 형성하게 될 텐데, 우리는 그것을 '체계'라고 부를 것이다. 체계의 핵심적 특징은 협력하고 조절할 수 있는 질문의 범위다. 그러나 체계가 발달할수록 더욱더 특화되고, 경계를 분명하게 긋게 되는 경향이 있다. 그 때문에 새로운 초월적 질문들의 조건을 설정하게 된다. 결국 그 질문들은 관심의 작동들과 영역들을 더욱더 광범위하게 초월하여 협력하고 포괄하게 될 것이다.

(12) 우리의 초월적 정체성은 우선 알아감의 단계들과 층위에서 드러나지만, 우리가 선택하는 데에서 특히 사랑하는 데에서 정체성이 더욱더 만연하고 친숙하게 드러난다. 초월적 방법은 우리 자신의 역동적 지향성을 적정화하는 것을 의미하며, 우리 자신과 타인에게서 더 심오한 정체성의 측면을 모색할 수 있게 한다.

(13) 사랑은 전적인 초월적 신비로 경험될 수 있다. 극적이고, 무아경의 혹은 대단히 정적인 방식으로 우리 자신 안에서 우리를 드러내고, 믿음과 신뢰의 새로운 지평에 서게 하는 경험이다. 그러나 초월적이며 종교적 경험이 우리가 지닌 정체성의 이전 단계와 층위들을 넘어 있는 것일지라도, 우리의 과거에 작동했던 정체성이나 통일성을 남겨 두는 방식이 아니라, 오히려 그것들을 개인의 실존과 타인의 존재, 종교적 경험을 통해서 규정할 수 있는 전적인 '타자'를 포함한 더욱 완전한 양상으로 이끄는 방식이다. 그런데 초월적 방법은 종교 전통들이 달라지거나 같은 교리 전통에 차이가 생길 때 어느 한쪽을 편들도록 유도하지 않는다. 오히려 종교 전통들이 다르게 전개되는 토대를 철학자들 자신의 초월적 정체성에서 발견하도록 철학자들을 인도한다.

(14) 마지막으로 철학은 삶의 방식이다. 그것은 자기의 정체성으로 알고 살아온, 그리고 여전히 아직 알지 못하는 총체적 실재의 자기 정체성을 다루는 실존적 질문에 우리를 전념하게 한다. 그 질문은 우리의 현재 정체성이 우리 자신의 잠재적으로 제한되지 않은 역량과 일치하는가 하는 점이다. 즉 진정한 방식에서 우리가 인지적으로, 도덕적으로, 종교적으로 실존하는가를 질문하는 것이다. 방법적으로 이 물음에 대한 답을 하려면, 우리는 발달적이며 변증적 방식에서 현재 우리의 문화적 정체성을 해석하고 평가할 수 있어야 한다. 지자로서, 선택하는 자로서, 사랑하는 자로서 지금 우리의 문화적 정체성은 우리가 태어난 역사적 상황과 우리의 경험, 그 안에서 살고 있으며 그것을 매개해 온 언어 공동체에 달려 있다. 언어 공동체마다 알아가고 선택하고 사랑해 온 과거 역사가 있다. 거기에는 과거 문화 공동체의 초월적 정체성을 한 걸음 앞으로 내딛게 했던 그리고/또는 모호하게 방해를 했던 역사도 있다. 철학자가 자신의 초월적 정체성과 초월적 방법에 토대를 두고 그 방법에 의해 산출된 다양한 초월적 방법들을 적정화해 왔다면, 그는 역사학자와 사회학자들과 협력하여 자신들의 문화에서 지금 실제 작동하고 있는 진정하거나 진정하지 못한 현재의 흐름에 구체적으로 작동하고 있는 근원을 분별할 수 있다. 그래서 철학자, 역사학자, 사회학자는 자신들의 문화적 정체성의 조건과 자신의 초월적 정체성과 어울리거나 또는 어울리지 않는 다른 방식을 마련할 수 있다.

1

통찰 Insight

1 통찰

당신은 주간지 『뉴요커』(New Yorker)에 실린 만화를 보고, 캡션을 읽고, 다시 만화를 보고 있다. 그런데 궁금증은 더해만 간다. '무슨 의미지?' 보고 또 보면서 당신은 이해가 더디어 포착하지 못했을지도 모를 작가가 숨겨 놓은 단서를 추측해 본다. 마침내 오리무중의 몇 분이 지난 후, 당신은 핵심을 파악했다. 그리고 『뉴요커』 만화의 미묘함을 이해하게 된 선택된 독자 가운데 한 명이라는 사실에 안도감을 느낀다.

이렇게 핵심을 파악하거나 거기에 도달하는 순간은 우리 정신생활에서 익숙하면서도 상당히 자주 일어나는 사건이다. 그래서 핵심을 포착하는 활동을 철학의 새로운 접근법으로 또 과학적, 도덕적, 종교적 질문들에 관한 합의에 도달할 수 있는 기본이 되는 새로운 방법으로 삼으려는 제안이 거의 터무니없어 보일 수도 있겠다. 이러한 통찰 활동을 몇몇의 철학자들은 알았지만, 철학의 새로운 방법이나 토대로 삼은 적은 없었다. 통찰이 그렇게 중요한데 왜 철학자들은 통찰의 놀라운 중요성을 이해하는 데 실패했을까? 이 물음에 답을 하기 전에, '통찰'이라는 인지적 사건의 특징을 기술하겠다.

통찰의 가장 놀라운 점은 어리석음에서 명석함으로 아주 갑작스레 전환한다는 점이다. 일단 만화의 요점을 이해하게 되면, 간파되지 않던 그림이

갑자기 이해되고, 그 의미가 완전히 분명해지면서, 어떻게 그 요점을 놓칠 수 있었는지 의아해진다. 더 복잡하고 극적인 예를 들자면, 뉴턴이 일단 구적법의 문제를 접선으로 바꾸고 났더니 이해할 수 있었던 것을 들 수 있다. 그는 페르마(Fermat)와 파스칼(Pascal)이 어떻게 이 요점을 놓칠 수 있었는지 이해되지 않았다. 뉴턴은 골똘히 생각에 빠졌고, 차이는 그 과학자들의 눈앞에 놓인 종이에 그려진 도형에 있었다.[1] 뉴턴은 '그들의 눈에 뭔가 씌었던 것이' 틀림없다고 여겼다. 뉴턴과 동료 과학자들의 차이는 통찰이었다. 도형은 통찰이 아니지만 마음을 먹고 있는 사상가에게서 통찰이 일어나게 한다. 이것이 우리를 갑작스러운 지적인 깨달음이라는 두 번째 특징으로 이끈다.[2]

통찰은 준비된 정신에서 일어나고 당신의 정신을 준비시키는 것은 의문과 궁금함이다.[3] 궁금하다는 것은 어떤 부족한 것, 이해하고자 하는 욕망, 핵심을 잡고자 하는 욕망이다. 의문의 상태는 아주 놀라운 방식의 의식이다. 우선 질문을 할 때 당신 자신은 답을 향해 있다. 즉 지금은 답을 알지 못하지만 답에 도달할 수 있는 능력을 자신이 지니고 있다는 것을 안다. 묻는 자로서 이런 역설적인 주장을 할 수 있는 이유는 당신은 자신이 알지 못한다는 것을 알지만, 동시에 답에 도달할 수 있는 능력이 있다는 것을 알기 때문이다. 답에 도달할 수 있는 능력, 그에 대한 열쇠는 설령 그 답이 무엇

1) Carl Boyer, *The History of Calculus and Its Conceptual Development*(New York: Dover Publication, 1959), 153.
2) 이 장에서 다뤄진 주제들은 버나드 로너건의 『통찰: 인간 이해에 대한 연구』 1장의 각 부분을 철저히 따랐다. Bernard Lonergan, *Insight: A Study of Human Understanding*, ed. Frederick E. Crowe and Robert M. Doran, Collected Works of Bernard Lonergan, vol. 3(Toronto: University of Toronto Press, 1992).
3) 옮긴이 주: 'wondering' 을 '궁금함' 으로, 'knowing' 역시 '알아감' 으로 번역한다. 우리말 번역으로는 어색하지만 이 책이 인지 과정을 기반으로 내용을 전개하고 있기 때문에 '-하는', '-함' 이라는 우리가 미처 의식하지 못하지만 의식의 활동, 작동 중인 인지 과정의 현재성을 살리기 위해서다.

인지 아직 알지 못하더라도, 당신이 갖고 있는 물음이 답을 향해 있기 때문이다. 다른 말로 하면, 당신은 그 답을 단지 알지 못하는 것이 아니라 장차 알 수 있으나 아직 알지 못하는 것이다. 질문이 드러내는 것은 질문경험이란 이해할 수 있는 가능태의 경험이며 만약 기대한 당신의 통찰이 일어난다면 장차 이해할 수 있는 현실태의 경험으로 전환될 것이라는 사실이다.

이 요점을 좀 더 분명히 하려면 통찰의 세 번째 측면에 초점을 맞추자. 감각하는 외적 경험이든 상(象)을 그리는 내적 경험이든 경험의 관계성에 초점을 둔다. 주간지 『뉴요커』의 만화를 보는 것과 본 것을 이해하는 것은 별개의 일이다. 보는 것이 이해하는 것은 아니다. 그러나 본 것은 이해할 수 있는 것으로 될 수 있다. 만화의 의미를 궁금해할 때, 당신이 갖고 있는 질문이 드러내는 것은 통찰이 일어나면 감각 대상인 만화가 이해가능한 감각 대상으로 전환할 수 있다는 것이다. 고양이도 만화를 볼 수는 있다. 그러나 고양이는 만화를 잠재태의 이해가능한 것으로 보지 않는다. 고양이는 묻지 않기 때문이다.

이에 대해 이야기할 수 있는 아주 오래된 유명한 예가 있다. 『메논』(Meno)에서 소크라테스는 노예 소년에게 정사각형의 면적을 두 배로 만드는 문제를 냈다. 소크라테스는 정사각형의 도형을 그리고, 소년에게 다른 문제들을 묻기 시작한다. 소년이 정답을 발견할 수 있도록 하려는 시도였다. 소크라테스가 도형을 돌려놓고 다른 방식으로 그 문제를 던졌다. 마침내 소년은 핵심을 포착했고 그 문제를 풀었다. 소년은 통찰했던 것이다. 이것은 통찰의 출현이 두 가지 조건 — 질문과 그 질문으로 말미암아 잠재적으로 이해가능하게 된 도형 — 에 달려 있다는 것을 보여 준 놀라운 예다. 소크라테스는 노예 소년을 위해 발견해 줄 수는 없지만, 질문을 던지고 도형을 그리는 방식으로 다소간의 통찰이 일어나게 했다.[4] 선생님은 학생들

---

4) Bernard Lonergan, *Verbum: Word and Idea in Aquinas*(Nortre Dame: University of Nortre Dame Press, 1967), 12 ff.

에게 좀 더 연상된 질문을 던지거나 똑같은 문제를 다른 관점에서 표현한 예들을 반복해서 보여 줌으로써 학생들의 통찰을 일깨울 수 있다.『메논』에서 소크라테스가 노예 소년에게 기하학을 가르친 예는 그 노예 소년이 전생에 답을 이미 배웠고 그래서 소년의 통찰은 이해함이 아니라 영혼(soul)에 있는 선험적 지식을 회상해 낸 것이라는 주장으로 사용되었다. 아리스토텔레스는 이 주장에 동의하지 않았다. 그는 노예 소년이 답을 발견할 수 있었던 열쇠는 선험적 지식을 기억해 낸 것이 아니라 지적인 질문과 적절한 상(象)으로 준비되어 있던 정신의 이해함의 활동 때문이었다고 지적했다. 기억함은 통찰이 일어나는 데 일정 정도 역할을 하지만, 핵심은 질문과 통찰을 불러일으키는 상이다.

질문을 적정화, 즉 자기의 것으로 만드는 것에 대한 응답이면서 적절한 상이나 감각에 의존해 있는 개개인의 이해함의 활동이 통찰이다. 이해함을 불러일으키는 질문함, 상상함, 감각함의 활동에 더해 또 다른 활동 즉 기억함, 느낌 등의 역할도 있다. 그런데 지금은 질문하고, 상을 만들고, 감각하는 상호작용이 통찰을 조건 짓고 통찰로 이끌어 간다는 것에 초점을 두고자 한다. 질문이 핵심적 활동이다. 질문함이 없다면 감각자료는 감각할 수 있는 도형이나 만화를 이해가능한 것으로 전환하도록 사람을 고무하지 못하기 때문이다. 질문함이 전 과정을 주도하고 유지하며, 긴장을 야기한다. 이 긴장은 통찰 또는 이해함이라 부르는 갑작스런 깨달음을 통하여 해소된다. 한순간에, 이전에는 이해하기 어려워 보이던 것이 갑자기 선명하게 이해가능한 것으로 전환된다. 이 과정은 통찰에서 멈추지 않는다. 통찰이 일어난 것과 이해한 것이 무엇인지 분명하게 말할 수 있는 것은 또 다른 문제다.

2   정의함

중요한 것은 이해함이 질문함에 달려 있고, 질문함은 알아감에 대한 흥미 혹은 욕망에 달려 있다는 것을 기억하는 것이다. 일반적으로 사람들은 자신들이 이해한 것이 무엇인지 분명하게 정의하는 데 관심이 없다. 그래서 만화에서 통찰이 일어난 첫 번째 예에서 그 통찰을 전달하는 문제는 없었다. 통찰을 표현하는 언어는 발견될 필요가 없고, 이해한 것을 정확하고 완전하게 이해할 수 있는 문장으로 표현할 것을 요구하지 않았다. 그러나 당신이 이해하고 있을 때 바로 무엇을 하는 중인지 그리고 이해함이 기억함, 상을 만드는 이미지화와 감각함 등과 어떻게 다른지 평가하고 싶다면, 당신이 이해했던 것이 바로 무엇인지 분명하고 정확하게 말하는 것은 중요하다. 서양 문화에서 이를 시도했던 첫 번째 인물이 소크라테스다.[5]

아리스토텔레스는 소크라테스야말로 보편적 정의를 정형화하려고 시도했던 첫 번째 사람이었다고 말한다. 그것이 얼마나 어려운 일이었던가를 평가하려면, 플라톤의 대화편 『에우티프론』(Euthyphro)을 읽을 필요가 있다. 거기서 소크라테스는 거룩한 것이 무엇인지 정의의 형식을 만들어 보라고 에우티프론을 이끄느라 애를 쓴다. 문제는 에우티프론도 무엇이 거룩한 것인지 특정한 경우에는 잘 알고 있었지만, 거룩함에 관한 특정한 의미들을 이해하여 이런저런 경우를 모두 아우를 수 있는 더 일반적인 이해로 형성해 내지 못했다는 점이다. 소크라테스는 새로운 유형의 질문을 했기 때문에 새로운 유형의 통찰은 모색 중이었고 또한 그의 질문은 아주 새로웠으며 알고자 하는 다른 욕구에 의해 조건 지어졌고 주도되었다.

일상적이고 평범한 알아감은 실질적인 지식을 욕망하며 이 욕망에 의해 동기화된다. 그것에 비하면 소크라테스는 알아감 그 자체를 추구했다. 그는 아테네 사람들에게 알아감에 있어서 '사심 없는' 관심 — 즉 실질적인 관심을 벗어나 이런 관심에서 자유로워진 알고자 하는 욕망 — 의 발달에 관심을 갖게 하려고 시도했다. 정의를 하는 중일 때 어떤 의식활동을 하는지 아는 것은 알아감의 상이한 목적들과 패턴들이 있는 것을 깨닫게 하는

---

5)   *Insight*, 7-13.

데에 중요하다. 당신이 아는 것은 무엇이고 알지 못하는 것은 무엇인지 관념적 발견을 추구하는 데에서 이론적 패턴의 알아감이 있다. 지각하고, 기억하고, 이미지화의 내용과 반대되는 활동으로서 당신의 이해함의 내용을 엄밀히 정의할 때 이를 성취할 수 있다. 소크라테스는 자신이 무엇을 하려고 애쓰는지 알았지만 그 목적을 실현하지는 못했다. 소크라테스가 실패한 지점에서 아리스토텔레스는 성공하였다. 아리스토텔레스의 윤리학에는 덕과 악의 차이를 정의하고 있을 뿐 아니라, 덕과 악의 관계와 차이를 체계적으로 다루고 있다.

　아리스토텔레스가 성공할 수 있었던 중요한 실마리는 통찰을 질문함으로 이끌어 간 데 있다. 특히 '무엇'과 '왜'라는 질문은 다르다. 도움이 되는 예를 하나 들어 보자. 무엇이 집이지? 혹은 이런 물질 대상은 왜 이런 식으로 건축되었나를 질문할 수 있다. 아리스토텔레스에게 두 번째 질문은 어떤 물질 대상, 집이란 것에 대한 가정에, 건축가가 집의 각 부분들을 통일된 하나의 전체로 패턴화한 방식에, 물음을 던진 것이다. 건축가는 왜 지붕, 벽, 창문, 문 등의 각 요소를 이런 특정한 디자인으로 설계했을까? 이 질문을 하려면, 우선 디자인에서 패턴을 파악하고, 그다음 이 패턴을 구현하고 있는 각 요소들의 물질 재료에서 그 패턴을 추상화해야 한다. 또 바로 이 똑같은 디자인이 아주 다른 재료로 만들어질 수도 있다는 점을 알아야 한다. 그래서 디자인 혹은 '형식'은 재료의 여러 부분에서, 이 부분을 통해서 존재하는 관계의 추상적 패턴이라고 한다. 예를 들어, 프랭크 로이드 라이트(Frank Lloyd Wright)는 집의 기본 패턴을 상자 설계로 보았다. 그래서 그는 '상자 설계라는 패턴을 깨고', 전체를 구성하는 각각의 부분들을 새로운 유형의 디자인 혹은 패턴으로 재구성했다.[6] 그가 이렇게 할 수 있었던 것은 먼저 재료가 되는 부분들을 디자인 혹은 패턴으로 추상화한 다음, 그 부분

---

6)　Frank Lloyd Write, *An American Architecture*, ed. Edgar Kauffmann(New York: Horizon Press, 1995), 75-80.

들을 새로운 패턴으로 재배열할 수 있었기 때문이다. 여전히 지붕, 벽, 창문, 문, 마루는 있지만 전혀 다른 형식으로 설계할 수 있다. 건축가의 머릿속에 추상적인 몇 장의 설계도가 있을 것이고, 주변에서 그 설계도가 실제로 구현된 예도 볼 수 있다. 그러므로 집이나 원을 정의한다는 것은 집이나 원이 무엇인지를 이해한 것이며, 감각할 수 있는 실제 예에서 그 형식 혹은 패턴이 왜 그런 식인지 이유를 추상화한 것이다. 그다음 문제는 감각할 수 있도록 실제 현실에 구현된 대상에서 분리해, 정신 안에서 이 '이유'나 패턴을 추상 혹은 무형의 비물질적인 형식으로 숙고하는 것이다.

추상화하는 과정을 찬찬히 보면 정의함이라는 인지 활동을 명료하게 이해하는 데 도움이 된다. 추상함은 보통 구체적인 것과 반대되는 활동으로 생각되고, 구체적인 실재를 추정하는, 그 실재를 추려 내는 혹은 환원하는, 과정이라고 잘못 간주된다. 이런 실수를 하는 이유는 추상함은 두 가지 다른 인지 활동, 즉 생략하기와 첨가하기를 포함하고 있기 때문이다. 당신이 결정한 것이 무엇이든 핵심이나 통찰을 얻는 데 요청되는 것이 아니라면, 정의에서 제외된다. 예를 들어, 논문의 초록을 쓰기 위해서는 논문에 들어 있는 이차적인 아이디어는 제쳐 놓고 고유한 본래의 아이디어만을 뽑아내야 한다. 두 가지를 지적할 수 있는데, 추상함은 의식활동이고 이 의식활동은 이해함에 달려 있다. 당신이 그 논문을 이해하지 못한다면 어느 것이 고유한 아이디어이고 어느 것이 이차적인 아이디어인지 알지 못한다. 추상함은 무의식의 숨겨진 활동이 아니라, 이해함이라는 앞선 의식활동에서 나온 활동, 중세 스콜라 철학에서 말하던 의식활동에서 나온 의식활동이다.

추상함은 상(象)을 그리는 이미지화가 목표가 아니라 이해함을 목표로 하여, 관련 있는 것이 무엇이며 관련 없는 것은 무엇인지를 결정한다.[7] 이

---

7)   추상화에 대한 논의는 다음을 보라. *Verbum*, chapter 4. 또한 Bernard Lonergan, *Topics in Education*, Collected Works of Bernard Lonergan, vol. 10(Toronto: University of Toronto Press, 1993), 124-32 참조.

해하기 위해서는 상 혹은 이미지를 필요로 한다. 그래서 어떤 상은 선택하고 다른 상은 제외한다. 그 이유는 어떤 이미지들은 통찰을 일으키는 데 더 개연적이라고 결정했기 때문이다. 그러므로 추상함은 소극적인 측면을 지닌 의식활동이다. 제외하거나 생략하는 이 소극적 차원은 이해함의 활동을 더욱 능동적이고도 놀라우리만큼 풍성하게 하는 차원에 속한다. 당신이 더 이해하면 할수록, 당신은 정의의 한계를 정하는 데 있어서 무엇이 필수인지 아닌지를 더 잘 짚어 낼 수 있다.

일례로 원에 대한 네 가지 다른 정의들을 생각해 보자.

(1) 원은 한 바퀴 돌아 자신을 만나는 선이다.
(2) 원은 중심에서부터 등거리에 있는 평면 점들의 집합이다.
(3) $x^2 + y^2 = r^2$
(4) $x^2 + y^2 + Dx + Ey + F = 0$

원에 대한 이 네 가지 서로 다른 정의는 각각의 정형화 혹은 공식화에 기반한 통찰이다. 첫 번째 정의는 전문적인 의미에서 정의가 아니라 단순한 기술(description)이다. 기술은 '원'이라는 단어를 이해하고, 원이 무엇인지 말하고, 둥그스름한 것에 이름을 붙인 것이다. 이 정의를 '이름뿐'인 정의라고 할 수 있다. 두 번째 정의는 유클리드 정의의 핵심으로 원이란 것이 무엇인지를 말할 뿐 아니라 그것을 왜 원이라고 하는지 이유도 설명한다. 첫 번째 문장은 원이 왜 둥근지 설명하지 않았지만 두 번째 정의는 원이 왜 완전하게 둥근지를 말한다. 이유는 원을 구성하는 모든 점들이 중심점에서 같은 거리에 있기 때문이다. 유클리드의 정의에서 또한 중요한 말은 동일 '평면의'(coplanar)라는 단어인데 이 단어는 점의 집합이 똑같은 평면에 있어야 한다는 의미다. 원은 이차원의 그림이지 구(球)와 같은 삼차원이 아니다. 이는 정의의 필수적인 부분이다. 왜냐하면, 지구에서 아프리카 대륙의 점들을 추적해 간다면 지구 중심에서 등거리에 있는 모든 해안을 따라

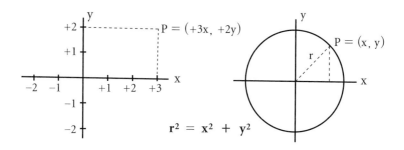

그림 1.1　수직축 좌표계

점의 집합이 있을 수 있겠지만, 그것들은 원을 형성하지는 않는다. 다른 말로 원을 정의할 때, 원이 원인 것은 왜인지 이유를 포함해야 할 뿐만 아니라 원이 아닌 것은 배제해야 한다. 여기서 문제는 상상(imagination)도 필요하고, 또 상을 그리는 이미지화와 이해함의 차이를 이해할 필요도 있다는 점이다.

　비록 이해하기 위해 상을 필요로 하지만, 이해함은 이미지화하기가 아니다. 이 두 의식활동의 차이를 분명하고 정확하게 구별하려면 상을 제거하는 방식으로 이해함의 의식활동에 제한을 두어야 한다. 즉 정의를 해야 한다. 이해함은 이미지화하는 것 그 이상이나 이것이 의미하는 바를 분명히 하려면 원에 대한 세 번째 정의를 살펴볼 필요가 있다. 세 번째 정의는 예상치 못한 방식에서 이해함을 제한하는 실수나 숨겨진 상 혹은 이미지의 문제를 제거하면서 유클리드의 정의를 훨씬 넘어섰다. 세 번째 정의는 일상적인 언어 체계를 완전히 깨뜨리고, 새로운 상징 체계를 만들어 내었다. 새로운 상징 체계는 체계적으로 생각하는 이가 이 상징 용어를 통해 정의된 또 다른 용어들을 엄격하게 조절하는지 조사할 수 있게 했다. 다음 장에서 상징 언어를 더 자세하게 논의할 테지만 지금 여기서는 이해함과 이미지화함의 구별, 이것을 어떻게 적정하게 하는지를 강조하고 싶다. 이 세 번째 정의에서는 '점들'에 대한 언급이 없고 그 점들이 직각을 이루는 x축과 y축의 좌표 안의 위치로 전환되었다(그림 1.1). 기하학자는 좌표의 x축과

y축의 평면에 있는 모든 점들을 이 두 축과 대응하는 방식으로 표현한다. 점은 x축과 y축의 수치로 바뀌어 표시되고 중심점은 두 축의 교차점으로 표시된다. 반지름의 길이를 가리키는 r²을 길이로 표시할 수 있게 되었다.

　세 번째 정의가 이로운 점은 비록 원의 상이 이해함의 활동을 촉발한 계기였지만 이 이해함의 활동을 원이라는 상에 제한하지 않고 자유롭게 했다는 점이다. 점은 크기나 길이, 넓이, 두께가 없다. 그러나 여전히 점을 부피가 아주 적은 점으로 생각하는 경향이 있다. 그러나 이 점을 x축과 y축에 동시에 대응하는 위치로 생각하거나 정의한다는 것은 그 이해가능성(intelligibility)을 물질적 특성과 상(象)으로 생각하지 않는다는 점을 강조한 것이다. 당신은 x의 y에 대한 관계 또는 y의 x에 대한 관계를 상상할 수 있지만, 그 두 관계를 동시적으로 상상할 수 없다. 대응되는 상관관계와 좌표는 원의 상(象)을 상상한 것은 아니다. 다른 말로, 이해함을 다양한 개념과 정의로 생각하는 방식을 보면 통찰은 상을 초월할 수 있는 능력이라는 것을 알 수 있다. 상은 통찰의 조건이지만 통찰의 원인은 아니다. 통찰은 관념(ideas), 개념(concepts) 혹은 정의(definitions)의 원인이다. 그래서 정의는 통찰로 말미암아 상을 이해하게 된 이해가능성을 표현한다. 이해함의 활동에는 상이 필요하다. 매개하지 않고도 저절로 질문이 떠오르지만, 당신은 상을 통해서 또 상 안에서 이해하는, 매개적 이해를 한다. 저 상에서 나온 관념 혹은 정의에 초점을 맞추면, 원에 대해 물질이 아닌 관념을 발견하게 되고, '물질과 관계없는 이 관념은 어디에서 유래하는 것일까' 궁금해하기 시작한다. 그 관념은 매개하지 않은 채 직접적으로 '뜻밖에' 출현한 것 같아 보인다. 그래서 관념은 감각할 수 있는 특정한 원, 혹은 상으로 그린 원을 초월한다.

　이는 '형식'(forms)에 관한 플라톤의 딜레마로, 그 형식은 정신 이외에서는 나타나지 않아 감각할 수 있는 데가 전혀 없다. 왜냐하면 감각 사물은 제한적인 반면, (관념, 개념, 정의 등의) 형식은 특정한 물(物), 시간, 장소에 제한되지 않고, 보편적이고 비물질적이기 때문이다. 형식에 관한 플라톤의 이론에서 빠진 점은 통찰이다. 당신은 통찰에 의해 상이나 감각자료에서 이해가능성이 있는 형식을 파악하게 되어 상이나 감각형식의 제약에 상관없이 이해가능성을 숙고할 수 있다. 통찰은 감각하고, 기억하고, 상을 그리는, 낮은 차원의 활동과 숙고하고 정의하는 높은 차원의 의식활동 사이의 중심축을 형성한다. 고차원의 의식활동은 낮은 차원의 활동 이상이지만 여전히 이 낮은 차원의 활동과 연계되어 있다.

더구나 처음 세 가지 정의에서, 원에 대한 정의가 다음 단계로 진행될 수록 그 의미가 더 보편적이고 일반적이며 포괄적으로 변해 가는 것을 볼 수 있다. 세 번째 정의가 두 번째보다 더 보편적이고, 일반적이고, 포괄적이다. 네 번째 정의는 세 번째 정의보다 더욱 일반적이다. $x^2 + y^2 = r^2$은 교차하는 두 축의 중심점 0을 중심으로 삼도록 제한된 반면, 네 번째 정의에서는 중심은 움직일 수 있게 되었고 좌표 어디든 중심으로 삼을 수 있게 되었다. 이렇게 정의 또는 관념은 많든 적든 포괄적이다. 관념의 일반성은 이해가능성을 기반으로 삼는 통찰의 힘에 달려 있으며, 그 통찰의 힘은 통찰이 만들어 낼 수 있는 개념의 유형에서 드러난다.

통찰의 또 다른 특징은 통찰들이 서로 연합하거나 통합된다는 점이다.[8] 단일한 정의는 오직 이해함이라는 단 하나의 활동만으로 수많은 상이한 개념들을 포함한다. 그 이유는 이해함이라는 단독적 선행활동이 상이한 수많은 개념들을 동시적으로 이해하는 단일한 통찰을 형성하기 때문이다. 예를 들어, 원에 관한 첫 번째 정의에서 시작했지만, 이해함이라는 하나의 똑같은 활동을 통해서 네 가지 정의 전부를 점점 이해하게 된다. 각각의 정의는 여전히 구별되지만 그 통찰은 하나이면서 포괄적인 이해함에 용해된다. 다른 정의들을 서로 보완하고, 교정하고, 향상시키며 동시에 더욱 보편적이고 일반적인 통찰을 형성하는 통찰의 이 능력은 특히 '고차적 관점'(higher viewpoints)에 대한 생각을 연구하면 더 분명해진다.

---

8) *Verbum*, chapters 1 and 2.

3   고차적 관점

기억해야 할 중요한 사항은 통찰을 하는 것과 실제로 이해함의 활동이 일
어나고 있을 때, 당신이 행하고 있는 것을 이해할 수 있는 것은 별개라는
사실이다. 마찬가지로 어떤 한 맥락에서 작동한 이해함보다 더 풍부하고
넓은 맥락에서 이전의 이해함을 포함한 더 새롭고 더 포괄적인 맥락에서
하게 된 이해함으로 나아갈 수도 있다. 이 구별의 좋은 예를 피아제(Pia-
get)의 이론인 어린이의 인지 발달에서 볼 수 있다.[9]

피아제는 어린이의 발달을 세 시기로 제안했다. 출생에서 2세까지의 감
각적 운동기(sensory-motor stage), 2세부터 11세까지 계속되는 구체적 조
작기(concrete operational stage), 그리고 11세부터 15세까지 형식적 조작
기(formal operational stage)이다. 후속 단계는 이전 단계를 전제로 하고,
보완하며, 확장한다. 발달은 인지 적응의 과정을 통해 각 단계가 일어나고,
동화하고, 수용하는 활동으로 구성된다. 아이들은 새로운 기술을 습득해 가
는데, 환경에 적응하면서 새로운 대상과 상황을 이전에 조작한 기술로 다루
고, 또 시행착오(적응)의 과정도 거치면서 기술의 범위를 확장해 간다. 피아
제의 인지 발달의 분석에서 중요한 점은 그가 수학의 집합 개념을 사용하여
주어진 단계와 시기 안에서 발달의 완성을 자세히 규명한 점이다.

어린이가 발달 단계를 완성했다고 평가할 수 있는 것은 조작 중인 기술
이나 다양한 작동들을 결합하고 이를 거꾸로 다시 되돌릴 수 있을 때라고
그는 보았다. 예를 들어 첫 번째 시기에 아이는 물리적 환경에서 몸을 움직
이는 정도를 완전히 숙련하는 단계까지 감각운동의 지능을 발달시킨다. 아
이는 한 장소에서 다른 장소로 이동한 후 다시 출발했던 장소로 쉽고 익숙
하게 돌아올 수 있을 정도가 된다. 두 번째 시기에, 아이는 언어의 세계로

---

9)   피아제 사상에 대한 뛰어난 개론서로 다음 책을 참고하라. John L. Philips, Jr, *The
Origins of Intellect : Piaget's Theory*(San Francisco : W.H. Freeman, 1969).

진입해, 언어적 의미로 구성된 더 넓은 세계에서 매개되지 않은 물리적 세계를 매개하기 시작한다. 그런데 이 구체적 조작기 동안에 어린이는 구체적인 실제 환경을 추상화할 능력이 안 된다. 그래서 만약 다른 행동 방침을 따랐다면 나타났을지도 모를 상황에 대한 다른 가능성을 아직은 고려할 능력이 없다고 피아제는 말한다.

오직 형식적 조작기의 어린이만이 구체적인 실제 환경을 추상화하여 대안으로 선택할 수 있는 다른 경우들을 진지하게 고려할 수 있는 역량을 발달시킬 수 있다. 피아제는 이 새로운 발달을 능력이라고 언급하는데, 그냥 언어를 사용할 수 있는 능력이 아니라 언어의 논증과 가정을 다양하게 해서 결론에 이르는 방법을 다르게 시도할 수 있는 능력이다. 이 단계에 도달한 어린이는 의미를 조작할 수 있고, 또한 자신들이 의미를 만들어 내면서 의식작동을 조작하기 시작한다. 이 시기 어린이들은 대안으로 선택할 수 있는 의미들의 범위를 벗어나 문장들을 다른 패턴으로 결합한다.

어떻게 '의식작동을 조작하는지' 학습한다는 생각은 소위 고차적 관점을 이해하는 데 있어 핵심이다.[10] 구체적 조작기에서 형식적 조작기로 나아갈 때, 어린이는 낮은 관점에서 고차적 관점을 통과하는데, 낮은 단계에서 다루던 대상의 범위를 확장하는 것을 배움으로써뿐만 아니라, 낮은 단계의 대상으로부터 그 대상 혹은 내용을 다루는 작동으로 우선적으로 전환함으로써, 그렇게 한다. 이 같은 전환은 수학의 고차적 관점을 고려하면 더 분명해진다. 피아제는 연령대를 묶어서 군(群, group)으로 생각했는데 수학에서 차용했다. 한 군이라는 것은 결합을 다양하게 하면서 요소들을 구성할 뿐만 아니라 어떤 범위 내의 요소를 해체하기도 하는 한 묶음의 요소들과 작동들로 특징지을 수 있는 것이다. 수학에서 군이라는 생각은 다양한

---

10) 로너건과 피아제의 글에 관계되는 광범위한 연구는 다음을 참고하라. Walter E. Conn, *Conscience: Development and Self-Transcendence*(Birmingham: Religious Education Press, 1981).

수체계 안에서 수행되는 연산작용의 식을 분석하면서 형성되었다. 피아제는 체계라고 하는 바로 이 관념을 앉고, 서고, 걷고, 달리는 어린이들의 육체적 활동에 적용할 수 있겠다는 가능성을 포착했다. 덧셈과 뺄셈을 배우듯이, 어린이들은 집 안 여기저기에서 앞으로 뒤로 뒤뚱뒤뚱 걷는 것을 배운다. 어디든 갔다가 다시 집으로 돌아올 수 있는 정도가 될 때까지 아이는 이 행동을 계속한다고 그는 제시했다. 마찬가지로 언어체계를 숙달하는 것도 산수와 대수학을 배우는 것과 유사한 과정으로 이해할 수 있다. 덧셈, 뺄셈, 곱셈, 나눗셈을 배우듯이, 어린이들은 과거시제, 현재시제, 미래시제 등의 형용사와 동사를 어떻게 만드는지 배운다. 어린이들이 집에서 멀리 갔다 다시 돌아오듯이 과거, 현재, 미래의 의미들을 어떻게 동사 활용으로 구성하는지를 배운다.

피아제는 어떻게 그런 효과적인 제안을 할 수 있었던 것일까? 핵심은 바로 수학자들이 수학의 역사에서 극적인 전환을 이룬 때는 수학적 의미의 개념이나 용어를 어떻게 추상화하는지 배웠을 때이거나 의미의 개념 혹은 용어를 발생시키는 작동에 어떻게 초점을 맞추는지를 배웠을 때라는 것을 아는 것이다. '추상화'가 의미하는 것은 개념이나 정의는 더욱 새롭고 높은 통찰을 하는 데에 관련 없다는 것이다. 이 단계를 가능하게 한 사람은 수학에서 변수라는 개념을 발견한 데카르트다. 이에 대해서는 다음 장에서 자세하게 논의하겠지만 여기서는 원이나 삼각형 같은 수학 용어를 정의하는 것, 그리고 산수와 대수학처럼 체계를 정의하는 과정의 차이를 보여 주기 위한 개념만 개관하겠다.

학생들은 수는 단지 고정된 의미만 있다는 생각에서 시작한다. 예를 들어, 4라는 수는 3의 뒤, 5의 앞에 위치하고 있으며 셀 수 있다고 생각한다. 그러나 4를 합으로 생각하면(즉, $3 + 1 = 4$), 그때부터 이 수가 만들어진 방식을 주목하게 되며, 이는 우리의 주의를 수에서 전환하여 다양한 연산식을 통해 그 수를 만들게 된 과정에 초점을 맞춘다는 의미다. 이런 맥락에서 수 4는 $(3 + 1 = 4)$의 합에서, 혹은 $(5 - 1 = 4)$의 나머지에서, 또는 $(2 \times$

$2 = 4$)의 곱이나, ($8 \div 2 = 4$)의 나눗셈에서 바뀐 것일 수 있다. 연산식에서 수를 만들어 냈기 때문에 연산식이 수라는 것을 일단 이해하게 되면, 용어나 개념을 정의하는 것에서 용어나 개념을 만들어 낸 이 작동을 정의하려는 것으로 극적인 전환이 일어난다. 원의 속성을 묻는 대신에, 원이 원이 되는 연산작용의 속성을 물을 수 있다. 따라서 정의 $x^2 + y^2 = r^2$은 이차방정식과 같고 이차방정식은 원이나 사각형의 기하학, 혹은 더 일반적으로 제곱과 제곱근 같은 수의 용어들을 만들어 낸 연산작용의 유형으로 언급된다.

이것이 19세기에 수학에서 일어났던 일이다. 수학자들은 수의 종류에서 주의를 돌려(추상화하여) 수를 만들어 낸 작동에 관심을 기울이기 시작했다. 그래서 수학자들은 연산식이 한 집합으로 대응되고, 다른 집합들이 다른 수의 계열을 만들어 내고, 이 대상들을 체계화하는 다양한 범위나 거듭제곱이 있다는 것을 발견했다. 마침내 산수, 대수학, 해석 기하학, 그리고 미적분 같은 연속 체계가 있다는 것을 파악했다. 이전 체계를 기반으로 대상을 만들어 내고 결합해 가면서 그 범위는 확장되었고 연속 체계가 세워졌다.[11]

이전 체계를 변화시키고 초월하는 이 연속 체계들을 보고 과학자들은, 가능태 — 혁신적인 방식의 발달이라는 개념으로 정의할 수 있다 — 를 생각하게 되었다. 피아제와 현대의 진화 이론들이 탐구한 것은 바로 이 가능태였다. 더욱 중요한 것은, 우리는 작동과 그 작동으로 형성된 내용을 구별하게 되었고, 당신 자신의 이해함의 작동을 연구하도록 당신을 초대해 왔던 우리의 방법이 가능하게 되면서, '이해된 것'에서 이해함의 활동으로 주의를 전환할 수 있게 되었다. 여기에서 이해한 내용이 만들어지거나 형성된다. 이 연구에서 나의 목적은 수학이나 과학을 공부하자는 것이 아니다. 이 분야 혹은 다른 학문 분야에서 놀라운 진보를 가능하게 하고 이를 매개한 이 이해함의 활동을 연구하자는 것이다.

---

11) *Insight*, 13-19.

여기서 살펴보았던 직접적인 통찰이라는 유형 이외에, 매우 드물지만 훨씬 독특한 유형의 통찰인 역 통찰(inverse insight)이 있다.

4 역 통찰

당신의 이해함의 활동을 적정화하도록 요청하며 나는 궁금해하고, 질문하는 것의 중요성을 상당히 강조했다. 이해함 또는 통찰이 개념화 이전의 사건이듯이, 질문함 역시 이해함에 앞서 있고, 이해하려고 애쓰지만 아직 알지 못하는 것으로 당신의 주의를 이끈다. 그러나 잘못된 질문을 하면 어떻게 되는가? 있지도 않은 것을 묻는다면 어떻게 하는가? 질문의 전체 흐름이 완전히 잘못된 방향이어서 부질없는 노력을 할 그럴 가능성은?

한 예로 다시 아리스토텔레스에게로 돌아가자. 아리스토텔레스는 공간은 제한되었기 때문에 무한한 공간은 모순이라고 하면서, 유한이 무한을 가정하는 것은 기본 모순이라는 주장을 논증했다. 그렇지만 서구 지성사의 아주 뛰어난 정신들은 계속해서 그 가정을 했을 뿐만 아니라, 무한한 공간이 있다는 논증도 했다. 사실, 데모크리토스에서 아인슈타인 이전까지 서구 대부분의 과학자들은 공간은 절대이며 절대적인 무한이라고 주장했다. 그러나 아인슈타인은 이 가정을 받아들이지 않았다. 그는 무한한 공간이 존재하지 않는다는 것을 증명하는 방식을 쓰지는 않았다. 그런 것은 발견될 수도, 관찰될 수도, 측정될 수도 없다고 주장하고, 또 그런 가정은 과학적 방법의 규범적 절차에 모순이라고 하여 받아들이지 않았다. 어떻게 뉴턴 같은 천재가 그런 공간과 시간을 가정할 수 있었는지, 제한된 시공간을 제한되지 않는다고 할 수 있었는지를 앞으로 네 장에 걸쳐서 묻고 답하겠다. 여기서는 역 통찰은 매우 드문 유형의 통찰이며, 새로운 이해함은 아니지만 질문함의 흐름을 이끌어 이해가능성의 전체적인 지평을 어떻게 새롭게 열어 주는가 하는 점을 설명하겠다.[12]

역 통찰의 뛰어난 예를 로빈 콜링우드(Robin Collingwood)의 『자연의

관념』(*Idea of Nature*)에서 발견할 수 있다. 콜링우드는 소크라테스 이전의
자연에 대한 연구사를 잘못된 물음에서 올바른 질문으로 전환해 가는 것으
로 요약할 수 있다고 했다. '물(物)을 구성하는 기본 재료는 무엇인가'를
질문하는 대신, 소크라테스 이전의 사상가들은 '기본적이며 결정되지 않은
것을 있게 하고 그것을 결정된 방식대로 활동하게 하는 형식이란 것은 무
엇인가'라는 피타고라스학파의 방식으로 질문했다. 다른 말로, 소크라테스
이전의 사상가들은 다른 형식을 띤 일종의 형식 없는 질료가 있다고 가정
했다. 사실은 그 반대다. 질료는 단지 그 자체로는 이해될 수 없다. 질료를
그것으로 있게 하고 그렇게 활동하도록 하는 상이한 형식들을 통해서 또
그 형식들 안에서 우리는 물(物)을 이해할 수 있다. 물의 '본성'은 물의 형
식에서 발견되지, 형식이 없는 질료나 원초적인 물에서 발견되는 것이 아
니다. 이 극적인 역전은 사유에서 일어난 역전이 아니라 질문함에서 먼저
시작된 역전이었다. 소크라테스 이전의 사상가들은 잘못된 가정(假定)에서
질문했지만, 자신들이 가정을 갖고 있다는 것도 그 가정이 잘못되었다는
것도 알지 못했다.

소크라테스 이전의 사상가들이 '만물을 구성하는 기본 재료는 무엇인
가'를 물을 때 이는 대답할 수 없는 질문을 한 것이다. 탈레스는 모든 것은
태초의 물(水)에서 나왔다고 하였고, 이오니아학파는 만물을 이루는 형식
없는 질료를 원초의 공기라고 제안했다. 피타고라스학파도 이런 답변을 거
스르지 않았다. 그러나 새로운 것을 발견하면서 주류적 질문 경향에서 벗
어난 그리스 사상이 시작되었다. 예를 들어, 현악기 줄의 길이를 반으로 줄
이면, 두 배 빨리 진동하면서 음정 소리가 바뀐다. 줄을 삼분의 일, 사분의
일로 잘라 내어 줄의 진동을 바꿀 수 있다. 이처럼 피타고라스학파가 발견
한 것은 비율을 바꾸면 현의 진동이 바뀐다는 것이다. 비슷한 발견을 계속
하면서 이 학파는 마침내 세상은 수 또는 비율로 설명할 수 있다는 놀라운

---

12) *Insight*, 19-25.

주장을 했다. 나의 요점은 피타고라스학파의 이론을 살펴보려는 것이 아니라 그들이 그리스 연구의 흐름을 일방통행식의 궁금함 혹은 질문함에서 정반대로 어떻게 바꾸었는가를 드러내 보이려는 것이다. 이들은 물(物)의 질료 혹은 재료를 묻는 대신 각기 다른 방식으로 있게 한 형식 혹은 비율을 묻기 시작했다. 플라톤이나 아리스토텔레스도 '형식'이 무엇인가에 대해 대답은 다르게 했지만 둘 다 물었던 방식이 여전히 피타고라스학파식이다.

역 통찰은 아주 드물지만 이것이 일어나면서 인간의 이해함은 대단히 진전했다. 다음 장에서 살펴볼 수학과 물리학의 역사에는 역 통찰의 몇몇 극적인 예가 있다. 그러나 흔하지 않은 이 유형의 통찰을 마지막으로 프로이트의 예에서 살펴보며 결론을 맺겠다.

프로이트 이전에는 비정상적인 행동 형태를 보면 '저 사람은 왜 저렇게 이상하고 비이성적인 방식으로 행동하지' 하는 식으로 물었다. 프로이트의 발견 후에 그 질문은 '왜 이성적일 수 있는 사람들이 이성을 작동하지 못하게 막아 마치 이성이 없는 사람처럼 행동하지'로 바뀌었다. 비이성적인 행동을 마치 이성적일 수 있는 것처럼 묻는 것은 잘못된 물음이다. 그렇게 묻는 대신 이성적일 수 있는 능력을 계속해서 억압하고 방어하는 방식을 묻는다면 그것은 지극히 생산적인 질문이다. 프로이트는 비정상적인 인간의 행동을 질문하는 새로운 방식을 제시했고, 우리가 회피하고 검열하는 다양한 방식들을 처음 발견했다. 이후 우리 자신과 타자를 이해하는 데 그의 주장이 생산적이라는 것은 계속해서 증명되고 있다. 단순하게 말하면, 프로이트가 가르쳐 준 것은 '술취한 사람은 왜 비이성적으로 행동하는가'라고 묻지 말고, '이성적인 사람이 왜 자신의 이성이 적절하게 기능할 수 없는 정신 상태에 자신을 놓아두는가'를 물어야 한다는 것이다.

5   자기 구성체로서의 통찰

지금까지 통찰을 (1) 갑작스럽게 깨닫게 되는 활동, (2) 우리의 물음에 상

응하는 활동, (3) 개념 이전의 활동이며 정의하는 활동의 기반이고 개념과
관념의 추상영역과 구체적이고 특정한 경험 세계를 매개하는 활동, (4) 안
정된 체계나 관점을 축적하고 확장하는 활동, 그렇지만 그 체계 내에서 답
할 수 없는 더 깊은 물음 때문에 안정이 흔들리게 되면 이전의 체계를 포섭
하여 더 풍부하고 새로워진 더 높은 체계를 향하고, (5) 우리의 묻는 방식
을 되짚어 보도록 하는 활동으로 간주했다. 이 같은 통찰의 다섯 가지 차원
이외에, 하나의 심오한 통찰을 적정화하게 하는 통찰도 있다.

통찰은 일단 생겨나면 사라지지 않는다. 통찰은 당신의 통찰이며, 통찰
을 원할 때면 통찰은 늘 거의 반복될 수 있다. 아리스토텔레스에게로 소급
되는 전통 스콜라 철학에서 통찰의 특징은 이해함의 습관을 만들어 내는 것
이다. 습관은 보통 한 사람의 성격이 다소 영구적인 부분으로 되어서 그 사
람이 어떤 반복된 방식으로 반응하게 하는 성질이나 경향으로 정의된다.
이 경우 반복되는 것이 바로 이해함이라는 특정 활동이다.

통찰은 특정 장소와 시간에서 특정 문제와 관련해서 일어난다. 그럼에도
통찰은 이전의 통찰을 보완하고 수정하며 또 축적해서 계속된 학습의 기반
이 된다. 어린이는 수를 어떻게 세는지 배우기 시작해서, 어떻게 더하고,
빼고, 곱하고, 나눌 수 있는지를 배운다. 다른 말로 어린이는 산수를 하는
습관을 형성한다. 그 습관은 계속해서 확장된 수많은 다른 통찰들이 쌓여
서 이루어진 결과다. 이 축적된 통찰은 마침내 전체를 아우르는 소위 '체계
적 이해함'을 형성하며, 그로부터 더 고차원적인 체계로 나아간다.

그래서 알아가는 지자(知者)인 당신은 질문하는 사람에서 이해하는 사람
으로 계속해서 전환해 간다. 더구나 앞으로 보겠지만, 일어난 것은 단지 통
찰만이 아니다. 이해함의 반복되는 이 패턴에서 또 이 패턴을 통해서 존재
하는 것은 바로 당신이다. 이해함의 활동과는 다른 활동인 감각하고, 상상
하고, 기억하는 활동들과 협응하는 이해함을 적정화하게 되면, 이해함의
활동을 통해 그리고 그 안에서 이해하는 자가 되어 가며, 이해하는 자로서
자신에 대한 지식도 갖게 된다.

6 경험의 잔류

앞 절에서, 나는 당신이 이해하고 있을 때 당신이 무엇을 하고 있는지 적정화하도록 요청했다. 다음 장으로 진행하면서, 이해함을 이미지화와 구별한다는 것이 얼마나 어려운지 발견하게 될 것이다. 이 문제는 수학사와 과학사에서 반복되었다. 그 이유는 상(象)을 이용하지 않으면 이해가 쉽지 않기 때문이며 질적으로 다른 이 두 활동은 알아감의 각기 다른 차원에서 일어나기 때문이다. 통찰은 이 두 차원 — 지각하고, 기억하고, 이미지화하는 차원과 이해하고 정의하는 차원 — 에 있는 중심축이다.

정의하기는 일반화 혹은 보편화의 과정이다. 통찰이 더 풍부할수록, 정의도 더 일반적이거나 보편적이거나 포괄적으로 된다. 사물을 속(屬)으로 분류할 수 있으려면 사물을 종(種)으로 묶을 때 요구되는 것보다 더 보편적이거나 포괄적인 이해를 갖고 있어야 한다. '구체적'이라는 용어와 '추상적'이라는 용어는 조심스럽게 이해해야 한다. 다음 장에서 보겠지만, 구체적이라는 것은 특정하면서도 완전히 포괄적이어서, 완전히 구체적인 사상가가 된다는 것은 정의의 형식이 더욱더 포괄적으로 되어 간다는 의미다. 여기서 강조할 점은 이해가능한 세계와 감각할 수 있는 세계, 보편적인 것과 특정한 것, 추상과 구체, 이 대립이 이해함의 활동을 이해하면 해소될 수 있다는 점이다. 이해함은 서로 대립적이지만 연계되어 있는 영역을 매개하고 연관 짓기 때문이다.

핵심은 상이 중추적 역할을 한다는 점이다. 과학적 통찰과 수학적 통찰 외에도, 또 상징적 통찰과 예술적 통찰이 있다. 과학적 이해함이 상을 그릴 수 있는 이미지의 영역을 벗어나는 반면, 상징적 패턴과 예술적 패턴에서 추상화하는 방식의 통찰은 상을 이용하여 아주 다른 방식으로 감각 영역을 초월한다는 점이다. 그러나 과학적 이해함은 상징을 주로 설명하는 상상력이 아니라 오히려 사람의 이해함의 조절하에서 그 상들이 형성되는 방식이다.

마지막으로, '경험의 잔류'(empirical residue)라는 중요한 범주가 있다. 경험의 잔류는 이론가나 예술가 가운데서 볼 수 있는 후천적 습관으로 성취된 추상화를 말한다. 동시에 알아가는 능력을 지닌 모든 인간 지자에게 공통이라 할 수 있는 더 일반적이며 저절로 하게 되는 추상화를 의미한다.[13] 자각하지 못하면서도 일어나는 유형의 추상화가 있는데 당신이 자연스럽게 저절로 털어 내고, 관계없다고 생각하고, 심지어 질문할 신경조차 쓰지 않는 그런 차원의 경험이 있다. 이 나무가 왜 '이' 나무인지 궁금해하는 이는 없다. '이 나무는 무엇인지' 질문할 수 있지만 그 나무의 '개성 원리'(thisness)에 대해, 개체로서 그 개체성에 대해서 우리는 묻지 않는다. 그러나 분명 그 개체 나무를 감각하고 그것도 매개하지 않고 감각하지만, 그 나무에 대해 궁금증이 생겨나기 시작하면, 한 그루 나무로서, 한 물(物)로서 그것을 궁금해한다. 다른 말로, 혼란에 빠지지 않는 감각 경험의 측면이 있는데 이런 면을 그냥 통과해 버리고 대신 이해해야 할, 이해할 수 있는 질(質)에 초점을 맞춘다. 특수로서 특정 장소와 특정 시간은 비록 감각된 경험일지라도 이해가능한 것은 아니다. '지금은 왜 지금인가' 혹은 '여기는 왜 여기인가'를 묻는 이는 없고, '무엇이 시간이지', '무엇이 공간이지'라고 물을 수도 있지만, 이것들은 다른 시간대, 다른 장소들 간의 이해할 수 있는 관계에 대한 물음이다. 경험의 잔류를 논의하기 어려운 점은 그것을 감각했을지라도 당신이 이에 주의를 둔 적이 절대 없었기 때문이다. 바로 이 점 때문에 논의하기가 대단히 어렵다.

'역 통찰'은 더 쉽게 논의할 수 있는 주제다. 역 통찰이 일어나면 당신은 그것에 주의를 기울이고, 질문하고 답을 기대하지만 사실 답은 없다. 그리스인들은 그 자신을 곱하면 2가 되는 어떤 전체 수 혹은 분수 즉 $a^2/b^2 = \sqrt{2}$가 있다고 확신했다. $\sqrt{2}$는 실제로 새로운 종류의 수였고, $\sqrt{2}$는 무엇인가라는 질문에서 그리스인들은 자기들이 수가 무엇인지 이미 알고 있다고 잘

---

13) *Insight*, 25-32.

못된 가정을 갖고 임했다. 이는 그들의 실수였다. 다른 말로, 자신들이 제한되지 않은, 수에 대한 개념을 갖고 있다고 그들은 잘못된 가정을 했다. 그들이 지녔던 것은 수가 무엇이라는 것에 대한 아주 한정된 이해였는데 말이다. 역 통찰은 그들의 잘못된 가정을 드러냈다. 이것이 '소크라테스의 발견'의 일종이다. 그리스 사람들은 실제로 알아감에 있던 제한, 자신들도 알아채지 못했던 제한을 노출한 것이다. 그래서 역 통찰은 지평에서 작동하고 있는 제한, 인식하지 못한 제한을 발견하는 것이다.

경험의 잔류라는 범주 역시 제한에 관한 것이지만 그것은 더 넓은 범주, 이해함의 활동을 통해 발견될 수 있는 모든 제한을 말한다. 분명 제한은 지나쳐 버리거나 자연스럽게 제쳐 놓아 거의 주목할 수 없다. 예를 들어, 얼마나 많은 수소 원자들이 있는가 하는 점은 과학자들이 신경 쓰지 않는 질문이다. 그 이유는 과학자들은 원자들의 개체성을 제쳐 놓기 때문이다. 과학자들은 그 안에 이해할 만한 것이 있다고 예상하지 않기 때문에 이 개체성을 추상화한다. 또 다른 예가 있다. 우주가 처음 생겨난 이래로 얼마나 많은 장소와 시간이 우주에 있어 왔는가라는 질문이 있을 수 있다. 그러나 시공간을 이해하려 애썼던 아인슈타인은 이 질문에 관심 갖지 않았다. 그는 모든 시간과 공간의 이해할 수 있는 질서를 이해하고 설명하려 했지만 끝없는 다양성을 설명하려 하지는 않았다. 오히려 그는 특정한 시간과 장소에는 이해할 것이 전혀 없다고 자연스럽게 가정했다. 시간과 공간의 다양성과 복합성이 있다고 믿으면서도, 그 차이에서 이해될 점이 있을 것이라고 예견하지 않았다. 아인슈타인이 가정한 것은 서로 다른 모든 시간과 공간이 연계되어 있는 질서, 이해할 수 있는 방식의 질서가 있을 것이라는 점이었다. 이것의 의미는, 차이는 '남아 있지만' 이 차이들을 연합하고 있는 우주 설계가 여전히 있을 것이라는 점이다.

경험의 잔류는 직접 알려질 수 없기 때문에 직접 정의될 수 없다. 그것은 남은 것이 무엇인지 이해하는 통찰을 통한 차이 혹은 제한으로 규정된다. 그것은 정의하려고 찾는 이해가능성을 발견하는 것과 전혀 무관하다고 생각했기 때문에 남겨진 것이다. 아리스토텔레스의 질료나 잠재에 대한 생각, 특히 원질료라는 생각에 익숙한 독자는 이 경험의 잔류라는 생각이 정확히 그와 유사하다는 것을 발견할 것이다. 질료는 그 자체로 이해될 수 있는 게 아니고, 질료나 잠재를 현실화하는 '형식'(즉 이해가능성)을 통해 이해될 수 있다.

이 장은 이해함의 활동과 상이한 여러 활동이 밀접히 연계되어 있으면서도 현저하게 다르다는 것과 이 활동들을 구별하도록 당신을 이끌었다. 이해함의 활동을 이해해 온 이 과정은 알아가는 인간 지자를 특징짓는 수많은 유형의 통찰이나 이해함을 설명하면서 접근했다. 다음 장에서 통찰이 축적되면서 극적인 변화를 가져온 길을 수학의 역사와 물리학의 역사에서 살펴보겠다.

2

자기 발견 체계 Heuristic Structures

『현대 과학의 기원』(*The Origins of Modern Science*)에서 허버트 버터필드 (Herbert Butterfield)는 그리스도의 탄생 이래 서양 역사에서 가장 의미심 장한 사건은 16세기와 17세기의 과학혁명이었다고 한다.[1] 과학혁명은 고 대와 중세의 과학을 뒤집었을 뿐 아니라 중세 스콜라 전통을 깨뜨리고 로 크, 데카르트, 흄, 칸트 같은 사상가들의 현대 철학이 출현하는 계기를 촉 발했다. 앞 장에서 이해함의 활동을 할 때 당신이 무엇을 하는지 이해할 것 을 시도함으로써, 자기 적정화(self-appropriation)의 과정을 시작하도록 했다. 이제 나는 기초가 되는 준비단계를 세우려 한다. 또한 이 같은 이해 함의 활동이 17세기의 과학혁명에 어떻게 반응했는지 당신이 적정화할 수 있게 한다.

이미 1장에서 나는 르네상스 시기의 수학자들이 후대가 이룰 놀라운 수 학의 확장을 가능하게 할 조건을 마련함으로써 수학의 새로운 지평 또는 관점을 어떻게 발전시켰는가를 설명했다. 이제 그 역사를 더 자세하게 추 적한 후 물리학의 역사도 똑같았다는 것을 살펴보겠다. 분명 그 역사는 선 택적일 수밖에 없다. 이 선택의 규범은 하나의 깊은 통찰이다. 그리고 이해 함의 발달 방식은 인류사 진보의 토대가 된다. 그러나 1장에서 보았듯이, 통찰의 정점인 고차적 체계가 되는 것 이외에도 정반대의 역 통찰도 존재

---

1) Herbert Butterfield, *The Origins of Modern Science*(New York : Free Press, 1965), 7.

한다. 역 통찰은 단기적이거나 장기적으로 지속해 온 질문이 잘못이었다는 것을 알아차리고, 잘못된 이 질문 방식을 뒤집어서 새롭고 지극히 생산적인 탐구를 여는 역할을 한다. 수학과 과학의 역사에서 의미 있는 전환점들은 바로 이러한 역 통찰에 크게 영향을 받은 결과다.

1 수학의 역사

초기 피타고라스학파는 수학에서 성공을 거두었지만, 하나의 문제에 부딪혔다. 그들이 알고 있는 맥락에서는 그 문제를 풀 수 없었다. 작은 변의 크기를 측정 단위로 해서 사각형의 대각선을 측정할 때, 그리스 사람들은 그들이 만든 계산 단위가 크든 작든 상관없이 그 단위가 변과 대각선 내의 고정된 숫자들의 곱에 맞지 않다는 것을 발견했다. 그 단위는 너무 짧거나 너무 긴 것으로 판명되었다.[2] 유감스럽게도, 그들은 대각선은 변으로 측정할 수 없고, 변도 대각선으로 측정할 수 없다는 것을 알게 되면서, 그것을 '측정할 수 없는 것' 또는 '약분 불가능한 것'이라고 했다.[3] 그리스 사람들은 어떤 양의 크기나 등식에 대한 제한된 개념을 가지고 있었으나 그 제한이

---

2) Stephen Toulmin and June Goodfield, *The Fabric of the Heavens*(New York : Harper and Row, 1961), 77.

3) 오늘날 우리는 그리스 사람들이 새로운 종류의 수 — 무리수(irrational number) — 를 발견했다는 것을 안다. 그들은 그 수를 '이치에 맞지 않는 수'라고 이름 지었다. 그 숫자는 비례라는 것 또는 우리가 분수라 부르는 것의 이해에 맞지 않았기 때문이다. 거듭제곱근 2를 어떻게 발견할 것인가 하는 문제를 풀기 위하여, 그들은 2가 1(unity)이라는 수에서 그러하듯이, 첫 번째 곱해서 나온 값과 두 번째 곱해서 나온 값이 비례하는 그런 수가 있어야 한다고 가정했다. 그들은 그런 두 개의 정수를 발견할 수 없을 뿐 아니라, 결국 그런 정수는 존재할 수 없다는 것을 증명했다. 그런 정수는 그들이 이미 홀수와 짝수에 대하여 알고 있는 것에 모순되기 때문이다. 그들은 존재하지도 않고 존재할 수도 없는 답을 찾고 있다는 것을 깨달았다. 그들은 잘못된 질문을 하고 있었다는 것을 깨달았다. 역 통찰을 한 것이다. 올바른 방식의 질문이라면 수가 무엇인지 물어야 했다. 그러나 그 질문은 19세기까지 제기되지 않았다.

무엇인지 알지 못했다. 플라톤의 제자인 에우독소스(Eudoxus)의 천재성은 수학에서 비례의 의미를 재정의하면서 이 한계를 초월한 데 있었다. 비례는 더 많거나, 적거나, 똑같을 수 있지만, 그 둘의 관계가 실제로 얼마나 많은지 혹은 적은지 정확하게 언급하지 않더라도 얼마나 더 많은가 혹은 더 적은가 하는 비의 관계로 설명한다. 정확히 말하면 얼마나 더 많은가 또는 더 적은가 하는 것은 그리스 사람들이 생각하지 않았던 분수 이론을 요구했다. 에우독소스의 정의가 했던 것은 그 문제를 우회하는 것이었다.

에우독소스에 의한 이러한 진전은 유클리드(Euclid)의 『원론』(*Elements*)과 아폴로니우스(Apollonius)의 『원뿔곡선론』(*Treatise on Conic Sections*)에서 특히 분명해진다. 유클리드의 『원론』의 1권 33번째 정리에서, 두 개의 삼각형은 서로 동일한 것으로 간주된다. 즉 한 삼각형은 두 번째 삼각형의 꼭대기에 위치하고 그래서 두 삼각형은 서로 일치한다.[4] 다른 말로 하면 기하학 도형이 정확히 똑같은 모양이라면 그 도형은 서로 동일하거나 같다. 35번째 공리에서 놀라운 전환이 일어난다. 즉 이들 도형의 크기와 모양이 같지 않더라도 면적이 똑같다면 동일한 것으로 간주할 수 있다는 것이다(그림 2.1). 5권에서 이 합동의 극적인 새로운 의미가 소개된다. 5권은 플라톤의 제자, 에우독소스가 생각했던 유명한 비례(proportions)의 정의로 시작한다.[5] 이 정의를 이용하여, 모양이 다르거나 심지어 크기가 다르더라도 서로 '비례'를 이루면 기하학의 크기와 모양이 같은 것으로 여길 수 있다고 논증한다. 앞 권에서 유클리드는 알려진 원 도형을 가지고 알려지지 않은 직선으로 된 도형을 어떻게 구하고 설명할 수 있는지 증명했다. 그 반대도 마찬가지다. 그러나 책 5권과 뒷 권에서 그는 크기가 축소 혹은 증가하면서 서로 연관된 일련의 도형들에 대한 생각을 개시했

---

4) Euclid, *The Elements*, vol. 1, trans. Sir Thomas L. Heath(New York: Dover Publications, 1956), Books 1 and 2.

5) Euclid, *The Elements*, vol. 2, Book 5, definitions.

a.
같은 면적,
같은 모양

b.
같은 면적,
다른 모양

면적 ABCD
= 면적 BCEF

c.
비례적으로
증가하거나
축소하는
일련의 삼각형들

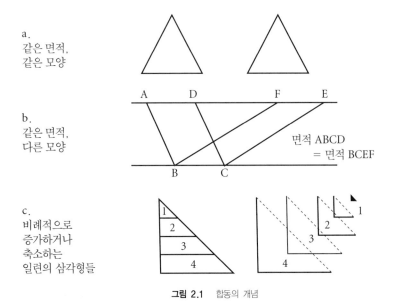

그림 2.1　합동의 개념

다. 만일 이 도형들이 얼마나 확대된 것인지 또는 얼마나 축소된 것인지 문
는다면 이는 미분학의 핵심 질문이 드러난 것이다. 즉, 변하는 수나 절대값
의 한계를 어떻게 정할까 하는 것이다. 유클리드는 미분을 발견하지 않았
다. 뉴턴이나 라이프니츠가 발견하기 전까지 이 놀라운 발견에 천 년 이상
이 걸렸다. 왜 그렇게 많은 시간이 걸렸는가는 우리가 진행해가다 보면 더
분명해질 것이다.

　유클리드를 넘어서 고대의 가장 중요한 진전은 아폴로니우스의 『원뿔곡
선론』에서 이루어졌다.[6] 미분이 발견되기 전, 좌표 기하학이 고안되어야
했는데 데카르트의 좌표 기하학의 시작은 바로 아폴리니우스의 저서에 바
탕을 두고 있다. 기하학의 비례를 사유하는 데 있어 유클리드의 안내를 따
랐던 아폴로니우스는 포물선, 타원, 쌍곡선 등의 원뿔곡선을 어떻게 직선
의 비례로 분석할 수 있는지 증명했다(그림 2.2).

_____

6)　Appollonius, *Appollonius of Perga Treatise on Conic Sections*, ed. T.L. Heath
(Cambridge: Cambridge University Press, 1896).

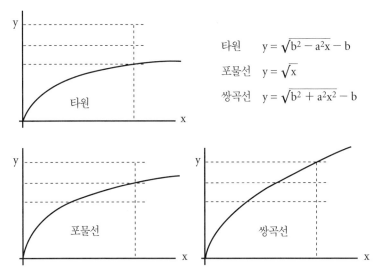

타원　　$y = \sqrt{b^2 - a^2 x} - b$

포물선　$y = \sqrt{x}$

쌍곡선　$y = \sqrt{b^2 + a^2 x^2} - b$

그림 2.2 직교 좌표계로 표현한 쌍곡선, 포물선, 타원의 정의

　직선 도형을 축소한 도형들을 연속으로 배치하면서 어떻게 문제를 그래 프로 풀 것인지 학습의 준비 단계가 마련되었다. 바로 이 잠재성을 탐구하 면서 이후 중세 물리학에서 갈릴레이는 극적인 진전을 이룰 수 있었다. 다 음 절에서는 수학의 역사에서 두 번째 단계인 기호 대수학, 좌표 기하학, 그리고 미적분의 발견으로 넘어간다.

1a 르네상스 수학

르네상스 시대의 수학에서 선구자적인 인물은 프랑수아 비에타(François Vièta)였다.[7] 그는 완전한 일반론으로 미지수를 x라고 하자고 말한 첫 번째 사상가였다. 대수학에서 배운 이 단순한 절차는 다음과 같다. (1) 미지수에 이름을 붙인다. (2) 아는 수와 모르는 수 간에 등식을 형성한다. (3) 더하

---

7)　See Jacob Klein, *Greek Mathematical Thought and the Origin of Algebra*, trans. Eva Brann(Cambridge : MIT Press, 1968), Appendix : François Vièta′s 'Introduction to the Analytic Art'.

2배를 하고 10이 증가한 것이 32일 때 그 수를 구하라.

(1) 그 수를 x라고 한다.

(2) 알고 있는 수와 모르는 수의 관계를 다음과 같이 나타낼 수 있다.

$$2x + 10 = 32$$

(3) 산수의 연산으로 아는 수를 가지고 미지수의 값을 발견하는 등식을 푼다.

$$2x + 10 = 32$$
$$2x = 32 - 10$$
$$2x = 22$$
$$x = 11$$

그림 2.3 수학의 방법적 접근

기, 빼기, 곱하기, 나누기, 그리고 거듭제곱의 연산을 사용해서 아는 수를 가지고 미지수를 푼다(그림 2.3).

이 세 단계의 과정은 아주 기본같이 보이지만, 수학의 사유에 있어서 가히 혁명이었다. 유클리드의 여러 개의 공리에서, 그가 도표를 만들고 변경하는 방식은 몇 개의 공리들을 해결하는 데 결정적 단서를 제공한다. 우리는 1장에서 적절하게 표현된 상이나 문제를 그림으로 그리는 방법이 통찰을 불러일으키는 데 도전적으로 작용하는 것을 보았다. 통찰이 생기면 증거가 갑자기 선명해진다. 그렇다면 유클리드는 어떻게 통찰에 이르렀고, 어떻게 이런 방식으로 그림을 그릴 수 있다는 것을 알았을까? 어느 정도 유클리드는 최초의 통찰을 가졌던 초기 기하학자들로부터 해답을 얻었다. 그렇다면 최초의 사상가들은 어떻게 그런 통찰을 얻었던 것일까?

비에타는 그리스 사람들이 비밀스런 방법을 갖고 있었으나 청중들에게 감동을 주려 했기 때문에 그 방법을 밝히기를 거절했다고 확신했다. 사실 그리스 사람들이 지녔던 것은 이론적 질문이었다. 이것은 감각적인 상(象)

의 경험을 잠재적으로 이해가능한 경험으로 변형시키고 결국 이 잠재적인
상태의 이해가능한 경험을 실제 이해가능한 경험으로 바꾸는 통찰로 이끈
다. 그들의 방법은 시행착오의 절차였다. 모르는 것을 발견하기 위하여 그
리스 사람들은 이미 알고 있는 것에 의지했다. 그러나 그들이 이전 지식에
의지한 것은 비에타가 한 것 같은 분명하고 규범적인 절차는 아니었다. 비
에타의 발견으로 수학을 하는 새로운 방식이 시작되었다. 즉 수학을 방법
적으로 하기 시작했다. 정의에 앞서 '방법'은 당신이 모르는 것을 발견하는
방식을 의미한다. 방법은 계획이 아니다. 계획하는 것은 이미 알려진 것을
조직하거나 재조직하는 것이기 때문이다. 내가 '방법'이라는 용어를 사용
할 때, '방법'은 찾는 목표를 아직 모른다. 그래서 방법을 계획할 수 없지
만, 방법을 발견하거나 창안해 낼 수 있다는 것에 역점을 둔 것이다. 그리
고 모든 발견이나 창안은 통찰의 결과이기 때문에, 방법은 통찰을 더욱더
개연적으로 일어나게 하는 방식이라고 말할 수 있다. 당신이 벌써 알고 있
는 것을 특정한 통찰 유형으로 인도하는 예견적 또는 자기 발견적 통찰일
때, 그 통찰은 더 개연적일 수 있다. 비에타는 그것을 어떻게 알았던 것일
까? 모르는 것을 알게 될 거라고 어떻게 기대할 수 있었던 것일까? 그는 아
직 알지 못하는 것에 이름을 붙이면서 그 과정을 시작했는데, 이름이란 보
통 이미 아는 것을 언급하는 것이기 때문에 아직 알지 못하는 것에 이름을
붙인다는 것은 이상한 소리 같다. 비에타가 알려지지 않은 것에 붙인 이름
은 이제 막 출현하기 시작한 a, b, c 그리고 x, y, z의 방정식 언어, 기호 대
수의 언어라는 새로운 경향에서 따온 것이다.

　비에타의 책은 읽기가 다소 어려운데 그의 수학방정식이 일상 언어와
기호 언어 둘을 사용해서 썼기 때문이다. 그가 철저하게 주류적 경향에서
이탈할 수 있었던 것은 일상 언어(산문적인 수학)로 수학을 하다가 추상
적 기호로 사유를 전환했기 때문이다. 확실히 비에타에게 이것은 매우 어
려운 전환이었다. 뉴턴에게 영향을 주었던 르네상스 시대의 존 월리스
(John Wallis)는, 비에타가 미지수를 수의 등급으로 간주해서 이름을 붙

이는 데 그의 법학 배경이 중요한 자산이 되었다고 제시했다. 미지수는 아직 알지 못하는 값이다. 그러나 그것은 또한 (예를 들면 변, 사각형, 정육면체 등) 어느 정도 알려진 값의 일종이다. 만약 비에타가 말을 한다면 "모든 변, 값 또는 모든 사각형의 값을 소송 법정 ─ 오늘날 집단 소송(class action suit)이라고 부르는 소송 ─ 으로 갖고 가자고 했을지도 모른다. 비에타가 찾았던 미지수는 특정한 변, 사각형, 또는 정육면체이었고 특정 미지수는 일반적인 변, 사각형, 정육면체에 속한다. 그다음 비에타는, 처음에는 변, 두 번째는 사각형, 세 번째는 정육면체, 네 번째는 제곱된 사각형(a squared square), 다섯 번째는 제곱된 정육면체(a squared cube), 여섯 번째는 세제곱된 정육면체(a cubed cube) 등을 가지고 이 차원을 계층적인 또는 사다리의 연속으로 배열했다. 아직 알지 못하는 차원을 분류하는 방식을 세우면서, 비에타는 이 상이한 '단계 값'이 어떻게 작동하는지를 계속 설명했다. 그래서[8] 변으로 나뉘는 사각형은 우리에게 변을 제공하고, 변으로 나뉘는 정육면체는 우리에게 사각형을 내준다. 사각형으로 한 변을 곱하면 정육면체가 되고, 사각형에 사각형을 곱하면 제곱된 사각형이 되고, 계속 이렇게 된다. 명백히 비에타의 방법은 아는 수와 알지 못하는 수를 푸는 고등 대수학의 방정식을 기하학에 연관시킨 것이다.

이는 대단한 진보였지만 또한 비에타의 방법에서 약점이기도 했다. 즉, 그는 '변에 의해 곱해진 사각형이 정육면체가 된다'고 표현된 기하학적 상(象)으로부터 추상화를 하지 못했다. 오늘날 우리는 $x^2 \cdot x = x^3$이라고 간단히 쓸 수 있고 대부분의 학생들은 미지수 x를 기하학의 값이 아니라 변수로 이해한다. 비에타도 이런 방향으로 나아가기는 했다. 그러나 그는 기하학의 상을 추상화하여 더욱 추상적으로, 그래서 더욱 보편적이고 더욱 포

---

8)   옮긴이 주: 비에타는 차원이 계속 증가하는 수학적 개념을 설명하기 위해서 변, 사각형, 정육면체의 곱을 사용하고 있다.

괄적인 경향으로 생각을 밀고 가지는 못했다. 비에타의 방법에는 두 번째의 약점이 있다. 즉 서로 상응하는 두 미지수의 맥락을 생각하지 못했다. 그래서 그의 대수 기하학은 좌표 기하학이 될 수 있는 가능성과는 상당한 거리가 있었다. 이 점을 강조할 필요가 있는데 해석 기하학이나 좌표 기하학이 단지 기하학과 대수학의 결합이라고 주장되기 때문이다. 그러나 비에타는 대수의 연산을 기하학의 값에 적용시켜 대수학과 기하학을 결합시킬 수는 있었으나 기하학적 양을 선, 입체, 정육면체 등으로 이름을 붙였기 때문에 면적을 계산하는 상(예를 들면 단지 바로 측정할 수 있는, 기하학적 입체)의 3차와 2차 방정식으로 시각화하게끔 독자들을 이끌었다. 수평적이고 수직적인 동시적으로 사고할 수 있는 좌표계로 표현한 사고 대신에 말이다.

비에타는 선분의 길이를 곱했을 때, 사각형을 얻었다. 데카르트는 그의 『기하학』 첫째 절에서 선분의 길이를 곱하여 또 다른 선을 얻었다.[9] 데카르트는 기하학의 양을 수의 양으로 대치하여 사유하기 시작한 것이다. 진전을 향한 또 하나의 놀라운 도약이었다. 그리스인들이 A:B::C:D(즉, A/B = C/D) 같은 비례식을 만들었다면, 데카르트는 그것을 1:B::C:D로 바꾸었다. 이것은 1D = BC 또는 D = BC로 바뀔 수 있다. 데카르트는 기하학의 양을 통일 혹은 하나로 대체했고 그래서 어떤 형태나 확장할 수 있는 양을 제한하는 기하학의 양으로 더 이상 상(象)을 그릴 필요가 없었다. 그러한 놀라운 추상화의 결과는 양이나 확장으로부터 연산작용으로 주의를 돌리도록 했다. 연산작용은 면적의 연장에서 벗어나 더하고, 빼고, 곱하고, 나누고, 그리고 다른 고차적인 힘의 작동을 발생시켰다. 그러나 대수학의 연산작용이 좌표 기하학에서 연산으로 고려될 수 있기 전에 또 다른 중요한 단계를 거쳐야만 했다.

---

9)   René Descartes, *Geometry of René Descartes*, trans. David E. Smith and Marcia L. Latham(New York: Dover Publications, 1954), Book 1.

해석 기하학에는 두 가지 기본적인 문제가 있다. 첫째, 주어진 대수 방정식에서 대응점을 찾아야 한다는 점, 둘째, 기하학의 조건에 의해 정의된 주어진 점에 대응되는 방정식을 찾는 것이다. 첫 번째 문제는 대수학 방정식을 주면 그것을 기하학적 해법으로 바꾸도록 하고, 반면 그 역의 문제는 기하학적 점을 주고 그것을 대수 방정식으로 바꾸도록 요청한다. 비에타는 두 문제를 풀면서 그가 모르는 것을 단 하나의 미지수 x로 제한했다. 해석 기하학에서 요구하는 것은 두 개의 미지수이다. 이미 알고 있는 수가 나머지 둘(서로 순차적인)을 정하게 된다.[10] 일반적인 두 미지수는 세로 좌표(y)와 가로 좌표(x), 또는 어떤 그리고 모든 특별하게 위치된 값을 위한 일반적인 참고 위치로 삼을 수 있는 일반적인 위치의 선이다. 이것이 의미하는 것은 '유클리드의 점'이 더 이상 점이 아니라 위치로 변화되었고, 선은 연속적으로 확장되고 정향된 위치로 변화되었다는 것이다. 더구나 선의 극점은 더 이상 점이 아니라 연속된 선분 중의 중간이고, 평면의 극점은 더 이상 선이 아니라 위치의 연속이다. 마지막으로, 비례는 더 이상 비가 아니라 위치 또는 정향된 비의 유사 또는 동일이 되었다. 따라서 관계성은 좌표로 변화되었다. 그 의미는 기하학적 스칼라양이 벡터양이 되었다는 뜻이다(그런데 스칼라와 벡터는 훨씬 나중에 발견된 것들이다).

이렇게 진전하는 것이 얼마나 어려운가는 데카르트가 음의 좌표를 생각하지 못했다는 것에서 볼 수 있다. 점을 범위(magnitude) 없이 위치로 정의한다는 것은 상(象)에 제한되지 않고 이해할 수 있을 가능성을 생각했다는 의미다. 상은 크기를 지닌다. 그러나 범위를 지니지 않은 위치는 크기가 없다. 심지어 한없이 작은 크기조차도 없다. 지성은 순수한 이해가능성을 통해서 상들을 초월할 수 있고 초월했지만 그러나 여전히 생각할 때는 상을 필요로 했다. 상들을 단지 자기 발견적이라거나 가리키는 것이라고 파

---

10) Carl Boyer, *History of Analytical Geometry*(New York: Scripta Mathemtica, Yeshiva University, 1956), chapters 4 and 5.

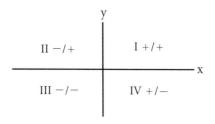

그림 2.4 사분면(x, y)

악하는 것은 기만이다. 언어적으로 표현한 기하학을 깨뜨리고 대수 방정식으로 표현한 기호 기하학을 사유하는 데 있어서, 데카르트는 상을 그리는 방식의 한계를 초월했다. 그러나 한계를 전적으로 벗어난 것은 아니다. 데카르트는 양의 수와 음의 수를 수용했지만, 기하학의 양의 크기와 음의 크기를 받아들일 수 없었기 때문이다. 그는 음의 크기가 무엇인지 생각할 수 없었다. 이것의 의미는 데카르트의 기하학은 위쪽, 오른쪽 사분면(四分面)에 제한되는 좌표계로 이를 더 적절하게 부른다면 '세로 좌표 기하학' 이라 할 수 있을 것이다(그림 2.4). 데카르트는 소위 데카르트 기하학이라 명명된 기하학을 창안하지는 않았다. 좌표계의 사분면 전부를 체계적으로 사용한 첫 번째 사람은 아마도 뉴턴이라고 할 수 있다. 데카르트가 미분을 발견할 수 있었던 상(象)의 한계를 뉴턴이 넘어섰다고 하지만 이는 아직 해결되지 않은 문제다. 그러나 '역(逆)의 좌표' 라는 결정적 단계가 미분의 발견을 배경으로 한다는 점을 고려하면, 미분의 발견과 사분면 전부를 생각할 수 있는 능력에는 중요한 관련이 있어 보인다.

미분의 핵심에는 통찰에 관한 놀라운 예가 있다. 르네상스 시대의 기하학에는 우리에게 익숙한 두 개의 문제가 있다. 즉, 구적법(求積法)의 문제와 곡선에 접선을 정하는 것이다. 구적법을 구하는 것은 곡선 아래 넓이를 구하는 것을 의미하는 반면 접선을 정하는 것은 직선을 곡선에 긋는데, 선이 한 번 그것도 오직 한 점에서 곡선에 닿게 하는 것이다. 대수학의 연산을 기하학의 범위에 적용함으로써, 비에타가 했던 것처럼, 넓이는 선분의 길이를 함께 곱한 결과라는 것을 파악할 수 있게 되었다. 반면에, 선분의 길이는 넓이의 제곱근을 구하면 도출할 수 있다. 달리 말하면, 선분의 길이끼리 곱하여 합한 넓이는 넓이를 나누면 분리되어 다시 선분의 길이가 된다. 곱하기와 나누기는 역의 연산작용이며, 체계적인 사고의 열쇠는 역의 방법으로 연산할 수 있는가 하는 점이다. 그러나 비에타의 사고방식과 표현은 마치 수를 곱하고 나눌 수 있는 것처럼 기하학의 양도 곱하거나 나눌 수 있는 것으로 이해하는 기하학의 상(象)에 너무 매여 있었다. 데카르트는 양은 수이거나 기하학이거나 차이가 없다는 것을 이해했다. 즉 문제는 이 값을 연산하는 방식이었다. 데카르트는 수를 곱하고 나누는 것이 가역적인 작업이라는 것을 확실히 깨달았지만, 기하학 분야 전체에 그 가역적인 계산을 포함하도록 일반화하지는 못했다. 따라서 데카르트나 페르마도 곡선에서 탄젠트를 구하는 문제가 곡선 아래 넓이를 구하는 역(逆)의 문제라는 것을 파악할 수 없었다.

뉴턴은 이 두 문제와 절차가 역으로 관련된다는 것을 알았다. 그는 똑같은 그림을 사용했던 파스칼이 탄젠트를 통해서 곡선을 정하는 것과 좌표

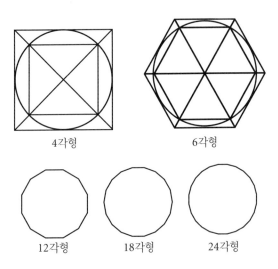

4각형   6각형

12각형   18각형   24각형

그림 2.5 외접하고 내접한 정다각형

넓이를 통해서 곡선을 정하는 것 이 둘의 역의 관계를 파악하는 데 실패했다는 사실에 매우 놀랐다.[11] 전자의 절차가 일반화되었을 때 '미분계수'에 대한 기본적 생각을 하게 되었고 후자의 절차가 일반화되었을 때 '적분'의 기본적인 개념을 갖게 된다. 즉 미분계수와 적분은 미분에서 기본적인 미지수들이다. 이 문제를 단순한 그림의 형식에 놓고, 아르키메데스가 미분의 문제로 제기했던 방식을 생각해 보라(그림 2.5). 이 도표에서 사각형을 원 안에 그리고, 또 다른 사각형으로 이 원의 바깥을 둘러싼다. 내접한 사각형의 변의 수가 증가함에 따라 다각형이 형성된다. 이렇게 계속 증가하여, 원과 다각형은 동등한 값의 면적을 갖게 되고 마침내 다각형의 변들은 원과 일치한다. 역의 절차는 외접한 사각형의 변의 수를 계속해서 늘려 가고 그러면 거기에 원과 일치될 때까지 그 넓이는 계속해서 감소한다. 이 그림은 미분이라는 수학 분야를 발전시키는 데 기본이 되는 문제다.

첫째, 우리가 알게 된 것은 넓이가 증가하고 줄어드는 과정은 역으로 바뀔 수 있는 연산이라는 점이다. 둘째, 그 연산을 지속적으로 계속하면 다각형이 원과 일치되는 한계까지 도달한다. 그리고 셋째, 연산이 계속됨에 따라 변의 값은 거의 무한히 작아질 때까지 점점 작아진다. 만약 변들이 무한히 작아지면, 변은 결국 무한히 작은 점들로 변하고, 세 그림의 점들은 같게 될 것이라고 상상하기 쉽다. 그러나 이는 잘못이다. 무한히 작거나 큰 것을 우리는 상상할 수 없다. 즉 우리가 할 수 있는 것은 유한의 극히 작은 변들을 상상하고 그 변들이 무한히 작다고 주장하는 것뿐이다.[12] 이것은 미분에서 기본적인 문제, 즉 극한을 향해 규칙적으로 계속해 가는 변화의 문제를 단순화한 것이다. 내접한 다각형의 넓이가 원의 넓이와 동일하게 되는 한계까지 다다르면 내접한 다각형의 변의 수는 점점 증가한다. 그리고 외접한

---

11) Boyer, *The History of the Calculus and Its Conceptual Development*, 158.
12) Patrick H. Byrne, 'Mystery and Modern Mathematics', in *Lonergan Workship*, vol. 7, ed. Trederick Lawrence(Atlanta: Scholar's Press, 1988), 1-35.

다각형의 넓이가 원의 넓이와 같게 되는 한계에 도달하게 되면 외접한 다각형의 넓이는 계속해서 감소하게 되어 역으로 변은 연속 증가된다.

　그리스 사람들에게 상식이었던 이 기하학적 관념이 미적분 개념으로 순조롭게 발전해 갔던 것처럼 보인다. 사실, 미분에 포함된 이 관념은 매우 어려워서 미분의 절차를 발견하고 발전시켰던 뉴턴이나 라이프니츠도 미분계수, 적분, 극한, 함수, 그리고 수 같은 기본적인 개념을 충분히 정의하지 못했다. 19세기 중엽까지도 이 개념들은 엄밀하게 정의되지 못했다. 이 것은 과학자들이 미적분이 바로 무엇이라고 정의하고 진술하기 훨씬 전에도 미적분을 '할' 수 있었다는 것을 의미한다.

　칼 보이어(Carl Boyer)의 뛰어난 연구서 『미적분학의 역사: 그 개념의 발달』(*The History of Calculus and Its Conceptual Development*) 덕택에, 뉴턴과 라이프니츠 같은 미적분을 발견한 학자를 포함하여 그 연구에 중대한 공헌을 했던 과학자들의 뛰어난 설명을 알 수 있게 되었다. 그러나 보이어가 지적했다시피, 그 모든 과학자들이 미적분의 기본 개념을 정의하려고 시도했지만 실패했다. 그들은 기하학적 상(象)에서 자유롭지 못했고, 그래서 이미지화할 수는 없으나 충분히 이해할 수 있는 이해가능성을 그림으로 그리는 시도를 계속했기 때문이다. 이 문제의 해결은 기하학적 용어와 관계를 떠나 더욱더 산술적인 사고를 발전시키는 비판적 단계에 있었다. 비에타가 기호 대수학을 발전시키려 시도했을 때, 첫 단계가 일상 언어를 깨뜨리는 것이었다. 이것이 무엇보다 중요한 이유는 바로 이 때문이다. 비에타는 그리스의 기하학적 대수학의 방법, 특히 등식에 포함된 계산의 관점에서 등식을 분류할 수 있어서, 용어로부터 이들 변화하는 용어들 간의 관계 패턴인 연산으로 자신의 주의력을 전환하기 시작했다. 이 중차대한 단계에서 비로소 변수라는 용어를 다루었다. 고대인들을 좌절시켰던 기하학적 문제를 데카르트가 풀려고 시도한 방식은 바로 이러했다. 그는 자신의 방법이 하나의 해법이 아니라 연속적인 해법들을 산출해 낸다는 것을 발견했다. 그리고 그 연속은 수 그리고/또는 기하학의 크기를 만들어 내는 일련

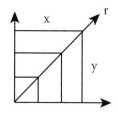

그림 2.6 지시된 위치의 동경(動徑) x, y, r

의 계산에 근거했다. 문제는 계속해서 변하는 산술적이거나 기하학적인 비례의 연속을 어떻게 제한할 것인가였다. 이는 해석 기하학으로부터 미적분으로 나아가는 것이다. 데카르트는 이렇게 나아가지 못했지만 뉴턴의 다음 단계를 마련해 준 것이다.

데카르트에 대한 언급을 마치기 전에 지적하고 싶은 점은, 그의 방정식에는 서로 대응하는 변수로서 두 개의 미지수를 포함하고 있기 때문에 이제 막 계발되기 시작한 함수에 관한 생각 역시 보인다는 점이다. 미분의 핵심은 함수와 무한에 대한 생각이다. 함수는 서로 변화하는 둘 또는 그 이상의 연속된 변량의 질서에 관한 계산이다. 그러므로 이것의 의미는 변화하는 연속된 두 값은 하나의 연속에 연관해서 파악할 수 있다는 것이다. 연속적인 하나가 어떻게 진행하는가는 변화나 변수의 연속적인 두 좌표의 방식에 달려 있다. 따라서 x = y 같은 단순한 직선 방정식에서, 계속해서 변화하는 연속된 x와 연속된 y 변수는 변하지 않는 방식으로, 즉 x의 값과 y의 값을 항상 동일하게 한다. 기하학적으로 그 변화를 그림 2.6처럼 상상할 수 있다. 만약 x가 세 칸만큼 길어지면, y도 세 칸만큼 길어진다. x가 2.3칸만큼 길어지면, y도 똑같이 길어진다. 우리는 y가 x만큼 변하거나, x가 y만큼 변하고, x와 y의 변하는 값은 변하지 않는 방정식으로 변화를 유지한다고 말한다. 또는 기하학적으로, 사각형의 대각선을 이룬 점들의 집합은 연속적인 위치, 크기, 모양이 사각형의 변하는 변을 이루는 연속적인 두 점들의 위치, 크기, 모양의 함수가 되는 연속적인 직선에서 움직임을 유지한다고 말할 수 있다. 변하는 값 가운데 변하지 않는 대응관계인 함수에 대한 개념은 르네상스 시대에 부각된 새로운 과학 법칙의 개념에서 중요한 의미를 지닌다. 그러나 이 주제로 가기 전에, 나는 미적분에서 또 다른 중요 관념인 극한의 문제에 주목하고자 한다.

좌표 기하학의 발달과 변수에 대한 새로운 생각으로 산술적으로 또는 기하학적으로 해석될 수 있는 연속, 합의 연속이라는 수렴의 용어를 만들어낼 생각이 출현했다. 이는 그 같은 연속의 극한을 어떻게 정할까 하는 문제를 열어 놓았다. 뉴턴 자신은 이 문제를 해결할 수 없었지만 그러한 수의 형태는 연속적인 형태라는 것을 파악했다. 수는 서로 따라오지만 수가 따라오는 방식은 연속적인 질서나 연합되는 방식에 달려 있다. 수는 연동적이고 계속 진행하지만 '흐름'은 무관해서 한쪽으로 제쳐 놓을 수도 있는데 관련된 점은 질서 있거나 형성된 흐름 혹은 연속체의 방식이기 때문이다. 연속된 형식이라는 뉴턴의 발견에서 놓친 점은 다른 종류의 연속의 가능성으로 유도하는 연속의 극한에 관한 답변이었다.

1b 19세기 수학

19세기 수학자들의 문제는 연속의 형태를 산출하는 계산에 의해 다른 수를 상술하는 것이었고, 연속의 형식이 차례로 그다음 수를 만들었다. 연속된 자연수 1, 2, 3, 4, 5, 6, 7, 8, 9, 10, 11 … 등등은 각 수에 일을 더하면서 만들어졌다. 수 11 뒤에다 '… 등등'을 놓은 이유는 이 연속을 좋아하는 만큼 같은 방식으로 계속할 수 있다는 점을 가리키기 위해서다. 또는 '1'의 기본 단위를 우리가 만들어 낸 각 연속된 복합적인 단위에 더하는 활동을 반복함으로써 연속된 자연수를 확정할 수 있게 되었다고 말할 수 있다. 마지막으로 수 4가 4인 것은 왜 그런가를 묻는다면 4는 합이며 그것은 1에 3을 더해서 만들어진 방식이라고 답할 수 있다. 수 4의 '형식'은 덧셈의 연산작용에서 생겨난 것이다.

일단 수의 형식을 덧셈의 활동과 구별하면, 수의 또 다른 형식은 얼마나 있는 것일까를 물을 수 있다. 이에 대해 수의 가능한 형식을 얼마나 많은 방식으로 현실화할 수 있는가에 달려 있다고 답할 수 있다. 또 이런저런 수의 형식이나 종류를 있게 하는 연산작용의 속성은 무엇이지 하고 물을 수 있다. 이는 수학의 발달에 있어 르네상스 시대의 대수의 발견을 중요하다고 하는 이유다. a + b = b + a를 언급할 때 a와 b는 관심사가 아니다. 왜냐하면 거기에 해당되는 수는 수없이 다양하기 때문이다. 여기서 덧셈이 무엇인지 또는 내가 더하기를 할 때 나는 무엇을 하는가라는 질문을 할 수 있다. 이는 새로운 차원의 추상화로, 당신은 a와 b의 내용을 추상화한 후, 덧셈으로 수의 형식을 합으로 만드는 연산작용에 초점을 둔 것이다. 덧셈은 수를 결합하여 연속된 총합으로 만드는 계산이라는 것을 발견한 것이다. 수의 질서는 더하거나 곱하기에서는 차이가 나지 않지만, 빼거나 나누기에서 순서가 달라지면 차이가 난다. 이는 덧셈과 뺄셈이 역의 계산이라는 중대한 발견으로 이끈다. 이 사칙연산, 서로 역이 되는 두 쌍은 모든 종류의 수 ― 합, 산출물, 몫, 나머지 ― 를 만들고 다시 만들 수 있으므로 연산 체계를 형성한다. 이 점은 더 심화된 19세기 발견의 핵심으로 수의 종류들의 한 체계가 낮은 체계를 포함한 후 이를 초월하는 좀 더 고차적 체계로 전환하는 것이 가능하다는 점을 보여 주었다. 고차적 체계는 낮은 차원의 형식에서는 발견하지 못할 수의 가능성을 이용할 수 있다. 따라서 a + b = b + a라는 앞의 예는 덧셈은 다른 방식으로 수를 형성할 수 있다는 것을 보여 준다. 1, 2, 3, 4 … 등등 단지 일의 연속은 덧셈에 의해 통합된 연속의 합으로 형성될 수 있다는 것을 보여 준다. 그러나 수는 또한 비연속적으로 더해져서 최종의 합이 될 수 있다. 예를 들면 1 + 2 + 3 + 4 = 10 또는 4 + 2 + 1 + 3 = 10. 이것의 의미는 합 10은 순차적으로 연속적인 질서를 통해 산출될 수도 있지만 또한 수가 순차적으로 결합하지 않더라도 같은 합이 나올 수 있다는 것이다. 수를 연속적으로 세다 보니, 우리는 자주 수가 연속되지 않은 군(群)이나 응집으로 생각될 수 있다는 것을 잊어버린다. 물론 이것은 기수와 서수의 근본적인 구별이다. 그러나 칸토어

(Cantor)가 이 구별의 근본적인 중요성을 보여 준 것은 새로운 종류의 수를 산출하면서다.

이 점을 분명히 하기 위해서, 분자의 배열이 어떻게 일련의 다른 식물 종(種)들로 정리되는지를 생각해 보자. 새로운 식물 종은 하위의 분자 과정이 생화학적 형태가 달라진 연속물로 전환되어서 만들어진 새로운 방식을 드러낸다. 마찬가지로 새로운 종류의 수는 더 상위의 체계를 위하여 더 낮은 종류의 수가 새롭고 더 높은 종으로 변환될 수 있는 우연한 집합체나 잠재력으로 간주될 수 있다는 것을 드러낸다. 그리스인들에게 $\sqrt{2}$ 는 자연수와 관련되지 않는다. 그러나 더 일반적인 부분의 자연수를 형성했던 데데킨트(Dedekind)에게, 무리수는 단지 이 큰 부분의 아종(亞種)이다. 무리수는 또한 자연수의 부분을 제한하는 방식을 제공했고 동시에 새로운 수의 가능성을 열어 놓았다. 자연수와 함께, 이들 수가 새로운 부분의 수라는 좀 더 포괄적인 분류를 형성했다. 이런 종류의 전환이 어떻게 작동하는지 이해하기 위해서 그리스인들이 $\sqrt{2}$ 를 수학적 사유의 극한에 놓았던 것을 떠올리는 것은 중요하다. 그렇지만 우리가 이 첫 장에서 보았듯이, 극한은 두 방향에서 이해될 수 있다. 먼저, 극한은 당신이 나아가는 것을 막는 장벽이다. 그러나 두 번째 의미에서, 장벽은 또한 기회이기도 하다. 즉 장벽은 당신의 예전 생각에서는 제한이었지만 한계를 초월하도록 당신을 일깨운다. 알지 못한다는 점에서 한계이지만 알 수 있다는 점에서 기회가 되는 그래서 아직 알지 못하지만 알 수 있는 것이 된다. 그래서 $\sqrt{2}$ 를 유리수에 대한 한계로서 그리고 새로운 종류의 수에 대한 개방으로 생각할 수 있다.

19세기에 출현한 새로운 수와 더불어 무한에 대한 그리스의 옛 문제가 수학에서 다시 중심 주제로 부각되었다.[13] 무한에 관한 문제는 비단 수학자

---

13) 2장에서 나는 두 자료에 빚을 졌다: Bernard Cohen, *The Birth of a New Physics* (Garden City, NJ: Doubleday, 1960), and Toulmin and Goodfield, *The Fabric of the Heavens*.

들만이 했던 잘못이 아니라 인간 지자(知者)라면 모두 할 가능성이 있는 잘못을 보여 준 것이다. 우리가 아무리 무한에 대한 상(象)을 계속 상상할지라도 무한은 알 수 없다는 것, 그리고 무한을 이해하기 위해 무한에 대한 상을 추측하는 것은 잘못이라는 것이다. '무한하게' 이해한다는 것은 모든 것에 대한 모든 것을 이해한다는 것이다. 기수(基數)의 연속인 1, 2, 3, 4 … 등등의 예를 들어 보자. 이 연속은 정의되지 않은 채 계속할 수 있어서, 당신은 아마 '무한'은 이 연속에 속하는 수라고 추측할지 모른다. 그러나 그런 연속의 형식은 어떤 수에 일이라는 단위(n + 1)를 더해서 만들어진 일련의 용어다. 이는 대단히 한정된 계산 형식이다. 끝이 없다거나 무한하다는 것은 더하기를 계속해서 확장할 수 있는 문제이거나 수의 가능성이다. 더구나 이 정의되지 않은 잠재성은 단지 더하기라는 단일한 형식을 통해 현실화되고 그래서 이 연속된 형식은 사실 매우 제한된 형식이다. 당신이 지닌 상이 어떻게 그리고 왜 당신으로 하여금 당신이 무한을 알고 있다고 잘못 생각하게 하는가라는 점은 이 연구 전체의 중심 주제이다. 나는 다음 장에서도 이 문제를 되돌아볼 것이다.

19세기 수학의 발달에 있어서 두 가지 결과를 언급할 필요가 있다. 첫째, 아주 새로운 방식에서 수학의 토대가 질문의 대상이 되었다. 둘째, 군(group)에 대한 생각이 수학의 중심 범주가 되었고, 그 시대의 피아제와 다른 구조주의자들이 소화했듯이 수학이 아닌 다른 학문들의 기본 개념을 확립하는 방법으로 적용되었다. 나는 두 발견, 좀 더 고차적 관점 혹은 체계의 역할이 시작된 것에 대해 몇 마디 논평하면서 수학의 역사에 대한 간략한 언급을 마치겠다.

수 전체, 분수, 제곱과 제곱근, 미분과 적분 등 더하고 빼는 것을 생각하는 방식을 심사숙고하면 위계적인 연관 시스템을 볼 수 있다. 곱하고 나누기의 다른 의미를 검증하고자 한다면, 하나의 분수를 다른 분수로 나눌 때 역수로 바꾸고 곱하는데 왜 그렇게 하는지 스스로에게 물어보라. 분수를 곱하고 나누는 규칙은 수 전체에 그렇게 하는 것과 다르다는 것을 우리 모두는 안다. 제곱과 제곱근의 경우에도 같다. 수 전체와 지수를 가진 수를 나누고 곱하는 새로운 규칙을 배워야만 한다. '지수의 법칙'이 그런 것은 왜일까? 또는 부호가 달린 수로 나아갈 때 음수에 음수를 곱하면 양수를 얻는데, 왜 그런가? 규칙이 하는 바를 규칙이라고 말하는 것은 왜일까?

정수(整數)에 해당하는 덧셈, 뺄셈, 곱셈, 나눗셈의 계산을 할 때 당신이 무엇을 하는지 좀 더 포괄적으로 이해한다면, 이를 분수에 확대 적용할 수 있다. 만약 이를 이해하지 못한다면, 정수와 분수 둘 다를 구성(덧셈, 뺄셈)하고 해체(뺄셈, 나눗셈)할 수 있는 체계가 좀 더 유연하고 포괄적인 체계라는 것을 이해하지 못한다. 제곱과 제곱근(대수학 체계), 미분계수와 적분(미분)을 구성하고 해체할 수 있는 체계로 나아갈 때도 똑같이 참되다. 각각의 수준에서 새로운 체계는 하위 단계의 수와 크기로 되돌아가고 하위 체계에서 사용되지 않던 새로운 가능성이나 변수의 가능성을 발견하면서 좀 더 고차적이고, 포괄적인 연산작용의 영역으로 나아간다.

더구나, 대수학의 상위 체계는 산술이라는 낮은 체계를 부정하거나 뒤집지 않고, 그 의미 수준에서 자유롭고 자율적으로 계산할 수 있도록 했다. 다른 말로, 산수도 할 수 있고 대수학도 할 수 있지만, 당신이 대수학을 할 때, 산수는 이미 할 수 있다는 것이다. 그 수를 변수로 전환한 것은 잊고, 이 변수들을 조절하는 연산작용에 집중하라. 만약 우리가 현대 생물학 연구에서 전개되고 있는 계층 이론을 조사한다면, 우리는 똑같은 종류의 사유를 발견할 수 있다. 분자 과정이 세포의 작동 조절을 떨어뜨리는 변수가 되는 방식을 예로 들 수 있다. 하위 차원에서 미리 결정된 것처럼 보이는 좀 더 낮은 변수들이 좀 더 높은 차원에서 전환될 수 있고 인식될 수 있다는 가정이 여기서 또다시 핵심이 된다.

2 현대 물리학의 역사

2a 코페르니쿠스에서 뉴턴까지

르네상스 시기의 물리학은 우주를 해체하고 중심을 재정립한, 즉 지구를 중심으로 보는 관점에서 태양 중심의 지평으로 나아간 코페르니쿠스와 더불어 시작되었다.[14] 코페르니쿠스와 프톨레마이오스가 관찰한 행성의 패턴을 비교하였을 때 어떤 극적인 방식에서 차이가 없다고 주석가들은 지적했다. 그러나 코페르니쿠스 이론의 의미와 결과는 훨씬 멀리까지, 특히 우리와 관계하는 물(物) 그리고 물 그 자체, 즉 물과 다른 물들의 관계를 구별하는 아리스토텔레스의 관점에까지 영향을 미쳤다.

물이 당신과 관계를 맺는 방식은 우선 감각기관을 통해서 주변세계로부터, 또 신체 내부에서 느끼는 경험으로부터 지속적으로 받는 감각 운동 시스템의 형식이다. 내적이고 외적인 이들 감각 경험은 매개된 것이 아니다. 이와 대조적으로 궁금해서 묻게 되는 아직 알지 못하는 세계에 관한 의식경험이 있다. 이 의식경험 역시 매개된 것은 아니다. 감각의 세계와 아직 알지 못하는 세계는 둘 다 매개되지 않았지만 언어를 통해 매개되어 간다. 그런데 매개되지 않았지만 감각할 수 있는, 내적이며 외적인 세계는 방향과 크기를 지닌 벡터-세계다. 이 벡터는 위-아래, 좌-우, 앞-뒤 등의 의식으로 느껴진다. 즉 벡터의 느낌은 감각운동 시스템 안에 집중되어 있다. 기관의 중심에 있다. 다른 말로 하면 감각운동이나 감각 벡터의 골근육의 협응 시스템이 당신의 의식적이며 육체적인 자아를 주변 세계로 향하도록 한다.

피아제가 지적했듯이, 이 감각운동 시스템의 의식적 지각 벡터는 생애 첫 이 년 동안 발달되고 숙련된다. 그다음 단계에서는 언어적인 위-아래가 당신의 매개되지 않은 느낌 위-아래를 매개함에 따라 이 매개되지 않은 감각 세계를 언어를 통해 어떻게 매개할 수 있는지를 배운다. 당신은 또한 자

---

14) 오늘날 로켓 과학 덕분에, 우리는 곡선이 포물선이 아니라 타원이라는 것을 안다.

기를 감각운동의 협응 시스템으로부터 탈중심화하는 법을 배우며, 타자의 위-아래, 좌-우, 앞-뒤의 관점에서 당신의 육체적 느낌의 균형을 재중심화하는 법을 배운다. 그러나 관점의 중심을 재설정하고 전환하는 것은 지구 중심의 세계관에서 친숙한 의식으로 느껴진다. 그와 반대로 코페르니쿠스는 과감하게 우주의 중심을 바꾸는 식으로 우주의 중심을 다시 설정할 것을 제안했고 그렇게 함으로써 그는 우주론적인 질서뿐만 아니라, 더 중요하게는 우리가 알아가는 방식의 바로 그 기반에 관해서도 근본적인 물음을 야기했다.

코페르니쿠스가 제안한 천체에 대한 새로운 시스템은 백 년이 지나 갈릴레이가 이을 때까지 더디게 나아갔다. 코페르니쿠스의 아이디어가 아리스토텔레스의 우주론에 도전적이었던 것에 비하면, 코페르니쿠스는 완전하고 불멸인 천상의 질서와 불완전하고 생멸하는 지상의 만물의 질서에 대해 근본적인 구별을 손도 대지 않은 채 그대로 두었다. 갈릴레이의 망원경은 달이 지구와 똑같은 '재료'로 만들어졌다는 증거를 보여 주었다. 또 목성의 위성들이 목성 주위를 돌지 태양 주위를 돌지 않는다는 것을 발견했을 때 변화가 일어났다. 태양은 행성들의 중심이고, 행성들은 자기에게 속한 위성들의 중심이다. 갈릴레이의 천체 운동의 발견은 극적이고 논란이 많았지만 땅의 역학(중력 – 옮긴이)에 관한 그의 공헌은 대단히 중요했다.

핵심 논의는 갈릴레이가 발견한 내용이 아니라 그의 사상에서 볼 수 있는 인지적 함의다. 우리의 감각운동 시스템과 관련된 물(物)에 대한 기술적 알아감과 설명의 맥락에서 서로 연관된 물들 간의 아리스토텔레스의 구분을 코페르니쿠스가 진척시켰듯이 갈릴레이도 그와 똑같은 구분을 진전시켰다. 만약 무겁고 가벼운 골근육의 감각으로 물체의 낙하 속도를 판단한다면, 무거운 대상이 가벼운 대상보다 빨리 떨어질 것 같다. 당연히 그렇게 된다. 그러나 무거운 대상이 물체의 낙하 원인을 설명하는 것인가 하고 의심한다면, 사물이 낙하하는 방식을 추상화하여 물체의 낙하 거리와 그 거리만큼 떨어지는 데 걸린 시간에 주의를 기울여야 한다고 제안할 수 있게 된다. 갈릴레이는 어떻게 무게가 원인 또는 낙하 이유가 될 수 없을 거라고 의심하게 되었을까? 그 제안은 새로운 게 아니다. 아리스토텔레스의 낙하 하는 물체에 대한 설명에 반대해 온 역사는 길다. 갈릴레이의 중대한 성취 는 유클리드가 기하학에 했던 것을 운동학에 한 것이다. 갈릴레이의 『새로 운 두 과학』(*Two New Sciences*)에서, 두 번째 '새로운' 과학은 소위 '운동 학(kinematics, 힘과 질량을 고려하지 않는 움직임의 과학)' 이다. 갈릴레 이의 체계적 논문에서 보이는 많은 정리들이 선행연구자들에 의해서 이미 수행되었지만, 유클리드가 체계적인 기하학 논문에 사용했던 그 형식으로 는, 아무도 체계적 논문으로 구성하여 이용하지 않았다.

갈릴레이는 우리가 일정 속도라고 부르는 등속도 운동을 정의하면서 시 작한다. 속도의 정의에서 파생하여 가속도의 정의로 그는 나아갔다. 속도 는 걸리는 시간과 거리로 정의되는 반면에, 가속도는 변하는 속도, 즉 속도 변화율의 관점에서 정의된다. 이 정의에 관해서 두 물체를 언급할 필요가 있다. 첫째, 아리스토텔레스는 대상에 영향을 미치는 힘의 관점에서 속도 를 정의했다. 그래서 더 큰 힘은 비례적으로 더 큰 속도를 낼 것이다. 반대 로 갈릴레이는 힘을 추상화했다. 둘째, 아리스토텔레스는 속도를 힘에 직 접적인 비례로 그리고 저항에 반비례하는 것으로($V = F/R$) 정의했다. 갈 릴레이는 그와 반대로 저항으로부터 추상화했다. 운동의 원인을 설명할 때, 아리스토텔레스는 왜 힘과 무게와 저항을 포함했고, 갈릴레이는 배제 했을까? 1장에서 보았듯이, 과학자들이 어떤 요소들을 배제 혹은 추상화하 는 이유는 이들 요소가 운동의 원인을 이해하는 데 필수적이지 않다고 생 각하기 때문이다. 아리스토텔레스와 갈릴레이 둘 다 운동의 원인이 비례 (하나의 형식)라고 이해했지만, 비례의 내용을 무엇으로 보는가 하는 점에 서 달랐다. 갈릴레이가 이해하는 데 있어 가장 중요하게 생각했던 실마리 는 사실 속도와 가속도를 매우 주의 깊게 구별했다는 점이다. 아리스토텔 레스는 그렇지 않았다. 이것은 아리스토텔레스가 잘못했다는 것이 아니라 갈릴레이가 더 추상적이고 포괄적이었다는 것을 말한다. 더군다나 갈릴레

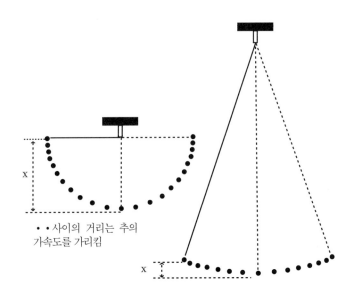

• •사이의 거리는 추의
가속도를 가리킴

그림 2.7 호(x)의 깊이, 추가 한 번 진동했을 때 걸리는 시간의 결정적 변수

이가 정의한 것처럼 가속도는 관찰될 수 있는 것이 아니다. 끊임없이 변하는 속도를 본다는 것은 가능하지 않다. 낙하하는 돌의 지속적인 증가속도를 관찰하려 할 때, 당신은 빨리 떨어지는 물체의 속도는 볼 수 있지만, 계속 증가하고 있는 가속도를 관찰할 수는 없다. 마지막으로, 운동 연구에 대한 갈릴레이의 패러다임은 추였다. 길이는 같지만 무게가 다른 추가 갔다가 되돌아오는 한 번의 주기에 걸리는 시간이 똑같은 것을 관찰하면서 무게는 중요 변수가 안 된다는 것을 제안했다. 또한 짧은 호(弧)거나 긴 원호거나 추가 한 번 갔다가 돌아오는 데 똑같은 시간이 걸렸고, 그래서 원호의 거리가 아니라 추의 낙하 거리가 결정적 변수라는 것을 증명했다(그림 2.7). 만약 무게가 다른 물체가 낙하하는 전 과정에서 저항이라는 매개를 추상화한다면 무게가 다른 물체들은 동일한 비례로 낙하할 것이라고 추측할 수 있게 되었고 이 관찰은 그 추측의 단서를 제공하였다. 그래서 갈릴레이는 새로운 이해가능성의 영역으로 나아가게 되었다.

비록 갈릴레이가 제안하고 증명했던 대부분의 정리들은 이미 널리 알려

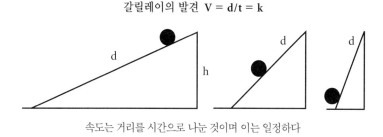

속도는 거리를 시간으로 나눈 것이며 이는 일정하다

그림 2.8   갈릴레이의 발견 $V = d/t = k$

진 것이지만, 두 가지 점에 있어서만은 독창적이다. 그는 자유 낙하하는 물체의 종류를 다르게 하여 분석하는 정리된 과학을 구성했고, 이전의 스콜라학파가 결코 하지 않았던 것을 했다. 즉 그는 자기의 논점과 결론을 증명하기 위해 실험을 구성했다.

중세 스콜라학파는 평균속도의 법칙을 계산했는데, 자유 낙하의 평균속도는 처음과 마지막 속도의 합의 1/2이라고 진술되었다. 그러나 이 법칙을 검증할 필요성에 대해 어느 누구도 생각하지 못했다. 그런데 왜 갈릴레이는 실험을 하겠다고 결정했을까? 갈릴레이는 지구가 태양 주위를 돌고 있다는 코페르니쿠스의 맥락에서 가정했기 때문에 근본적으로 다른 틀에서 논쟁한 것이다. 더구나 등속도와 등가속도를 몇몇의 스콜라학자들도 구분하고 있었지만, 등가속도가 발생하려면 정확한 비율이 얼마인지 누구도 실제로 측정하지 않았다. 마지막으로 가속도를 측정하는 것은 관찰할 수 없는 것을 측정하는 것이다. 그래서 그런 가설의 타당성을 입증하려면 실험을 어떻게 구성해야 하는지 더 깊고 뛰어난 통찰이 요구된다. 갈릴레이의 통찰은 16피트 길이의 아주 매끈한 도관에 공을 아래로 굴러가게 하여 낙하 속도를 늦추는 실험에 관한 것이었다. 그다음 그는 같은 높이지만 더 짧아진 도관을 통해 공이 굴러 내려오는 데 걸린 시간을 비교했다. 그리고 시간은 서로 비례한다는 것을 발견했다. 그것의 의미는 측정값은 달랐지만 더 길거나 짧거나 한 도관의 길이와 시간의 관계는 같다는 점을 의미한다

(그림 2.8). 오늘날로 말한다면, 측정된 양은 불변의 방식으로 다양하게 나온다. 갈릴레이는 저항 변수를 고려하지 않는다면, 장소와 시간은 다를지라도 같은 방식으로 작동하는 자연의 기본 법칙을 발견할 수 있다고 결론을 내렸다.

그러나 갈릴레이의 천재성이 가장 빛난 곳은 『새로운 두 과학』의 '넷째 날' 갈릴레이의 대화이다. 갈릴레이가 말했듯이, 발사한 포는 타원 궤도를 그린다는 것은 예전에도 관찰되었다.[15] 그러나 누구도 그 곡선을 분석하고 그것이 포물선이라는 것을 증명하지 않았다. 발사체의 곡선을 분석하고 그것이 포물선이라는 점을 보여 주면서 갈릴레이는 추상적으로 사유했고 그래서 전적으로 새로운 영역의 이해로 나아갈 수 있었다. 아폴로니우스는 『원뿔곡선론』에서 원뿔을 큰 평면으로 절단하면 어떤 식의 곡선으로 구성할 수 있는가를 보여 주었다(그림 2.9). 아폴로니우스가 유클리드의 분석을 확장한 것과 마찬가지로, 갈릴레이는 아폴로니우스의 분석을 물리학의 문제에 전적으로 적용했다. 갈릴레이는 하나의 포물선 운동을 해체하고 대신 계속해서 변하는 두 개의 직선운동으로 만들었다. 총구에서 발사된 총탄의 예를 생각해 보자. 총탄이 일단 발사되면 수직, 즉 아래로 향하는 중력과 수평, 즉 앞으로 나아가려는 관성력, 이 두 힘의 영향하에 놓인다. 이 두 힘은 결합하여 아래로 향하는 곡선을 만들어 낸다. 그 곡선은 총의 속도에 달려 있다(중력이 같은 상태에 있다고 가정하고). 갈릴레이는 아폴로니우스로부터는 다양한 곡선이 어떻게 구성되는지 알게 되었고, 중세 스콜라학파로부터는 연속적으로 변하는 물리량을 두 개의 변하는 기하학 크기의 좌표로 어떻게 표시할 수 있는지를 알았다. 일단 통찰이 일어나 생각하기 시작하면 매우 쉬워 보이지만, 맨 처음의 통찰이 없었다면 쉬운 문제가 아니다.

---

15) Richard S. Westfall, *The Construction of Modern Science: Mechanisms and Mechanics*(New York: John Wiley & Sons, 1971), chapter 2.

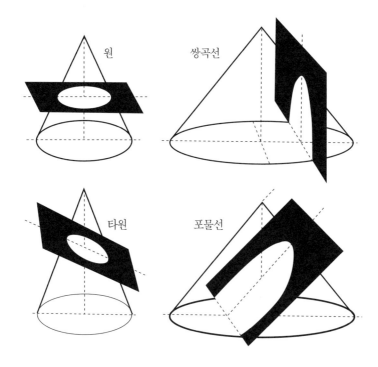

그림 2.9 아폴로니우스의 원뿔의 절단면들

특히 재미있는 점은 갈릴레이가 발사체의 문제를 기하학으로 다룬 것을 뉴턴이 완전히 소화하여 전체 우주의 새로운 질서를 구상하는 기반으로 적용한 방식이다. 그러나 뉴턴 이전에 중요한 인물들이 있었다. 케플러, 브라헤, 데카르트, 크리스티안 하위헌스이다. 그들 모두 뉴턴의 새로운 우주질서가 형성될 수 있도록 초석을 깔았다. 갈릴레이가 지상의 운동에 관한 새로운 학문을 연구했다면, 케플러는 천상의 운동에 관한 새로운 패턴을 구성했다.

갈릴레이가 케플러의 행성에 관한 새로운 법칙에 대한 책을 읽었는지 확실하지 않지만 만약 읽었더라도 그리 중요하게 여기지 않았던 것 같다. 이는 특히 아이러니컬하다. 갈릴레이처럼 케플러도 코페르니쿠스의 태양 중심설의 틀을 더 전개하려고 노력했다. 갈릴레이처럼, 그도 자연은 한결같

아서 태양계의 문제를 더 주의 깊게 기하학으로 표현할 수 있다면 더 단순
하고 더 체계적인 설명을 할 수 있다고 확신했다. 그러나 케플러는 갈릴레
이와는 아주 다른 맥락에서 연구했다. 행성의 위치에 관한 범상치 않은 축
적된 관찰자료를 물려받았기 때문이다. 케플러는 튀코 브라헤(Tycho
Brahe)의 조교였다. 유럽에서 가장 유명한 천문학자 가운데 한 사람이었던
브라헤는 행성의 위치를 밤마다 주의 깊게 기록한 첫 번째 천문학자였다.
브라헤는 가장 광범위하고 자세하게 행성을 관찰한 기록을 축적해 가면서
새로운 우주론을 내놓았다. 코페르니쿠스의 우주론처럼, 브라헤의 우주론
도 프톨레마이오스의 시스템을 변환한 것이지만, 코페르니쿠스의 우주론
과 달리 브라헤의 우주론은 지구 중심적이었다. 케플러는 첫 저서에서 코
페르니쿠스의 시스템이나 브라헤의 시스템에 맞추기 위해 70여 차례에 걸
쳐 관찰했고 관찰된 자료를 축적했다고 기록했다. 이렇게 거듭된 실패 후
에, 케플러는 마침내 고대와 근대의 모든 우주론에서 공통으로 삼았던 점
을 제쳐 놓을 수 있었다. 바로 원형주기였다.

플라톤, 아리스토텔레스, 프톨레마이오스, 코페르니쿠스, 그리고 튀코
브라헤는 모두 행성의 운동은 단순하든지 복합적이든지 원형임에 분명하
다고 확신했다. 그들은 왜 원에 사로잡혀 있었던 것일까? 천체는 지상보다
더 완벽하다고 생각했고 움직이는 데 가장 완벽한 방식은 원 궤도이거나
주전원(epicycle, 그 중심이 다른 큰 원의 둘레 위를 회전하는 작은 원 – 옮
긴이)처럼 복합적인 원운동의 조합에 있다고 생각했기 때문이다. 원형의
운동 궤도는 초기 그리스 사상가들 이래 대다수 서양 천문학자들이 갖고
있던 기본 가정이었다. 행성의 원운동 궤도를 버리고 타원형의 운동 궤도
로 대체한 것은 케플러의 뛰어난 업적이었다. 행성의 원 궤도를 깨는 데 있
어서 야기된 두 번째 문제는 우주의 중심을 상실하게 된다는 점이었다. 원
은 중심이 있다. 그러나 타원형은 중심이 하나가 아니고 둘이다. 아리스토
텔레스와 갈릴레이에 있어서 자연의 운동은 중심을 향한 운동이었다. 갈릴
레이가 볼 때, 무게는 낙하 물체의 원인이 아니지만, 지상 물체의 자연스런

운동은 중심을 향해 떨어지는 것이었다. 마치 천상의 행성이 원형 궤도로 움직이는 것이 자연스러운 것처럼 말이다. 케플러의 제2법칙은 제1법칙 전에 이해되었고 공식화되었을 뿐만 아니라, 타원의 운동이 아니라 원운동이라는 가정 위에서 숙고했다는 점을 주목하는 것은 흥미롭다. 케플러가 이 실수를 고친 것은 마침내 원의 궤도를 추상화하고 다른 형태의 곡선 궤도를 고려하기 시작하면서부터다.

갈릴레이의 지상 운동의 법칙과 케플러의 천체 운동의 법칙에는 또 다른 근본적인 차이가 있다. 갈릴레이는 이상적인 운동을 수학적으로 생각할 수 있게 되면서, 무게와 다른 힘을 추상화할 수 있었다. 이런 맥락에서, 갈릴레이는 역학이 아니라 (힘과 질량이라는 생각 없이) 운동학을 공식으로 나타냈다. 그에 비하면 케플러는 행성은 태양의 힘에 의해서 저마다의 궤도를 유지한다고 제안하는 천체 역학을 구성한 것이다. 심지어 케플러는 달의 힘이 지구의 조수를 변화시키는 것이라고 설명했다. 그렇다면 행성들을 타원형의 궤도로 돌게 하는 태양이 지닌 이 신비한 힘의 본성은 무엇일까? 바로 이 질문 때문에 케플러의 이론 체계 전체는 아주 의심스러워졌고 케플러의 세 가지 법칙은 17세기 전반기에 출현하기 시작한 새로운 우주론의 주변부에 있었다.

그다음으로 이러한 새로운 과학적 맥락을 확립하는 데 기여한 핵심적인 인물은 데카르트였다. 자연이 신화적이고 주술적인 힘으로부터 벗어난 지 이미 오래된 20세기 후반을 살고 있기에 우리는 왜 이 신화적 관점이 그렇게 오랫동안 곤혹스런 문제였는지, 또 왜 데카르트가 그 당시 대부분의 과학자들처럼 주술적 원인에 호소하지 않고 기계론적 자연철학을 주장하게 되었는지 이해하기 어렵다.[16] 그 당시 사상가들이 원했던 것은 우주가 어떻게 작동하는지에 대한 기계론적인 설명이었고, 최초로 체계적 설명을 시도한 이가 데카르트였다. 데카르트의 문제는, 첫째, 갈릴레이의 운동학을 기

---

16) Westfall, *The Construction of Modern Science*, chapter 7.

계학으로 바꾸는 것, 둘째, 케플러의 천체 역학을 수정하는 것, 마지막으로, 갈릴레이의 이론과 케플러의 이론을 결합해서 천체운동과 지상운동 모두를 설명할 수 있는 일반적인 역학을 만드는 것이었다. 데카르트는 처음 두 문제를 해결하는 데 실패했지만 새로운 세계 시스템을 구성하는 데 기본이 되는 전제를 마련했다. 뉴턴 이론의 새로운 세계질서, 즉 관성의 원리(principle of inertia)를 근본 공리로 삼았다.

관성의 원리는 내용이 아니라 과학자들의 질문 방식을 극적으로 변화시키는 역 통찰의 또 다른 예이다. 갈릴레이에게 원 궤도의 운동은 문제가 아니었지만, 데카르트에게는 문제였다. 데카르트의 관점에서는 물체가 원의 궤도가 아니라 직선으로 움직이려는 것이 자연스런 경향으로 생각되었기 때문이다. 그래서 만약 행성들이 원형 궤도로 움직인다면, 과학자들에게는 문제가 된다. 행성들이 지닌 자연스런 직선운동을 곡선운동으로 바꾸어 놓은 원인이 무엇일까? 데카르트에 따르면, 물체는 등속도로 가려는 자발적인 경향이 있다. 갈릴레이의 법칙처럼 만약 물체가 가속도를 갖는다면 어떤 원인 때문일까? 데카르트는 다음과 같이 설명했다. 즉 우주에 가득 차 있는 미세하고 보이지 않는 입자로 구성된 유체의 소용돌이가 만들어 낸 압력 때문이라고 설명했다. 이것이 유명한 데카르트의 소용돌이 이론으로, 소용돌이치는 유체가 더 큰 물체에 충격을 가해 자신의 운동을 전달한다고 보는 기계론적 설명은 처음에는 호소력을 지녔다. 이 소용돌이 이론의 핵심은 한 물체가 다른 물체를 쳤을 때 무엇이 일어나는가에 대한 문제다. 여기에 갈릴레이가 낙하하는 물체와 발사체에 주었던 일종의 수학적 의미화를 요구하는 문제가 있다. 데카르트는 그런 분석을 시도하지 않았지만 그의 제자 크리스티안 하위헌스는 시도했다.

이 문제는 갈릴레이의 낙하하는 물체보다 더 복잡하다. 두 물체가 포함되고 한 관점에서 다른 관점으로 전환하는 문제이기 때문이다. 데카르트에게 운동과 정지는 상대적 용어였지만, 하위헌스는 정지하거나 운동 중인 한 대상이 정지하거나 운동 중인 다른 대상에 충격을 주는 방식을 분석했다. 한 물체가 운동의 손실 없이 다른 물체를 움직일 수 있다는 방식에 대한 데카르트의 설명에서 하위헌스는 모순점을 찾았다.[17] 갈릴레이가 낙하하는 물체의 문제를 해결했던 똑같은 방식으로 하위헌스는 충격을 가하는 물체의 운동학을 연구하는 일을 진척시켰다. 데카르트가 생각했던 것, 즉 보존되었던 것은 운동의 고정된 양이 아니라 다른 운동량(mv)이라는 것을 하위헌스는 발견했다.

다음으로 모든 물체는 중심에서 멀리 일정한 속도로 직선으로 움직이려는 경향을 지닌다는 데카르트의 관성의 원리를 하위헌스는 원형 궤도의 운동이라는 문제로 진척시켰다. 하위헌스의 실험 모델은 빙그르르 선회하는 돌을 억제하도록 한 투석기였다. 이 실험은 무게를 힘으로 재입력한 것이다. 만약 당신이 돌을 원형 궤도로 빙빙 돌리면, 줄을 잡아당기는 힘으로 돌의 무게를 느낄 수 있다. 마치 돌이 빠져나가 직선으로 멀리 날아가려 '애쓰는' 것처럼 말이다. 이 맥락에서 무게는 중심에서 달아나려는 힘이고, 당신이 원의 궤도를 돌리고 돌려 속도를 증가시킬수록 힘은 더욱 늘어난다. 이것은 원 궤도로 움직이고 있는 돌을 그렇게 유지할 때 드는 힘이 돌이 튕겨 나가려는 속도의 증가에 비례한다는 의미다. 이는 힘은 속도가 아니라 변화하는 속도, 즉 가속도에 비례한다는 의미를 함축한다. 하위헌스는 바로 수학의 비례($F = mv^2/r$)를 계산했고, 수학의 이 의미를 진자운동의 역학을 해석하는 데 이용했다. 따라서 우리는 처음으로 무게와 가속도 사이의 상관관계를, 더 중요하게는 궤도운동의 수학적 분석을 알 수 있게 되었다.

하위헌스의 업적을 좀 더 살펴보자. 갈릴레이는 운동의 '원인'인 무게, 힘, 저항을 제쳐 놓았지만, '보이지 않는' 그렇지만 운동의 원인으로 이해

---

17) 고전적 시간과 공간에 대한 매우 선명하고 유익한 토론을 위해, Milic Capek, *The Philosophical Impact of Contemporary Physics*(Princeton: D. Van Nostrand, 1961)를 보라. 특히 2-3장을 보라.

할 수 있고 측정할 수 있는 가속도를 발견했다. 이 점이 그가 했던 추상화의 풍요로운 면이다('보이지 않는다'는 것은 지속적인 가속도를 관찰할 수 없다는 의미다). 갈릴레이의 추상화가 소개되면서 정의되고 실험으로 입증된 속도와 가속도의 개념이 과학에 도입되었다. 하위헌스도 똑같은 방법을 따랐다. 엄밀한 수학적 분석이 실험으로 입증된 고도의 추상적 개념과 연결되었다. 하위헌스는 갈릴레이가 제쳐 놓았던 운동의 원인 둘을 제안했다. 힘, 질량, 속도의 상관관계를 수학적으로 입증했다. 오늘날 무게는 질량 곱하기 가속도로(ma) 정의되며 이것이 힘이라는 것을 안다. 사실, $F = ma$는 뉴턴의 제2법칙이었다.

르네상스 물리학의 발전에는 두 가지 움직임이 있었다. 하나는, 강력한 추상화로 말미암아 감각 세계에서 익숙한 물(物)들을 넘어서게 되었다. 추상화는 계속적으로 움직이는 질량에서 좀 더 보편적이고 포괄적인 상관관계를 제시한다. 다른 하나는, 주의 깊게 고려된 실험을 적용하여 이들 추상적이고 포괄적인 상관성을 입증했다. 그 결과는 새로운 유형의 법칙, '고전 법칙'의 공식화였다.

아리스토텔레스는 물리학에 관한 그의 첫 번째 책의 둘째 단락에서 '우리에게 잘 알려져 있는 분명한 것에서 본성적으로 더 분명하고 더 알려진 것으로 나아가는 자연스런 길'을 말했다. 나는 이 구분을 기술적인 앎과 설명적인 앎의 차이로 말했다. 과학자들은 물(物)을 기술하면서 시작했지만, 마침내 기술적이거나 감각적으로 관찰된 물의 속성을 벗어나 측정할 수 있는 물들의 속성을 서로의 상관관계로 보여 주기 시작했다. 갈릴레이가 이 변화를 이끌었으며 이는 기념비적인 사건이다. 비로소 과학은 엄밀한 설명적 맥락으로 나아가게 된 것이다. 갈릴레이는 수학적 추상화(추출 - 옮긴이)로 그렇게 했고 그 결과 보편성이라는 과학적 이해를 극적으로 확장했다. 이 못지않게 중요한 점은 갈릴레이가 어떻게 수학 개념을 물리적으로 측정할 수 있는 개념으로 전환할 수 있는지를 배웠다는 점이다. 그래서 과학은 수학의 발전을 통해서 위로부터 아래로, 또 실험자료를 축적하면서 아래에서 위라는 두 방식으로 발전해 갔다. 뉴턴의 새로운 우주질서를 가능하게 한 다른 중요 인물들을 따라 크리스티안 하위헌스도 이러한 진보가 가능하도록 핵심적인 역할을 했다.

2b 뉴턴의 새로운 세계질서

뉴턴의 공헌은 몇 가지 방법으로 요약할 수 있다. 한 가지 방법은 다음과 같다. 갈릴레이는 지상의 운동학을 계산한 반면 케플러는 천체 역학을 제시했고, 뉴턴은 이 둘을 역학 또는 동역학이라는 새로운 학문으로 결합했다. 갈릴레이의 지상의 운동학은 지상의 역학으로 변형되어야 했고, 케플러가 시도한 천체 역학은 정련되고 수정되어야 했다. 두 번째 방법은 다음과 같다. 갈릴레이의 법칙은 지상의 물체가 어떻게 움직이는지를 자세히 설명했지만 왜 계속 가속도로 움직이는지 설명하지 못했다. 케플러의 법칙은 행성운동의 모양, 크기, 주기가 무엇인지 언급했지만, 행성의 궤도가 왜 그런 모양, 크기, 주기를 갖는지 설명하지 못했다. 뉴턴의 공헌에 접근하는 세 번째 방법은, 뉴턴이 갈릴레이의 기본 용어와 관계 — 거리, 시간, 속도, 가속도 — 를 갖고서 여기에 질량과 힘을 더하고, 갈릴레이의 법칙과 케플러의 법칙을 자신의 더욱더 일반적인 법칙의 특정한 예로 끌어들일 수 있다는 것을 증명하는 데 이들 용어들을 다양한 방식에서 결합했다고 보는 것이다. 다른 말로, 뉴턴은 행성의 운동 법칙과 낙하하는 물체의 법칙을 보편적인 단 하나의 법칙의 특정한 예로 전환했다. 그러나 이렇게 하기 위해 기본적인 가정인 첫 번째 법칙과 힘과 질량의 새로운 정의가 필요했고 그는 이것을 두 번째, 세 번째 법칙에서 다루었다.

역 통찰은 과학자들이 의문을 갖는 방식에 있어 새로운 방향을 제시하지만, 또한 이해함에 있어 중요한 진전을 이룬 것으로, 이전의 질문 방식이 잘못되었다는 것을 깨닫는 단계를 마련한다. 데카르트와 뉴턴이 어떻게 관성의 원리에 도달할 수 있었는가 하는 점은 가능한 한 더욱더 주의 깊은 분석을 요구하지만, 확실히 수학에 있어서 그들 각자의 발견은 중요한 역할을 했던 것이 틀림없다. 수학의 역사를 논하면서 우리는 데카르트가 그리스인들과 다르게 선분의 길이를 곱해서 선을 얻은 것을 보았다. 데카르트는 선을 무한히 확장될 수 있는 연속적인 수의 산물로 생각할 수 있었고, 또 곡선을 교차하는 직선의 연속으로 생각할 수 있었다. 원 궤도의 관성을 깨뜨리고 직선 궤도의 관성으로 나아간 것은 상(象)을 추상화한 것이며 다른 종류의 이해가능하지만 이미지화할 수 없는 연속을 생각할 수 있었던 능력과 관련 있다. 마찬가지로 뉴턴은 면적을 구하는 법과 탄젠트가 역으로도 성립할 수 있음을 생각했던 아마도 최초의 인물이었을 것이다. 이 사실은 행성의 궤도를 조합된 방향으로 생각하기 위해서는 결정적인 사항이었다. 조합된 방향은 해체되면 원심성의 직선 방향과 구심성의 직선 방향으로 나눌 수 있다. 더구나 만약 뉴턴의 세 가지 기본 법칙을 살펴본다면, 데카르트가 하지 못했던 방식을 뉴턴은 어떻게 관성의 원리에서 이점으로 취할 수 있었던가를 파악할 수 있다.

뉴턴의 제1법칙인 관성의 법칙은 만약 한 물체가 균형이 깨진 힘에 영향을 받지 않는다면, 그 물체는 정적인 상태든 동적인 상태든 그대로 계속 있을 것이라고 말한다. 이 법칙은 정지와 운동이라는 다르지만 연관된 상태로서 정지한 양과 움직이는 양을 포함한다. 만약 두 번째 법칙을 대수적으로 주어진 것으로 진술할 수 있다면 이를 분명하게 할 수 있다. $F = ma$이면, $F - ma = 0$이고 그래서 제로 가속도는 뉴턴의 제2법칙의 제한된 경우다. 만일 제1법칙이 물체가 변하는 방식에 관한 것이 아니라 변화에 저항하는 힘에 관한 것이라는 점에 주목한다면, 이 제한된 경우를 어떻게 첫 번째 법칙에 적용할 수 있는지 우리는 볼 수 있다. 즉 만약 한 물체가 균형 상태에 있다면 그것은 변화하지 않는 상태에 있는 것이다. 균형 상태가 시간 당 0마일이든, 100마일이든 아무 차이가 없다. 그때 제1법칙은 관성의 정의를 소개하거나 변화에 저항하여 정지하거나 움직이는 현재의 상태를 보존하려는 물체의 속성을 보여 준 것이다.

제2법칙($F = ma$)은 힘에 의해 운동의 상태나 형식이 변하는 물체의 방

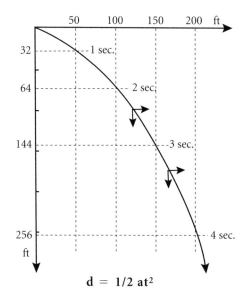

$$d = 1/2\ at^2$$

그림 2.10   포물체 운동이 두 직선의 힘으로 해체되는 갈릴레이의 방정식

식과 관련한다. 힘은 속도(즉 가속도)에 변화를 미치는 것으로 정의되지만 또한 그 변화에 방향을 주는 것으로서 정의되기도 한다. 그러므로 힘은 방향의 크기로 정의되는데 방향의 크기가 물체에 힘을 가하면, 그 힘은 적용된 쪽을 향하여 그 물체의 속도에 변화를 준다. 만약 그 물체가 수평으로 움직이는 중인데 힘이 수직에서 가해진다면 그 힘은 수평으로가 아니라 수직의 방향에서 가속도를 일으킬 것이다(그림 2.10). 뉴턴은 여기서 갈릴레이가 발사체의 운동을 해체하면 수평의 속도와 아래로 내려가는 수직적 속도라고 했던 점을 아마 기억했을 것이다. 더 일반적으로, 수많은 다른 방향에서 물체가 가속도의 힘을 받게 되면 그 물체의 실제 가속 궤도는 모든 방향을 더하여 도달한 조합들의 결과일 것이다. (그렇지만 그런 방향을 더한다는 것은 19세기의 고안이다.) 이 제2법칙을 친숙한 대수로 표현하면 F=ma이다. 이 공식에서 제2법칙이 힘을 가속도로 정의하는 것이지만 또한 제1법칙에서 유래된 크기로도 정의하는 것임을 쉽게 파악할 수 있다. 이 법칙을 대수적으로 표현하면 다음과 같다. F = ma이면, F - ma = 0이다. '-ma'

는 변화에 저항하여 움직이지 않으려는 크기의 능력이고 그래서 ʻ−ma =
Iʼ (관성)라 말한다. 그러므로 F + I = 0는 제1법칙의 관점에서 제2법칙의
재진술이다. 그래서 제2법칙은 관성의 크기로서 크기의 첫 번째 정의를 제
시한다. 이것이 중요한 이유는 제3법칙으로 전환하면, 우리는 중력의 크기
로서 크기의 정의를 더 넓게 하기 때문이다.

　제3법칙은 물체 A가 물체 B에 힘을 가할 때, 물체 B는 똑같은 크기의 힘
을 행사하지만 방향은 반대이면서 같은 운동 궤도를 따른다는 것을 말한
다. 이 법칙이 어떻게 제1법칙과 관련되는지 주목하는 것은 중요하다. 제1
법칙은 물체가 변하는 것에 저항하는 방식을 상술하지만, 제3법칙은 물체
가 서로 당기는 방식을 상술한다. 또한 주목할 점은 이 법칙이 말하는 것은
힘은 항상 쌍으로 움직이거나 상호작용한다는 점이다. 이 법칙을 이해하기
어려운 이유는 A가 B에 힘을 가하거나 B가 A에 힘을 가하는 것을 상상할
수는 있지만 A와 B가 동시에 반대 방향으로 작용하는 것을 상상하기는 어
렵기 때문이다. 제3법칙은 A의 B에 대한 상관성뿐만 아니라, A가 B에 또 B
가 A에 미치는 상관관계를 나타낸다. 더구나 이 상관성은 어느 한 방향을
갖는 상관성이므로 대등하다. A가 B를 한 방향으로 끌어당기고 B는 A를
그 반대 방향으로 끌어당긴다. A와 B는 서로 방향을 행사한다. 태양은 지
구에 한쪽 방향의 활동[중력]을 행하고 있고 지구는 태양에 한쪽 방향의 활
동을 행사하고 있다. 그러나 태양의 크기가 더 크기 때문에 지구가 태양에
행사하는 효력은 실제로는 있지만 무시할 만하다. 지구는 달을 끌어당기고
달은 지구를 끌어당긴다. 태양, 지구, 달 혹은 다른 세 개의 행성들을 이해
해 보려는 노력을 하다 보면 뉴턴이 풀 수 없었던 ʻ삼체 문제ʼ를 우리도 겪
게 된다. 그러나 뉴턴은 힘과 크기를 정의하고 또 선배들의 정의를 재맥락
화하면서 케플러의 법칙과 갈릴레이의 법칙을 자신의 새로운 용어와 관계
(f, m, v, a, d, t) 시스템 내의 특정한 하나의 사례 혹은 이 법칙들은 일반
적인 법칙 $F = G(m_1 \cdot m_2)/r^2$으로부터 파생된 것으로 볼 수 있다는 점을
증명했다.

　뉴턴에 의해 확립된 이 새로운 의미 맥락에서 중요한 문제가 제기되었다. 만약 우주 내 각각의 질량이 우주 내 다른 크기에 의해 끌어당겨지고 또 저항도 하고 있는 것이라면, 이 우주 질량이 '확실하고 필연적인' 방식으로 상호질서를 이루고 있는 좌표계를 과학자는 어떻게 선택할 수 있을까? 과학적 측정은 모든 곳에서 같을 수 없다. '모든 곳'은 힘이 행사되는 지역의 영역과 관련되기에 우주 전역에서 같은 상태를 유지하는 보편적이고 동질적인 '곳'은 없는 것처럼 보인다. 물리적 물체가 무엇이고 물리적 장소가 어디든지 간에 과학자들은 그 좌표계의 근원으로 이를 사용하고 자신들의 자료를 측정하기 위해 이를 사용하지만 이것은 고정할 수 있다거나 변하지 않는 그런 물체나 장소는 아니다. 만유인력 법칙에 따르면, 중력의 힘에서 자유로운 물리적 프레임은 없으며, 그래서 특정한 어떤 프레임은 다른 물리적 프레임과 비교해서 다른 가속도, 다른 시간, 다른 방향에서 움직일 것이다. 그러므로 문제는 과학자들은 어떻게 하나의 프레임을 배경으로 시공간을 측정할 수 있으며 이 측정치를 다르게 움직이는 또 다른 프레임워크로 전환할 수 있을까, 혹은 과학자들은 모든 가능한 프레임에 타당할 수 있는 측정치를 만들 수 있을까 하는 점이다.

　뉴턴은 아마도 사분면의 좌표계를 생각했던 최초의 인물이었을 것이다. 그는 유클리드의 공간에 있는 각각의 모든 점을 하나의 위치에 체계적으로 전환할 수 있었고, 그래서 각각의 모든 위치를 다른 위치와 대응시킬 수 있었다. 각각의 위치 전부를 중심점 영(0), 모든 반대되는 방향들을 역으로 성립시킴으로써 또 일제히 연합해 있을 수 있는 영의 중심점에 대응시킴으로써 말이다. 문제는 다르게 움직이는 모든 질량을 서로에 연합시킬 수 있는 물리적 중심을 찾는 것이었다. 우리의 사적이고 공적인 좌표계는 모든 시간과 장소에서 다 타당한 것이 아니라, 아주 한정된 관점에서만 타당할 뿐이다. 그래서 이들 제한된 관점들을 추상화하여, 한 해마다 달라지거나 또는 하나의 공간 중심에서 다른 공간으로 중심이 변하지 않는 제한되지 않고 절대적인 프레임을 배경으로 한 새로운 우주질서를 기반으로 삼을 필요가 있다. 뉴턴이 생각하기에 유일한 선택은 절대적인, 제한되지 않은 시공간의 프레임이 있지 않을까 하는 것이었다. 이를 완성하기 위하여, 그는 절대적으로 무한한 공간과 절대적으로 변하지 않는 시간을 새롭고 우주적인 세계질서의 중심으로 삼았다. 이 절대적이며 무한한 프레임은 사실상 존재하지 않는다. 과학자들이 이 근본적인 오류를 뒤바꾸는 데, 무려 200년이나 걸렸다.

2c 뉴턴에서 현대 물리학까지

뉴턴은 태양 중심의 프레임이 고정된 별들처럼 부동의 프레임이라고 추측했다. 그러나 뉴턴의 제1법칙에 따르면, 소위 고정되었다고 여겨진 모든 별뿐만 아니라 태양도 움직이고 있다는 주장이 가능해졌고 더구나 일관성을 지니기까지 했다. 이는 모든 물리적 중심 프레임이 움직인다는 의미이다. 이는 우주에 움직이지 않거나 특정한 중심은 없다는 것, 그리고 거리, 지속기간, 속도, 가속도를 측정할 수 있는 어떠한 특정 위치도 없다는 의미이다. 그러나 어떤 특정한 중심이 없다면, 동시에 모든 곳에 현존하는, 특정한 '지금'은 아마 있을 수 있다. 특정한 '지금'은 다른 프레임에서 관찰되는 모든 시간의 변화를 측정할 수 있는 공통된 기준을 제공할 수 있었다. 이것이 갈릴레이 때부터 아인슈타인 시대까지 과학자들의 가정이었다.

이와 같이 하여 우리는 시간이라는 어려운 문제에 이르렀다. 아리스토텔레스에게 있어, 시간은 횡단하는 거리에서 유래된 것으로서 장소의 이동을 세고 측정한 것이었다. 수많은 장소의 이동이 있기 때문에 수많은 다른 시간이 있다. 만약 하늘의 가장 먼 영역이 다른 모든 운동이 참고할 수 있는 표준운동으로 관찰자에게 제시된다고 가정하면, 이 시간의 차이들을 통일할 수 있다. 그런데 코페르니쿠스가 우주질서의 중심을 해체하고 다시 정립했을 때, 이 기본이 되는 기준이 없어졌다. 그 결과, 절대적인 수학 공간과 같은 것으로 생각할 수 있는 수학적 시간을 뉴턴은 제안했다. 이 절대적인 시간은 절대적인 공간처럼 완전히 동질적이고, 무한히 연속되며, 무한

히 나뉘어 천천히 차례로 연속적이어서 완전히 끝이 없이 흘러가는 간격들
이다.

시간에 대한 이 개념이 중요한 점은 이 시간에 변화가 발생해도, 시간 그
자체는 어디서든지 완전히 똑같다는 점이다. 그래서 시간은 시간 안에서
일어난 변화에 영향을 받지 않는다. 시간의 연속이 있는 반면, 최초의 간격
과 마지막 간격은 다른 간격들과는 다르다는 의미 때문에 과거도 현재도
시작도 끝도 없다. 시간은 형성되지 않지만 항상 있었고 언제나처럼 있을
것이다. 운동은 시간 안에서 일어나고 물(物)들도 시간 안에 존재하지만,
시간 자체는 변하지 않는다. 즉 시간은 영원히 한결같다. 시간은 공간이 그
런 것처럼 비어 있고 그래서 물은 무한히 비어 있는 시간과 공간에서 현존
하며 운동한다. 그러나 아인슈타인은 무한한 공간과 시간 같은 그러한 물
은 없다고 증명했다.[18]

아인슈타인의 시간과 공간이 뉴턴과 어떻게 다른지 질문받았을 때, 아인
슈타인은 다음과 같이 말했다. 만약 뉴턴의 우주 안에 있는 모든 물들을 비
운다 해도 무한한 공간과 무한한 시간은 남겨진 채 그대로 존재할 것이다.
그러나 아인슈타인의 우주를 텅 비운다면, 공간과 시간은 더 이상 남아 있
을 수 없다. 다른 말로, 아인슈타인은 뉴턴 우주의 기본적인 한계에 대해
근본적인 역(reverse)을 얻어 냈다. 그리고 그는 과학의 방법, 간접적인 증
명이나 이전의 과학적 결론을 포함할 뿐 아니라 또한 용어와 관계(즉, d, t,
v, a, m, f)의 기본적 패턴을 수정하는 등의 과학적 방법을 따름으로써 뉴
턴 우주의 역을 이뤄 냈다.

이상하게 보이겠지만 과학자들은 뉴턴의 이론이나 아인슈타인의 이론을
신뢰하지 않는다. 과학자들은 자신의 지적인 마음을 신뢰했고, 심지어 앞
세대 과학자들이 발견했던 기본을 진전시키고 교정하며 역전시키기도 하

18) Albert Einstein, *Relativity: The Special and The General Theory*(New York:
Bonanza Books, 1961), part 1.

는 등 마음의 규범적인 절차를 따른 작동 능력을 오히려 신뢰했다. 이런 가장 극적인 예가 역 통찰이고, 바로 아인슈타인이 이를 이뤄 냈다.

아인슈타인은 어떤 과학자도 증명하지 않았던 절대 공간과 시간이라는 드러나지 않았던 가정을 제거했다. 규범적인 절차의 하나로서 물리적 우주에 대한 완전한 설명을 포함한 과학적 방법을 썼기 때문에 그는 그렇게 할 수 있었다. 갈릴레이, 뉴턴 외에 다른 과학자들도 가정을 갖고 있었지만, 절대 공간과 절대 시간을 증명하지 않았다. 바로 이 잘못된 가정 때문에 이들은 시간과 공간이 왜 그런 방식으로 있는지 설명할 필요를 간과했던 것이다. 뉴턴의 경우 물(物)이 공간과 시간 안에서 움직이는 그런 방식으로 왜 움직이는가를 중력의 방정식으로 설명했다. 아인슈타인의 경우 그것은 거꾸로였다. 즉, 가속도가 있는 중력의 장이 시간과 공간이 활동하는 방식으로 활동하기 때문에 공간과 시간은 공간과 시간의 존재 방식이다. 아리스토텔레스의 용어에서 시간과 공간은 질료인 반면 중력은 형식이다. 질료가 형식을 설명한다는 것은 바로 사유의 기본적인 오류였다. 즉 질료가 존재하는 방식으로 존재하는 것은 바로 형식이 원인이기 때문이다.

분명히 아인슈타인은 이런 방식으로 그의 상대성 이론을 설명하지 않았다. 그러나 아인슈타인의 맥락에는 이런 종류의 해석을 인정할 수 있는 핵심이 있다. 아인슈타인은 두 가지 기본 가정을 세웠다. 첫째, 관성의 (비가속적인) 프레임에서 물리적 과정을 관찰하고 측정하는 모든 과학자들에게 물리학의 법칙은 똑같다. 둘째, 이들 관성의 프레임은 얼마나 빨리 움직일 수 있는가, 즉 빛의 속도라는 제한을 사실로 상정하고 있다. 뉴턴의 관성이라는 가정과 이 두 가정 사이에는 유사성도 있지만 중요하게 변형된 점도 있다. 가장 분명한 것은 뉴턴이 제시한 우주는 속도에 제한을 두지 않았던 반면, 아인슈타인의 우주에는 분명하게 '속도-제한'이 있다는 점이다. 또 뉴턴은 역학을 다루지만, 아인슈타인은 전자기파 방사라는 광학 법칙을 포함한 모든 물리 법칙에 있던 뉴턴의 가정을 더욱 일반화했다. 더구나 뉴턴에게서는 과학의 관찰자들과 그들 각자의 측정 프레임에 대한 외적인 언급이 없는 반면, 아인슈타인은 과학적 측정 과정을 주목했고 측정값들의 가치와 내용 그리고 이들 측정값 간의 관계 패턴에서의 기본적인 차이를 구별했다. 마지막 요점이 중요하다. 갈릴레이와 뉴턴의 시대에, 과학자들은 오늘날처럼 엄밀한 수학의 형식으로 법칙을 표현하지 않았다. 따라서 갈릴레이가 발견한 수학 법칙의 종류는 대수학의 형식, 즉 $v = d/t$ 또는 $d = v/t$로 진술된다. 변수들 가운데 규범적이고 변하지 않는 관계 패턴을 $v = d/t$라고 과학적 법칙으로 정의한다면, 변수는 d, v, t가 되지만 이들 변수들이 변하는 방식은 $v = d/t$라는 방정식으로 결정된다. 즉 속도는 이동된 거리를 이동하는 데 걸린 시간으로 나눈 몫이다. 아인슈타인의 첫 번째 가정은 변수 v, d, t를 이 변수들이 관계를 맺고 있는 불변의 방식에서 구별하고 있다. 속도, 거리, 시간은 계속해서 변하지만 변하는 방식은 변하지 않는다.

이것은 아리스토텔레스의 형상/질료의 구분이다. 즉 형상은 관계들의 불변하는 패턴이고 질료는 변하는 변수들이다. 물리적 측정은 관성의 다른 프레임에서 같을 것이라고 아인슈타인은 말하지 않았다. 그는 변하는 측정치들 내에 불변의 패턴이 있다고 말했다. 변하는 가치들, 즉 측정치들은 두 프레임에서 다를 수 있지만, 관계들의 패턴이나 기능은 똑같을 것이다. 그러나 이것이 전환의 시대를 살던 아인슈타인의 동료 과학자들이 말하는 것과 어떻게 다른가?

대부분의 과학자들은 아인슈타인이 했던 분명한 방식으로 변하는 내용들에서 불변하는 것을 구별하는 능력은 없었지만, 그들의 사고 속에는 확실히 내포되어 있었다. 더욱이 한 프레임에서 다른 프레임으로 전환하면서, 과학자들은 길이의 실제 측정값이 일정한 지속을 유지하는 관성의 한 프레임으로부터, 일정한 고속을 유지하는 두 번째 관성의 프레임으로 전환하면서 어떻게 축소되는지, 또 시간의 측정값이 똑같은 유형의 변환에서 어떻게 확장 팽창되는지를 이미 연구했다. 이러한 전환을 연구하면서, 과학자들은 무한한 프레임이나 절대적인 프레임에 집착했다. 그들은 이들 변환의 결과들이 근본적이며 기반이 된다는 것을 깨닫지 못했다. 그 변환의

결과들이 부각된 것은 '절대적인 불변의 프레임'이 제거되었을 때, 그래서
무한한 또는 절대적인 시간과 공간을 제거했을 때였다. 그 결과 모든 시간
과 공간과 속도가 제한될 뿐 아니라, 이 셋은 서로 본래적으로 관련되었고
종속적이라는 점이 드러났다. 그래서 공간과 무관하게 끝없이 서로 연속하
고 있는 시간의 지속은 없다. 그 역도 마찬가지다. 완전히 휴지(休止)의 상
태처럼 불변하는 끝없는 공간은 없다. 그래서 절대적이거나 무조건적인 운
동도 없다.

　고전 물리학의 세계에서, 운동은 시간 내에 발생한 위치의 변화로 측정
된다. 시간은 독립 변수로 장소 내에서 변화에 종속되는 것이라고 간주되
지 않았다. 그러나 아인슈타인은 시간을 종속 변수로 만들었다. 이 의미는
시간의 측정은 공간의 측정에 따라 다양해지고 그 역도 마찬가지라는 점이
다. 속도가 거리와 시간으로 측정된다면, 속도도 또한 종속 변수다. 이 세
가지(d, v, t)는 서로 연관되어 있고 서로를 내적으로 결정한다. $v = d/t$의
등식은 세 변수들이 서로를 내적으로 결정한다.

　거리와 지속시간의 이 '내적 종속'은 하나의 '지금'과 또 다른 '지금'이
동시에 있을 수 있다는 의미로 정의하며 시작한 아인슈타인의 방식에서 언
급할 수 있다. 모든 '지금'들을 절대적으로 다 같다고 가정하면, 그 지금들
전부가 절대이며, 영원하고, 제한되지 않은 '지금'에 연결되어 있고 또 서
로도 연관되어 있는 어떤 연속들로 생각할 수 있다. 아인슈타인에게는 제
한되지 않은 '지금'은 없다. 만약 한 번의 섬광이 x 위치와 t 시간에서 또
두 번째 섬광이 x_1 위치와 t_1 시간에서 관찰되면 관찰자에게 동시적이었던
두 사건은 기하학적인 측정에서 중앙점에 동시에 도달한다고 정의했다. 시
간은 위치에서 함께 정해지고, 위치는 시간에서 함께 정해지는 것을 지적
해야만 한다.[19] 아인슈타인은 이 좌표 또는 준거체계를 움직이는 기차에서

19) Martin Goldstein and Inge F. Goldstein, *The Refrigerator and the Universe*(Cambridge : Harvard University Press, 1993), 51 ff.

속도의 변화 없이(즉 관성의 프레임에서) 일직선으로 움직이는 관찰자를 놓고, 그리고 또 다른 시공간의 좌표계, 정거장의 기차 선로에 서 있는 관찰자를 놓고서 생각을 다듬어 갔다. 이 상황에서 움직이는 기차에 있는 관찰자에게 동시적인 것이 정거장에 서 있는 관찰자에게는 동시적이지 않다. 그것은 연속적이다. 이같이 제한된 두 프레임이 서로 연관되어 있는 어떤 하나의 절대적이고 제한되지 않은 프레임에 있다면, 그 두 사건의 같은 시간의 질서에 대해 차이가 나는 두 버전으로 설명할 필요가 없다. 그러나 아인슈타인은 그 두 사건은 실제이지만 서로 무관하다고 주장하면서 이들 차이를 설명한다.

　과학자들은 바로 그 차이에 주의를 두지 않았다. 그 이유는 그와 똑같은 법칙이나 규범적인 상관 패턴이 두 프레임에서 적용될 수 있다고 보았기 때문이다. 시공간의 측정치가 실제로 다른데도 말이다. 하지만 이런 불변성을 파악하려면, 우리는 하나의 측정 장치를 또 다른 것으로 전환해야 한다. 그것은 절대적이고 제한이 없는 프레임을 가정한 전통적인 갈릴레이식의 전환이 아니라 상이한 관성의 프레임에서 공간의 수축과 시간의 팽창을 허용하는 로렌츠(Lorentz)식으로 전환해야 한다. 이것의 의미는 만약 빛의 $\frac{1}{3}$ 속도로 계속 움직이는 사람과 빛의 $\frac{1}{2}$ 속도로 움직이는 또 다른 사람이 있을 때 그들이 어떤 대상을 측정하면 그 측정치가 다를 것이라는 의미다. 아인슈타인에 의하면, 그 측정치는 둘 다 맞다. 시간들의 연속, 그리고 공간들의 간격은 실제로 수축하거나 팽창할 수 있기 때문이다. 이것이 동시적으로 있을 수 있다고 생각한 사람은 아무도 없었다. 그러나 아인슈타인은 그럴 수 있다고 주장했는데 고전 법칙은 변하는 속성뿐만 아니라 불변성을 갖고 있으며 측정된 변수가 불변하는 패턴을 그것이 있는 방식대로 만들지 않고, 오히려 그 반대라고 이해했기 때문이다.

　아인슈타인의 지적인 마음은 관찰하고 있는 두 명의 과학자를 서로 다른 움직이는 두 프레임에 설정해 놓은 후, 그 과학자들의 측정치의 차이를 그 측정값을 나오게 한 법칙과 구별했던 것이다. 다른 말로 표현하면, 아인슈타인은 과학자들이 시공간의 프레임에서 연구하는 방식을 구별했다. 아인슈타인은 심지어 과학자들이 그 두 프레임의 한계를 초월하는 것조차 변수 용어의 패턴으로부터 불변하는 패턴의 관계를 구별함으로써 그들의 방식을 구별했다.

아인슈타인 이전과 이후에 이해한 질량에 대한 생각을 보면, 아인슈타인의 가정이 얼마나 근거가 있는지 드러난다. 뉴턴에 의해서 질량은 물질의 양으로 정의되었고, 그것의 저항할 수 있는 능력은 운동의 상태에서 변화한다. 물질의 원자 이론에서 질량의 핵심적인 두 가지 특징은 공간을 차지하는 능력과 이를 파괴할 수 없다는 점이었다. 바로 그 같은 원자 덩어리는 아주 단단해서 원자는 어떠한 분할에도 저항하며, 라부아지에(Lavoisier)가 말하듯이, 원자는 더 근본적인 단위로 쪼개지거나 해체될 수 없다. 돌턴(Dalton)은 고체이며 쪼개질 수 없는 원자 질량에 관한 역학적 개념을 처음으로 설명했다. 돌턴의 원자 질량의 이론은 화학 이론이었지만, 전자와 자기학(磁氣學) 연구의 발달과 더불어 20세기에 원자의 아원자 구조에 대한 것으로 역점이 바뀌었다. 패러데이(Faraday)와 맥스웰(Maxwell)의 발견으로 질량과 힘에 관한 전자기(電磁氣) 이론이 나왔다. 이것은 질량과 힘에 관한 뉴턴의 중력 이론에 견줄 만했다.

뉴턴과 아인슈타인 사이에 전통이 다른 두 역학이 발전했다. 즉, 뉴턴의 역학과 라그랑주-오일러(Lagrange-Euler)의 역학이다. 뉴턴의 경우에는 공간, 시간, 질량, 힘이 기본 용어이지만 라그랑주-오일러의 시스템에서는 공간, 시간, 질량, 그리고 에너지이다. 해밀턴(Hamilton)은 이 두 전통을 수학적으로 결합했고, 새로운 이 종합은 제임스 줄(James Joule)에 의해서 의미심장하게 일반화되었다.[20] 1840년대에 줄은 일(work)과 열이 서로 바뀔 수 있다는 것을 실험의 증거로 확인했다. 일의 양이 열의 양으로 전환되

---

20) 통계적 사고의 역사에 대하여, 다음 책을 참고하라. Theodore M. Porter, *The Rise of Statistical Thinking*(Princeton: Princeton University Press, 1986).

었다. 일과 열이 고정된 비율로 서로 바뀔 수 있다는 점은 우주의 서로 다른 힘들이 연관되어 있고 힘의 한 형식에서 또 다른 형식으로 변형되거나 전환될 수 있다는 것을 과학자들에게 제안한다. 더 깊이 있는 연구와 실험을 하면서 변경되거나 보존되는 것은 바로 힘이 아니라 에너지라는 것을 알게 되었다. 자연이 일하는 방식은 에너지를 다른 형태로 바꾸는 것이었다. 열, 빛, 전기, 자기 등 존재의 양식이 한 방식에서 또 다른 방식으로 바꾸는 것이었고, 에너지 총량은 파괴되지 않으면서 보존된다.

이 모든 진전은 소위 에테르 프레임이라고 하는 맥락에 있었다. 그러나 전자기 장의 더 깊은 연구에서 드러난 것처럼, 전자의 질량은 속도에서 증가하면 실제로 증가했다. 에테르 개념은 그런 현상을 설명할 것을 요구받게 되었다. 끝내 실험은 실패했고, 에테르 개념은 의심스럽게 되었다. 아인슈타인의 가정은 에테르를 제거했고 이로써 과학자들은 질량에 대한 뉴턴의 개념을 다시 구성해야 할 압력을 받았다. 그 결과 질량과 에너지의 방정식에 관한 아인슈타인의 그 유명한 공식 $E = mc^2$이 나왔다. 이 공식의 의미는 공간이 시간을 결정하고 시간이 공간을 결정하는 것처럼 속도가 질량을 결정하고 질량이 속도를 결정한다는 것이다. 모든 속도의 한계를 빛의 속도에 고정시킨 아인슈타인의 두 번째 가정은 네 가지 용어 — 공간, 시간, 속도, 질량 — 전부가 서로 관련되어 있고 내재적으로 서로 종속되어 있다는 것을 의미했다.

이런 관찰 때문에 아인슈타인이 우주에서 모든 것을 제거한다면 거기에는 시간과 공간도 남아 있지 않게 된다고 말했을 때, 그 의미를 우리도 파악할 수 있기 시작했다. 원자들은 중력의 그리고 전자기적인 행동 패턴을 통하여 공간과 시간의 존재 방식을 만든다. 뉴턴의 절대적 준거 프레임을 제거해서 공간과 시간은 제약되지 않으며 비어 있는 실재들이 아니라 중력의 전자기적인 형식의 에너지라는 것을 아인슈타인은 보여 주었다.

고전 물리학의 중력과 전기의 기본 법칙 두 가지 — 뉴턴의 $F(중력) = G(m_1 \cdot m_2)/r^2$, 그리고 쿨롱의 $F(전기) = K(q_1 \cdot q_2)/r^2$ — 를 아인슈타인

이 어떻게 재맥락화했는지 볼 수 있다. 고전 맥락에서 뉴턴의 법칙은 어떤 두 질량이 공간과 시간에서 어떻게 중력으로 활동하는지를 설명한다. 쿨롱의 법칙은 두 질량이 공간과 시간에서 어떻게 전기적으로 활동하는지 설명한다. 그러나 아인슈타인의 맥락에서 이 법칙들은 공간과 시간을 설명한다. 공간과 시간은 더 이상 제한되지 않은 수용체가 아니다. 공간과 시간은 이해가능하며, 이 이해가능성을 표현한 중력과 전자기적 방정식을 이해한다면 파악될 수 있다. 그러나 이들 원자 덩어리들이 상호작용하는 방식은 한정되어 있다. 아인슈타인의 가정이 이룩해 낸 것은 공간, 시간, 질량, 에너지가 모두 서로 내적으로 관련되어 있다는 것뿐 아니라, 그것들이 또한 내적으로 서로를 제한하고 있다는 점을 분명히 보여 준 것이다.

다소 아이러니하게, F(중력) $= G(m_1 \cdot m_2)/r^2$ 같은 어떤 법칙에서 변수가 왜 제한이 없는 무한 방식으로 달라질 수 없는지 이유가 없지만, 아인슈타인의 이론은 속도와 질량에 제한을 두었고 뉴턴의 법칙은 오직 제한된 어떤 경우에만 한정해서 적용된다. 다른 말로, 뉴턴의 법칙은 보편적이 아니라 제한된 보편이다. 뉴턴은 단지 그 한계를 알아차리지 못했다. 아인슈타인은 뉴턴의 발견을 제거하지 않았고, 그것을 다시 맥락화하여 거기에 새롭고 꽤나 풍요로운 의미를 부여했다.

아인슈타인과 아리스토텔레스를 최종적으로 비교하면, 아인슈타인의 맥락에서 어떻게 에너지 기능이 아리스토텔레스 물리학의 질료 기능의 방식인가 하는 점을 언급하는 것은 흥미 있다. 아리스토텔레스에게 질료는 형식을 받아들일 수 있다. 마찬가지로, 에너지는 중력으로, 전자기장으로, 또는 열량으로 알려질 수 있는 잠재성 또는 '질료'이다. 바로 형식이 질료를 있는 그대로 또 질료가 행하는 활동 방식대로 행하게 한다. 마찬가지로 에너지가 무엇인지, 에너지가 어떻게 기능하는지는 에너지를 받아들이는 형식에 달려 있다.

3 통계 과학

아인슈타인의 발견에 심각한 한계가 있었지만, 뉴턴처럼 그도 한계를 알지 못했다. 19세기 후반 갈릴레이와 뉴턴의 고전 방법과 함께 출현한 두 번째 과학 방법, 즉 통계 방법의 의미를 그는 수용하지 못했다. 방법은 우리가 모르는 것을 발견하는 절차다. 그리고 소크라테스 시대로부터 우리는 알지 못하는 것을 알아가는 것은 아주 어렵다는 것을 알고 있다. 그 이유는 보통 안다고 생각했던 것에서 늘 실수하기 때문이다. 수학과 물리학에서, 과학자들은 유클리드의 가정과 뉴턴 역학의 관점에서 물리적 과정을 기하학적으로 고찰하는 것이 과학의 궁극적 목표라고 생각했다. 과학자들은 이들 이론이 보편적이거나 필연적이지 않고 오히려 매우 한정되고 제한된 조건에 해당한다는 것을 발견했다. 이 발견은 앞에 있었던 오해를 수정하고 과학을 새로운 발전의 길로 나아가게 했다. 통계학이 출현한 것이다. 통계학의 영향은 훨씬 풍부하고 근본적이었다. 역학적이고 결정론적인 우주의 질서는 비록 명시적이었지만 증명되지 않았던 가정 위에서 전개되고 있었다. 통계학이 출연하면서 마침내 이 기반이 흔들렸다.

갈릴레이의 공헌은 낙하하는 물체를 감각 경험으로부터 추상화하고(예를 들어, 낙하물의 무게와 저항), 낙하물의 어떤 속성을 엄밀하게 측정할 수 있다는 것에 초점을 맞춘 것이었다(예를 들어, 낙하 거리와 걸린 시간). 그러나 통계학자들은 극적으로 다르게 접근했다. 첫째, 통계학은 기술할 수 있는 속성들(예를 들어, 동전 던지기에서 떨어지는 동전의 속성)을 추상화하지 않는다. 그들은 땅에 떨어지는 것이 동전의 어느 쪽인지 관찰하는 것에 관심을 두었다. 그들은 낙하하는 전반적인 차원을 계산하지 않는다. 오히려 그들은 '일어난 면'을 센다. 동전의 앞면이나 뒷면은 몇 번 나왔는가? 통계학자들이 관심을 두었던 것은 낙하 과정이라기보다, 실제 구체적으로 일어난 발생이나 사건 — 동전의 앞면이나 뒷면의 발생횟수 — 에 있었다. 또한 더 중요한 것은 갈릴레이가 연속적인 과정을 조사했다면 통계학자들은 비연속적인 과정을 조사한다는 점이다. 동전을 던지면 한 번은 앞면, 그다음은 뒷면, 또는 뒷면 두 번, 앞면 한 번 혹은 앞면만 계속 등등 이 나온다. 요점은 통계학자들은 이런 사건의 발생이 불연속적이라는 것을 예견한다는 것이다. 더욱 놀라운 점은 갈릴레이는 그러한 불연속적인 사건의 발생을 배경으로 과학 법칙을 발견하는 것이 가능할 수 있다고 통계적 가정을 했다는 점이다.

아리스토텔레스는 이런 가정에 놀라워했을 것이다. 그는 불연속적인 그런 일어남, '우발적 사건 또는 발생'을 꽤 알고 있었다. 그러나 그는 '우발적 사건'의 학문을 결코 예기하지 못했다. 이 점은 갈릴레이와 뉴턴도 마찬가지였다. 그러나 이 학문이 생겨난 것은 과학자들이 열역학이라는 새로운 학문과 기체운동 이론을 발전시킨 19세기와 20세기 양자 이론을 발전시키면서였다. 나는 4장에서 이 발견에 대해 다시 언급할 것이지만 여기에서 나의 초점은 통계학이 발견한 새로운 유형의 '통계적 통찰'에 있다.

고전적 통찰은 변하지만 계산할 수 있는 둘 혹은 그 이상의 변수들의 변하지 않는 기능, 즉 상관관계를 발견하는 것을 포함한다. 이것은 통계학자들이 동전의 앞면이나 뒷면이 나올 가능성의 관계식을 발견할 것을 기대했던 것과 같다. 그러나 이 두 유형의 과학적 상관관계는 주의해서 보아야 할 차이가 있다. 그 차이는 고전 과학과 통계학이 각각의 통찰을 법칙으로 정형화하기 위해 자료를 추상화하는 상이한 두 방식에 초점을 맞추면 보인다. 다시 이는 기술적인 패턴의 감각적인 관계를 전환하여 단서를 주는, 좀 더 엄밀하게 이해할 수 있는 상관관계성을 고려하는 것이다. 고전 학자들은 그러한 우발적 발생이나 사건은 관련이 없다고 생각했기 때문에 특정한 일회성 사건들을 추상화해 버렸다. 관련이 있는 것은 '불변하는 상관관계'일 뿐이라고 보았고 이것은 '연속적인 형식'을 통해서 사건의 '흐름'을 질서 있게 보아 한 번 일어났던 사건들을 연속적인 것으로 고정한다. 고전 학자들이 기대하지 않았던 것은 다음이었다. 연속적인 흐름을 방해하는 불연속적이고 기대하지 않은 사건들이 알지 못하거나 알 수 있는 어떤 것을 고전적 방법으로 드러낼 수 있다는 점이다. 이것이 바로 통계학자가 기대했던 것이다. 동전을 던질 때 연속해서 앞면이 나오고 뒷면이 나오지 않는다면, 통계학자는 일종의 속임수가 있다는 것을 안다. 혹은 한 번은 앞면이, 다음은 뒷면이 그 뒤를 또 앞면이 따르고 뒤이어 뒷면이 나오는 등 이 과정이 끊임없이 지속된다면 통계학자는 이것을 간헐적인 통계 과정이 아니라 체계적인 과정이라고 말할 것이다. 고전 통찰과 통계 통찰의 차이는 고전 과학자와 통계학자가 자신들의 통찰을 정형화하는 방식을 주의 깊게 본다면 더욱 분명해진다.

오늘날 우리는 과학자들이 확률의 '법칙'을 말해도 놀라지 않는다. 그러나 갈릴레이나 뉴턴, 심지어 아인슈타인 같은 과학자들은 법칙에 대한 생각, 과학 그 자체에 대한 생각을 할 때면 아리스토텔레스의 『분석론 후서』(*Posterior Analytics*)로 돌아갔다. 과학은 확실한 필연적 원인을 찾는 것이고, 그래서 법칙은 바로 그 확실한 필연적 원인을 정형화하는 것이었다. 기능들의, 혹은 '불변하는 상관관계'의 그런 발견은 과학에 대한 고전적 생각이나 법칙에 대한 고전적 생각에 도전받지 않는 것처럼 보였다. 심지어 기능이 구체적이고 기술적인 상관관계와 특정한 우연적 사건들로부터 추상화된 것인데도 말이다. 그러나 확률이라는 '법칙'이 있다고 진술하게 되면 무슨 과학, 무슨 법칙이라는 기본적인 생각에 직접적으로 도전하는 것이다. 통계학이 했던 것이 바로 이것이다. 동전 던지기에서 앞면이나 뒷면이 나올 기회는 50 대 50이라는 것이 법칙이다. 그렇지만 그 법칙은 특정한 한 번에 일어날 일이 그렇다는 것이 아니며, 몇 번 시행하지 않은 경우에 일어날 일이 그렇다는 것도 아니다. 오히려, 그 법칙이 말하는 바는 오랜 시간을 던졌을 때 또 경우의 수가 클 때에 일어날 일에 대해서다. 더 나아가 동전을 오래 던지면 던질수록 그 법칙의 효력은 더욱 분명해질 것이다.

통계학자들은 특정하게 일어난 일회성 사건을 연구하고 계산하지만 그렇게 하는 것은 일반적인 법칙을 발견하기 위해서다. 빈도나 확률은 가능한 사건과 실제 사건과의 상관성이다. 이 의미는 빈도나 확률을 공식으로 만들게 되면 이상적인 규범이나 이상적 법칙을 생각할 수 있다는 점이다. 이 법칙은 하나의 인구집단에서 어떤 확률이 일어날 것인지 알려 주는 것으로 한 개인의 경우에 실제 일어날 수 있는 것을 말하는 것이 아니다. 이런 점에서 결정된 법칙은 바로 어떤 확률로 일어날 것인가 하는 점이 결정되었거나 이를 예기할 수 있다는 것을 말한다. 확률의 법칙에서 가장 흥미롭고 놀라운 점은 그 기대치에 있다. 통계학자들은 예외도 기대한다. 동전의 앞면이나 뒷면이 나올 빈도나 이상한 사건이 50 대 50일 때, 그 빈도는 열 번 다 앞면이 나올 것을 배제하지 않는다. 평범한 상태에서 열 번 다 앞면이 연속해서 나오지는 않지만 통계학자들은 이것이 일어날 확률을 배제하지 않는다. 그 이유는 이 법칙에 일상적이지 않은 경우의 사건이 일어날 확률도 포함되어 있기 때문이다. 법칙이 배제하는 것은 무엇일까? 이 질문은 통계적 사유의 가장 놀라운 부분을 정확히 이해한 질문이다. 이에 대한 답은 바로 그 낯설고 일어나기 드문 유형의 통찰에 대한 얘기 때문이다. 우리는 이것을 역 통찰이라 부른다.

확률은 이상적인 빈도로 이례적인 경우도 예상하지만 그 예외가 '체계적일' 것이라고 기대하지는 않는다. 만약 동전 던지기를 계속하는데 앞면이 나온 후 그다음 뒷면이 교대로 나온다면, 통계학자는 '조작된 동전'을 갖고 있다는 것을 깨닫는다. 연속적인 동전 던지기는 끊어지거나 중단되는 방해 없이 그 사건이 연속적인 흐름처럼 보이기 시작할 때, 개연적이거나 확률적인 사건이 아니라 그 사건이 연속적인 체계로 보인다. 다른 말로, 통계학자는 예외의 유형, 즉, 비체계적인 예외를 예기한다. 보통 사람들은 행운이라거나 어떤 의외의 사건이라 하지만, 통계학자는 '이상적 빈도에서 갈라져 나온 비체계'라고 이해한다. 통계학자가 그런 예외적인 결과에 관심을 두지 않는 이유는 통계 법칙은 수차례 오랜 기간을 거치기 때문에 몇 번의 단기적인 예외적 사건이나 행운은 정반대의 던지기나 불운으로 곧 상쇄될 것을 알기 때문이다. 지혜로운 도박꾼들은 다 아는 것처럼, 오래하면 할수록 '도박장'만 이기는 것이다.

 나는 4장에서 통계 법칙을 다시 다루면서 통계 법칙이 어떻게 고전 법칙을 보완하는지 논의할 테지만, 지금은 통계학자들이 궁금해하고 의문을 가졌던 방식을 몇 가지로 관찰하려 한다. 체계적인 사고로 나아가는 데 있어 아리스토텔레스의 놀라운 업적은, 우리 자신과 우리를 둘러싼 세계에 의문이 들 때 우리가 묻고 있는 질문의 종류를 세심하게 분석함으로써 질문하는 방식에 초점을 맞추었다는 점이다. 나는 무엇인가, 왜인가 하는 질문의 중요성을 이미 강조해 왔으며, 왜라는 질문의 방식은 '아직 모르는 형식이나 비례'를 발견할 것을 지향한다. 아직 모르는 형식이나 비례는 이해가능성이며 감각자료들이 그 존재하는 방식이 되도록 하는 패턴을 주는데 그 이유 혹은 이해가능성을 제공하는 기능 혹은 상관관계가 그렇게 한다.

 확률이라는 통계 법칙 때문에, 이해가능성 또는 알기를 원하지만 알지 못하는 것, 즉 빈도 또는 확률이라는 꽤나 다른 유형을 알게 되었다. 이 통찰은 아주 다른 질문에서 나온 답이다. 빈도는 '얼마나 자주' 또 '얼마나 많이'라는 질문에 대한 답을 찾는 가운데 나온 통찰이다. '태양은 얼마나 자주 떠오르는가?'라는 질문을 받는다면 뉴턴은 놀라 자빠졌을 것이다. 우리가 보듯이, 통계적 통찰은 또한 어디에, 언제, 얼마나 오래 등의 질문에 대한 대답이다. 이렇게 다른 질문들이 어떻게 통합될 수 있는지 나중에 논의할 것이지만 지금 이 장에서는 고전 법칙과 통계 법칙의 공통적인 특징을 주목하면서 마치겠다. 고전 법칙은 구체적으로 특정한 경우를 다루지 않는다. 오히려, 사물이 어떻게 활동하고 서로 영향을 주는지 좀 더 보편적이고 포괄적인 이해와 설명을 구한다. 통계학은 구체적이고 실제적인 경우를 계산하는데, 그렇게 하는 이유는 비체계적인 방식에서 행했을 때 구체적이며 실제적인 경우들이 갈라져 나온 이상적인 경우의 수(빈도)를 발견하기 위해서다. 그런데 구체적이며 특정한 만큼 구체적이고 특정한 경우를 다루기 위한 방법이 있다. 그것은 바로 우리가 이제 다루려는 상식적 방식의 알아감에 대한 연구다.

상식 Common Sense

1장에서는 아주 다양한 예를 들어 가면서, 통찰이 일어나 그것을 정의하기 위해 질문하고 이해하려고 애쓰는 당신 자신을 적정화하라고 요청했다. 우선 수학과 과학에서 예를 들었다. 2장에서 그런 통찰이 어떻게 축적되며 그리고 물리적 우주를 어떻게 체계적이고 통계적으로 이해할 수 있는지 독자의 이해를 도우려 했다. 이 과학적 체계를 형성하는 데 있어서 알아감의 기술적 맥락에서 설명적 맥락으로의 전환이 역사적으로 중요했을 뿐만 아니라 역 통찰이 특별한 역할을 했다는 것을 강조했다. 마지막으로 고전 법칙에서 통계 법칙으로의 전환에 있어서, 구체적인 알아감의 문제는 일상적으로 추측했던 것보다 훨씬 더 복잡하다는 것을 이해하게 되었다.

바로 수학적 알아감과 과학적 알아감의 놀라운 역사적 성공이 좀 더 익숙하고 일상적인 알아감의 방식을 인식하고 적정화하는 것을 훨씬 어렵게 했다. 게다가 과학적 알아감이 발달하면서, 상식적 알아감에 대한 편견뿐만 아니라 상식적 알아감을 불신하고 틀렸다고 주장하는 시도가 계속 있었다. 이들 편견을 다루기 전에, 나는 상식적 알아감이 과학적 알아감과 대조되는 몇 가지 특징을 짤막하게 설명하겠다.[1]

---

1) 이 장은 *Insight*의 6장, 7장의 주요 내용을 요약하였다.

1 상식적 알아감

과학사를 보면 물리적 우주에 관한 과학 지식은 그리스 이전부터 있었다. 그러나 이집트와 바빌론에서 발견했던 과학의 종류와 그리스인들이 행했던 과학에는 결정적 차이가 있다. 그리스 이전의 과학적 지식은 실질적이고 종교적인 목적에서 추구되었다. 의례적 행사를 위해 또는 곡식을 심기 위해 달력을 만들었고, 천문을 연구했다. 그러나 그리스인들 덕택에 실질적인 욕망과 목적이 제거된 새로운 관심과 패턴의 사유가 점차 나타났고, 알아감 그 자체를 위한 알아감이 인류 역사에 나타났다.

상식적 지자(知者)가 알아감에 관심을 두는 이유는 앎 그 자체를 위해서가 아니라 더 성공적이고 지적인 생활방식을 계발하려는 목적에서다. 생활은 추상적으로 사는 것이 아니다. 생활은 아주 구체적이고 특정하다. 생활은 구체적이고 특정하기 때문에 자연 과학의 방법과 목적에서 야기되는 긴장감이 있다. 이유는 과학자들은 구체적이고 특정하게 소여된 것에서 이론을 검증하려고 하기 때문이다. 그들의 우선적 관심은 특정한 낱낱의 경우가 아니라, 특정 경우들 전체에 해당되는 보편적 설명이다. 다른 말로 하면 이론적 알아감이 등장했다고 상식적 알아감이 불필요해진 것은 아니다. 이론적 알아감이 상식적 알아감을 반성할 수 있도록 의미 있는 관점을 제공한다고 해서 실질적 패턴의 알아감을 대체하는 것은 아니며, 그렇게 할 수도 없다. 과학자가 연구실을 떠나 집으로 갈 때 과학적 알아감을 차를 운전하는 데 사용하지 않는다. 그들도 운전과 같은 특정 과제를 행하기 위해서는 실질적인 기술을 사용해야 한다. 어떻게 운전을 하는지 아는 것은 생각과 판단을 어떻게 하는 것이 바른지를 아는 것이 아니다. 그것은 어떻게 할지를 아는 것이다. 책을 연구해서 수학을 배울 수는 있지만, 피아노 교본을 읽는다고 피아노를 어떻게 치는지 배울 수는 없다.

상식은 구체적인 특정 과제를 전문화한 알아감의 한 방식이다. 그것은 역사만큼 오래된 알아감의 방식이다. 사람들은 어떻게 생활해야 하는지 항상 배워야 했고, 지적으로 그렇게 한다는 것은 질문과 통찰의 문제다. 그런 방향으로 물음과 통찰이 흐르는 것은 특정한 문제를 어떻게 풀어야 할지 알고자 하는 열망에서다.[2] 그것이 사냥이나 낚시에 관한 질문이든 또는 농사나 집짓기에 관한 질문이든, 그런 문제는 단지 알아감에 의해서 해결되지 않고 행동 방침을 어떻게 조직하고 지적이며 효율적으로 행할 것인가 하는 알아감에 의해서 해결할 수 있다. 상식적 지자들은 물고기와 새는 왜 그런 방식으로 존재하는가 하는 알아감에는 특별한 관심이 없고 어떻게 잡아 요리할지와 같은 알아감에 관심이 있다. 돌과 나무는 왜 그런 방식으로 존재하는가라는 질문은 종류가 다른 질문이다. 그런 질문은 아주 다르게 정향된 욕망에서 유래한다. 그리고 소크라테스가 발견했던 것처럼 상식적인 사람들은 어떻게 생활해야 하는지가 아니라, 가능성이 여럿 있는 생활방식 중 가장 최선은 어떻게 선택할 수 있을까라는 질문을 받으면 굉장히 의심스러워하고 심지어 적대적으로 된다.

　상식적 알아감의 더 큰 특징은 그것은 기술적인 즉 주체가 중심인 알아감의 맥락 밖으로 나아가는 데에 관심이 없다는 것이다. 표면적 기술에서 물(物)을 알지만 이들 물의 일반적이고 전문적인 관계를 이해하거나 판단하는 데에는 도통 관심이 없다. 그 때문에 상식은 전문적인 용어에 관심이 없고, 그런 언어를 필요로 하지도 않는다. 그러나 과학자와 수학자들은 전문 용어를 발전시켰다. 유클리드의 '삼각형'이나 '원' 또는 뉴턴의 '질량'이나 '힘' 등은 이들이 이 단어를 사용할 때 자신들이 의미하는 바를 꼭 집어 정확히 말하기 위해서였다. 이들이 전문 용어를 정형화하는 이유는 용어의 의미가 정리(定理)에 따라 변하는 것을 원하지 않기 때문이다. 그러나 일상의 생활문제를 해결하려고 한다면 보편적인 해결책에 관심을 둘 필요는 없다. 그 문제들은 매일은 아니더라도 이틀에 한 번 또는 매주, 매년 변하기 때문에 지난주에 들어맞았던 것이 이번 주에는 그렇지 않을 수도 있

---

2)　*Insight*, 181-6.

다. 상황은 변하고 사람들의 태도도 계속 바뀐다. 상식적인 사람들은 이를 알기 때문에, 그들은 계속 주시하며 문제가 발생할 때마다 변하는 상황에 적응하려고 애쓴다. 그렇다고 상식적 알아감이 축적되지 않는다는 의미는 아니다. 확실히 사람들은 실수를 통해서 배우고 고쳐 나간다. 더 나아가 상식은 특정 경우를 다루기 때문에 늘 불완전한 통찰인 채로 남아 있다. 오직 더 깊은 통찰이 이 불완전한 통찰을 바꾸어 구체적이고 특정한 경우에 즉시 적용할 수 있도록 만든다.

바로 상식적 알아감의 이와 같은 특징은 격언과 법칙을 대조하면 더 잘 알 수 있다. 뉴턴의 $F = G(m_1 \cdot m_2)/r^2$이라는 보편적인 중력 법칙처럼, 법칙이라는 것은 모든 경우를 보편적인 하나의 설명으로 이해하기 위해 구체적이고 특정한 여러 경우에서 추상화하면서 숙고한 것이다. 반면에 격언은 이런저런 특정한 상황에 적용될 수도 있고, 적용되지 않을 수도 있다. 당신에게 이런 상황에서 그 격언이 적용될 것인지 아닌지 정보를 주는 것은 다만 하나의 통찰이나 연속적인 여러 통찰들이 직접 그 특정한 상황에 적용될 때이다. 이런 이유 때문에 '뛰기 전에 보라'와 '주저하는 자는 잃는다'라는 전혀 상반되는 두 격언이 동시에 존재할 수 있다. 주어진 상황에서 어느 격언이 더 적절한가는 구체적이고 특정한 환경을 더 통찰했는가에 달려 있다. 마찬가지로 당신이 누군가에게 충고를 하려 한다면 그 사람이 누구인가에 따라 달라지고, 또 그 사람과 어떤 식으로 말을 할 것인가도 말을 듣게 될 사람의 기분이 어떤가에 따라 달라진다. 그러나 뉴턴은 특정한 사람이나 특정한 공동체, 또는 어떤 특정 국가를 향해 말하는 것에 관심을 두지 않았다. 과학은 문화적 장벽을 초월한다.

상식의 특징은 아주 다양하고 상이한 상식들을 고려한다면 이론적인 모양을 갖출 수는 있다. 소크라테스는 다양한 직종의 기능인들, 예들 들면 항해하는 사람들, 구두를 만드는 사람들, 목수들, 무역 상인들이 갖고 있는 지식에 깊은 인상을 받았다. 각 직업군에 속한 사람들은 전문화된 자신들의 일을 어떻게 수행하는지 알지만 소크라테스가 알고 싶어 하는 방식으로

'알지'는 못했다. 그런데 소크라테스는 알아감의 상식적 이론을 알지 못했기 때문에 그런 지식은 필연적으로 특정하게 한정되었다는 점을 깨닫지 못했다. 항해하는 방법을 아는 것이 구두를 수선할 때 도움이 되지 못하며, 빵을 굽는 방법을 아는 것이 난초를 키우는 법을 가르쳐 주지 않는다. 각각의 일은 특정한 목표를 이루기 위한 전문적인 지식과 기술을 요구한다. 또한 지자는 특정하고 구체적인 경험에 주의를 두기 때문에 다른 차원은 제쳐 두는 어떤 외골수의 전문화된 지식을 갖고 있다. 제빵사나 푸주한은 이들의 시간, 노력, 그리고 통찰을 배우기 위해 지켜보고, 듣고, 따라하는 기민한 견습생들을 두는 경우가 있다.[3] 그런 배움은 축적되어 가고, 신참자는 점차 전문적인 지식을 갖춘 지자로 되어 가며, 전문화된 직무를 쉽게 효율적으로 수행할 수 있게 된다. 그래서 상식적 알아감은 사회 공동체 안에서 전문적인 직무를 수행할 수 있는 기술의 발전과 관련 있다.

　동시에 상식적 알아감에서 역설을 볼 수 있다. 제빵사는 손님을 위해 빵을 만든다. 그런데 이 제빵사는 빵 만드는 지식을 배워 가는 과정에서 또한 제빵사의 정체성을 갖추게 된다. 물리학자는 본인이 과학자가 되어 감과 동시에 가르치기 위해 요구되는 실질적인 기술도 점점 익혀 가면서 물리학도를 가르치는 교사가 되어 간다. 교사로 되어 가는 과정에서 이 과학자는 교육 공동체의 구성원으로 되어 간다. 마찬가지로 푸주한과 제빵사 둘 다 그 직무의 기술을 습득한 실질적인 지자가 되어 가면서 다른 직종의 숙련된 노동자들과 협력하게 된다. 이들 모두는 직종은 다르지만 경제라는 공통의 질서를 완성해 간다. 개인이 익힌 어떤 습관은 동시에 사회적 관습이다. 다른 노동자들과 상호작용을 하기 위해 그 습관을 익혔기 때문이다. 역설이라고 한 점은 푸주한과 제빵사라는 주체의 세계가 동시에 경제교환 공동체 안에서 주체-상호 간의 세계가 된다는 점에서다. 제빵사는 빵을 팔려고 가게로 가고 손님은 빵을 사기 위해 그 가게로 가서 서로 교환한다. 그

---

3)　*Insight*, 207-9.

들의 이런 행동은 협력의 기초 위에 세워진 경제 제도의 기능이라고 사회학자는 이해한다. 그러나 제빵사와 그 손님은 자신들이 사고파는 과정에서 만들어지고 있는 경제 제도를 알지 못한다. 각 사람은 시장 안에서 오고 가는 자신의 특정하고 반복되는 패턴만을 알 뿐이지 자신이 참여하고 있는 공동체의 반복되는 순환을 알지 못한 채 자신을 통해 개인 간의 순환적인 행동을 구성하고 있다. 팔려는 제빵사의 동의와 사려는 손님의 결심으로 이뤄진 간단한 이 교환은 대부분의 경우 특정한 시장 시스템의 부분이지만, 이 거래를 행하는 구매자나 판매자에게는 알려지지 않은 전제들의 그물이 배후에 있다. 그렇다면 그들이 각자의 역할과 업무를 수행하고 있는 경제 제도를 모른다면, 이 시장 구조를 순환시키는 동기는 무엇인가? 이 질문에 답하기 위해 알아감의 세 번째 형식을 규정할 필요가 있다.

2 상징적 패턴의 알아감

지금까지 논의에서 독자로서 당신은 (과학적이고 수학적인) 이론적 지자로서, 또 상식적 지자로서 자신을 적정화할 것을 요청받았다. 그러나 알아감에 세 번째 패턴이 있는데 이는 실제적인 알아감만큼이나 자연적이고 본래적인 상징적 알아감이다.[4] 17세기에 이론적 알아감이 한창 꽃을 피울 때 상식적 알아감이 폄하되고 평가절하되었던 것처럼, 상징적 알아감도 그러했다. 우리가 상징화하고 있을 때 무엇을 하는지 이해하기 위해 지속적인 노력을 기울인 것은 겨우 20세기에 와서다. 우리를 상징적 동물로 생각하도록 가르친 것은 현대 학자들이다. 이 정의는 우리 자신을 좀 더 구체적이고 포괄적인 방식으로 생각할 수 있게 했다. 이 같은 패턴의 알아감이 중요하다는 점은 7장의 선택하는 자, 8장의 사랑하는 자로 우리 자신을 분석할

---

4)   Bernard Lonergan, *Method in Theology*(New York: Herder and Herder, 1972), 64-73.

때에야 분명해질 것이다.

수학과 과학의 예에서 본 이해하는 자로 자신을 적정화하는 교육의 이점은 상식을 다룰 때 분명해진다. 상식적 패턴의 알아감에서 통찰이나 이해의 활동을 자세히 기술하는 것이 어려운 이유는 그 알아감을 이해하려 할 때 이해 그 자체를 자세히 언급하지 않기 때문이다. 이 상황은 상징적 알아감에서는 더하다. 상징적 알아감은 적정화하고 소화하려 애써 왔던 다른 패턴들보다 더욱더 자생적으로 이루어지기 때문이다. 예를 들면 운전을 하는 것은 연습에서 나온 실제적 지력을 요구하지만, 미소 짓기는 자발적인 반응이나 다름없다. 분명히 미소에서 표현되고 인식된 의미는 원이나 가속도의 이유를 파악하는 것과 같은 종류의 알아감이 아니며, 신발 끈을 어떻게 묶는지 아는 그런 종류도 아니다. 미소의 의미는 상징적 의미다.

상징적 의미가 무엇인지 이해하기 위해, 당신이 미소 짓고 있는 상황을 생각해 보자. 수학 문제를 풀거나 잔디를 깎는 것은 당신 혼자서 하지만, 보통 혼자 있을 때 웃지는 않는다. 미소를 짓는 것은 보통 주체-상호 사이의 상황하에서다. 당신의 태도는 타자에게 의사소통을 하려는 목적을 지니며, 다른 사람도 당신에게 비슷한 태도를 취하게 한다는 점에서 효력을 미친다. 더구나 그 의미는 매개되지 않아 분명하고 직접적이다. 당신이 미소 지으며 보고 있는 그 사람도 그 의미를 자연스럽게 파악하고 비슷하게 표현하여 응답한다는 점에서 일시적인 유대감이 형성된다. 미소는 유클리드의 『원론』에서 볼 수 있는 그런 정신의 표현은 아니다. 미소는 한 사람이 다른 사람한테 하는 몸과 영혼의 전인적인 표현이다. 마지막으로 미소는 말로 하는 표현이 아니라 말로 하기 이전의 표현이다. 말을 배우기 훨씬 전에 우리는 웃는 것을 배웠다. 이것은 상징적 의미는 언어적 의미보다 훨씬 기본적이며 원초적인 형식이며, 상징적 패턴의 알아감과 의미는 이론적 패턴의 알아감보다 더 앞섰고 또 더 일반적이라는 의미다.

그러므로 상징은 이론을 따라 결론을 도출해 내는 추상적 개념의 표현이 아니다. 미소는 반성적 사고과정의 결과도 아니고 실제적 관념을 표현한 것도 아니다. 미소는 한 사람이 표현하고 타자가 인식한, 그래서 주체-상호 간에 감정을 나누는 상황하에서 형성된 구체적인 의사소통이다. 그렇다면 표현된 이 감정은 무엇일까? 관념도 아니고, 개념도 아니며, 판단도 아니라면, 왜 감정의 표현이라고 하지 않고 의미의 표현이라고 하는가? 1장으로 돌아가 통찰보다 앞서 일어나고 통찰의 조건을 마련했던 물음의 활동에서 단서를 찾을 수 있다. 물음의 가장 두드러진 특징은 감각 경험이나 이미지 경험을 '질문경험'으로 전환하는 방식이다. 물음은 감각적으로 알려진 경험을 지적으로는 안다고 할 수 없는 경험으로 전환한다. 감각적으로 알고 있으나 지적으로 안다고 할 수 없는 경험은 사심 없이 알고자 하는 욕망 혹은 실질적 관심 때문에 알려고 하는 욕망에 의해 주도된다. 상징적 패턴의 경험이 지향하는 것은 좀 더 원초적인 물음이다. 이 물음은 실생활의 도구적 지향이 아니며, 과학적 알아감의 이론적 지향도 아니다. 다른 존재들과 조율하는 살아 있는 존재의 분화되지 않은 물음을 목표로 한다. 그러한 상징적 지향이나 의미는 추상이 아니라 완전히 구체적이고 근본적이다.

자신의 정체성을 알기 전에, 당신은 자신이 어떤 사람이라는 자발적으로 갖게 된 정체성을 느낀다. 자각(awareness)이라고 하는 분화되지 않은 원초적 장(field)은 발전하면서 점차 타자와 물(物)을 구별하지만, 인간의 지향으로 공유하고 있는 기본적이고 근본적인 패턴은 여전히 있다. 그래서 땅, 공기, 불, 물 등이 그렇게 존재하는 것은 왜인가라는 물음을 그리스인들이 묻기 훨씬 전에, 사람들은 이 네 원소를 다양한 원초적 패턴의 상징적 의미로 해석해 왔다. 물(水)은 탈레스가 철학적 물음의 대상으로 삼기 오래전부터 상징적 물음의 대상이었다. 그리고 물은 화학적 복합물로 알려졌지만 여전히 다양한 상징으로 느끼고 표현되면서 원초적인 경외와 놀라움을 불러일으킨다. 문제는 일단 이론적 패턴이 출현하면, 상징적 알아감을 평가절하하려는 경향도 생겨나 이런 방식의 알아감을 합리적으로 보지 않고, 합리적 의미를 이론적 합리성에만 한정해 버린다는 점이다. 오늘날에는, 상징 이론 덕택에 상징을 갖고 합리적 사고를 할 수 있으며 이런 방식의 합리성은 개념주의의 합리화와 꽤 다르다는 점을 알게 되었다.

나는 마지막 두 장에서 상징적 패턴의 합리성을 검토하겠다. 여기서 나는 가장 자발적이며 원초적인 의미 패턴으로서 상징을 주목하려고 한다. 그 패턴은 무의식의, 생물학적인 과정에서부터 의식적인 알아감과 선택함이라는 고차적 영역까지 존재의 모든 차원에서 작동한다. 가장 중요하게 상징은 결심을 수행할 동기를 부여하는 느낌을 일으키는 상을 통해 작동하기 때문이다. 이는 바로 상식적 패턴과 상징적 패턴이 아주 밀접한 관계를 맺고 있다는 의미다.

3   경험의 극적 패턴

지금까지 이론적, 상식적, 상징적이라는 경험의 세 가지 패턴을 생각했다. 세 종류의 지자가 있는 것이 아니고, 의식의 수많은 관심과 열망, 꽤 다른 목표나 객관성에 관심을 갖고 있는 단 하나의 구체적인 의식주체가 있을 뿐이라는 것을 분명히 해야 한다. 이들 세 가지 의식 패턴을 명확하게 구분할 필요가 있는데 그것을 하지 못한다면 철학적 차이와 논쟁이 반복되기 때문이다. 경험의 세 가지 패턴은 이제 다채로운 전체 체계로 결합되고, 그래서 당신은 구체적인 지자로서 현실적으로 다른 지자들과 작용하고 협응하는 방식을 적정화하기 시작한다. 당신 자신을 지자로서 충분히 적정화하려면 반성하고 판단하는 자신에 초점을 둘 필요가 있지만, 방법적인 이유로 5장까지는 이 의식활동을 논증하지 않으려 한다. 마찬가지로 자신을 지자로서 적정화한 이후에 판단하고 심사숙고하고 결단하는 세부적인 활동을 분석할 것이다. 그렇지만 우리가 논의해 온 모든 패턴 안에 판단함과 결단함이 포함되어 있다.

극적(dramatic) 패턴의 경험에는 상징적이면서 실제적인 패턴이 결합되어 있는데 이 역시 구체적으로 작동하는 주체 안에서 결합된다. 가족 식사를 예로 들어 보자. 가족은 영양이 풍부한 한 끼 식사에서 생물학적 기본 요구를 채워 만족을 느낀다. 마치 한 무리의 오리들이 모이를 먹으려고 모인 것처럼 말이다. 그렇지만 동물의 식사와 다른 점은 인간의 식사는 엄청난 정도의 실질적인 지혜를 요구한다는 점이다. 한 집안에서 내려온 지혜의 대부분은 요리를 특별한 스타일로 준비하기 위해 레시피를 어떻게 적용할지 등의 기술적 알아감을 요구한다. 마지막으로, 가족이 함께 식사를 하는 데에는 상징적 의미가 있다. 아기는 먹는 것을 거의 저절로 배우지만, 어떻게 식사하는지 배운다는 것은 칼, 포크, 수저의 사용 능력도 익히고 그 외에도 식탁 예절(이는 문화가 다르면 수용되는 행동양식도 제한을 받는다)을 수년에 걸쳐 익히는 것이다. 게다가 식탁을 차리는 방식도 다양하다. 대부분은 가족이 함께 식사할 때 어떻게 행동할지 에티켓과 공손함의 세세한 규칙을 전수하는데 이는 그 집안에 전해져 오는 문화적 관습이다. 단순하면서도 일상적인 행위가 집집마다 다른 특정한 행위라는 것을 잠깐만 되돌아본다면, 함께하는 가족 식사가 실제로 얼마나 엄청난 의례인가 하는 점을 깨닫게 된다. 문화공동체의 하루하루를 구성하고 있는 다른 일상 사건도 마찬가지다. 인간의 식사는 왜 그렇게 의례적이고 예식적인가? 분명히 음식과 영양만을 섭취하기 위해서 그런 관습과 풍속을 만들지는 않았다. 상징이나 상징적 활동의 의미를 결합해 가는 데에서 문제가 되는 것은 상징은 다양한 의미들을 저절로 표현한다는 점이다. 더욱이 이 의미는 문화마다 달라지고, 또 시간이 달라지고 장소가 달라지면 의미도 변한다는 점이다. 그러나 보통 식사 예절과 식사에서 볼 수 있는 그 이상의 것은 가족이 함께 모이고 서로를 배려하고 존경하며 사랑과 애정에 기초한 가정공동체라는 것을 표현하는 욕구를 만족시키고 있다는 점이다. 그렇지만 집안이 항상 조화로운 것만은 아니며, 또 가족 식사를 상징적 극(drama)으로 생각한다면, 좀 더 넓은 문화공동체와 역사의 관점에서 좀 더 분화된 방식들을 분석할 수 있는 기본 용어를 제시할 수 있어야 한다.

극은 구체적인 긴장, 투쟁에 관한 것이다. 타자가 모인 인간 공동체는 각자가 운명을 향해 가면서 긴장과 투쟁이 드러난다. 전통적으로 그 투쟁을 철학 용어로는 '변증'이라고 하는데, '변화를 일으키는 관련 요소들 가운데 반대되는 것'을 변증이라고 정의할 수 있다.[5] 따라서 이해하는 자로서 우리 자신을 적정화할 때, 최초로 변화를 일으킨 질문들, 그리고 이들 긴장감을 해결하려는 통찰들 사이의 긴장감에 관심을 둘 수 있다. 극의 긴장에는 두 차원이 있다. 각각의 개별적인 인물 안에서 야기되는 긴장과 인물들 가운데서 발달된 긴장이 있다. 인물들 개개인 안에서 발달한 내적인 변증과 인물들 상호 간에서 발달된 외적인 변증이다. 그런 점에서 각각의 모든 극에는 두 개의 극이 있다. 즉 주체와 자기 자신 사이에서 일어나는 심리적인 내적 극과 공동체 안에서 일어나는 사회적인 외적 극이 있다. 종종 사회적인 외적 극에는 심리적인 내적 극이 작용을 한다. '역할'과 '플롯'이라는 유사한 용어는 변증적인 작용을 말한다.

연극에서 보면 한 인물이 다른 인물들과 관계를 맺는 기술적인 관점에서 설명적 관점으로의 최초의 전환을 제시하기 때문에 '역할'은 우리 자신을 분석하는 중요한 용어다. '아버지' 또는 '딸' 같은 용어는 한 사람이 타자에게 어떤 관계인가를 알려 주는 방식이면서 또 그들 상호 간의 관계성이나 상관성을 자세히 보여 주는 것이기도 하다. 질량에 작용하는 정반대되는 모든 방향을 서로 상응하는 좌표계로 발전시킨 것을 르네상스 물리학의 중대한 성과로 강조했던 것처럼, '플롯'이라는 용어는 결말에 가서 성공적이거나 비극적인 종말에서 해소될 변증적 발달과정에서 모든 등장인물의 역할 전부가 서로 상관하고 있는 방식이다. 그래서 하나의 극은 등장인물들이 스스로 또 서로 성공이나 실패의 마지막 운명을 향해 가도록 동기를 제공하는 것, 등장인물들의 플롯이 변증적으로 전개되는 것이라고 정의할 수 있다. 그 운명은 인물들의 결심과 행동에서 흘러나온 것처럼 보이면서 동시에 그들이 의도했던 방향도 넘어선 것처럼 보인다.

상징적 극에서 등장인물은 또한 전형적인 인물이기도 하다. 고대 그리스

---

5) *Insight*, 217-18.

비극 『안티고네』에서 크레온은 시민 공동체를 대표하고 안티고네는 가족 공동체를 대표한다. 플롯은 시민으로서 사랑과 충성심이라는 더 넓은 요구와 가족의 효라는 외적으로는 훨씬 제한적인 요구 사이에서 펼쳐지는 변증적인 긴장이다. 변증적으로 전개되는 두 국면이 또 있다. 즉 크레온과 안티고네 자신 안에서 일어나는 심리적인 내적 극과 집안과 국가에서의 상징적 역할이 있다. 크레온과 안티고네의 내적인 감정 상태의 지속적인 변화는, 등장인물들이 각자의 운명을 향해, 그리고 운명에 끌림에 따라, 외부적인 극의 상태를 창출하기도 하고 동시에 그러한 상태로 말미암아 창출되기도 한다. 그래서 상징적 극에서 기본적인 긴장은, 상호주체적인 사람들이 한 가족이 되어 가는 자발적인 질서와 서로 다른 가문들이 실질적인 상식을 써서 시민공동체로 연합해 가는 이 과정의 긴장으로 정의할 수 있다. 서로 다른 가문들이 한 시민 공동체로 통일되려면 사적 헌신을 이기고 공동체의 연합에 복종해야 한다. 이것이 의미하는 바는 자신 때문에 일어난 사적인 긴장, 공동체 안에서 일어난 개인 간의 긴장, 한 공동체와 또 다른 공동체 사이의 긴장 등 서로 다른 세 종류의 변증을 규정할 수 있다는 것이다. 그런데 네 번째 더 중요한 변증으로 역사적 극이라는 변증이 있다. 이는 한 역사공동체의 선조와 후손 간의 긴장이다.

　『안티고네』는 그 도시의 법을 집행하려는 크레온과 한 집안의 관습을 지키려는 안티고네 사이의 긴장을 표현하고 있다. 그러나 크레온은 자신이 지지하고 집행하려는 그 법이 정의로운 법이라는 것을 어떻게 알까? 대체로 지도자와 재판관이 적용하는 법은 이전의 규범과 판결에 기원을 두고 있고, 그래서 이전의 문화공동체의 판결에 의존한 규범적인 절차들이다. 다른 말로, 어떤 문화의 권위집단이 직면하게 되는 근본적인 질문이 있다. 판단과 결정에 기준을 제시하는 공동체의 문화 규범을 어떤 점에서 합리적이며 정의롭다고 하는 것일까? 이 질문에 답하려면 문화의 권위집단은 문화를 초월한 규범을 필요로 한다. 초문화적(transcultural) 규범은 문화적 맥락에 의존하지 않고, 모든 문화 맥락을 기반으로 하며 이 문화 맥락들의 질서를 바로잡는다. 완전히 보편적인 틀 안에서 생각하고 평가하고 있다는 크레온의 경우를 뉴턴과 비교할 수 있지만 사실 크레온은 아주 제한된 사고의 틀에서 의식을 작동하고 있을 뿐이다. 그는 사고의 틀 이면의 감추어진 한계를 몰랐다. 크레온과 같은 공적 지도자는 문화지평의 한계 안에서 경험하고, 이해하고, 판단하고, 결정한다. 그가 제한된 문화 맥락에서 전환하여 문화를 초월한 혹은 역사적 지평으로 나아가지 않는다면 말이다. 바로 상징적인 실질적 알아감과 이론적인 역사적 알아감 사이의, 혹은 사심을 갖고 알고자 하는 우리의 욕망과 사심 없이 알고자 하는 욕망 간의 네 번째 근본적인 변증이 밝혀지면 그런 전환이 일어날 수 있다.

헨리 포드(Henry Ford)는 '역사는 순 거짓말이다!' 라고 했다 한다. 과거 역사를 사심 없이 연구하는 것이 자동차를 만드는 데 아무 도움이 되지 않는다는 의미다. 그렇지만 미국인이 과거의 문화 성취에서 전해 받은 테크놀로지의 역사적 진보가 없었다면 오히려 헨리 포드가 거짓말쟁이가 되었을 것이다. 그런 역사의 유산이 없었다면, 헨리 포드는 자동차 바퀴를 만드는 데 시간을 보내야 했을 것이다. 다른 말로 하면, 당신이 알든지 모르든지 당신은 역사 안에 살고 있다. 사회 제도나 정치, 경제, 교육, 종교 제도 각각의 역할과 목표는 거의 앞 세대에게서 물려받았다. 이들 물려받은 도식들이 축적된 통찰의 결과이든 혹은 간과한 것들이 축적되어 나온 결과물이든, 이들 네 종류의 문화적 변증은 과거 공동체에서 작동했던 방식에 달려 있다. 개인적 지자에게도 네 종류의 서로 다른 변증이 작동하고 있다. 첫째, 에고(ego)와 자기(self) 간의 내적 변증, 둘째, 개인이 작동하면서 협동하는 가운데 주체와 공동체 간의 변증, 셋째, 같은 문화공동체 내의 다른 그룹들 사이에서 생활문화공동체가 다르기 때문에 생기는 구체적 긴장, 넷째, 현재의 문화공동체와 과거, 미래 공동체 간의 긴장이 있다. 이 네 종류의 변증적 긴장은 어떻게 관련되는가? 자기의 내적 변증이 주체가 수행하는 다양한 역할의 맥락에서 사회적 변증에 기능적으로 관련되어 있다는 것을 보았다. 따라서 사회적 변증은 사적인 변증이 전개되는 방식에 제한을 가하게 된다. 그러나 기본적인 변증은 역사적 변증이다. 역사적 변증이 나머지 변증들이 작동하는 방식에 방향과 조건을 설정하기 때문이다. 이것이 의미하는 바는 모든 인간은 사회적 존재이며 더 근본적으로는 '역사적 존재'라는 점이다. 이들 변증적 긴장을 좀 더 자세히 검토해 보자.

변증은 하나이면서 같은 주체 안의 반대되는 여러 성향들 간의 긴장을 의미한다. 의식의 장에서 이 변증은 어떻게 작동하는가? 상징적 알아감에 관한 간단한 분석에서 보았듯이, 개인 안에는 의식이 없는 생물적 차원, 의식의 심리적 차원, 지적 차원(이것은 직접적이고 반성적인 차원으로 5장에서 세분할 것이다), 마지막으로 심사숙고하는 차원(이것은 7장에서 자세하게 논할 것이다) 등의 다른 차원들이 작동한다. 이들 다른 차원 전부를 통해 개인은 발달한다. 마치 유기체가 생물학적 과정을 통해 발달하고 동물이 유기체의 과정과 심리적 과정을 통해 발달하듯이, 사람은 유기체로, 심리적으로, 그리고 지적으로 발달을 한다. 전통적으로 이들 각 차원들은 위계적인 것, 즉 낮은 차원이 고차적 활동을 가능하게 하는 잠재태를 제공해 주는 것으로 간주되었다. 식물에 있어서, 화학적 응집이 더 고차적인 생물학적 과정의 기회를 제공했고, 그래서 식물이 생화학적 작동자라는 것이 드러났다. 동물은 더 고차적인 의식의 심리적 도식을 발달시키려고 이 생물학적 과정을 더 정교한 특화된 기관으로 개발한다. 이것이 의미하는 바는 동물은 다양한 신경계를 통해 심리적으로 작동하며 이 신경계로 고등동물과 하등동물을 구별할 수 있다는 점이다. 인류의 단계에서 감각하고, 기억하고, 상을 그리는 낮은 차원의 심리적 패턴이 낮은 차원의 심리적 흐름을 상이한 패턴들의 알아감을 일으키는 좀 더 고차원의 지적 도식으로 전환하는 통찰에 잠재력을 제공한다.

식물, 동물, 사람에게는 상이한 차원들에서 또 차원들 사이에서 저절로 작동하는 긴장들 또는 욕구들이 있다. 예를 들어 성적 긴장은 무의식의 유기체 차원에서 출현하지만 그 현상에 대해 질문하고 답하려 할 때 의식의 심리적 차원, 지적 차원, 상징적 차원 전부에서 작동이 일어난다. 즉 심리적 차원에서는 성적 만족을 향하며, 동시에 지적 차원 그리고/또는 상징적 차원에서는 아직 알아채지 못한 이 느낌의 의미는 무엇인가? 그 느낌이 우리를 주도했지만 그 느낌의 객관성은 다른 차원에서 알려진다. 이들 다양한 긴장들을 조화시키는 것은 단번에 이뤄지는 것이 아니라 욕망과 두려움이 변화하는 가운데 평생에 걸쳐 일어나는 인간 문제다.

또한 이들 긴장 안에서 대립을 발견할 수 있다는 점을 지적하면서 이 문제의 어려움을 강조할 수 있다. 마치 먹기와 이해할 수 있는 먹기 간의 대립, 성적 만족과 이해할 수 있는 성적 만족 간의 대립이 생길 수 있는 것처럼, 감각함과 이해함 간에 기본적인 대립이 출현할 수 있다. 모든 사람들은 그런 긴장과 대립을 의식하며 의식적으로 경험한다. 대립이 갈등으로 되고 이들 대립된 경향이 전혀 엉뚱하게 작동하기 시작할 때 문제가 생긴다. 긴장은 건설적일 수도 있지만, 다양한 유형의 편견을 낳아 끝내는 쇠퇴와 파멸의 무질서를 만들기 시작한다. 문제는 익숙한 도덕적 문제이지만, 이 연구에서 나는 무질서와 편견을 지적 문제에서 우선적으로 다루면서 도덕적으로 심사숙고할 것들을 7장까지 미룰 것이다.

4 편견

각 개인 안에서 작동하는 의식의 변증적 긴장에는, 자기 때문에 생긴 사적인 변증적 긴장, 사회로 말미암아 생긴 자기(self)의 변증적 긴장, 사회나 사회 안에서 현존하는 집단들이 서로서로 원인이 된 변증적 긴장, 현존하는 사회집단과 인간의 역사 간의 변증적 긴장 네 종류가 있다는 것을 보았다. 이제 이들 네 종류의 변증이 다르면서도 어떻게 관련되어 변증적으로 전개되고, 지자의 통찰을 막는지 네 가지 조건을 살펴보겠다. 이해하려는 욕망 외에 이해의 두려움 또한 존재한다. 그러한 두려움이 통찰을 방해하고 억압하고 있는 방식을 이제 분석할 필요가 있다.

4a 극적 편견

앞에서 살펴보았듯이, 우리 각자는 두 개의 다른 극에 참여하고 있다. 예술 무대에서든 혹은 실제 역사의 무대에서든 사람들의 삶 안에서 대안이 되는 행동의 방침에 관심을 둔 사람들에게 익숙한 극이 있다. 또 의식적 자기의 장에서 벌어지고 있는 새롭게 발견된 극도 있다. '새롭다'는 의미는 금세기에 와서야 이를 분석할 이론을 갖게 되었다는 의미다.[6] 특히 상징과 상징이 인간의 알아감과 선택함에서 작용하는 방식을 연구하기 시작한 학자들 덕택에 좀 더 내적인 의식을 새로운 방식으로 설명할 수 있게 되었다. 특히 프로이트와 융의 분석은 아주 중요하다는 사실이 증명되었다.

자기와 자기의 내적인 극을 프로이트는 의식의 '에고'(ego)와 그보다 낮은 수준의 '이드'(id)의 변증적 상호작용으로 분석했다. 이 변증적 긴장은 사회적 양심이나 '수퍼 에고'(superego)의 영향 혹은 지배하에서 일어난다. 반대로 융은 우리의 선(先)의식 또는 무의식의 '그림자'와 갈등하는 의식의 에고를 분석했다. 개인 상호적인 자기(interpersonal self)는 의식의 '아니마'(Anima)와 갈등하는 가운데서 그 자신을 발견하는 경향이 있다.[7] 둘 다 의식과 무의식, 낮은 차원과 좀 더 고차원의 상호작용이 있다.

우리는 낮은 차원의 의식 내용에서 작동하여 좀 더 고차적 질문으로 자신을 적정화하기 시작했다. 이제 우리의 위치는 이 질문함이 높고 낮은 활동의 맥락에서 발생하는 것이라는 점을 지적할 수 있게 되었다. 지적인 경험 패턴에 너무 몰두해서 먹는 것도 잊어버리거나 또는 탈레스처럼 우물 속에 빠졌다는 정신 나간 교수들에 관한 익숙한 이야기가 있다. 그와 반대로 딴 방에서 우는 아이의 울음소리를 아무도 듣지 못했지만 아이의 엄마만은 들을 수 있었다는 사례도 있다. 핵심은 주의를 집중한 궁금증은 상이

---

6) *Insight*, 191-206.

7) Robert M. Doran 'The Theologian's Psyche : Notes toward a Reconstruction of Psychology,' in *Lonergan Workshop*, vol. 1, ed. Fred Lawrence(Missoula, MO: Scholar's Press, 1978), 93-143.

한 패턴들에서 작동하고, 이들 패턴은 내적이면서 외적인 두 차원에서 전인적(全人的)으로 개입하고 있다는 점이다. 아기 엄마의 궁금증은 걱정, 엄마 자신의 전 존재가 완전히 몰두하고 있는 아이에 대한 근심스런 주의 집중이다. 프로이트의 용어인 '검열자'(censor)의 의의는 바로 이런 맥락에서 알 수 있다.

알고자 하는 욕망은 관심을 기울이고 있는 질문함에서 표현되면서 또 이 질문함을 차단하거나 다른 데로 돌릴 수도 있다는 점에서 두렵기도 하다. 당신의 질문함이 지적인 차원에서 감각적 차원으로 떨어지면 통찰을 위해 당신의 내적이거나 외적인 의식자료를 준비하는 것처럼, 당신의 근심과 두려움이 질문함을 의식자료에서 멀어지게도 한다. 당신은 발견하게 될까 두려워서 어떤 자료를 이해하지 않으려 한다. 즉 당신은 그렇게 알려지게 될 것을 '검열'하고 그것이 드러나지 않도록 막으려 한다. 그런 검열이 어떻게 작동하는가? 그 설명은 상(象)을 통해서 감정을 불러일으키거나 조절하거나 지도할 수 있는 당신의 능력에서 발견할 수 있다. 물음은 우선 상 즉 이미지를 다루고, 이미지는 감정, 기억, 기대와 연결된다. 이들 중 어떤 활동은 다른 활동보다 더 자발적이다. 그 의미는 당신의 조절을 덜 받는다는 것이다. 그 차원들을 조절하는 것은 저마다 다른 학습 단계를 따라 정도의 차이가 난다. 감각 경험과 이미지화하는 경험의 차이는 중요하다. 당신이 바라는 것을 다 볼 수도 들을 수도 없지만, 제한된 범위 내에서 바라는 시각적이고, 청각적인 상을 형성할 수 있다. 상은 감각 세계와 이성적인 세계 사이의 중심축이고, 그래서 이 상은 많든 적든 조절될 수 있기 때문에, 당신의 감정을 지도하기 위해 그 상을 사용할 수 있다. 그래서 감정은 낮은 차원의 감각활동에서 저절로 생겨나지만 그 감정이 불안, 분노, 공격, 혼란스러움을 일으킨다. 그 감정을 어떻게 해석할 것인가는 상당 부분 그 감정을 질문하는 방식에 달려 있다. 그다음은 상이 질문을 불러일으키고, 당신이 질문하기 위해 선택한 상을 선택함으로써 당신은 자신의 감정을 주목하고 간접적으로 조절할 수 있다.

프로이트의 '검열자'는 자기 자신에 관하여 생겨나는 통찰을 어떻게 회피하는가를 기술한다. 당신이 두려워하거나 회피하거나 심지어 혐오하는 다양한 방식으로 드러낸다. 그래서 프로이트의 고전적인 오이디푸스 콤플렉스에서 아이는 어머니에게 성적 감정을 갖지만 그 감정을 직접 의식의 통제하에 두지 않고, 이 감정을 인정하여 자각할 수 있는 방식으로 둔다. 이 방식은 소년이 만들고 기억한 이미지에 좌우되는 방식이며 이 상에 의해 불러일으켜진 감정과 연결해서 자신을 이해하는 방식으로 그 감정을 다룬다.

프로이트는 성적이며 자기 보존이라는 감정의 두 유형에 초점을 맞추었다. 성적 욕망과 두려움이라는 프로이트의 선입견은 특히 교훈적이다. 성적 욕망은 무의식적 유기체의, 심리적 변화에 조건 지어지는데, 발달의 단계에서 정신과 신체는 계속해서 변화한다. 심신상의 변화는 발달 중인 자기 자신에 대한 감정의 맥락에 동화되어야 한다. 발달 개념은 나중에 탐구할 것이지만 지금 여기서 지적하고자 하는 핵심은 성적 감정에 대한 프로이트의 선입견은 타당하다는 점이다. 생의 발달 단계마다 그 감정은 적응과 재해석을 자주 요구하기 때문이다. 당신이 이 신경생리학적 변화를 좀 더 고차원의 의식적이며 심리적이고 지적인 도식으로 잘 통합하지 않는다면 그 감정을 억압하게 되고, 그 결과 비정상적인 행동 패턴이 생겨날 수 있다. 비정상적인 행동은 당신의 내적 의식의 장에 남아 있게 되고, 그 결과 사회적 역할을 수행하면서 타자에게 드러내는 외적 페르소나와 자각이라는 사적인 단계에서 다르게 행동하게 되는 내적 에고 사이의 분열을 야기하게 된다.

4b 개인의 편견

프로이트와 융의 발견이 우리 자신과 타자의 관계를 분석할 수 있는 새로운 장을 열었지만, 이기주의 혹은 에고이즘이라는 더 오래되고 더 익숙한 편견은 여전히 있다. 이기주의에서 일어나는 변증적 긴장은 사람들이 서로에게 소속감을 느끼는 자발적인 상호주체성(intersubjectivity)이라는 자발적인 경향과 반대된다. 우리 각자가 가정, 이웃, 정당이나 교회의 구성원이 되어 가면서 발달한 '우리' 이전에, 모든 개개인 안에 현존하며 자발적으로 작동하는 좀 더 근원적인 '우리'가 있다. 그 자발적인 소속감은 최근에 루소(Rousseau)의 '연민'의 관점과[8] 연결되었고, 더 최근에 와서는 셸러(Scheler)의 '공동체 감정'과 '동료의식'의 관점으로[9] 더 분화되었다.

저절로 생겨나는 이 같은 상호주체성과 반대되는 상식 또는 실질적 지성이 있다. 상식 또는 실질적 지성은 사회적, 경제적, 정치적, 종교적 조직이나 제도를 형성한다. 상호주체적인 한 집단에 속한 구성원들은 그 공동체가 전적으로 열망하는 반복되는 선과 봉사를 추구할 때 이와 다른 유형의 선과 봉사를 지닌 타집단의 구성원과 어떻게 협력할지를 배워야 한다. 각 개인이 직면한 도전은 어떻게 협력할지를 배우는 것이다. 당신이 대접받고 싶은 방식으로 타자를 대하는 공정한 방식, 또는 황금률의 방식으로 협력하는 것을 배워야 한다. 이 규칙을 어기는 것은 자발적인 상호주체성에 반하는 것이다. 이를 어기려면 공동체의 제도 도식을 어떻게 활용하는지 이해할 수 있을 만큼 당신이 지적이어야 할 것이다.[10]

그래서 역설적으로 이기주의는 자기의 행동 방침을 어떻게 계획하고 충족할 것인지 발견할 수 있을 정도로 아주 지적일 것을 요구하는 것이다. 그렇지만 자기가 속한 공동체의 구성원을 이용할 정도로 자신을 인식하고 알 수 있을 만큼 지적이지는 못하다. 당신이 하고 있는 지금의 행동 방침이 에고이즘을 드러내고 있다는 심각한 질문을 억압하면, 당신 자신과 당신의 친구들 모두에게서 실제 사랑받지 못하는 존재로 된다. 에고이스트는 영리하게 그러나 자신을 고려할 수 있는 자기 이해로 이끌어 줄 중요한 질문을

8) Jean-Jacques Rousseau, *First and Second Discourses*, ed. Roger Masters, trans. Roger D. and Judith E. Masters(New York: St Martin's Press, 1964), 130-4.
9) Max Scheler, *The Nature of Sympathy*, trans. *Peter Heath*(Hamden: Shoestring Press, 1973), part 1.
10) *Insight*, 218-22.

어떻게 막는 것일까? 에고이스트는 '동료의식'을 억압하고, 타자를 열등하거나 고려할 만한 가치가 없다고 상상하여 그런 행동을 한다. 게다가 에고이스트는 거짓 통찰을 일으킬 거짓 이미지를 이용하는데 이는 전통적으로 변명과 합리화의 범주에 속하는 것이다. 에고이스트가 공동체 내에서 자신의 협력방식의 더 큰 의미가 무엇인지 질문하지 않는다면, 억압된 감정이 떠오르는 것을 막기 위하여 자유로운 이미지들을 억제해야 할 것이며, 그 때문에 협력함이라는 대안적인 경로를 생각할 수 있는 동기부여를 제공해야 할 것이다. 다른 말로 하면, 당신이 자신과의 관계성을 합리화하기 위해 사용했던 기본적인 기제가 당신이 속한 공동체 구성원과 당신의 거짓된 관계 방식에도 역시 똑같이 적용될 수 있다는 점이다.

4c 집단의 편견

세 번째의 더욱 교묘한 형태의 속임수는 같은 공동체 안에서 서로 다른 사회경제적인 집단 간에 발달하는 편견이다.[11] 이 주제로 들어가기 전에, 사회질서 안에는 왜 다른 공동체나 계급이 있는지 또 왜 예전보다 오늘날 더 많은 계급이 있는지 고민해 볼 필요가 있다. 우리가 살고 있는 지금의 사회질서에 그렇게 많은 계급이 있는 것은 행해야 할 수많은 종류의 업무들이 있기 때문이며, 그렇게 많은 업무가 있는 이유는 실질적 지성이 생활하고 일하는 데 창조적으로 새로운 방식을 만들어 시행하기 때문이다. 그런데 왜 계급 없는 사회가 아닌가? 합리적이고 지적으로 상이한 업무를 나누고 협력의 도식을 마련하여 사회 공동체, 정치 공동체, 학문 공동체, 경제 공동체 내에 기본적인 수요와 잉여적인 수요를 공급한다. 새롭고 더욱 전문화된 업무의 상식적 알아감과 행함의 수요가 항상 증가하기 때문에 상식적 알아감이나 실질적 지성은 계속해서 사회질서를 창출한다.

생활방식의 복잡함은 증가하고 지성은 구체적으로 협력하면서 상이한

---

11) *Insight*, 222-5.

계급들이 분화하고 게다가 서로 다른 집단 사이에서 생겨난 계급 갈등과 변증적 긴장도 있다. 예를 들어서 제인 제이콥스(Jane Jacobs)가 지적하듯이, 경제 공동체 안에서 마차를 만든 사람이 자동차를 발명한 사람이 아니고, 아이스박스를 만든 집단이 냉장고를 발명하지 않았다.[12] 아이스박스를 생산하는 이들은 기존의 경제질서에 냉장고가 도입되면 결국 자기들의 사업이 밀려나게 된다는 사실을 순식간에 알아차린다. 그래서 아이스박스를 만드는 공동체가 냉장고의 생산 제조를 막을 힘이 있다면, 그렇게라도 해서 생계를 꾸려 나가는 자기들의 경제협력 도식을 보존하려 할 것이다. 그 발명품은 비실질적이라거나 사회질서를 깨뜨린다고 하는 등 수많은 합리화를 만들어 내고, 이런 식의 합리화는 아이스박스를 만들어 생활하는 이들에게 먼저 호소력을 발휘하게 된다. 그 결과 두 집단으로 나뉘고 사회질서 안에 분열이 생긴다. 새로운 방식의 생활을 원하는 '창조적인 소수'의 진보세력과 한때는 창조적 공동체였지만 지금은 낡고 '지배적인 소수'가 된 반대 세력, 곧 진보 공동체 대(對) 반동 공동체로 나뉜다.

  내가 기술한 이 예는 새로운 행동 방침에 뒤따라오는 새로운 생각의 일상적 순환주기가 왜 끊임없이 확장하고 증가하는 지적 도식의 협력하는 공동체를 낳지 못하는가 하는 이유를 단순하게 설명한 것이다. 첫 번째 경우, 대부분의 새로운 생각은 실질적이지 않으며 구체적인 문제를 즉시 해결하지 못한다. 두 번째 경우, 실질적인 어떤 문제에 정면으로 맞닥뜨린 아이디어는 개인이나 집단에서 관습적으로 작동하는, 변화에 저항하는 수동성을 극복할 수 있을 때에만 작동할 수 있게 된다. 개인적인, 사회적인 관습은 형성되기까지 시간이 걸리지만 일단 확립되면, 자신의 힘이나 관성을 만들어 낸다. 수동적 저항뿐만 아니라 적극적 저항도 있다. 혁신적이고 이해가 능한 행동 방침이지만 자신들에게 이익이 되지 못한다고 생각되면 이를 작동하지 못하게 힘을 행사하는데 이것이 적극적 저항이다. 그 집단은 그렇

12) Jane Jacobs, *Economy of Cities*(New York: Random House, 1970).

게 힘을 행사해서 더욱 합리적인 행동 방침을 추구하는 새로운 태도와 이해를 만들어 낼 관련된 질문들을 억누르고 회피한다. 공동체 전체의 다른 집단에 영향을 미치게 될 무질서와 불의에 대해 이 자존심만 높은 공동체는 정교한 변명을 만들어 내고 성공적으로 합리화한다. 개인적 에고이스트가 자기들이 이용하려는 집단을 '새총과 화살'로 대항하면서 자신을 방어한다면, 집단 에고이즘은 사회적으로 지지되고 있는 이데올로기나 관념 체계를 만들어서 자신을 보존할 생활방식뿐만 아니라 현 상황을 정당화하며 방어한다. 더구나 집단의 편견은 유사한 견해와 교리의 왜곡된 시장을 만들어 그런 사회의 의의를 지지하면서 더욱 심하게 합리화한다.

개인들의 다양한 양상의 자기기만을 연구한 선구자는 프로이트이고, 루소와 헤겔과 마르크스는 집단 편견의 다양한 형식과 허위의식이 어떻게 만들어지고 실행되며 퍼지는지를 주목했다.[13] 그러나 이해할 필요가 있는 더 깊고 더 근본적인 변증이 있다.

4d 일반적 편견

우리는 지자로서 우리 자신을 적정화하는 것을 정의해 가고 있다. 역사의 과정과 우리 자신의 개인사에 있어서, 지성의 역할은 중요하지만 그 알아 감의 패턴과 목적은 무엇인가? 구체적이고 실질적인 일을 전문적으로 하는 상식적 지성은 인류의 역사만큼 오래되었고 또 상징적 알아감의 패턴도 마찬가지여서 두 패턴 모두 아주 어릴 적부터 우리 자신의 개인사에서 작동하고 있다. 그러나 사심 없는 알아감을 발달시키고 알아감 그 자체를 알기를 원하는 것은 그리스 시대까지 인류의 역사에 출현하지 않았다.

개인사에 있어서, 순수한 알아감의 지적 패턴을 순조롭게 느끼기 전까지

---

13) Bernard Lonergan, 'Healing and Creating in History,' in *A Third Collection: Papers by Bernard J.F. Lonergan, SJ*, ed. Frederick E. Crowe, SJ(New York: Paulist Press, 1958), 100-9.

는 다른 욕망들을 상당할 정도로 다스리고 정화해야 한다. 심지어 순수한 지적 문제들을 맛보았더라도 사심 없이 알고자 하는 욕망을 생활의 중심이 되는 욕망으로 만들려면 여전히 갈 길이 멀다. 그 이유는 순수한 지적 패턴은 개인에게서 드러나는데 그 개인은 이미 개인적 습관이나 공동체의 관습에서 이와는 다르게 정향되어 있기 때문이다. 그래서 헬레니즘 문화권에서 이론적 패턴이 발흥했을 때 그 공동체에는 이미 자신들의 상징적이고 실질적인 알아감의 패턴 방향이 설정되어 있었다.

상식적 패턴의 알아감이 구체적인 특정 문제를 전문적으로 해결하기 때문에 또 이론은 시간이 오래 소요되는 복잡한 문제에 관심을 두기 때문에 이론적 패턴과 상식적 패턴의 알아감은 서로 상보적(相補的)으로 보인다. 사심 없이 알고자 하는 욕망과 어떤 관심사 때문에 알고자 하는 욕망 간의 변증적 긴장은 오랜 시간에 걸쳐 발전되어 왔다. 그런데 반명제를 거슬러 생겨난 변증적 긴장도 너무 쉽게 모순이 되고, 점차 편견을 만들어 낸다. 그래서 쇠퇴로 이어지고, 쇠퇴에서 무질서로 그러다가 마침내 멸망하게 된다. 위대했던 여러 문명의 폐허는 암울한 기억 속에 또 열정적인 진보주의의 조롱 속에 놓인다. 개인의 편견과 집단의 편견이 상식적 알아감을 전개하는 데서 실패한 것이라면, 일반적 편견은 우선은 일부 실질적 지자들이 상식적 알아감이 제한적이며 특화된 알아감의 한 형식이라는 사실을 받아들이지 못한 데서 생긴다. 그런 한계를 받아들이기보다는, 실질적 지자는 추상에 빠져 있는 실질적이지 못한 이상주의자들처럼 모든 것을 아는 지자인 체하여 이론적 지자를 경멸하고 평가절하한다. 그래서 우리는 선동적인 지식인과 상식적 앎이 제한적이며 한정된 앎이라는 것을 고려하지 못한 꽉 막힌 실질주의의 갈등에 익숙하다. 이는 집단의 편견에서 야기된 집단 갈등보다 더하다. 이와 반대로 일반적 편견은 집단의 편견을 의심조차 하지 않는 양측 모두의 기저에서 작동한다.

일반적 편견에 있는 문제의 근원은 관심사에 집중한 알아감과 사심 없는 알아감 사이의 긴장이다. 해법은 알아감의 양 패턴을 불신할 것이 아니라 두 패턴 모두를 합법적으로 인정하고, 두 패턴을 실제로 어떻게 서로 보완할지 엄밀히 이해하는 데서 찾을 수 있다. 좀 더 넓은 맥락에 두고서, 상식적 지자는 장기적 안목에서 보는 역사적 지자가 되어 자신이 사는 사회질서가 어떻게, 왜 현재와 같은 방식으로 작동하게 되었는지를 이해해야 한다. 상식적 지자들은 역사적 지자가 아니다. 즉 그들은 당대라는 단기간의 문제에 관심이 있는 반면, 역사적 지자는 과거 상식적 지자들과 그들 각각의 공동체가 어떻게 역사를 만들었고 현재의 형식으로 전수했는가를 이해하려고 애쓴다.

5　장기적 쇠퇴

사회 맥락의 특정 집단에서 야기된 무질서와 공동체 모두가 일반적으로 무시해서 생긴 무질서를 구별하는 것은 중요하다. 계급이나 집단 편견의 결과로 생긴 단기적 무질서와 일반적 편견에서 야기된 장기적 무질서 간에는 중요한 차이가 있다.[14] 그래서 단기적 무질서와 장기적 무질서를 구별할 필요가 있다. 진보와 성장에 관한 생각에는 익숙하지만 우리는 쇠퇴 혹은 지평의 축소에 대한 설명에는 낯설다. 계급 갈등을 바로잡는 문제를 먼저 생각해 보자. 아이스박스와 냉장고 또는 마차와 자동차의 예에서, 다른 어떤 것보다 물질적 편리함을 가져온 기술공학의 진보를 본다. 그러한 진보가 어떤 한 경제집단의 막대한 이익에 반할지라도 이를 막기는 대단히 어렵다. 그것이 단기적일지라도 말이다. 그런데 종교집단, 정치집단, 이외 다른 사회집단에서 시도된 개선과 향상을 살펴보면 집단의 편견을 교정하는 것이 훨씬 더 어렵다는 것을 볼 수 있다. 늘상 일어나는 것은 사회질서가 개혁집단과 반동집단으로 나뉜다는 점이다. 개혁집단은 반란 세력이 되어 이탈하거나 혁명적으로 되어 결국은 무력으로 자신들의 목적을 이루려 한다.

---

14) *Insight*, 225-42.

불행하게도 이런 사건의 과정에는 두 가지 부정적인 결과가 생겨난다. 개혁집단은 새로운 지배집단이 되어 자기들의 지혜와 의로움을 정당화하고 축하하는 상징적 이야기, 의례, 구호, 노래를 발전시키고, 정복당한 이들의 어리석음과 불의를 비난한다. 이와 반대로 패배한 집단은 분노와 증오를 기억하면서 언제든 보복의 기회가 나타나면 복수할 것을 미래 세대에게 전한다. 이런 시나리오의 집단 편견은 극복될 수 있다. 그러나 그 방식은 새로운 두 집단의 편견이 낡은 편견을 교정하면서 생겨난 것과 같은 방식으로 해야 한다.

이 시나리오가 몇 세기를 걸쳐서 반복되면, 결과는 일반적 편견이 집단 편견과 어떤 식으로 상호작용하여 장기적인 쇠퇴를 만들어 내며 열등한 관점이나 사회문화의 지평을 축소해 가는지를 보여 준다. 장기적인 쇠퇴에서 진행된 결과를 파악하기 위하여, 관심사에 집중된 실질적인 상식적 알아감과 특정 관심사에 제한되지 않은 이론적 알아감 간의 기본적 변증을 떠올려 보자. 구체적인 이들 두 의식의 축 사이에 긴장과 대립이 있지만 조화로운 상보성도 있을 수 있다. 그러나 그런 상보성이 출현하려면 실제 생활에서 나날이 일어나는 문제를 해결하며 사는 사람들은, 상식은 특정한 문제, 특정한 상황에 제한된 특화된 패턴의 알아감이라는 점을 알아야 한다. 상식은 과거 세대에서부터 이어져 온 문제를 적절하게 다룰 수는 없다. 질문들, 통찰, 관념을 차단해 온 그 문제들은 물려받은 편견이며 왜곡된 문화의 전제라는 것을 알고 그것을 제거했다면 아마 작동되었을 수 있다. 다른 말로, 상식적 지자는 자신들의 한계를 깨닫고 인정하여 단기적인 객관과 실천에서가 아니라 장기적인 관심과 결과에서 나온 통찰과 생각을 지닌 지자들과 협력하는 데 동의해야 한다. 상식적인 차원의 사람들에게, 이는 어리석은 소리 같고, 더 최악은 어떤 이들에게는 소경이 소경을 인도하는 말처럼 들릴 것이라는 점이다. 장기적인 해석과 평가는 어처구니없는 단순한 이상주의처럼 보일 수 있다. 그 이유는 일반적 편견은 그런 태도와 여론을 형성하는 데 대단한 효력을 발휘해서 이런 해석을 단지 희망 사항처럼 보이게 하기 때문이다. 상식적 통찰이 축적되면서 지적으로 작동하는 가정의 핵심을 형성하여 진보로 유도하는 것처럼, 단순한 변명과 합리화가 축적되면 사회질서에 오래도록 지속되는 혼란을 초래한다. 그렇게 되면 역사적으로 사회의 무질서가 계속 이어져 실질주의자들과 추상적인 이론가 사이에 긴장을 형성하는 장기적 주기를 만들게 된다.

꽉 막힌 실질주의자는 사회질서의 테두리에서 나날이 일어나는 문제를 해결해야 한다. 그 결과, 과거의 지적인 정책뿐 아니라 다양한 양상의 제도화된 무질서들도 있다. 이런 역사의 상황에서 일관적이고 합리적인 행동방침은 작동하지 않는다. 그 이유는 정책은 합리적이고 일관된 상황을 다루지 않기 때문이다. 작동하고 있는 것은 일종의 타협으로, 무질서의 실제 원인에 도전하지 않고 현재의 이 무질서에 유동적으로 적응하는 데만 효력을 발휘한다. 이것이 의미하는 바는 일상생활의 주기는 합리적인 실용과 비합리적인 실용이 혼합된 채 계속 영위된다는 점이다. 결과는 알고자 하는 상식적 욕망은 그 자체가 왜곡될 수 있다는 점이다. 그보다 더 심각한 것은 이 같은 종류의 왜곡이 이론의 차원에도 스며든다는 데에 있다. 이론가들은 실질적인 지자로서 바로 그 구체적인 사회의 질서와 무질서 속에서 성장한다. 그래서 이론은 배움의 열정을 처음 이끌어 내고 지지하던 사심 없는 욕망과 다른 장기적 목표를 점점 타협시킨 비슷한 압력과 잘못된 방향설정에 종속되어질 수 있다. 점차 사심 없는 알아감의 목표는 더 이상 탐구와 비판적 반성에 개방되지 않고, 한계 안에서 자체적으로 만들어 낸 규범과 객관성에 복종해 버린 일종의 토막 난 버전이 된다. 그런 제한된 경우에 상황을 판단할 수 있는 규범을 제공하는 사심 없는 욕망 대신, 역전이 일어나 사실상 사회적으로 무질서한 상황이 기본이 되고 인간 행동의 경험 과학의 규범을 제공하게 된다. 그래서 마키아벨리는 극적인 경고를 했다.

상상은 본 적도 없고 알려진 적도 없는 수많은 공국과 공화국을 진짜 존재했던 것으로 창조하기 때문에, 어떻게 사는가는 어떻게 살아야 하는가와는 전

혀 다르기 때문에 무엇을 하는가보다 무엇을 해야만 하는가를 연구한 이들은
자신의 안위보다는 몰락으로 가는 길을 배우는 것이다. 모든 방식에서 선하
고자 분투하는 사람은 선하지 않은 대다수 속에서 파멸을 만나게 된다. 그러
므로 군주가 권력을 유지하기를 원한다면, 어떻게 하면 선하지 않을 수 있는
지, 자신의 지식을 어떻게 사용하는지 혹은 필요하다면 지식 사용을 억제할
수 있는지를 반드시 배울 필요가 있다.[15]

 그러므로 질문함과 이해함의 규범들은 상이한 공동체에서 행해지고 있
는 구체적인 무질서에 영향받고 있다. 특정 관심사를 알고자 하는 욕망과
사심 없이 알고자 하는 욕망 사이의 변증에서 생긴 일반적 편견은 마침내
단기적인 관점에서는 더욱 높은 지적인 정책과 행동 방침들의 진보를 방해
하고 또 장기적 관점에서는 알고자 하는 사심 없는 욕망의 전개를 왜곡하
기도 한다. 이 일반적 편견을 역전시키기 위해 필요한 것은 문제의 근원을
파헤칠 수 있는 새로운 고차적 관점이다. 필요한 것은 비판적이며 규범적
인 방식으로 문화의 역사성을 해석할 수 있는 방법이다. 비판을 하는 목적
은 인류의 역사를 그냥 이해하기 위해서가 아니고, 인류공동체가 전해 받
은 역사, 또 지금 만들어 가고 있으며 미래 후손들에게 전해 줄 역사에 대
해 더욱더 책임감을 갖는 방식으로 역사를 이해하기 위해서다.
 어떻게 해야 이 같은 방식의 새로운 책임감을 갖추게 되는가를 살펴보는
것은 우리의 연구에서 너무 이르다. 하지만 취해야 할 몇 가지 중요한 단계
를 개관하겠다. 첫째, 비판적인 역사 연구는 변증의 개념을 이해하면서 시
작된다. 변증은 대립되는 구체적 행위들이 서로를 교정해 가면서 전개되는
상관적 관계이다. 둘째, 이 같은 이해함의 구체적인 대립 패턴들은 긍정적
이거나 부정적으로 작동하여 진보나 쇠퇴의 축적된 결과를 만들어 낸다.

---

15) Niccolò Machiavelli, *The Prince*(New York : Appleton-Century-Cross, 1971),
chapter 15.

셋째, 어떤 개인이든 네 가지 변증의 작동이 있으나 관심사에 초점을 둔 알고자 하는 욕망과 사심 없이 알고자 하는 욕망이 기본적인 갈등이다. 넷째, 사심 없이 알고자 하는 욕망은 장기적인 결과에 골몰하지만 관심사만 알고자 하는 욕망은 매일의 생활에서 일어나는 단기적 문제와 그 해결에만 주목한다. 그러므로 단기적 진보와 쇠퇴, 장기적 진보와 쇠퇴에는 근본적인 차이가 있다. 다섯째, 장기적 쇠퇴를 극복하려면, 집단 편견과 일반적 편견을 구별할 수 있는 능력이 중요하다. 그래서 상식적 지자들의 단기적 관심은 사회적 무질서는 계급 갈등, 기득권에 대한 관심, 지배적 소수층 등 다양한 양상의 집단 편견에서 생겨난다는 것을 인식할 수 있어야 한다.

훨씬 더 심각한 문제는 상식적 차원의 전략은 힘과 폭력으로 집단 편견을 없애려 한다는 점이다. 그렇게 되면 그다음은 두 개의 새로운 집단 편견이 생겨나는 조건을 만들고, 더욱 장기적인 쇠퇴가 이 연장선에서 반복된다. 그렇게 되면 정도는 다르지만 알고자 하는 욕망에 호소하는 방식을 절망적으로 여기게 되어 그런 호소를 단지 경건한 상투나 유토피아 같은 제안으로 듣게 된다. 마지막으로, 자신의 변증에서 다루고 싶지 않은 과거 사건을 검열하기 위해 기억을 되짚어 보듯, 문화공동체는 알고 싶지 않은 과거 역사를 살펴보기 위해 이야기, 노래, 의례, 그리고 그 외 상징적 표현 수단을 살펴보는 것이 대단히 중요하다. 이 같은 비판적 역사는 어떻게 발전되는지 뒷장에서 더 자세히 설명할 것이다. 이 방향으로 나아가는 첫걸음은 지금까지 우리가 깊이 생각해 왔던 알아감의 방법에 기초해서 현재 우리의 우주질서를 설명하는 것이다. 그 세계질서를 시작하는 데 기본 전제는 우리의 우주는 지적으로 알 수 있거나 이해할 수 있다는 점이다. 아인슈타인은 '우리의 우주에 대하여 가장 이해할 수 없는 점은 그것을 이해할 수 있다는 점이다'고 말했다. 그러나 우리가 이미 발견한 것처럼 상이한 유형의 이해가능성이 있다. 즉 고전적, 통계적, 상식적, 상징적인 이해가능성이다. 우리의 우주를 이해하려면 다양한 방식의 이해를 통합할 수 있어야 한다. 이것이 의미하는 바는 서로 다른 형식의 이해가능성을 지향하는 알아감의 활동을 안내하는 다양한 방법들을 통합할 수 있어야 한다는 것이다. 우리가 다음 장에서 볼 것은 바로 그 통합이다.

6   요약

앞의 세 장이 이해함의 활동을 적정화하도록 한 것이지만 1, 2장과 3장 간에는 중대한 차이가 있다. 앞의 두 장에서 제시한 통찰의 예가 보편적인 객관성을 알고자 하는 사심 없고 초연한 욕망에 의해 정향된 이론적 패턴의 알아감을 다루고 있다면, 이 장에서 살펴본 이해함의 활동은 실질성에 제한된 객관성을 알고자 하는 욕망에 정향되었다. 실질적 객관성들은 상징적으로 동기가 부여되기는 하지만 이 장에서는 그 목표를 추구하는 개인의 동기에 우선적 관심을 두지 않고 이 패턴의 알아감이 지향하는 더욱 넓은 관심에 주목했다. 이 동기들은 특정한 과제를 성취하기 위해서 특정한 기술을 요구하는 구체적이고 특정한 행동 방침으로 개인의 이해함을 이끄는 데에 관심이 있다.

경제학자나 사회학자들은 더 보편적인 행동 방침에 관심이 있는 반면 상식적 패턴의 알아감을 사용하는 사람들은 더 세분화되고 더욱 전문화된 방식의 알아감을 작동하는데 그 이유는 특정한 구체적 업무를 어떻게 수행하는지 알고자 하는 관심 때문이다. 만약 이웃과 사귀는 데 관심이 있다면, 당신은 일반적인 이웃이 아니라 특정한 장소와 시간에 사는, 고유한 기질, 특성, 성격을 가진 이웃에게 관심을 두어야 한다. 일반적인 조언도 도움이 되지만 구체적인 도움이 되려면 통찰로 말미암아 일반적 지식이 구체적 상황에 적합하게 특화되어야만 한다. 그리고 당신이 또 다른 이웃을 만나려면, 그 새로운 상황이 구체적으로 어떻게 다른지 차이의 독특성을 이해해야만 한다. 구체적인 사회 상황에서 어떻게 지적으로 살 수 있는지 알고자 한다면, 상식적 패턴의 알아감을 작동시켜야 한다. 그 상황에 더욱더 보편적 지식을 쏟아 넣을 수도 있지만 상식적 통찰을 통해서 그 일반적 지식을 지금 여기의 구체적인 상황에 적합하게 특화해야만 한다.

계속해서 전환해 가는 상식적 패턴의 알아감이 구체적 삶의 역사에 중심이 되는데, 학자들은 이 패턴의 알아감을 왜 무시해 왔는가? 세 가지 이유가 있다.

첫째, 17세기에 인식론의 위기가 촉발하면서 철학자들의 주의를 알아감의 객관성의 문제로 돌리게 된 것은 이론적, 설명적인 알아감의 극적인 성공 때문이었다. 우리가 보았듯이, 그 혁명에서 핵심 단계로의 전환은 기술적인 맥락에서 물(物)을 알던 것으로부터 설명적인 패턴에서 물을 아는 것으로 바뀐 것이었다. 설명적인 패턴에서 물은 더 이상 알아가는 주체와 연관되지 않고 반복되는 패턴에서 서로 연관된다. 그때 학자들 가운데 설명적인 맥락에서 작동하지 않는 알아감의 방법을 폄하하는 경향이 있었다. 그래서 사물을 주체와 관련하여 보는 기술적 알아감을 주관적이고 표면적 차원에 제한된 것으로 비판하며 타당하지 않게 여기고, 만물의 실제 내부 체계를 드러내는 이론적 패턴의 알아감과 대립한다고 보았다.

이 실수는 갈릴레이나 뉴턴 같은 고전 과학자들이 행했던 이론적 알아감이 타당한데도, 이론적 알아감이 추상적이고 보편적인 패턴의 알아감임을 인식하지 못하는 이차적 무시에서 나온 것이다. 비록 보편적인 역학 법칙이 구체적인 예에서 입증되었을지라도, 그 법칙들은 과거, 현재, 미래의 모든 구체적 예에서 입증되지 않는다. 고전 과학자들이 갖고 있던 가정이지만 실제로 타당하지 않았던 기본적인 실수는, 과거와 미래의 모든 구체적인 경우는 주어져 있고 계속해서 똑같은 경향으로 주어질 것이라고 추측한 점이다. 부정적으로 보면, 고전 과학자들은 현 행성의 주기가 통계적으로 주어진 조건의 장에서 작용한다는 점을 가정하지 않았다고 볼 수 있다. 날씨의 주기는 통계적으로 주어진 조건하에서 작동한다는 것을 가정한 현대 기상학자들과 달리, 고전 과학자들은 현재 주어진 조건들은 똑같은 채 계속될 것이라고 추측했다. 그와 반대로 상식적 지자는 상황과 사람들은 변하고 또 그 변화가 내내 그런 것은 아닐지라도 적어도 때때로 변한다는 것은 알았다. 종종 이런 변화들은 아주 중요하고 놀랍다. 그래서 상식적 지식은 항상 불완전하며 구체적인 업무와 주어진 시간에 일하고 있는 특정한 사람들에 주의를 기울일 때에만 완전해질 수 있다. 우주를 완전히 포괄적인 방식으로 이해하기를 시도하는 과학자들에게, 상식적 양식의 이해함은 다소 피상적인 지식처럼 보일 수 있지만, 그런 양식의 지식은 과학자 자신이 매일매일의 생활에서 실제적인 일을 다룰 때 사용하고 있다. 더구나 물(物)의 구체적이고 특정한 차원을 알아가는 다른 방식은 없다.

상식적 알아감이 간과되거나 격하된 더 깊은 이유는 특정한 사람, 장소, 시간을 알아가는 것을 단지 일상적인 수준의 주의력을 요하는 감각함으로 여기기 때문이다. 물($水$), 수증기, 얼음은 똑같은 하나의 본질(H_2O)이 작용한 것이며 다만 운동의 양상만 달라진 것이다. 드러나지 않은 이 구조를 밝히려면 물(物)의 이면을 '보아야' 한다. 그런데 상식적 지자는 단지 감각할 수 있는 물의 표면만 관찰하여 이 물의 그림자와 표피만 안다. 물의 실제 본질을 알려면 기하학자나 화학자의 안경을 쓰고 이 물의 내부 요소를 '보아야' 한다. 이 같은 주장의 이면에는 실제 객관적인 알아감이 무엇인가에 관한 인식론의 기본 가정이 놓여 있다. 이 인식론의 문제를 5장에서 언급할 것이지만 여기에서는 통찰과 이해함이 알아감의 패턴에서 하는 역할, 특히 일상적이고 익숙하지만 주제화되지 않은 상식적 알아감에서 얼마나 결정적인 역할을 하는지 강조하고 싶다.

어떻게 읽는지 알아가는 문제를 예로 들어 보자. 어떻게 읽는지 배우기 전에 어린이는 손으로 썼거나 인쇄된 글자를 보긴 하지만 단어, 구절, 문장, 절을 읽지는 못한다. 어린이는 글자를 매개하지 않고 곧바로 감각적으로 지각하지만 이 같은 직접적인 감각 경험을 의미 유형의 읽을 수 있는 경험으로 전환하고 매개하려면 일 년 혹은 그 이상이 걸린다. 의미를 볼 수는 없다. 어린이는 볼 수 있는 표시에서 보이지 않는 의미를 읽어 내는 것을 배워야 한다. 읽을 줄 아는 사람들은 글자를 단어와 구로 해석하는 데 너무 익숙해서 그 단어와 구를 볼 수 없다는 사실을 잊는다. 단어는 매개되지 않는 경험이 아니라 매개되고 해석되는 경험이며, 그런 매개되는 통찰이 없다면 볼 수 있는 표시는 아무 의미도 지니지 못한다.

갈릴레이는 수년이 걸려 대포의 곡선을 어떻게 포물선의 경로로 해석할 수 있을지 학습했기 때문에, 기하학의 이해함의 활동을 거듭 반복해야만 점차 기하학적 지식을 성취할 수 있다는 것을 알았다. 그렇지만 총, 대포 등의 사물이 있다는 것을 알아가는 상식적 학습에도 역시 수년이 걸린다는 것을 그는 잊었다. 만약 갈릴레이가 이렇게 다른 욕망을 지향하고, 추구하는 객관성도 다른 상이한 알아감의 두 형식을 수용하였다면, 다르지만 타당한 두 방식의 알아감을 통합해야 하는 문제에 직면했을 것이다. 그렇게 하는 대신 그는 물(物)을 '정말로' 알아가는 타당한 방식은 오직 하나, 이론적인 알아감 혹은 기하학적인 알아감이라고 주장했다.

갈릴레이가 깨닫지 못했던 것은 '구체적'이라는 용어에 꽤 다른 두 의미가 있다는 점이었다. 첫째, 그 용어는 매개되지 않고 직접적이며, 현실적인 특정한 차원을 언급하기에 알아감의 상식적 형식을 통해서 매개되고 해석되어야 한다는 점이다. 둘째, '구체적'이라는 의미는 특정한 현실의 특정 사물을 언급하는 것이면서 동시에 특정한 현실의 이들 사물에 관한 모든 것을 언급하는 것이기도 하다. 다른 말로, '구체적'이라 함은 특정하면서도 포괄적인 의미를 다 포함하고 있다. 구체성을 안다는 것은 모든 물(物)을 특정한 현실에서 아는 것과 완전히 포괄적인 방식으로 아는 것 둘 다를 말한다. 이것의 완성이라는 것은 과학적 알아감을 상식적 알아감과 통합한다는 의미다. 그러나 이렇게 하려면 먼저 알아감이 무엇인지와, 알아감에 상이한 여러 패턴들이 있다는 것, 그리고 그 패턴은 기본적으로 똑같은 알아감의 체계에서 그리고 그 체계를 통해서 다르게 보이지만 잠재적으로 서로 상보적인 목적을 위해서 작동한다는 것 등을 알아야만 한다.

알아감의 상이한 두 패턴 간의 잠재적인 이 상보성을 현실화하려면 지자는 관심 있는 것에 대해서만 알고자 하는 단기적 욕망과 사심 없이 알고자 하는 장기적 욕망 간의 차이를 조화시킬 능력을 함양해야 한다. 게다가 우리 자신의 정체성을 없애고 소외시키는 다양한 편견을 통해서 알고자 하는 두 양상의 욕망이 잘못 지향되거나 왜곡될 수 있다는 것과 그 네 가지 방식에 대해서 지자는 알아야만 한다. 전통적으로 익숙한 이기주의라는 편견 외에, 노이로제라고 하는 검열과 억압, 복합적인 기만 등의 다양한 전략을 통해 우리 자신을 배반하는 극적인 편견도 있다. 통찰은 상(象)에 달려 있기 때문에, 상은 우리의 감정을 향해 있기 때문에, 또 알아감은 궁금해서 물음을 던지는 가운데 드러나는 알고자 하는 욕망에 달려 있기 때문에, 우리는 그 감정의 방향을 수정해서 우리의 심리적 자아에 관해 원하지 않는 발견을 막으려 한다. 감정을 다시 정향해야 하는 이유는 감정이 개연성 있는 통찰에 영향을 미치는 질문을 불러일으키고, 내면 깊은 곳에서 적정화하지 않으려는 개인의 정체성을 드러내기 때문이다. 똑같은 은폐가 그룹의 적대감과 증오에는 더욱더 효력을 발휘하며 작동한다. 인구의 일부가 생활과 행동의 태도와 방식을 발전시켜 갈 때 한 공동체 안의 사회적, 경제적, 정치적, 종교적 각종 제도질서의 다양성에 있는 다른 집단을 향해 자기들의 혐오와 적대감을 반복해서 강화하고, 합리화하고, 정당화한다. 그러나 알고자 하는 욕망에 장애를 일으키는 개인의 왜곡이나 집단 왜곡은 좀 더 은미하게 깊이 스며 있는 일반적 편견에 비하면 부차적이라 할 수 있다. 일반적 편견은 모든 사람과 모든 역사공동체에 침투해 있다.

개인의 지적 발달은 오래, 천천히, 힘들게 이루어지는 과정이다. 인류 역사의 초창기부터 공동체의 알아감의 발달에 있어서도 마찬가지였다. 체계적이고 이론적인 방식의 알고자 하는 욕망은 인류 역사의 아주 최근까지도 출현하지 않았던 반면, 상식적 알아감은 유사 이래 계속 행해져 왔다. 체계적 방식의 알고자 하는 욕망이 고대 그리스 문화에서 비로소 역사의 무대에 출현했을 때 실질적 지혜의 벗, 동맹자로서가 아니라, 적대자와 적으로 여겨졌다.

실질적인 상식적 지자는 자신의 알아감의 인식활동을 알지 못하기 때문에, 실질적 알아감이 일반적인 앎이 아니라 대단히 특화된 앎을 산출한다는 것을 모른다. 그래서 상식적 지자는 알 만한 가치가 있는 유일한 방법을 자신은 이미 안다고 생각하는 경향이 있다. 다른 말로, 그들은 자신들을 극히 제한된 지자라기보다 '모든 것을 다루고 판단할 줄 아는' 전권자로 또 모든 것을 아는 전지한 지자라고 여긴다. 진실을 캐는 소크라테스의 질문함을 아테네 시민은 알아감의 새 지평을 여는 것으로 해석하지 않고 오히려 자신들이 받아들인 생활방식을 위협하고 모욕하는 것으로 보았다. 아테네인들은 자신들의 문화적 지혜를 위협하는 소크라테스를 적을 다루는 방식대로 제거하였다. 즉 힘을 사용했다. 다른 말로, 그런 문제를 해결하는 가장 손쉬운 방법은 소크라테스의 질문을 심각하게 받아들이지 않고, 자신들을 혼란스럽게 하는 이 질문에 침묵하고, 모종의 상징적 은폐로 자기들의 불의를 정당화하는 것이다. 그 결과 아테네의 정치적, 사회적 질서는 발전적 통찰을 만들어 내지 못하고 무시와 비합리적인 정책을 만들었다.

그런데 더 심각한 문제는 소크라테스의 처형이나 비합리적인 사이비 정책이 아니라, 오히려 그 정책이 사회질서에 스며들게 되었다는 점이다. 사회질서 자체는 비합리적인 이전 정책의 역사적 산물이다. 그 결과 사심 없이 알고자 하는 욕망을 왜곡하여 장기적 쇠퇴를 만들어 내는 집단의 편견과 개인의 편견을 결합시켰다. 집단 편견은 단기적 무질서, 비합리적인 패턴의 협력적인 생활을 설명해 준다. 다루어야 할 장기적 이슈와 정책을 계속해서 거절하는 상황이 그 무질서에 더해지게 되면, 결국 인류 역사의 근본 문제가 된다. 즉 합리적인 사람들이 비합리적인 방식으로 행동하게끔 강제되거나 혹은 촉구되어, 공동체는 그런 실천을 통해 진짜 문제를 지워 버리려 시도하고 이를 반복하게 되면서, 역사의 계승자인 후손에게 합리적이고 실질적인 가치 있는 정책 결과가 아니라 비합리적이고 무질서한 방식의 결과인 사회질서를 전수하게 된다.

그런 무질서가 축적되면 첫 번째 결과로 합리적인 정책과 비합리적인 정책이 결합된 사회 상황이 된다. 그런 사회 상황은 개인 편견과 집단 편견의 조건을 만들 뿐 아니라, 대안이 될 만한 행동 방침들을 생각하게 할 새로운 통찰을 불러일으키지 못하게 한다. 그런데 역사적으로 그런 사회질서가 계속되면 장차 어떻게 될지 사회학자들이 해석하고 평가하려 할 때 더 심각한 결과가 나타나기도 한다. 만일 사회학자들이 사회상황의 실제 자료를 그 상황의 현실을 비판적으로 판단하는 규범으로 여긴다면, 사회학자들은 알고자 하는 욕망에 내재해 있는 규범적인 안내자를 포기하는 셈이다. 알고자 하는 이 규범적인 욕망 대신에 사회학자들은 사회질서의 구체적 자료를 제시하려 하지만, 그 자료는 사회의 질서와 무질서의 차이를 분별할 수 있는 어떠한 규범도 제공하지 못한 채, 질서와 무질서의 요소를 섞어 놓게 된다. 따라서 『군주론』을 인용하면서 내가 설명한 것은 그 책에서 마키아벨리는 백성을 통치하는 데 힘이나 속임수를 사용하는 것 외에는 어떤 규범적인 표준도 거부하고 있다는 점이다.

이 연구에서 그 결과를 다루기 위한 규범적 표준을 설명하는 것은 이르지만 이 방향을 향한 첫걸음은 과학적이고 실질적인 알아감의 분석에 기반하여 우주의 일반적 질서를 설명해 가는 것이다.

4

물(物)들의 세계질서 The World-Order of Things

2장에서 수학과 물리학의 역사를 다루었던 이유는 두 가지 다른 과학적 방법들인 고전 과학과 통계 과학의 영역을 주목하기 위해서였다. 3장에서는 변증적 방법을 논했다. 이 장에서는 발생적 방법(genetic method)을 소개하려고 한다.[1] 네 가지 방법은 다 자기 발견적(heuristic)[2]이고 함께 다루어져 통합적인 자기 발견 체계를 형성한다. 이 방법들로 지자는 알려져 있는 모든 것의 알아감을 예기할 수 있다. 통합적이고 자기 발견적인 이 체계를 더 온전히 연구하는 것은 다음 장인 형이상학과 윤리학에서 착수할 것이지만 이 장에선 통합적인 이 체계에 대한 몇몇 요소를 예비적으로 연구하겠다. 시작하기 위해 '자기 발견적'이라는 용어의 의미와 중요성을 탐구한다.

1   자기 발견 체계

알지 못하는 것을 발견하는 데 도움이 된다는 점에서 모든 방법은 자기 발견적이다. 자기 발견의 기본은 질문이다. 질문은 통찰로 안내하는데, 내적

---

1)   이 장에서는 *Insight*의 4장, 8장의 내용을 포함하고 있다.
2)   옮긴이 주: 'heuristic'은 다양하게 번역되나 비체계적인 환경에서 질서나 원리를 찾아낸다는 의미에서 '자기 발견적'이라고 번역하였다.

인 감각 경험이나 외적인 감각 경험을 잠재적으로 이해할 수 있는 경험들 즉 아직 알지 못하지만 알 수 있는 것으로 바꾼다. 그래서 질문함은 당신 자신의 알지 못함을 알아가고, 그리고 당신을 통찰로 이끌어 가는 자발적 이고 선험적인 방식이다. 질문함은 그 자체로 선험적인 이해함이 아니라, 질문된 경험은 이해될 수 있는 경험이라는 것을 드러낸다.

방법적 질문함은 한 단계 더 나아가서 추구했던 통찰의 유형과 통찰을 어떻게 생각할 수 있으며 타당성을 입증할 수 있는지를 드러낸다. 2장에서 보았듯 비에타는 알아내려는 미지(the unknown)에 이름을 붙이면서 수학 을 방법적으로 시작하는 위대한 걸음을 내디뎠다. 비에타의 성취가 말하는 핵심은 수학을 배우자는 것이 아니라 수학의 정신이란 질문하고 방법적으 로 답을 구하는 방법이라는 것, 그 방식을 이해하고 자기의 것으로 만들었 다는 것이다. 예기할 수 있는 통찰의 유형은 19세기까지 계속 변했다. 대상 을 구하거나 통찰을 기대할 때 이해함은 미지의 변수 또는 미지의 함수를 이해함이 아니라, 체계적으로 질서를 이루고 있는 미지의 함수들의 집합을 이해하는 것이다. 함수들의 작동 범위는 일련의 공리로 상술할 수 있다. 비 슷한 발전을 물리학에서도 볼 수 있다.

2 고전적인 자기 발견 체계

물리학을 하는 데 그리스인과 갈릴레이 둘 다 비례의 발견을 예기했지만, 갈릴레이가 예기했던 비례는 무게, 저항과 같은 감각적인 상관관계를 추상 화한 공식화였다. 다른 말로, 갈릴레이가 예기했던 통찰의 유형은 그 통찰 들을 공식화하는 방식, 자신의 공식을 입증하는 방식에서 그리스 사상가들 이 했던 통찰과 공식화와는 현저하게 달랐다.[3] 더 중요한 점은, 갈릴레이의 새로운 방법은 비례의 비를 구하는 것이 아니라 그 비나 상관관계의 체계

---

3) *Insight*, 89-91.

를 자기 발견적으로 예견할 수 있는 뉴턴의 새로운 자기 발견의 예기에 직접 영향을 주었다는 점이다. 또 뉴턴 때문에 함수라는 생각이 출현하였고, 함수와 더불어 미지의 함수들을 구하는 과학이 시작될 수 있었다. 이 함수들을 발견하면서 과학적 법칙의 기존 의미에 새로운 의미가 출현되었다. 함수는 두 개 혹은 그 이상의 변수들의 불변하는 상관관계다. 함수는 불변이기 때문에 둘 혹은 그 이상의 변하는 양이 상호의존적으로 변하는 양을 계산할 수 있는 표준이 될 수 있다.

　새로운 고전 방법에서 볼 수 있는 추상화 과정은 인상적이었지만, 고전 과학은 자신들이 정형화한 법칙 혹은 표준적인 상관관계를 입증해야 하는 다소 복잡한 문제를 부담하게 되었다. 추상적인 상관관계를 어떻게 입증할 수 있을까? 이 문제를 해결하기 위해 갈릴레이는 조건들을 이상적으로 만들어 놓은 실험 장치를 구축했다. 그 실험 장치는 물체가 낙하하는 데 걸리는 시간을 측정하고 그 시간을 물체가 떨어진 거리와 서로 연관해서 보려는 목적하에 시행되었다. 갈릴레이의 법칙은 이러저러한 구체적인 현실에서 무엇이 일어날 것인가를 말하지 않는다. 오히려 그 법칙은 엄격하게 통제된 조건하에서 무엇이 일어날 것인가를 말해 준다. 그 법칙은 이상적인 표준이다. 낙하하는 구체적인 물체를 추상화하고 현실의 구체적인 경우들을 모으거나 왔다 갔다 하는 경우의 한계 또는 의미를 정립하려는 시도다.[4]

　실험의 검증이라는 문제에서 갈릴레이와 달리 뉴턴은 훨씬 더 어려웠다. 뉴턴은 행성 시스템에 대한 관찰자료가 필요했다. 지구와 달이 서로 작용하는 방식은 행성운동의 전형적인 경우이며 그래서 이 경우 서로 작용하는 두 질량을 다루면 일반화할 수 있다고 뉴턴은 가정했다. 그렇지만 셋 또는 그 이상의 물체가 서로 상호작용하는 것을 어떻게 입증할 수 있는지 시도하는 것은 너무 복잡하며, 이를 분석 입증할 수 없다는 것을 그는 깨달았다. 중요하게 보아야 할 점은 행성운동의 체계적 질서는 이상적인 평균들

---

4)　*Insight*, 89-92.

을 추상화한 시스템이라는 점이다. 뉴턴이 입증했던 것은 태양 주위를 도는 행성들, 혹은 행성을 도는 위성들의 실제 순환주기 시스템이 아니라, 구체적으로 가능성이 있는 주기들의 시스템을 입증한 것이다. 더 나아가, 이 행성의 주기가 어떻게 시작되었는지, 이 주기가 얼마나 오래 계속되어 왔는지, 그리고 계속될 것인지, 또 얼마나 많은 행성 시스템이 존재하는지, 그리고 그 행성 시스템은 어떻게 분포되어 있는지 등등을 뉴턴은 묻지 않았다. 이런 질문도 다 과학적 질문이지만 뉴턴 같은 고전 과학자들이 궁금해했던 종류의 질문, 통찰, 공식화는 아니었다. 바로 이런 종류의 질문, 통찰, 공식화, 타당성의 검증을 통계 과학자는 궁금해했다.

3 통계적인 자기 발견 체계

뉴턴에게 자료를 제공한 천문학자들 역시 우주는 이해가능한 우주이며, 뉴턴이 시작했던 방식으로 이해할 수 있다고 하는 고전 과학의 가정하에서 자신들의 연구를 진행했다. 천문학자들은 우주가 비체계적인 방식으로 작동하고 그런 비체계적인 과정이 또한 이해될 수 있다고 주장하는 것은 모순 같았고, 비체계적인 질서는 이해할 수 없는 질서를 제시하는 것처럼 보였을 것이다. 놀라운 것은 비체계적인 과정들이 이해될 수 있다는 것이다. 비록 거기서 요구한 질문, 통찰, 공식화, 검증, 자료를 수집하는 절차 등이 갈릴레이, 케플러, 뉴턴이 행했던 고전 과학자들과는 아주 다르더라도 말이다.[5] 천문학을 전공하는 대학원생이 사진판에서 별의 개수를 계산하기도 하는데 이는 케플러, 튀코 브라헤(Tycho Brahe), 에드먼드 핼리(Edmund Halley) 같은 천문학자들이 하던 방식의 자료 수집은 아니다. 별을 세는 것이 우주질서를 이해하고 설명하는 데 무슨 관계가 있는가? 물(物)의 '개수'를 자료로 모으는 것은 어떤 종류의 이해함을 기대하는 것일까? 이것이

---

5) *Insight*, 53-62.

증명하는 것은, 사실 엄청난 개수는 통계의 사유에서 또 우주의 실제질서를 이해하는 데 매우 중요하다는 점이다.

　2장에서 보았듯이 통계 연구는 고전 과학이 하던 것 같은 기술적 상관관계나 또 특정한 예들을 추상화하지 않는다. 예를 들어 통계학자는 지난 20년 동안 죽거나 태어난 인구의 실제 수를 계산하는데 그것은 특정하지만 그 특정한 경우가 그들의 관심사는 아니다. 상식적 알아감이 구체적이고 특수한 것으로서 현실의 구체적 경우들을 질문하고 이해하는 데 전문이지만 통계 연구는 아주 다른 질문하에서 다른 대답을 찾는다. 통계학자는 구체적이고 특정한 일회성 사건을 다루며 그 목적은 통계적 규칙성이나 빈도수를 발견하기 위해서다. 앞에서 보았듯이, 통계적 규칙성은 예외를 인정하고, 통계학자는 그런 예외가 비체계적으로 일어날 수 있다는 것을 예측한다. 따라서 과학의 법칙은 무엇인가라는 점에서 통계적 법칙은 아주 색다른 시각을 제공한다.[6)]

　일반적으로, 고전 법칙은 변하는 크기에 있는 변하지 않는 상관관계, 그 변화가 어떻게 일어났고, 일어나고 있으며, 반복해서 일어날 것인지 측정하고 예측할 수 있는 기준을 과학자에게 제공한다. 그런데 통계적 상관관계는 확률이나 빈도이고, 표준에 대해 꽤 다른 의미를 생각하게 했다. 예외 없이 모든 경우를 판단할 수 있는 보편적이고 필연적인 표준을 가정한 것이 고전 규범이다. 갈릴레이는 낙하 법칙에서 예외를 발견할 수 있다고 예기하지 않았다. 그러나 통계 법칙은 일정한 범위 안에서 이상적인 빈도에 그런 예외가 있을 수 있다는 것을 예기하며 그런 점에서 통계의 규범은 보편적이고 필연적인 표준은 아니다. 종종 예외가 발생하고, 사실 예외가 일어날 것을 예상한다. 동전 던지기의 경우, 동전 던지기의 '평범한 연속'으로 규정할 수 있는 것은 무엇인지, 그리고 '예외적인 연속' 사건은 무엇인

---

6)　Morris Kline, *Mathematics in Western Culture*(London : Oxford University Press, 1953). 22장 그리고 23장을 보라.

지 이 둘을 구별해야 한다는 점을 통계의 규범은 생각하게 했다. 잇따라 동전의 앞면이 스무 번이나 나왔다면 가장 예외적인 사건들이 계속된 것이고 반면 잇달아 던졌는데 두 번 혹은 세 번 앞면이 나왔다면 이것이 평범함이다. 이를 알 수 있는 이유는 사건들이 일어나는 과정의 평균 또는 평범함을 무엇이라고 간주할지 미리 알기 때문이다.

통계적 규범은 또한 사건을 몇 번 시행했는가와 얼마나 많이 시행했는가를 구별할 것도 생각하게 했다. 이 방법적 절차나 자기 발견 체계를 보았다면 아리스토텔레스는 대경실색했을 것이다. 이 방법적 절차들은 과학을 우발적이거나 우연적인 발생에서 접근하는 것이기 때문이다. 아리스토텔레스에게 과학은 필연적인 어떤 원인을 찾는 것이었고, 이는 갈릴레이나 뉴턴에게도 마찬가지였다. 법칙이 보편적이지도 필연적이지도 않을 수 있다는 점에 칸트도 놀랐을 것이다. 칸트 또한 보편적이고 필연적인 것이 법칙이라고 여겼기 때문이다. 그런데 과학에 대한 고전적 생각과 고전 법칙, 과학의 통계적 개념과 통계 법칙 둘 다 경험을 묻고, 그 경험을 이해하고, 이해한 경험을 공식화하고 그 경험을 묻고 이해하여 이해한 바를 공식화한 것의 타당성을 확증하는 것에 기반해 있다. 과학에 관한 두 종류의 생각과 그 각각의 자기 발견 과정의 차이는 다른 종류의 물음 때문이며, 그래서 다른 유형의 통찰, 다른 유형의 공식화, 확증을 기대하게 된 것이다. 이 두 가지 자기 발견적 방법이 어떻게 서로 보완이 되는지 살펴보자.

통계 법칙이 사건들, 일어난 것, 일회적으로 일어난 것들에 초점을 맞춘다면, 고전 법칙은 사건들이 아니라 일어난 사건의 형식 혹은 종류에 관심을 갖는다. 예를 들어, 자연 과학에서 통계 법칙을 첫 번째로 적용할 수 있는 중요한 하나는 기체운동 이론이다. 몇 리터의 산소에는 믿을 수 없을 정도의 막대한 산소 원자가 집합적으로 있다. 고전 과학이 '이 산소 원자들 하나하나의 움직임을 정하는 법칙이 무엇이지'를 묻는다면, 통계 과학은 주의를 전환하여 그 전체 집합에서 평균 분자의 움직임에 주목한다. 통계 과학은 일련의 속도를 다소 확률적인 속도로 나누어 평균을 구하며, 이는 정상 분포를 나타내는 종 모양의 그래프로 그릴 수 있다. 고전 법칙은 다른 종류의 기능을 다루고, 통계 법칙은 빈도를 다루면서 서로 보완한다. 고전 법칙은 기능을 다루고 통계 법칙은 그 기능들이 움직인 이상적인 빈도를 다룬다. '형식'을 이해가능성의 의미로 이해한다면, 두 법칙 전부 '형식'이라 할 수 있다. 그러나 이 두 법칙은 아주 다르며 구별되는 유형의 이해가능성 또는 '형식'이다.

더 중요한 상보성을 볼 수 있다. 고전 방법은 법칙의 공식화를 예기할 뿐만 아니라, 더 나아가 법칙을 통합하고 단일화해서 법칙의 체계를 형성할 수 있다고 예상한다는 점을 기억해 보라. 마찬가지로 표준적인 확률로 표현되는 통계 법칙도 자세히 진술된 이들 체계 내의 다른 '상태들'을 결합할 수 있다. 예를 들어, 인간의 생리적 시스템을 보면 서로 연관된 소화기관, 폐, 순환계, 배설기관, 신경계 등 서로 다른 하부 시스템이 상호연계적으로 구성되어 있다. 의사는 어떤 연령대의 사람을 검사하여 그의 하위 체계들이 실제 작동하는 것을 관찰하고 측정한다. 그 의사는 이들 시스템이 작동하는 이상적인 비례를 알고 있어야 환자의 하위 체계 전체의 비례를 측정한 후 환자의 생리 시스템의 현재 '상태'를 평가할 수 있다. 고전 과학은 폐 또는 소화기관의 시스템이 기능하는 방식을 분석하는 반면, 통계학은 이들 시스템이 상황이 다른 상태에서도 작동하고 있는 것을 가지고 규범적인 또는 이상적인 빈도수를 분명하게 표현한다.

이 상보성을 더욱 명확히 보려면 통계학자가 자료를 모으는 방식을 생각해 볼 수 있다. 예를 들어, 통계학자는 어느 특정한 해의 출생인구수를 계산하는데, 첫째, 누구에게서 태어났는지, 둘째, 태어난 특정 장소와 특정 시간은 어떻게 되는지, 셋째, 가장 중요한 것으로, 어떻게 출생되었는지를 계산한다. 통계학자들이 모은 그 자료를 하나의 집합체, 즉 사건의 모음 또는 특정한 시간의 틀, 지정학적 지역에서 발생한 특정한 유형의 일어난 사건들이라고 할 수 있다. 이 사건들 간의 유일한 연관성은 우연이다. 특정한 장소에서 특정한 시간에 발생한 것이다. 특정한 시기, 어떤 지역에서 출생했다는 것을 제외하고는, 그 출생을 계산할 수 있는 특정한 질서란 없다. 경제학자가 정해진 기간 동안 한 나라의 경제 활동의 국민총생산(GNP)을 계산하고 총계를 내는 것도 똑같다. 경제 통계학은 누가 재화와 서비스를 생산했는지, 왜 어떻게 생산되었는지에는 관심이 없고 다만 그 총계에 관심을 둔다.

이는 확실히 철학적 관심도 사회적 관심도 아니다. 전통적으로, 철학자들이 궁금해한 것은 '물(物)은 무엇인가', '물이 존재하는 방식은 왜 그런 식인가' 등이었다. 이런 물음 대신 얼마나 많이, 얼마나 자주에 초점을 맞춘 통계의 관점은 철학자에게 대단히 이상하게 보였을 것이다. 고전 과학은 단일성에 관심을 두지만 통계 과학은 총합계와 빈도에 몰두해 있다. 물의 집합을 어떤 종(種)의 특징으로 표시하려 하기보다는, 통계학은 (전체가 아니라 총합계로) 종의 수와 또 개체가 (자손을 낳고, 혼인을 하고, 죽고, 재화와 서비스를 생산하는지 등등) 무엇을 할 때마다 이를 얼마나 자주 하는지를 알고자 한다.

두 과학 모두 단지 기술하는 것을 넘어 설명하려는 과학의 목표에 관심이 있다. 통계학은 지난 10년 또는 20년 동안 일어났던 것을 일반화해서 내년 혹은 10년 후에 확률적으로 무엇이 일어날지 설명할 수 있기를 지향한다. 통계의 과학 절차는 과학의 사유에 있어 혁명적이었다. 이제 과학의 법칙은 무엇이 일어날지에 관한 규범이 아니라, 반드시 일어날 것에 관한 예측으로 간주되었다. 고전 과학이 깨닫지 못한 부분은 법칙을 공식화하는 데 있어 구체적으로 관찰할 수 있는 경험의 측면을 추상화했다는 것이다. 이는 통계의 조사 영역으로 남겨졌다.

20세기에 통계 과학이 점차 발달하면서 필연성이라는 법칙의 내적 속성에 대한 생각은 시들어 가고, 그 자리에 과학의 두 방법이 갖는 상보성이 출현하였다. 이 상보성을 더욱 자세히 연구하기 위해 반복되는 도식이라는 기술적인(technical) 생각을 살펴보자.[7]

4　반복되는 도식

아리스토텔레스가 자연의 질서를 생각했을 때 그 핵심은 주기라는 생각이었다. 연속해서 놓여 있는 사건들 중에서 제일 끝의 사건은 뒤를 이어 계속해서 반복될 사건들의 조건이 된다. 이 같은 방식에서 서로가 관계되어 있는 연속 사건들을 한 주기라고 정의할 수 있다. 이 생각은 천체의 운동, 계절의 변화, 식물, 동물, 인류 등 다른 종류의 물(物)에도 적용되어 탄생과 죽음의 주기, 생산과 소비의 주기, 역사의 주기 등으로 말한다. 종이 다른 물(物)들에 적용될 수도 있고, 또한 본성의 완전성이나 정도에 따라 존재의 수준이 같거나 다를 수도 있는 상태에서 서로 영향을 주고받는 방식에 적용할 수 있는 기본적인 용어가 '주기'다. 아리스토텔레스는 고차적인 천체의 행성은 완벽한 원형의 주기로 움직이는 반면 가까이 있는 행성은 덜 완벽한 본성을 따라 좀 더 복잡하지만 덜 완벽한 원형으로 움직인다고 생각했다. 이는 불멸하는 천상의 존재들과 그 운동양식 그리고 생멸하는 지상의 존재들과 운동양식이라는 고대의 대조적인 사유를 부분적으로 설명한다.

　주기라는 생각의 가장 중요한 속성은 한정된 기간에 연속적이었던 사건들이 그때까지의 방식을 끝내고 새로운 주기를 시작한다고 하는 점이다. 예를 들어, 피아노의 중간 C는 도, 레, 미, 솔, 파, 라, 시, 도의 음계로 끝나면서 동시에 연속되는 다음 음계의 시작이 된다. 즉 도는 끝이면서 시작되는 음표다. 따라서 음계의 직선적 연속은 또한 주기적 연속으로 이해할 수 있다. 같은 음계는 반음계로 확장될 수도 있고 오음의 훨씬 더 복잡한 화음의 주기로 확장될 수도 있다. 그 주기 맥락에서 주선율과 화음의 끝없는 변주를 연속해서 작곡할 수 있다. 그런데 그 주기의 질서에는 숨겨진 가정이 있다. 즉 주기를 반복하게 하는 조건은 끊임없이 제시될 것이다. 그러나 통

---

7)　*Insight*, 118-20.

계 법칙의 기저에는 이와 정반대의 가정이 있다. 통계 법칙 또한 이해가능한 형식이어서 우주의 실제질서는 고전적 사유가 근거하는 가정뿐만 아니라 통계적 사유가 근거하는 가정에도 기반하고 있을 가능성을 배제할 선험적인 이유가 없다.

연속되는 주기적 과정이라는 전통적 생각을 불연속을 가정하고 있는 통계의 규칙성이라는 현대 과학의 생각에 접합시킬 수 있는지 물을 수 있다. 둘 모두 양립가능할 뿐 아니라, 과학적 두 사유가 함께하면 과학자들에게 훨씬 더 융통성 있는 설계 또는 세계질서를 제시할 수 있다. 장차 우리가 보겠지만 그 같은 설계는 역동적인 진화의 발전에 대한 가능성을 열어 놓았다.

포커 게임을 예로 들어 보자. 카드 한 벌을 뒤섞으면서 게임을 시작하는 것은 이전의 연속을 깨기 위해서 52장의 카드를 무작위로 섞는 것이다. 게임 참가자의 도전은 가능한 한 가장 현명한 방법으로 게임을 하는 것이다. 각 사람이 게임을 한 후, 순서가 다시 돌아 반복되고, 카드를 무작위로 섞어서 다시 시작한다. 게임 참가자 각각은 가능성 있는 52장의 카드에서 5장을 받게 된다는 가정하에 한다. 통계적으로 참가자가 받을 수 있는 5장의 카드가 만들어 낼 수 있는 가능한 조합과 이 조합이 일어날 수 있는 확률을 계산할 수 있다. 이를 아는 참가자는 5장의 카드에 대한 어떤 이해를 갖는다. 즉, 카드에 어떤 조합이 일어나고 자주 반복되는 경우가 무엇인지를 이해하고 있다. 결국 이 같은 이상적인 확률에 따라 게임을 하면 우승할 수 있는 반복되는 주기를 마련할 수 있다. 여기 무작위로 모아 놓은 카드 모음에서 반복되는 사건의 주기에 대한 예를 보았다. 주목할 점은 이 주기는 연속적인 조건의 가정하에서 시작하거나 끝나지 않는다는 점이다. 우승할 수 있는 도식의 조건은 연속적이지 않으며, 각 참가자가 무작위의 또는 전혀 연속되지 않은 다양한 조합의 카드를 받을 수 있으므로 매우 유연하게 전략적 결정을 하는 것을 포함한다. 받은 카드 5장으로 주기는 시작되었고 이 조건하에서 게임을 하는 참가자가 영리하다면 결국 이기게 된다. 게임을

더 오래할수록, 가장 노련한 참가자가 이길 수 있는 주기는 더욱더 분명해
진다. 이렇게 이해하면 결국 운에 맡기고 하는 승부게임이라고 보았던 카
드 게임이 우연적인 운에 맡기고 하는 게임이 전혀 아니라, 사건을 계속 반
복하면 가능성 있고 개연적이며 사실적으로도 그럴 수 있는 도식에서 하는
게임이라는 것을 알게 된다. 각 사람이 쥘 가능성이 있는 카드는 52장이지
만 이 중 실제로 쥔 카드는 5장이다. 참가자는 5장의 카드로 모종의 조합을
계속 만들어 가는데 받게 될 패의 마지막 조합이 어떻게 될 것인지 확률의
전략을 따라서 관련 없는 카드를 버린다. 포커를 운에 맡기고 하는 게임이
라고 말한다면 설명할 것이 전혀 없지만 확률의 관점에서 게임을 말하면
그 게임에 대해 '설명'할 수 있다. 그러므로 확률은 이해가능성이 있는 우
연으로 정의할 수 있다. 혹은 확률은 예상할 수 있고 이상적인 빈도로 정해
진 이해가능성 있는 상관관계의 가능성이라 할 수 있다.

　이 게임 모델을 적용해서 다윈의 진화 이론을 생각해 볼 수 있다. 다윈이
갈라파고스 섬에 도착하기 전, 그는 남미의 해변을 따라 긴 여행을 하면서
아주 다양한 식물과 동물의 생태를 연구하였다.[8] 그는 이처럼 식물군, 동물
군의 풍부한 다양성은 아마도 기후, 토양, 지정학적이고 환경적인 조건 등
의 관찰가능한 차이 때문일 것이라고 가정했다. 그런데 갈라파고스 섬에
도착해서 그는 섬이라는 아주 똑같은 환경 조건하에서도 대단히 광범위한
식물군, 동물군의 모든 생태가 있는 것을 보고 굉장히 놀랐다. 영국에 돌아
온 후에도 그의 궁금증은 계속되었다. 그렇게 비슷한 환경에서 어떻게 그
처럼 다양한 식물과 동물의 생태가 존재하며 작동할 수 있는가? 결국 그는
두 가지 가정을 세워 이 물음에 답하였다. 첫째, 물리적 환경과 마찬가지로
식물, 동물, 인류의 종(種)들 안에서 자연적으로 발생하는 변이가 계속해서
있었을 것이라는 점, 둘째, 이렇게 다른 종들 가운데 계속해서 생존 투쟁이

---

8)　Charles Darwin, *The Voyage of the Beagle*, ed. Leonard Engle(New York : Dou-
bleday, 1962).

있고 그 결과, 경쟁에서 가장 잘 적응한 종들이 가장 오래 생존할 경향이
있을 것이라는 가정을 세웠다. 다윈이 궁금히 여겼던 질문을 현대 과학의
맥락에서 조사하고, 카드 게임의 모델에 적용한다면, 반복되는 도식에 관
한 개념을 이해할 수 있다. 반복되는 도식은 다윈의 물음에 답을 제시해 줄
수 있는 일반적인 자기 발견의 개념을 제시한다.

오늘날 우리는 갈라파고스 섬의 흙, 대기, 열, 수질, 또 물리적, 화학적
조건이 화학적 원자들과 그 화합물인 고체, 액체, 기체 상태의 집합체를 형
성하며, 그 집합체에는 셀 수 없을 정도의 생물학적 가능성이 있고 그 가능
성이 결합되어 생물학적인 반복 도식으로 될 수 있다는 것을 안다. 52장의
가능성이 있는 카드 게임에서 이길 수 있는 조합의 확률이 계속해서 달라
졌던 것처럼, 선천적인 지정학적 영역 내의 화학적 집합물에서도 역시 다
르지만 유연한 연속적 도식에서 작동하는 생화학적 유기체의 변종이 실제
출현할 수 있는 생물학적 가능성과 확률이 있다. 그다음 화학의 수준에 있
는 확률에서, 그 성분들이 함께 모여 더 높은 생물학적 주기가 출현할 수
있도록 조합을 이룬다. 포커 게임 참가자가 받은 패의 조합이 52장의 가능
성의 조합에 달려 있듯이, 한 지역의 다양한 식물 종들 역시 흙, 공기, 물,
빛 등 화학적 조합을 다양한 방식에서 다룬다. 서로 다른 다양한 종들의 유
기체는 유기체가 태어나 생존하기 위해 필요한 섭취, 재생산, 생존이라는
생물학적 도식의 범위 안에서 이 화학적 과정을 다룬다. 영리한 참가자가
매번 다른 방식으로 달라진 조합에서 카드를 다루듯, 식물도 각기 다른 방
식으로 달라진 화학 조건을 다룬다. 어떤 식물이든 물리적이고 화학적인
환경 내에서 출현과 생존의 문제에 대한 무수히 많은 가능성 있는 해법들
중의 하나이다. 이 논증이 함의하는 것은 고차적 관점 또는 두 차원의 사유
라는 생각이다.

대수학에서도 역시 산수를 하지만, 그 산수를 우리는 새로운 의미 맥락
에서 했다. 통찰이 가능태의 이해가능한 경험을 현실태의 이해가능한 경험
으로 전환했듯이, 수를 다루는 산수의 연산 규칙도 산수의 차원에서는 적

용되지 않는 수와 연산식의 새로운 가능성을 발견하면서 전환되었다. 이런
방식으로, 수는 변수(가능적인)가 되고, 변수는 수들 또는 기하학의 면적으
로 해석될 수 있다. 다른 말로, 대수학은 해석 기하학으로 발전될 수 있으
며, 이 영역에서 우리는 산수와 기하학을 동시에 그러나 더 높은 차원에서
할 수 있다. 마찬가지로 식물의 차원에서, 화학물은 변수가 되어 생화학적
과정으로 전환되었고, 이 생화학적 과정은 동물의 차원에서는 심리적 과정
으로 전환되었다. 그 자체로 고전적 과정과 통계적 과정의 통합인 반복되
는 도식이라는 생각은 고차적 관점과 결합하면서 세 번째 자기 발견 체계
를 제공한다. 즉 발생적인 자기 발견 체계다.

5 발생적인 자기 발견 체계

처음에 고전적, 통계적 방법에 대한 정의를 하면서 이 두 방법은 특정한
유형의 이해함을 통해 지자가 아직 알지 못하는 이해가능성을 발견하도록
하는 질문이라고 했다. 새로운 물음은 알아감의 '발달'에 대한 것이다. 물
음이 지자를 어떻게 방향 짓고 주도하는지 보았다. 첫째 이해함을 지향하
고 그다음 그 이해함을 확증하며 더 깊이 있는 새로운 질문을 향해 간다.
인류 역사에서 그 같은 물음의 추구는 그리스 철학자들이 알아감의 추구
그 자체를 발견하는 데서 시작하였고, 그 후 관념적인 체계적 알아감이 출
현했다.

　한 번 체계적 알아감이 출현했으나, 알려진 체계의 범위 내에서 대답할
수 없는 질문경험이 생겨나 이전의 질문과 해답을 이해할 수 있으면서도
또 새롭게 부상한 물음도 다룰 수 있는 이해함을 요구하게 되면서 더 새롭
고 더 높은 차원의 체계가 필요해졌다. 오랜 시행착오 끝에 새로운 좀 더
고차원의 체계가 점차 출현했다. 그러나 이 고차원의 체계는 이전 체계와
대립하지 않고, 이전에 했던 방식대로 작동하도록 자유로이 남겨둔 채 그
낮은 체계를 전환함으로써 출현한다. 예를 들어, 대수학의 새로운 계산 법

칙은 산수의 절차와 모순되지도 않고 산수의 절차를 끝내지도 않는다. 오
히려 대수학은 산수의 법칙을 자유롭게 남겨 놓은 채 자기 자체의 법칙을
따라 계산한다. 그런데 이전 체계에서 새로운 체계가 출현하는 것은 새로
운 법칙을 이전 법칙에서 연역한다는 의미의 논리적 출현은 아니다. 그것
은 이전의 과정을 이해하고 또 새롭고 좀 더 보편적인 작동의 방식으로 발
달된 이해함에서의 발달이다. 이것의 의미는 이해함이 발달하는 방식에 꽤
다른 두 의미가 있다는 것이다. 통찰이 축적되어서 생겨난 발달은 여러 통
찰이 축적된 후 마침내 하나의 체계로 합쳐진 것이다. 그러나 체계적 이해
함은 현재의 지평에서 해결할 수 없는 질문과 문제가 생길 때 자신의 체계
를 흔들었다. 체계적 이해함은 바로 이런 방식에서의 진전이다. 그러므로
체계적 이해함은 이해가능한 현재 지평의 한계를 초월한 현재의 경험 안에
서 불연속성과 긴장을 만드는 물음을 던지게 되면서 좀 더 나은 발달로 전
력을 다해 나아간 것이다. 시행착오의 기간이 길어질수록, 현재의 이해함
을 넘어 좀 더 새로운 고차적 체계를 향해 갈 통찰이 출현할 확률은 더욱
높아진다.

　　발달이란 무엇일까?[9] 발달은 연역이 아니다. 사유의 체계에는 기본적인
용어와 관계, 또 논리적으로 정형화할 수 있는 기본적인 작동절차가 포함
되어 있다. 바로 그 논리적 기반에서 일관성을 위한 기본 공리가 검증되고,
그 체계 안에서 생겨날 수 있는 좀 더 가능한 연역을 연구할 수 있다. 바로
그 논리적 절차에는 체계적 사유의 현재 한계를 분명히 밝힐 필요가 있지
만, 고차적인 새로운 체계는 현재 체계를 연역할 필요가 없다. 그것은 현재
작동 중인 체계의 한계에서는 해결할 수 없는 문제를 제기한 물음에서 생
겨났기 때문이다. 바로 그 같은 물음은 당신을 아직 알지 못하는 미지(an
unknown)로 이끈다. 당신에게서 생긴 이 새로운 미지는 고차적인 새로운
시스템의 가능성이다. 그 시스템의 출현가능성은 해답을 얻지 못한 물음에

---

9)　발달 개념은 6장에서 더 분석할 것이며 여기서는 예비적으로만 다룬다.

답하고자 하는 요청에서 생겨난다. 그래서 발달이란 좀 더 새로운 고차적 통합의 출현이다. 여기에는 이전 단계도 통합되어 있지만 더욱 중요한 점은 이전의 낮은 차원에 기반했던 이해함과는 다르게 더 완전하고 세분화된 이해함이라는 점이다.

　발달을 좀 더 깊이 분명하게 이해하려면 고전 방법과 통계 방법을 더욱 정교하게 연관시켜 보아야 한다. 고전 방법은 변화하는 변수 가운데 기능 또는 규범적인 상관관계를 발견하고, 그 상관관계를 체계화하는 방식이다. 통계 방법은 시간과 장소를 달리하면 그 작동 체계의 상태가 달라지는데, 그 빈도를 통해 이들 체계를 실제로 해 보는 방식이라고 할 수 있다. 이것이 의미하는 바는 통계적 빈도는 변할 수 있으나 고전 과학의 상관관계는 변하지 않는다는 점이다. 하지만 발생적 방법은 변하는 고전 과학의 상관관계의 연속이나 발달 혹은 변하는 상관관계의 체계들의 발달이나 연속을 연구한다. 고전 방법이 기능의 관점에서 법칙이라는 개념을 포함하고 있는 것처럼, 통계 방법이 빈도의 법칙이라는 전혀 다른 유형을 발전시킨 것처럼, 발생적 방법은 아주 다른 유형의 법칙 또는 규범적 이해가능성을 전개한다. 발생적 법칙 또는 발달의 법칙은 체계의 관계들이 변하는 것에 관한 법칙이다.

　변하는 법칙들에 관한 법칙이 있다는 주장은 다소 역설 같아 보이지만 나무를 예로 들어 보자. 상수리나무는 작은 도토리에서 진화하고 그래서 도토리가 한 그루의 상수리나무로 발달한다. 그런데 그 나무는 법칙에 따라 발달하는 것인가? 우리는 분명히 생물학적 성장의 규칙성을 말하면서 또한 행성 주기의 규칙성도 말한다. 그런 점에서 규칙성의 의미는 두 가지다. 즉 고전 과학의 규칙성과 발생 또는 발달의 규칙성이 있다. 도토리에서 진행되고 있는 생화학적 과정의 규칙성이 있으며 그것은 상수리나무에서 진행되는 생화학적 과정과 똑같지는 않다. 행성의 체계는 규칙적인 변화를 겪지만 발달적인 변화는 아니다. 연못은 고체에서 액체로 또 기체로 변하지만 이 '상태의 변화들'이 발달적 변화는 아니다. 도토리는 분화되지 않은 어린 배아의 상태에서 성장하여 고도로 분화된 다 자란 상태로 변하는데, 발달 과정의 '상태들' 혹은 고도의 통합으로서 서로 연관된 연속된 상태들을 겪으면서 성장해 간다.

그러므로 법칙들 혹은 규칙성 혹은 규범적인 질서에는 세 종류가 있다. 그리고 이것은 세 가지 다른 형식의 물음, 세 종류의 물음의 통찰과 정형화에 기반해 있다. 마지막으로 이 세 종류의 각기 다른 물음, 통찰, 정형화, 그리고 확증은 다르지만 연관된 과학적 알아감의 세 가지 방법을 형성한다. 고전 방법은 조합해서 다양한 추상적 도식이나 패턴을 만들어 내는 법칙을 발견하기를 기대한다. 통계 방법은 그런 추상적이며 가능성 있는 도식이 얼마나 자주 출현하고 지속되는가를 알아내는 것이 특징이며 또 이들 체계적인 사건발생에서 갈라져 나온 비체계적인 사건 발생이 있을 것을 예상한다. 발생적 방법은 발달적으로 서로 관련되는 바로 그 체계들의 연속을 예기한다. 이 세 종류의 자기 발견 체계에 더해 우리가 마지막으로 다룰 네 번째 방법, 즉 변증적 방법도 있다.

6 변증적인 자기 발견 체계

과학의 역사에서 우리는 드물지만 아주 중요한 통찰 형식, 소위 역 통찰을 보았다. 그 통찰은 이해가능성을 직접적으로 포착하지는 않지만, 이해할 수 있기를 기대하면서 제기된 질문이 잘못되었다는 것을 깨닫게 한다. 그래서 우리가 역 통찰에서 파악하는 것은 새로운 방식의 예기할 수 있는 질문이다. 이것은 이전의 기본 가정을 드러내어 교정하고 방향을 다시 설정하게 한다. 알아감의 상식적 패턴을 논할 때, 알고자 하는 욕망이 잘못된 방향으로 인도하면 잘못된 질문들을 연속적으로 하게 된다. 그렇게 되면 작동하고 협응하는 상식적 도식들 또한 편견 왜곡되어 새로운 협응의 생활 방식을 발견하지 못하게 하고 정반대의 쇠퇴, 붕괴, 결국에는 해체의 새로운 주기로 인도하는 것을 관찰했다.

이것은 쇠퇴와 붕괴라는 도식의 그 주기 안에 있는 연속된 단계들이 지적으로 연관되지 못했다는 의미다. 예를 들어, 어떤 문명이 계급 간의 협력에 실패하여 적대, 고통, 증오, 폭력, 붕괴를 불러오게 되었을 때 왜 그렇게 되었는가를 질문한다면 그것은 쇠퇴의 각 단계에 있을 법한 이해가능성 있는 상관관계를 구하려는 것이다. 사실 거기에는 어떤 상관관계도 없으며 이해할 어떤 것도 없다. 오히려 앞에서 보았듯이, 그 문제에 바르게 접근하는 것은 합리적인 사람들이 어떻게 이해함을 효과적으로 억압해서 이해할 수 없는 방식으로 행동하며, 또 그런 비합리적인 도식이 어떻게 함께 일어나게 되는지를 질문하는 것이다. 그래서 변증적 방법은 빛과 이성이 아니라 어두움과 비합리성을 발견하는 것이다. 근본적으로 잘못된 이 같은 방향설정과 왜곡을 교정할 수 있는 유일한 길은 알아감과 행동함을 지배하는 욕망과 두려움을 기본에서부터 되짚어 질문하는 방법을 다시 설정하는 것뿐이라는 점을 변증적인 사람은 깨닫게 된다.

그러므로 고전적, 통계적, 발생적, 변증적인 네 방법은 서로 보완적이며, 통합적인 자기 발견 체계를 형성한다. 그 체계를 통해 물리적, 화학적, 생물학적, 그리고 인류의 역사에 대한 하나의 온전한 이해를 기대할 수 있다. 아주 중요한 점은 이들 네 방법은 우주 물리나 역사공동체의 이해가능성에 대한 과학 이론에서 나온 것이 아니라, 각각의 이해가능성을 생산하기 위해 실제로 작동하고 있는 과학적 알아감과 상식적 알아감의 각기 다른 방식을 적정화한 것이라는 점을 주의해야 한다. 우리가 각 과학의 역사를 연구했던 것은 물리학, 화학, 생물학을 배우기 위해서가 아니라 과학자들이 과학적 이론을 묻고, 이해하고, 정형화하고, 확증한 다양한 방식을 이해하기 위해서였다. 그 목적은 우리 자신의 정신적 역량과 기능을 알기 위해서였다.

이 문제를 또 다른 방식에서 보면 과학자는 자기의 과학 이론을 원래 신뢰하지 않는다고 말할 수 있다. 오히려 그들은 그 자신이 이론을 발달시켰던 방법, 자신의 이론을 수정하고 타당성을 입증했던 바로 그 방법을 신뢰했다. 그 방법이란 스스로 질문하고, 비판하고, 확증하는 정신이다. 과학자 한테 이 말은 이상하게 들릴 수 있다. 과학자는 본인의 정신과 인간의 알아 감의 규범적인 과정을 연구하지 않기 때문이다. 그들은 전문화된 자기 분 야의 방법에 일치하게 본인들의 인지 작동을 실행하는 가운데 알려지게 된 인지 내용에 관심을 둔다. 그러나 이와 반대로 철학자들은 본인들의 알아 감을 알아가는 것에, 또 지자들이 알게 된 것을 계속해서 알아가는 진행 과 정에서 보여 준 다양한 방법들을 알아가는 것에, 그리고 그런 알아감을 행 하는 이유에 관심을 둔다. 왜 알고자 욕망하는가라는 두 번째 질문은 5장에 서 다룰 것이다. 여기서 나는 알아감의 세 가지 방법 — 고전적, 통계적, 발 생적 알아감 — 에 함축된 세계질서의 가능성을 조사하고자 한다. 변증적 방법은 이 뒷 절에 덧붙이겠다.

7   세계질서

자기 발견 체계는 알게 될 것이지만 아직은 알지 못하는 유형을 예기한다. 그리고 통합된 자기 발견 체계는 차이와 통일의 관계성에서 알려지게 될 것 전부를 지자들이 알 수 있게 될 것을 예기하면서 아직 알지 못하는 다른 유형들을 연합하여 전체로 조직해 낸다. 내가 강조했듯이, 자기 발견 체계 는 과학적 알아감의 인지 내용을 기반으로 하는 것이 아니라 과학적 지자 들의 인지 활동을 기반으로 한다. 그 인지 활동은 다양한 과학영역의 특정 한 내용들을 선험적으로 결정하는 것이 아니라, 그 내용들의 포괄적인 체 계와 이 체계적인 알아감의 활동을 통해서 장차 알게 될 포괄적인 우주질 서를 선험적이거나 자기 발견적으로 결정하려 하며, 결정한다. 다른 말로, 고전 과학이 그 기능이 무엇인지 자세히 규정하지 않고도 기능을 발견할 수 있기를 예기하고, 통계 과학이 자기의 특정 내용을 결정하지 않고도 확 률이나 빈도를 발견할 것을 예기했듯이, 철학 역시 아주 다른 두 과학적 알 아감의 예기를 반복적 도식에 연결했다. 그 도식의 내용을 자세히 설명하지 않고서 말이다. 더 나아가 철학자는 세계질서의 특정 도식이 무엇이라는 결정을 하지 않고서도 그 도식을 세계질서로 배열할 수 있을 것이라고 예기했다. 내용은 귀납적으로 결정되는 것이다.[10)]

자기 발견의 이 도식들은 어떻게 정해지는가? 고전 방법과 통계 방법에서 예기되는 유형의 통찰이 있고 이에 더해 통찰이 발달로 되는 발생적인 방법에서 예기되는 또 다른 유형의 이해함이 있다. 이 종류의 이해함은 고차원의 체계와 낮은 차원의 체계를 동시적으로 파악한다. 예를 들어, 해석기하학에서 어떻게 대수학을 하고 고차원의 기하학을 하는지, 또는 식물이 화학적 활동을 어떻게 생물학적 방식으로 패턴화할 수 있는지, 그런 생화학적 작동을 어떻게 하는지 등을 파악하는 종류의 이해함을 말한다. 다른 말로 하면, 연속해서 반복되는 도식들을 질서 짓는 방식은 낮은 체계들이 높은 체계들의 출현과 작동조건이 될 수 있도록 좀 더 고차원의 관점에서 도식을 질서 짓는 것이다. 예를 들어, 알아감의 낮은 도식인 대수학은 좀 더 높은 도식인 해석 기하학, 그다음으로 미적분이라는 알아감의 도식이 출현할 수 있는 조건을 마련한다. 또 원자 도식은 화학적 도식을 형성할 수 있는 조건을 형성하고 그다음 생물학적 도식을 위한 조건을 마련한다. 통찰을 예기할 수 있는 고전적, 통계적, 발생적 과정을 결합함으로써, 당신은 우주 전체의 역동적 전개의 이해를 예기하는 일반적인 자기 발견 체계를 갖출 수 있다. 그래서 이 우주의 질서에 대한 핵심적인 생각은 '도식들의 연속 조건'(conditioned series of schemes)이다. 첫 번째 도식이 연속된 도식들의 그다음 세트의 조건들이 되고, 차례차례 이 조건들이 그다음 도식들의 연속 세트들을 위한 조건들을 마련하게 되는 일련의 도식들이다. 이 같은 연속이라는 패러다임은 감각하고 상을 그릴 수 있는 낮은 수준의 경험의 집합체에서 통찰이 출현하는 방식이며, 또 수많은 통찰이 소위 관점 또는 체계라고 하는 이론 전체로 통합되어 가는 방식이다.

10) *Insight*, 115-28.

통찰이 일어나는 것은 필연적 사건이 아니다. 통찰은 일어날 수도 있고 일어나지 않을 수도 있다. 통찰이 일어날 수 있는 조건을 바꾼다면 통찰의 발생을 다소 개연적으로 만들 수 있다. 그렇다면 통찰은 '창발적 확률'이고, 그 출현하는 시기는 필연이 아니라 확률이라는 스케줄을 따른다. 동전 던지기 게임을 오랫동안 한다면, 이를 수도 있고 늦을 수도 있지만 어쨌든 연속해서 네 번 다 앞면 혹은 어느 한 면만 네 번 다 나올 수도 있다. 암 치료법도 현재와 같은 연구의 비율이 계속된다면, 치료법을 발견하는 시기는 이를 수도 있고 늦을 수도 있지만 치료법은 나오게 되어 있다. 아주 오랫동안 하면 결국 확률은 확실성에 접근한다. 나중의 도식들이 이전의 도식들에서 확률적으로 출현한다는 이 도식들의 연속 조건은 우주가 질서를 잡아 가고 있는 방식을 제안하는데, 그것은 필연적인 질서는 아니지만 그럼에도 뛰어나게 지적이며 효율적인 질서라고 제안하는 것이다. 이렇게 질서를 잡아 가는 우주에는, 일어나야만 하는 것은 없지만, 조건들이 변함에 따라 크거나 적은 확률로 사건의 도식들이 생기게 된다.

이런 방식으로 우주의 질서를 이뤄 가는 특성을 조사하기 전에, 도식들의 연속 조건의 한 예로 뉴턴이 연구했던 행성 주기를 보자. 행성 주기가 어떻게 출현하게 되었는지 여전히 명확하지는 않지만, 분명한 것은 반복되는 행성 도식이 기존에 없었다면 우리의 지구 행성에 순환하는 물(水)의 수문학 도식은 존재하지도 않았을 것이라는 점이다. 이 행성 도식이 지구 행성의 수문학 주기를 가능하게 한 조건이 된다. 우리는 또한 어떤 행성에는 순환하는 구름에서 물방울이 떨어져 여러 강과 시내, 바다, 대양을 만들고, 태양 에너지가 물을 다시 안개로 되돌리고, 이를 응축해 구름을 만드는 이런 조건을 갖출 수 있게 하는 반복하는 수문학 주기가 없다는 것을 안다. 바로 이 수문학 도식은 그다음 차례에서 질소의 순환이 출현할 수 있는 조건이 되었고, 그다음에 식물, 동물, 사람 등이 섭취하는 여러 자양분의 도식이 출현할 수 있는 조건을 마련했다. 그러므로 이 연속해 있는 도식들 중에서 뒤에 있는 도식들은 선행 도식들이 마련한 조건에 제한된다. 뒤에 나오는 도식들은 선행 도식들이 먼저 출현해서 후속 도식들이 출현할 수 있는 확률을 가능하게 하는 방식으로 기능하기 전까지 출현할 수 없다. 그렇게 뒤에 출현한 도식이 먼저 나온 도식에 의존해 있지만 낮은 차원의 도식들을 동화하고, 전환하고, 초월한다. 그래서 낮은 도식에서 좀 더 고차원의 도식들로 상승해 갈 때에 증가하는 복잡성과 조절이 있게 되었다.

'반복되는 도식들이 조건적으로 연속' 되어서 구성된 세계질서가 무엇인지 대략적인 개요를 이해했으니 이제 다음 질문들을 생각하면서 이 세계질서의 특징을 탐구해 본다. 그 질문은 '우주는 왜 크게 되었을까?', '우주는 왜 오래되었을까?', '왜 수소 원자는 그렇게 많고 사람은 그렇게 적은 것일까?', '왜 수많은 멸종 동물이 있게 된 것일까?' 등등이다. 이 질문에 대한 답 혹은 유사한 답변을 간단히 말할 수 있다. 즉 우리 우주의 기본 설계 혹은 질서는 도식들이 조건이 되어 연속되어 있다는 점이다. 변화하는 스케줄의 확률을 따라 그 조건이 된 도식들이 계속해서 연속적으로 출현했고, 지금도 출현 중이며, 계속 출현할 것이다. 이는 아주 일반적인 답변이므로 좀 더 상세한 설명이 필요하다. 확률은 가능성을 구체적인 실제 빈도와 관련지은 관념적인 빈도다. 만약 우리 우주의 사건들이 필연적이지 않고 다만 확률적이라면, 그렇다면 가능성 있는 첫 사건들의 총합은 뒤에 나올 사건 도식들이 출현할 것을 보증한다는 점에서 결정적으로 중요하다. 연속해 있는 도식들 중에서 어떤 도식의 발생이 늦을수록, 그 도식이 일어날 확률은 더 적어진다. 그래서 그 도식의 출현이 보증되려면 가능성 있는 발생의 총합이 핵심 요소가 된다. 우주의 기원을 '빅뱅' 이론 혹은 설득력은 덜 하지만 '계속되고 있는 창조'나 '계속 중인 상태' 등으로 생각하는 것은 참일 수 있다. 이들 최초의 상태가 함의하고 있던 가능성 전부가 연속된 맨 처음의 도식들이 출현했다고 해서 다 현실화되지는 않았을 것이고 마찬가지로 다음 단계에서도 모든 가능성이 다 실현되지도 않았을 것이다. 연속적인 여러 단계에서 가능성 가운데 첫 번째가 구체적으로 현실화되었을 것이다. 이것이 의미하는 바는 어떤 하나의 도식이 출현하는 게 늦을수록, 그런 여러 도식들이 기능하고 있는 중인 곳에서 그 도식 하나가 자리 잡을 횟수는 더 희소해지고 그래서 뒤에 나오는 도식들의 분포도는 더욱더 빈도수가 적어진다는 점이다. 예를 들어, 행성 도식보다 순환하는 물의 주기가 적고, 또 화학의 도식보다 생물의 도식이 더 적다. 뒤에 나오는 도식들이 더 낮은 차원이 될 확률이 있으며 이를 상쇄해서 균형을 맞추려면 아주 거대한 우주가 되어야 하는 것이 중요하다. 그러나 크기를 늘려 놓으면 결국에는 다시 돌아가는 반복주기가 약화된다. 그래서 횟수가 핵심 변수가 된다. 10억 년에 단 한 번 일어날 것이 100억 년에 10번 일어날 수 있으며, 일어날 것 같지 않은 아주 드문 경우도 전환의 확률을 따라 설계된 우주에서는 확실시된다.

그런데 그런 우주질서에서 기억해야 할 중요한 사항은 확률의 출현뿐 아니라 '생존의 확률' 도 문제라는 점이다. 일단 도식들이 출현해 기능을 하고 있으면, 요구된 조건이 지속되는 한 도식은 계속 기능을 할 것이다. 그러나 그 조건들은 처음부터 주어진 것이 아니며 심지어 주어졌더라도 다만 생존의 확률을 따라서 지속될 뿐이다. 더구나 가능성뿐만 아니라 확률적으로도 하나의 도식이 붕괴되고 소멸할 수 있다. 생존할 수 있는 확률은 낮을 수도 있고 높을 수도 있다. 출현할 수 있는 확률의 크고 적음이 생존할 수 있는 확률의 크고 적음과 결합되면 어떻게 결합하는가에 따라 상당할 정도의 유연성이 생긴다. 따라서 어떤 도식이 기원이 될 확률은 낮았지만 생존의 확률은 높을 수 있으며 또는 정반대일 수도 있다.

바로 이런 결합이 의미하는 핵심은 다음과 같다. 즉 변하는 확률을 따라 조건적인 도식들이 연속적으로 출현하면서 우주의 질서가 형성 중이라는 것은 대단히 이해가능한 방식이며 또 효율적인 방식일 수 있다는 점이다. 그런 질서의 우주에 비록 아무것도 일어나지 않았다 할지라도 결과들을 장담할 수 있는 것은 결국에 가서 확률이 확실성에 다가서기 때문이다. 그 같은 우주설계에는 확률은 매우 낮지만 복잡한 체계의 도식들이 더욱더 많이 생겨날 여지를 허용한다. 그 도식들은 상이한 수많은 경로를 따라 발달할 수 있기 때문에 출현하고 생존할 수 있는 개연적인 도식들이 그렇게 수없이 다양하며, 시간대가 다르고 장소가 다르더라도 시공간을 통해, 조건이 된 하나의 연속에는 하나의 단계에서 다음 단계로의 움직임이 있다. 바로 이 포괄적인 설계 또는 세계질서는 대단히 안정적이고, 효율적이며, 역동적이다. 결정론적이고 기계적인 세계질서에서 가정해 온 필연성과 결정론이 없이도 말이다.

이처럼 간략하게 본 세계질서는 과학적 발견과 검증의 결과에 기반한 분석이 아니다. 그보다는 오히려 우리 우주에 대한 이론적 설명을 염두에 둔 과학자들이 자료를 묻고, 이해하고, 고민하고, 바르게 교정하고, 확증하는 방식에 근거했다는 점을 대단히 강조하고 싶다. 내가 간략히 개관한 이 세계질서는 우리 우주가 구성된 방식에 관한 일반적인 이해다. 질서라는 것은 우리 경험 세계에 내재해 있다. 다양한 과학의 내용이 무엇이라고 그 분야의 과학자에게 주장할 수는 없다. 그러나 이 우주가 필연적이지는 않지만 이해가능하다는 점을 주장할 수는 있다. 다른 형식의 이해가능성이 있고 다른 형식의 이해가능성들이 결합해서 조건이 되는 연속된 도식들이 반복하며 이 도식들이 확률의 변화를 따라 현실화된다는 점을 말이다. 이 우주는 개방적이며 좀 더 복잡하고 이해가능한 도식들을 향해 간다. 그러나 이들 도식이 어떤지, 그 도식들이 출현하고 생존하는 횟수, 분포, 정도, 시기 등은 결정되지 않았다. 일반적인 내용과 특수한 내용은 방법적 과학조사를 통해 이후에 결정된다.

일반적인 이 세계질서를 아리스토텔레스의 세계질서, 또 아리스토텔레스의 세계관을 대치한 르네상스 이후의 기계적 결정론의 세계질서와 간략하게 대조하면 더 분명해진다.[11] '창발적 확률'이 앞 장에서 보았던 것처럼 과학에 대한 생각, 법칙에 대한 생각에 근거했던 것처럼, 아리스토텔레스의 세계관과 기계론적 결정론이 생각했던 세계질서 둘 모두 아주 다른 방

---

11) *Insight*, 129-32.

식의 과학과 법칙에 대한 생각에 기반한다. 아리스토텔레스의 세계질서는 천체의 태양, 달, 별의 운동의 필연성과 지상의 만물에서 볼 수 있는 '우연적인' 운동 간의 대조가 기본이었다. 더구나 아리스토텔레스는 과학을 '필연적인 원인에 관한 지식 탐구'라고 생각했기 때문에 비록 그가 우연적 사건들 혹은 '이상적인 빈도에서 나온 비체계적 확산'을 알았을지라도 우연의 과학으로 발전시키지는 못했다. 아리스토텔레스는 지상에 있는 만물들을 우연히 발생한 사건들로 보았고, 이들 지상의 사건을 질서정연한 것으로 또 조절할 수 있는 것으로 이해하고자 태양의 계절 주기와 낮과 밤의 주기, 영원하고 필연적인 별과 행성들의 주기에 호소했던 것이다. 갈릴레이가 고전 법칙을 처음 발견하자 법칙의 추상적인 본성이 이해되면서, 통계 법칙의 가능성과 반복 도식이 가능하게 되었고, 출현과 생존의 변화하는 확률을 따라 조건을 이루는 도식들이 연속적으로 전개되는 이 같은 맥락에서 세계질서를 새로이 구상할 수 있었다. 이 세계질서로 말미암아 아리스토텔레스의 영원의 주기라는 생각은 사라졌고 필연성이라는 생각도 현대 과학의 개념, 즉 타당성이 있는 가능성과 확률로 대체되었다. 기계론적 결정론의 세계질서는 소위 고전 법칙이라고 할 갈릴레이의 발견에서 전개되었다. 타당성이 입증될 때 그 법칙은, 만약 고전 법칙의 가정대로 조건이 계속해서 주어진다면 무엇이 일어날지 그 가능성을 설명한다. 고전 법칙은 구체적 예들은 달라도 그 법칙들은 다른 장소 다른 시간대 전부에서 다 동일할 것이라는 가정이었다. 그러나 고전 과학이 간과했던 것은 상이한 예들이 다만 가능성에 있어서 같을 뿐이지 현실적으로는 같지 않다는 점이었다.

만약 고전 법칙들을 현실적이고 구체적인 법칙이라고 주장한다면, 분명 통계 법칙의 발견을 예기하지 못하며 게다가 발생적 법칙은 더욱 기대할 수 없다. 더구나 상이한 예들 전부가 실제로 같다면 예외란 전혀 없으며 모든 예들을 철통 같은 확실성과 필연성의 고전 법칙이 지배할 것이다. 다른 말로 하면, 고전 법칙은 우주 전체의 운동을 지배한다. 마지막으로, 완전히 결정론적인 이 세계질서의 작동방식은 거대한 기계의 각 부분들이 각자의 다양한 방식에서 서로 상호작용하는 기계라고 상상했다. 그래서 우주는 시계가 아닌데도, 우주에 대한 이해를 시계처럼 작동하는 것으로 생각하여, 우주운동은 완전히 결정되었고, 예측가능한 보편적인 것으로 여겼다. 그러나 그런 기계적인 세계질서를 완전히 주변부로 몰아내고 통계적 과학과 발생적 과학을 발견한 이들은 과학을 연구하는 과학자들 자신들이었다.

8   물(物)들

지금까지 연구의 핵심은 인지 활동의 반복적 도식 그리고 욕망과 두려움이 이 인지 활동을 정향하고 패턴화하거나 혹은 왜곡하고 막는 상이한 여러 방식의 관점에서 당신 자신을 적정화하도록 초대한 것이었다. 그런데 당신은 인지 활동의 반복 도식 외에 알아감의 반복되는 도식을 수행하는 주체로서 존재한다. 마찬가지로 우리 자신과 연관된 물(物)을 알아감 그리고 이 만물끼리의 상관적 맥락에서 그 물을 알아감, 이 둘은 구별된다. 그러나 나는 상관적 관계에서 알게 되는 물 그 자체를 주목하는 데에 초점을 두지 않았다. 다음 장에서 당신 곧 주체를 분석할 것이지만 이 장에서는 물(物) 개념에 주의를 기울여 의식적 물들과 의식이 없는 물들을 보려 한다.[12] 이것이 의미하는 것은 부분들에서부터 부분들에 기반한 전체로 주의를 돌려야 한다는 것이다. 나무를 예로 들어 보자. 잎사귀 하나, 나뭇가지 하나를 가리키며 '이것은 나무의 어떤 부분이지?' 혹은 그 나무를 가리키며 '우리가 나무라고 부르는 이 통일성 혹은 이 전체성은 무엇이지?'를 물을 수 있다. 그래서 '무엇'이라는 질문에는 두 유형이 있다. 한 종류는 전체에, 또 다른 종류는 부분에 주목한 질문이다. 이는 상식적 도식의 알아감에 익숙하고, 기술적인 패턴에서 말하고 있기 때문에 충분히 알 수 있다. 이 패턴에서 우

---

12) *Insight*, 8장.

선적으로 물을 다루는 방식은 물을 우리와 연관 지어 다루지 물들끼리 서로 맺고 있는 관계성을 다루지 않는다는 점이다. 더구나 이 패턴의 알아감에서 우리는 물에 대한 우리의 앎을 매개하지 않은 직접적인 감각적 특성에 제한하는 경향이 있다. 따라서 나무의 색깔, 크기, 모양, 재질, 소리, 향기 등등으로 나무는 알려진다.

바로 이 기술적 알아감을 가지고 나무에 이름을 붙이고 나무에 관해 말한다. 불행하게도 이 기술적이고 상식적인 패턴의 알아감은 이 자체가 모든 것인 양 간주되는 경향이 있어 실제로 물이 무엇인지 안다고 주장한다. '실제'의 의미가 무엇인지는 다음 장에서 다룰 것이며 여기서는 과학이 기술적인 맥락에서 설명적인 맥락으로 완전히 전환될 때 야기되는 문제에 주목하고자 한다. 과학자가 물을 지자와의 관계에서 아는 것이 아니라 물들의 연관 맥락에서 물을 아는 것, 이것이 설명적인 맥락이다. 이렇게 되면 물(物)에 대한 생각은 훨씬 복잡한 문제로 된다. 아서 에딩턴(Arthur Eddington) 경의 두 개의 탁자는 잘 알려진 예다. 상식적 탁자는 바로 당신 앞에 놓여 있는 딱딱하고, 갈색이며, 무거운 탁자다. 바로 이 탁자가 무색이며 눈에 보이지 않지만 고속으로 움직이는 믿을 수 없을 정도의 적은 질량, 즉 원자로 구성되어 있다는 것을 과학자는 안다. 어느 것이 실제 탁자인가? 익숙한 상식의 세계에서 탁자 또는 의자를 아는 것인가 혹은 과학의 이론적으로 엄밀한 설명적 맥락에서 아는 것인가?

이런 방식의 놀라운 대조가 가능할 수 있었던 것은 갈릴레이가 물(物)의 기술적 속성 대신 물이 서로에게 갖는 설명적 관계성에 초점을 맞추면서부터다. 그러나 갈릴레이는 질량의 법칙을 발견했지만 그 법칙이 추상적이라는 것을 깨닫는 데 실패하였고 또 과학은 물을 우선적으로 다루는 것이 아니라 물들 간의 관계성을 다룬다는 것도 깨닫지 못했다. 물을 이해하려면 물의 속성이나 관계성에서 이들 도식들의 반복되는 관계성을 통해서 또 이들 반복되는 관계성에서 알게 되는 전체성이나 통일성으로 주의를 돌려야한다. 갈릴레이의 발견과 계속된 과학적 설명으로 기술적이고 상식적인 맥

락에서 알게 된 물과 바로 이 동일한 물을 설명의 맥락에서 알게 되었을 때
의 차이를 분명히 알 수 있게 되었다. 이것이 의미하는 바는 물의 감각적
속성을 통해 알게 된 물의 통일성, 그리고 설명적 관계성을 통해 알게 된
통일성을 분명하게 구분하는 것이 가능해졌다는 것이다. 과학자들은 항상
물 개념을 사용했지만 이 개념을 직접적으로 주목하지 않았다. 물을 이해
하려면 상식적 관점은 제한되고 특수하다는 것 그리고 과학의 추상적이고
제한된 관점과는 상당히 다르다는 것을 알아야 하며 물을 기술적인 측면에
서만이 아니라 설명적 측면에서도 생각해야 한다. 이는 물을 포괄적이면서
구체적으로 고려해야만 한다는 의미다. '구체적'이라는 용어는 물의 특수
하고 사실적인 측면만이 아니라 일반적이고 포괄적인 특성도 언급한 것이
다. 어떤 하나의 물을 구체적으로 아는 것은 물을 포괄적이면서도 특정한
상태에서도 아는 것이다. 즉 물이 지닌 각 차원들을 총체적으로 아는 것이
다. 이는 감각적으로 경험된 물과 지적으로 경험된 바로 그 똑같은 물들 간
의, 감각적 총체성에서 아는 물들과 엄격한 이해가능적 통일성에서 아는
물들 간의, 물에 대한 개념에 근본적인 긴장이 있다는 것을 제안한다. 이
긴장이 더욱 악화되는 이유는 우리가 먼저 생물학적으로 패턴화된 욕구에
반응해서 물을 알게 되기 때문이다. 이것은 물에 대한 상식적 경험이 저변
에 흐르고 여기에 조건화된 생물학적 패턴의 경험이 있다는 의미다.

   아기는 영양소를 섭취하려는 욕구를 지니고 태어나는데 그 욕구는 밖을
향한 의식의 역동적 충동이다. 아기의 내적 경험 세계는 기본적인 욕구를
충족시키기 위해 밖을 향해 있다. 내적이고 외적으로 '느껴진' 세계의 이
생물학적 패턴화는 인간이 동물과 공유하는 부분이다. 그리고 내적 욕구는
인간의 생물학적 필요를 충족시켜 줄 외부에 있는 감각적인 만물의 세계를
향해 경험한다. 인간은 일단 생물학적 욕구가 충족되면, 다른 관심들은 중
요하게 '느낀' 사실로 추정되어 상식적 패턴이나 이론적 패턴과 같은 다른
패턴의 알아감으로 주의를 돌린다. 그렇다고 생물학적 경험의 패턴화가 사
라지는 것은 아니다. 첫 번째로 발달했던 패턴이기도 하고 우리 삶의 의식

전체에 여전히 남아 작동하기 때문이다. 내적으로나 외적으로나 의식적으로 '느낀' 세계는 영구한 배경이 된다. 그것에 주목하지 않더라도 생물학적이고 의식적인 이 지평을 사실로 추정할 수 있다.

그러므로 생물학적으로 경험한 물과 우리 안에서 작동하는 상식적, 상징적, 이론적인 상이한 경험 패턴에서 알게 된 물을 구별하는 것은 근본적으로 중요하다. 생물학적 욕구의 대상으로서의 물은 저기 밖에, 우리 앞에 지금 당장 경험된다. 이런 대상들의 실재는 생물학적 욕구를 충족시킬 만한 능력이 있는가로 검증된다. 벌은 밀랍으로 된 꽃과 꿀과 같은 생물학적 만족을 줄 꽃이 다르다는 것을 '안다.' 동물과 인간은 욕구를 채워 주는 대상과 그렇지 못한 대상의 차이를 '감지'할 수 있다. 생물학적으로 패턴화된 경험에서 '진짜' 물체는 저기 밖에, 지금 당장 있는 것들로, 그 물은 직접적으로 또 매개하지 않고 감각할 수 있다. 그러나 감각하는 것이 아는 것은 아니다. 단지 알아감의 첫걸음일 뿐이다. 감각으로 알게 된 통일체들을 매개해 보고 이를 초월할 수 있는 통찰이 없다면, 우리가 '물'이라고 하는 구체적이고 이해가능한 통일체들을 알 수가 없다. 이는 생물학적 경험 패턴과 생물학적으로 감각된 물체를 무효화하려는 것이 아니라 그 패턴이 지닌 심각한 한계성을 보자는 것이다. 물체는 물(物)이 아니다.

바로 이 같은 종류의 제한을 상식적 패턴의 알아감, 그리고 이 패턴을 통해 알게 된 물의 세계에 적용할 수 있다. 우리의 내적이며 외적인 감각 세계의 반복되는 생물학적 패턴화와는 다르게, 상식적 패턴의 알아감은 이해가능성을 통해서뿐만 아니라 제한된 형식의 알아감 안에서 물에 대한 통찰을 결부시킨다. 이 패턴에서 지자들은 물이 무엇이고 왜 그런지 이유를 파악하는 것에 특별한 흥미를 두지 않는다. 대신 물들의 감각적 유사와 차이의 관점에서 물에 이름을 붙이고 물들 간의 연관성에 관심을 둔다. 물들이 물들인 것은 왜 그런지, 물들의 활동 방식은 왜 그런지 등을 알려면 물들을 알 수 있는 설명의 맥락으로 나아가야만 한다. 그것은 우리와의 감각적인 관계성뿐만 아니라 설명적 관계성에서 물들을 아는 것이다. 그렇기에 물들은 수많은 다른 패턴들에서 경험된다. 생물학적 패턴에서, 물들은 물체로, 직접적이며 매개되지 않은 채로 경험되고, 그런 물들은 우리 앞에 바로 저기 밖에, 거기에 지금 존재한다.[13] 상징적 패턴에서, 바로 이 물들은 낯설고 두려움을 주는 또한 꽤 신비스러운 것이 된다. 상식적 패턴에서, 바로 이 물들은 생활의 목적을 위해 실질적이고 쓸모 있는 것으로 경험된다. 이론적 패턴에서, 바로 이 물들은 지자들에 의해 기술적이고 감각적인 속성은 추상화되어 사라지고 엄밀한 이해가능한 세계로 나아간다.

아이러니하게, 과학 연구는 또한 우리가 물들에 대해 얼마나 아는 것이 적은지, 또 물들의 상이한 분류가 무엇인지 완전한 설명적 이해와 얼마나 멀리 있는지를 드러낸다. 하나의 물을 구체적으로 아는 것은 그 물을 다른 물들과의 관계의 총체성에서 아는 것이며, 그 물을 완전히 알려면 물들을 알게 된 모든 상이한 방식들을 이해하고 또 이들 패턴들을 통합할 수 있어야만 한다. 이를 효과적으로 하려면 존재와 물들의 활동을 온전하게 이해하는 형이상학에 대한 이해가 요청된다. 나는 6장에서 이를 깊이 고려할 것이지만 지금 여기서는 물에 대한 개념이 어떻게 상식적 이해함과 과학적 이해함을 하나로 연결하는지 지적하겠다. 일상적인 상식적 차원의 탁자와 현대 과학의 설명적인 차원의 탁자라는 두 탁자의 예로 되돌아가자. 탁자를 둘이라고 했지만 실은 하나일 뿐이다. 코페르니쿠스의 태양을 중심으로 하는 세계와 상식적 차원의 지구를 중심으로 한 세계가 둘이 아니듯, 하나인 바로 그 똑같은 탁자를 알아감의 아주 상이한 두 맥락에서 알 수 있다. 나무의 예를 들면, 익숙한 상식의 차원에서 나무는 나뭇잎, 꽃가지, 나뭇가지, 껍질, 나무둘레, 뿌리 등의 관찰할 수 있는 속성들이 있다. 그러나 또한 생물학자들이 아는 나무, 생화학적이고 생물리학적인 이론의 차원에서 알게 된 나무도 있다. 상식적 차원의 지자는 이처럼 구체적이고 특정한 대상을 나무라고 인식하지만, 생물학자는 수많은 그루의 특정 나무들을 추상화

---

13) *Insight*, 250-3.

하여 상이한 나무들이 갖고 있는 유기체의 기능과 비슷한 일반적인 기능들의 맥락에서 나무를 이해한다. 바로 이 유전적 기능들이 분화하면서 각각 특화된 상이한 유형의 나무들(예를 들면 다른 종의 나무들)이 된 것이다. 통계 생물학자는 바로 그 나무들이 출현하고 생존하는 비율을 조건 짓는 개체수와 분포도를 조사하고 고전 과학의 연구, 통계 연구, 유전적 연구를 결합해서 역동적으로 전개되고 있는 세포질 도식들의 체계를 밝혀낸다. 이 도식들의 체계란 통계적 규칙성을 반복적으로 보이고, 성체의 단계에 도달할 때까지 미숙한 단계에서 좀 더 성숙한 단계로의 연속된 과정을 거듭하면서 더욱 고등한 유기체로 통합해 가는 유연한 연속 과정을 통해 발달하는 체계다.

그래서 과학은 특정한 나무들에서 시작하지만 곧 특정한 속성으로, 그리고 마침내 좀 더 일반적인 속성으로 나아간다. 그래서 르네상스 초기의 식물학의 분류 도식들은 처음에는 기술적 차원이었지만 세포의 발견과 세포질의 기능을 연구하면서 생물학은 다윈의 이론과 그 이후의 이론 등 더욱 현대적인 설명 단계로 진입했다. 지금 우리 시대의 분자생물학 연구는 나무가 무슨 활동을 하는지뿐만 아니라 왜 그렇게 활동하는지를, 나무가 어떻게 생겼는지뿐만 아니라 그런 모양, 색깔, 조직, 잎, 가지, 줄기, 뿌리를 왜 가지게 되었는지를 설명하기 시작했다. 다른 말로, 현대의 생물학 연구는 생물학자가 최초에 시작했던 나무들에 관한 연구방식을 되짚어 보기 시작했다. 외적인 속성을 기술하면서 시작한 초창기 연구가 내적인 식물의 생명활동에 대해 질문하는 단계에 이른 것이다. 현대 과학은 생화학 연구와 생물리학 연구에서 시작해 제한된 방식에서 생물학의 물들이 갖는 외적 속성들은 왜 지금의 방식으로 있는지 이유를 설명할 수 있게 되었다. 그런 점에서 기술적인 관계성이 매개되어 이해되는 중이고 설명적 관계성으로 일반화되고 있다. 이 같은 역전의 핵심은 이론적 설명 도식과 특정한 구체적인 여러 나무들에 관한 기술적 맥락, 이 두 축을 중심으로 한 과학자들의 체계적인 이해함 때문이다.

  그런데 과학자들이 추상적이고 이론적인 통찰로부터 이러저러한 구체적인 나무로 전환했을 때, 그 전환에는 추상적 통찰이 아니라 이러저러한 나무의 전체성을 통찰해 낸 구체성을 함축하고 있다. 과학자들은 그 '전체'를 명시적으로 다루지 않고 오히려 일반적인 기능과 특정하게 된 기능의 방식에서 이들 '전체'가 서로 연계된 방식을 다룬다. 일상적인 언어 세계에서 작동하는 사람도 전체 혹은 물들을 다룰 수 있지만 단지 기술적인 방식으로 할 뿐이다. 기술적인 방식은 관찰가능한 속성들(예를 들면 기술적인 부분에서 기술적인 전체의 특징을 본)로 일상의 세계에 살고 있는 자신과의 관계하에서 그 전체 혹은 물들을 보는 방식이다. 그러나 과학자들은 이 기술적이거나 혹은 감각적인 관계성을 더욱더 추상화하여 이 기술적인 전체와 부분들이 그렇게 존재하는 것, 또 그런 방식의 활동은 왜 그런지를 설명하는 포괄적인 관계성을 매개하기 시작했다.

  이제 우리는 물(物)을 부분들 혹은 술어 부분들의 총체성에서 생각된 구체적이고 개체적으로 실존하는 통일체라고 정의할 수 있으며, 그 핵심을 알게 되었다.[14] '구체적'이라는 것은 특정하면서 포괄적이고 특수하면서도 보편적이다. 구체적이라는 것이 특정하면서도 일반적인 이유는 물들의 방식이 그렇기 때문이다. 구체적이며 실존하는 물은 '일(一)이면서 다(多)'이다. 그 자체는 일이고 다른 물들과의 관계성에서 보면 다이다. 이 '일과 다'를 연결하려면 일과 다로서의 전체를 볼 수 있는 통찰이 필요하다. 통찰은 다리 혹은 중심축이라 할 수 있는데, 바로 추상적인 통찰이 아니라 부분들에서 전체를, 다에서 일을, 차이에서 지속되는 정체성을, 관계들 안에서 통일성을 파악하는 구체적인 통찰이기에 그렇다. 이 생각을 좀 더 전통적인 언어로 말하면, 부분들은 본디 그 자체로 있는 것이 아니라 물 안에서 물을 통해서 있다고 말할 수 있다. 부분들은 '우연적 실존'이지 '필연적 실존'이 아니다. 이 전통적 언어가 갖는 문제는 너무 기술적이어서 오해할 수 있다

---

14) *Insight*, 253-4.

는 점이다. 예를 들어, 우리가 나무의 본질을 안다고 생각한다면 이는 실수다. 본질은 나무에 관해 알게 될 모든 것을 우리가 알게 될 때 우리가 예기하는 알아감이다. 과학의 자기 발견의 정의와 자기 발견의 방법은 이런 실수를 면하게 한다. 이 언어를 설명적 용어로 바꾸면 나무는 현재 유기체 도식의 반복 안에서, 반복을 통해서 존재하고 있다고 말할 수 있다. 이 반복적인 도식들(부분들)은 존재하는 것이 아니다. 반복되는 이 도식들은 출현과 생존의 확률 스케줄에 따라 발생했고 반복된다. 물들은 이 반복적인 변화의 도식 안에서 영속하거나 지속하는 구체적이고 역동적인 정체성을 지닌다.

바로 이 지속하는 통일체 또는 역동적인 전체를 인류라는 물의 차원에서는 플로베르의 소설 『보바리 부인』을 예로 들어 생각해 볼 수 있다. 이 소설의 등장인물들의 행동과 상호작용은 반복되는 유동적인 순환성으로 이해할 수 있다. 플롯은 존재하지도 지속하지도 않는다. 오히려 등장인물인 엠마와 찰스가 행동하는 가운데 또 서로 작용하는 가운데 실존하거나 지속하고 있다. 더구나 단 한 번에 이 등장인물들이 실존하게 되었거나 지속하게 된 것은 아니다. 그들은 발전 과정을 통해 자신들 각자의 운명을 향해 나아간다. 등장인물들이 자기들의 정체성을 지속적으로 유지하는 것은 이야기 장면들의 연속과 에피소드를 통해서다. 이들 등장인물들의 '전체' 는 소설을 읽으면서 나타난 다른 장소, 다른 시간, 그들이 행동하고 상호작용하는 도식 패턴의 배경하에서 일어나고, 또 반복해서 일어난 변화들이 축적되면서 현실로 되어 갔다. 그러므로 등장인물 가운데 어느 하나의 전체적 형식 또는 실체적 형식은, 작가가 구성한 계속적인 변화나 사건의 연속성을 따라 현실화되고 있는 출현 중인 전체, 역동 중인 통일성이며 정체성이다.

이야기 자체도 역시 구체적이고 개별적으로 존재하는 전체 중 하나다. 등장인물들과 사건들로 구성된 전체는 긴장이 전개되는 일정을 따라 드러난다. 긴장이 쌓여 가고 등장인물들은 이 긴장을 해소하려 하면서 자신들의 최후의 운명을 향해 간다. 그래서 이야기의 구성을 생각한다는 것은 그 이야기가 정해져 가는 전체 또는 내러티브(narrative)의 형식을 생각하는 것이고, 그 이야기를 구체적으로 생각하는 것이며, 그 이야기의 모든 사건들을 정하는 내러티브 형식에서 표현되고 있는 등장인물의 지속적인 정체성, 총체성을 이해하는 것이다.

이야기를 하나 하려면 시간이 걸리고, 그 시간은 등장인물이 출현하기 위해 걸리는 시간이다. 등장인물들의 성격은 단번에 생겨나지 않는다. 마찬가지로 한 그루의 나무도 당장에 소여된 것이 아니다. 한 그루의 나무가 되려면 시간이 걸린다. 나무들은 구체적이고 개체적이며 역동적인 전체로 이는 생물학적인 도식들과 또 생물학적인 확률 스케줄을 따라서 이 연속 안에서 또 그 연속을 통해서 축적되어 가면서 출현했다. 나무들은 고체, 액체, 기체의 화학분자들이라는 낮은 집합체가 진화한 것이다. 화학분자들은 동화되고 통합되어 생장과 재생산을 하고 자신들의 출현 중인 통일체를 보호하는 등의 생화학적 도식들의 연속성을 발달시키고 있다. 또한 물(水)이 되려면, 원자들이 결합하여 분자가 되어야 하는데 시간의 연속이 아주 순간적으로 일어날지라도 시간은 걸린다. 마찬가지로 원자 하나 또는 전자 하나를 형성하는 데에도 시간이 걸린다. 분자 결합의 규칙적인 변화를 세우는 단순한 분자식을 형성하는 데에도 시간은 걸린다. 마지막으로, 우주를 형성해 가는 데에도 시간이 걸린다. 이 우주의 플롯은 낮은 차원의 사건들의 응집에서 드러나는 고등한 물들의 조건적 연속인데, 낮은 차원의 물들의 (개체)수, 분포, 출현과 생존이 통계적으로 결정된 도식에서 낮은 물들이 작동함으로써 낮은 차원의 응집 그 자체가 형성된다.

물들이 드러나고, 물들 각각의 도식 체계에서 존재하고 협응하면서 이처럼 역동적으로 전개해 가고 있는 우주가 이렇게 하는 이유를 이해하기는 어려운데 그 까닭은 동물과 식물처럼, 인간은 낮은 도식에서 존재하고 작동하면서 좀 더 높은 도식으로 전환해 가고 있기 때문이다. 이것이 의미하는 바는 인간 존재는 알아감의 인지 도식에서 작동하면서 또한 심리적(동물의), 유기체적(분자의), 아원자적 도식에서도 작동하고 있다는 의미다.

동물은 알아감의 실질적인 도식 안에서, 그 도식을 통해서 살지 않는다. 그들은 다른 동물의, 식물의, 화학적이고 원자적인 물들과 작동하고 협응하는 정신적 생물의 도식에서 살아간다. 동물의 경우 이들은 그들의 생태적 환경에 대해 의식하나 그들의 의식은 무매개적이다. 동물은 물들의 환경을 감각적이며 무매개적으로 경험하지 매개적으로 경험하지 않는다. 그래서 동물은 물들로서 있는 나무를 알지 못한다. 그렇기 때문에 물들을 안다는 것은 특정한 유형의 통찰을 요청한다. 동물은 나무를 이해하지 못한다. 그보다는 동물의 매개되지 않은 지각의 현재 장에서 나무를 감각하고, 나무의 냄새를 맡고, 보고, 느끼고, 만지고, 맛보고, 듣는다.

이 장(field)은 주관적인 감각 축과 객관적인 감각 축으로 세분화된다. 동물의 감각의식은 대상들의 환경의식의 장에 끌리고 환경의식의 장에 주도된다. 주관적이고 객관적인 축 모두 매개되지 않은 의식으로 특정 시간과 특정 장소에서 동물들이 느끼는 필요에 따라 패턴화된다. 다른 말로 하면 동물은 자신들의 생물학적 필요가 변하는 대로 시공간의, 의식의 도식에서 세상을 경험한다. 질문이 곧 인간 지자를 이해가능성이 있지만 아직 알지 못하는 대상의 장을 향하게 하고 있듯이, 생물학적 욕구(drive)는 동물의 감각을 생물학적으로 만족을 줄 대상의 장으로 향하게 한다. 동물은 기본적으로 외향적이다. 동물은 자신의 주변 환경에 반응하는 특이한 방식이 있기 때문에 감각-운동 체계의 방식이 다르고 내적 욕구의 방식도 다르다. 그러나 특정하게 달라진 이 모든 욕구는 저들의 욕구를 충족시켜 줄 대상들이 있는 외적 경험의 장을 향해 있다. 동물은 인식론적인 문제를 갖지 않는다. 동물은 현실 '감각'에 대해 매우 성공적이지만, 현실에 대한 이해함은 없다. 그러므로 동물은 매개되지 않은 대상의 장을 질문과 답을 통해 매개하지 못한다. 질문과 답이란 이해가능한 감각 세계를 올바르게 매개하거나 혹은 직각적으로 인간 지자가 궁금증을 품게 되면서 일어나는 것이다. 다른 말로 인식론의 문제는 오직 인간의 차원에서만 출현하는데, 이는 인간 지자가 알아감의 상이한 도식들에서 — 그리고 이 도식들은 종종 서로 모순되어 보인다 ─ 작동하기 때문이다.

　인간은 동물은 아니지만 동물에서 지속하고 있는 정신생물학적 도식을 통해서 작동한다. 또한 인간은 상식적이고 실질적인 알아감의 도식에서 작동한다. 상식적이고 실질적인 도식에서 인간 지자는 경험의 기술적 패턴 안에서 또 이 패턴을 통해서 세계를 자신과 관련짓고 또 타자와 관계한다.[15] 이론의 세계로 진입하려면, 인간 지자는 자신을 탈중심화한 후 물들이 어떻게 서로 연관되어 있는지에 관심을 두는 엄밀한 알아감의 설명 패턴에서 자신을 재중심화하는 것을 배워야 한다. 실질적 도식의 작동과 협응 안에서 또 이를 통해서 알게 된 주체-중심의 세계 그리고 설명적 도식을 통해서 알게 된 이론의 세계 외에, 좀 더 낮은 차원의 정신생물학적 경험함의 도식들이 있는데 이는 고차적 도식들의 필요조건이 된다. 이 부분은 인간 존재가 동물과 공유하는 부분이다. 그래서 인간 지자는 감각 대상들의 매개되지 않은 세계를 상징적으로, 언어적으로, 실질적으로, 이론적으로 매개하는 가운데 산다. 인식론의 문제는 이들 패턴들을 서로 분별하고, 다양한 대상의 세계를 향해 이를 이해하려는 것이다. 이 문제는 다음 장에서 다루겠다.

---

15) *Insight*, 267-70.

자기 확증적 지자 Self–Affirming Knower

지금까지의 연구에서 독자는 통찰이라 부른 이해함의 핵심활동에 관련된 인지 활동을 적정화하도록 요청받았다. 이 장에서는 알아감의 두 번째 중심 활동 즉 당신의 판단함에 기반이 되는 간접적 혹은 반성적인 이해함을 향해 간다.[1] 7장에서는 선택함이라는 고차적이고 좀 더 복합적인 활동을 고찰할 것이며, 마지막 장에서는 사랑에 빠진 자기(self)에 초점을 맞추려 한다.

1 알아감 대 의미함

판단함 혹은 반성적인 이해함의 활동을 고려하기 전에, 자기 적정화의 기본 절차를 다시 진술해 보는 것은 대단히 중요하다. 가장 중요한 문제는 당신이 무엇을 아는가에서부터 당신 자신의 알아감의 활동으로 주의를 돌리는 것이다. 이는 당신이 무엇을 질문하고 있는가로부터 질문하는 활동으로 주의를 돌려, 앎의 객관적인 내용을 사라지게 하려는 의미가 아니라, 알아감의 활동, 그리고 이 활동들의 의도된 용어를 포함해서 당신의 자각(awareness)의 장이 어떻게 확장되는지 당신이 차츰 배우게 되리라는 것을 의미한다. 그런데 강조점은 활동이지 그 활동들의 용어나 내용은 아니다. 목표는 당신 자신의 앎의 작동 체계를 아는 것이다.

---

1) 이 장은 *Insight*의 9–12장의 중심 주제들을 포함하고 있다.

우리 연구의 현 단계에서 용어의 문제에 주의를 기울이는 것은 중요하다. 19세기 중반 이래, 특히 20세기에 철학자들은 알아감의 문제보다 의미에 관한 문제를 더 많이 말하고 써 왔다. 그래서 알아감과 의미함이 어떻게 관계되는지 처음에 설명해 놓는 것이 중요하다. 의미함은 알아감보다 더 넓은 용어인데, 의미함은 단지 알아감뿐만 아니라 언어나 다른 매체에서 알아감이라는 표현도 함축하기 때문이다. 그래서 내가 언어에 관해 논의하기를 꺼려한 것은 지자로 자신을 적정화하는 데에, 언어는 나중 일이며 덜 중요한 관심사이기 때문이다. 확실히 언어가 알아감의 다양한 패턴에 조건이 되기는 하지만 알아감의 상이한 활동들이 최종적으로 언어를 결정한다.

말이나 글로 된 문장이 언어적 표현이긴 하지만, 그 문장이 당신에게 의미를 제공하는 것은 아니다.[2] 사람이 무엇을 안다는 것과 그리고 그 사람이 이해하고 타당하다고 한 것을 소통하기 위해 선택한 수단으로서 언어 사이에는 중요한 차이가 있다. 그래서 당신은 라틴어, 그리스어, 프랑스어, 영어나 그 외 다른 언어로 아는 바를 표현한다. 이는 당신이 무엇을 아는가와 그 알아감을 소통하려는 방법에는 기본적인 구별이 있다는 것을 함축한다. 이 문제를 조금 다르게 설명하면, 만약 작가나 어떤 사람이 말하거나 써 놓은 의미를 해석하려 애쓰는 중이라면 이해의 핵심은, 작가가 쓰고 있는 단어가 아니라 그 단어나 문장을 선택함으로써 의미하고자 했던 것, 그 의미를 해석하는 것이다. 의미의 전달체 이면에는 '의미했던' 것이 존재한다. 예를 들어, 뉴턴이 '질량'이라는 말로 의미한 것을 당신이 알고자 한다면 그 뒤에 생각해야 할 질문은 '질량'이라는 말로 표현하고자 했던 뉴턴 본인의 이해는 무엇이었을까이다. 분명히 뉴턴이 사용한 말이나 상징은 중요한데, 바로 그 말과 상징을 통해서 그가 했던 '이해'나 '의미'가 실제로 소통되기 때문이다. 그렇지만 이전에는 결코 이해할 수 없었던 우주에 대한 이해가능성을 뉴턴과 같이 최초로 사색한 자가 이해했고, 뉴턴이 다른 저자

---

2)   *Insight*, 271-2.

들이 썼던 단어들을 사용했을지라도 그 단어들로 그가 이해했던 의미는 어느 정도는 꽤 다르다. 그래서 당신의 생각이나 제안, 그리고 그 생각이나 제안을 표현하려고 당신이 선택한 문장 간에는 차이가 있다. 생각과 문장 사이의 이 차이의 근본적인 중요성은 이제 판단함의 논의로 전환되면서 더욱 분명해질 것이다.

2 판단하는 자로서의 자기

통찰이 일어나는 방식의 연구에서, 질문은 중요하다. 질문은 이해하지 못하는 것에서부터 이해로 이끄는 규범적인 지향성을 제공한다. 당신 자신이 알지 못한다는 것을 알며 동시에 아직 알지 못하나 장차 알 수 있을, 모순 상태에 질문이 있다. 이해함의 활동에서 어느 순간 갑작스럽게 문제를 해결할 능력을 갖고 있다는 사실을 당신은 깨닫는다. 생각(thoughts)이나 아이디어로 된 통찰은 꽤 다른 방식의 질문 덕택에 새롭고 고차적 인지 단계로 나아갈 수 있는 조건을 갖추어 놓았다.

무엇인가 그리고 왜인가라는 질문은 지자로서 당신이 외부의 감각자료에서든 내면의 당신의 의식에서든, 미지의 이해가능성을 당신이 찾아내도록 한다. 통찰이 일어날 때, 통찰은 당신이 지금까지 이해해 온 방식대로 할 경우 이해가능할지 고민하는데, 이는 당신이 사용하는 문장이나 정의에서 당신이 생각한 것이 당신의 이해와 상관 있으면 포함하고, 그렇지 않은 것은 배제한다는 의미다. 그러나 그 발견이나 정형화는 참인지 그렇지 않은지에 관한 단순한 정의, 개념, 견해, 혹은 가설일 뿐이다. 인지 과정은 개념, 정의, 가설로 전환되지 않는다. 이 생각은 옳은가, 이 제안은 정말 그럴까 하며 질문을 던지고 있는 자신을 발견하는 것은 저절로 일어나는 자연스런 현상이다. 고차적인 알아감을 목표하도록 당신에게 동기를 불러일으키고 당신을 주도하는 것은 바로 당신의 궁금증이다. 무엇인가 그리고 왜인가라는 궁금증으로 말미암아 당신의 인지 활동을 개시하게 했던 질문이,

이제 당신을 이해 너머로 나아가게 하고, 당신의 통찰과 정형화에 관해 더 심오한 질문을 일으킨 후 이해뿐만 아니라 당신의 이전 경험에 대한 당시 당신의 이해를 비평하고 판단하기 시작한 세 번째 단계로 개방한다.

'그런가?' 라는 이 질문, 당신을 이해함 너머의 판단함으로 나아가게 하는 이 질문은 두 가지를 행한다. 첫째, 생각, 의견, 제안 혹은 과학적 법칙이 이런 방식으로 의문시될 때, 그것은 미심쩍은 아이디어로 변형된 것이다. 그것은 확인이 필요한 아이디어 혹은 가설이 되었다. 당신은 훌륭한 아이디어를 가졌다고 생각할지도 모르지만 그러나 저절로, '그럴까' 하며 의문에 처해 있는 자신을 보게 된다. 일단 이런 비판적인 질문이 시작되면, 당신의 아이디어는 참일 수도 혹은 그렇지 않을 수도 있는 제한된 아이디어로 바뀐다. 둘째, 그런가 하는 질문은, 아직까지 판단하지 못하고 있는 판단으로 당신을 향하게 하는 규범적 정향이다. 의문에 처해진 경험이란 알지 못하고 있음을 아는 것을 이미 지적했다. 이제 두 번째 알지 못하고 있음을 아는 것은, 의문에 처해진 아이디어가 잠재적으로는 이해할 수 있는 아이디어라는 점에서 아는 것이지만, 그러나 현실적으로도 이해할 수 있는 아이디어인가라는 점에서는 알지 못하는 상태, 그래서 물음의 대상이 된 아이디어다. 물음의 욕구는, 첫 번째 지각경험을 넘어 이해할 수 있는 경험 영역으로, 두 번째 가능적으로 이해할 수 있는 경험 영역에서 현실적으로도 이해할 수 있는 경험 영역으로 나아간다. 물음은 자발적이며 규범적으로 그리고 어느 정도는 계속적으로 이처럼 한다. 일단 의문을 갖게 되면 '나의 해석은 참일까' 하고 질문하게 되고, 질문의 요구사항이 충족되어 그렇다, 혹은 아니다 혹은 그럴지도 모른다 등의 목표에 도달할 때까지 당신의 물음은 좀처럼 사라지지 않는다. 무엇인가 혹은 왜인가의 질문이 통찰과 아이디어로 당신을 향하게 하는 것과는 달리, '그런가' 라는 질문은 그렇다, 아니다, 그럴지도 모른다와 같은 답을 향하고 있다.

알아감은 단순한 활동이 아니다.[3] 그것은 세 가지 다른 차원으로 구성된 활동이며 질문의 상태에서 이 세 차원은 역동적으로 관계를 맺고 있어 서로 영향을 끼치고 있을 뿐만 아니라 한 차원이 계속해서 변해 다음 단계, 알아감의 마지막 단계인 판단함이 성취될 때까지 당신을 이끌어 간다. 첫 번째 차원인 외적이거나 내적인 지각경험은 알아감이 아니라 그 과정의 일부분이다. 마찬가지로 두 번째 차원인 이해함도 알아감이 아니라 그 일부분이다. 세 번째 차원인 판단함만이 알아감의 전 과정을 완전하게 이룬 것으로 세 차원 모두를 포함하여 '알아감'이라는 하나의 체계화된 활동으로 통합된다.

과연 그런가라는 물음에 어떻게 대답하는가? 어떤 아이디어를 더 이상 생각하지 않고 확실하다고 단언할 때 당신이 그렇게 한 이유는? 혹은 계속 생각하고 곰곰이 반성해 온 아이디어를 옳다고 당신은 결론을 내렸는가? 정확히 이 마지막 결정에 영향을 끼친 것은? 좋은 판단을 내리는 것에 관한 은유 중, '증거의 무게를 재는' 은유가 판단에 영향을 끼친 것이 무엇인지 명확히 하는 데 도움을 준다. 법정의 판사와 배심원은 증거에 귀를 기울여 최종적으로 유죄 혹은 무죄를 판결한다. 형사재판의 배심원들에게 주는 지침에서, 판사는 합리적인 의심 이상의 확신이 들면 피고인을 유죄라고 생각하라고 배심원들에게 알려 준다. 배심원들이 미래에 자신들의 판단을 의심할지도 모르지만 그들의 의심은 합리적이었나? 이 같은 상황에서 '합리적'이라는 것은 무엇을 말하는 것일까? 합리성은, 판단의 근거가 충분한지 아닌지를 결정짓는 증거의 무게를 재는 과정 즉 반성의 과정을 말한다. 피고인의 유죄를 입증할 증거가 충분한데, 배심원들이 판결하지 않는다면, 배심원들은 합리적이지 않은 것이다.

증거가 충분하다고 여기게 되는 것은 당신이 이전에 했던 판단의 맥락에 달려 있다. 직접적인 통찰이 쌓여 관점이 된 것과 마찬가지로, 이전에 내린 판단이 쌓여 당신의 물음에 좀 더 넓은 알아감의 맥락 혹은 지평이 되었다. 새로운 판단은 당신이 했던 이전 판단의 영역을 바르게 하고, 보완하며, 확

3) *Insight*, 273-5.

200 자기 앎의 탐구

장한다. 이것의 의미는 당신의 예기적인 판단은 이전의 판단 맥락에서 재 검토되고 평가된다는 것이다. 판단은 이전에 일어났던 것이기 때문에, 당 신이 좀 더 새로운 판단을 내릴 것으로 예기되는 내에서 자기 발견 체계는 활동한다.[4] 통찰의 핵심적인 특징은 통찰이 일어나지 않으면 곧 사라져 정 신이라는 텍스트로 들어간다는 것이다. 과거의 판단이나 반성하여 얻게 된 이해도 마찬가지로 참이었다. 과거의 판단, 이해 역시 미래의 판단을 위한 영원한 배경이 된다. 전통 스콜라 철학은 이전에 획득된 그 판단을 지성의 습관이라 정의했다. 지성의 습관은 어떤 환경하에서 저절로 작동되고, 당신 의 물음을 이끌며, 새로운 판단을 위한 준비 과정에서 당신이 심사숙고할 때 고쳐지기도 하면서, 당신의 전문 영역을 확장한다. 초보 목수가 경험 많 은 목수의 기술을 점점 습득하면서 그 수준에 도달해 가는 것처럼, 사람 역 시 지혜롭고 신중한 비판, 합리적이고 균형 있는 판단은 점점 발달해 간다.

내가 강조하고 싶은 것은 비판적인 물음이 판단을 잘 내리는 데 핵심적 으로 작동한다는 것이다. 인지 활동의 두 번째 단계에서 통찰이 무엇인지 혹은 왜 그런지라는 당신의 탐구적인 질문과 만나는 것처럼, 반성적 통찰 은 당신의 비판적인 질문(정말로 그런가)과 만나야 한다. 그렇지만 반성적 질문에 대한 답은 갑작스런 섬광처럼 나타나는 것이 아니라 오히려 천천 히, 당신에게 제시된 증거의 무게를 조심스럽게 재 보는 과정에서 나타나 는 특징이 있다. 통찰의 '갑작스런 섬광'이 진행되면 반성적 이해함의 조건 이 갖춰진다. 그러므로 배심원의 예에서, 만약 당신이 증거를 이해하지 못 하면 당신은 판단할 수 없다. 반성적 이해함은 직접적인 이해함 위에서 구 축되고 추측되는데, 그때 반성적 이해함은 가능적인 증거에 대한 올바른 이해함을 현실적인 올바른 알아감으로 변형시킨다. '내가 옳은가?', '그 쟁점을 공명정대하게 파악해 왔는가?' 하는 질문을 스스로에게 던질 때, 당신의 의식에서는 충분한 증거를 요구한다. 당신의 판단에 헌신하기 전

---

4)   *Insight*, 275-8.

에, 당신은 그 요구에 대면해 당신의 궁금증을 해결해야 한다. 수많은 차원의 개연성이 있지만 결국에 가서 중요한 점은 당신이 결정을 내려야만 한다는 것이다. 다른 말로 하면 이해함에 받아들일 만한지와 타당성에 관해 당신은 교차 검증을 해야 한다.

세 번째 단계인 판단함에서 당신은 두 번째 단계인 이해함을 행할 때보다 책임과 자유에 관해 질적으로 전혀 다른 감정에서 행동한다. 라 로슈푸코(la Rochefoucauld)의 '사람은 누구나 자신의 기억력에 대하여 불평하지만 누구 한 사람 자신의 판단에 대하여 탄식하는 자는 없다'는 경구를 떠올리면 위의 말은 쉽게 증명된다. 이 경구가 말하는 것은 당신이 다른 수준에서 하는 이 경험함은, 책임에 대해 정도가 다르다는 것뿐만 아니라, 당신의 알아감의 과정에서도 다른 수준, 다른 종류의 자각이 있다는 것에 주목하게 한다. 그러므로 이 경구가 말하는 것은 판단함이라는 세 번째 수준의 활동과 대조하여 첫 번째 수준의 기억함에 주목하게 한다. 설명해 보기로 하자. 첫 번째 수준의 인지 활동을 가리킬 때 '경험함'이라는 말을 사용해 왔는데, '경험'은 경험함이라는 말이 함축하는 것보다 쓰임이 더 폭넓은 단어다. 인지의 첫 번째 수준에는 전통적으로 외적이고 내적인 감각활동이 있다. 즉 보는 것, 듣는 것, 냄새 맡는 것, 맛보는 것, 감촉하는 것 등의 외적 활동과 느끼는 것, 상상하는 것 그리고 기억하는 것 등의 내적 활동이 포함된다. 이 활동들은 단선적으로가 아니라 다양한 패턴과 계획 안에서 일어난다. 또 의식활동이기도 하면서 의식하지 못한 채 조직화하는 것도 포함하고 있기 때문에 나는 몸과 마음의 연관된 활동들로 언급해 왔다. 여기서 이슈는 세 번째 수준인 판단함을 조절할 수 있을 만큼 낮은 차원의 활동을 직접적으로 조절할 수 없다는 점이다. 두 번째 수준의 활동인 물음, 이해함, 그리고 숙고함의 활동에 대한 당신의 직접적인 조절은 어떠한가?

감각적 경험들에 대해 의문이 생기면, 통찰이 발현될 수 있는 상황을 구성하지만, 의문이 생겼다는 것이 그 통찰이 생겨나도록 보장하는 것은 아니다. 통찰은 (일어날) 가능성이 있는 사건으로, 당신이 다소 통찰을 (일어날 수 있도록) 가능성 있게 할 수 있을지라도 당신은 통찰이 발현되는 것을 완전히 조절할 수는 없다. 그런데 당신이 세 번째 수준으로 이동하여 '내 통찰은 옳은가?' 하는 의문을 가질 때, 심지어 당신이 이해하지 못해서, '나는 이해가 안 된다'고 말할 수 있는 것, 이것도 그 자체로 하나의 판단이다. 당신이 이해한다는 것은 확실한 판단을 내릴 만큼 증거를 충분히 갖고 있어서가 아니다. 당신 머릿속의 이런 상태를 표현할 수 있는 말은 '나는 그렇게 생각하거나 의심하는 경향으로 기울어져 있다'는 것이다. 다른 말로 하면 증거가 충분하지 못하면 판단을 내리지 말아야 한다는 것을 깨달았기 때문에, 이해함보다는 판단함에 대해서 당신은 더 책임감을 느낀다. 더 심화하면 기억함, 들음 등의 첫 번째 수준의 활동보다는 두 번째 수준의 통찰에 대해서 더 책임감을 갖는다.

그러므로 인지 활동을 조절할 수 있는 당신의 능력이 증가되는 것은 당신이 경험함이라는 첫 번째 수준에서 의문을 갖고 이해하고, 반성하는 두 번째 수준으로 나아감에 따라 그리고 두 번째 수준에서 세 번째 수준으로 나아감에 따라 조절의 범위가 좀 더 폭넓어진다는 의미다. 7장에서 보겠지만 네 번째 수준인 평가함, 선택함으로 나아갈 때 당신의 조절과 책임은 더 높은 단계에 도달한다. 경험하는 '나'는, 의문을 갖고 이해하는 '나'와 연관되어 있지만 다르며, 반성하고 판단을 하는 '나'는, 이전 단계에 있던 '나'와 연관되어 있지만 다르다. 게다가 이 세 단계에는, 이들 세 수준의 활동을 단일한 동일성으로 통합하는, 분명 하나인 그리고 동일한 '내'가 있다. 이 통일성에 대해서는 다음 절에서 생각해 보겠다.

이들 인지 활동의 세 수준을 당신이 조절하는 데 있어서 다른 점들을 강조하는 또 다른 방법은, 판단함에는 당신이 판단하거나 혹은 주장하는 것에 개인적 헌신이 포함된다는 점에 초점이 있다. 사람들은 스스로 내린 판단에 대해 민감한데, 판단을 할 때 예를 들어 어떤 사람이 유죄인 것은 사람들이 이 사람을 유죄라고 생각된다고 말해서가 아니라 오히려 사람들이 생각을 넘어 생각함이 알아감으로 된 인지 활동의 마지막 단계에서 내린 결론이다. 사람들은 그 사람을 유죄라고 생각하는 것이 아니다. 그들은 그가 유죄라는 것을 알며 그래서 유죄라고 주장한 것이다. 그렇기 때문에, 만약 당신이 사람들의 판단에 의문을 갖는다면, 그들이 내린 판단의 진실성과 엄밀성에 대한 인격적 헌신에 의문을 갖는 것이다.

그래서 모순적이게도 판단은 사적이면서 또 공적이다. 어떤 사람이 유죄라고 판단되는 것은 배심원들이 그렇게 말했기 때문이 아니고, 사실 이 사람이 죄를 범했다는 주장을 할 충분한 증거가 있다고 배심원들이 판단했기 때문이다. 이런 식의 판단은 매우 개인적인 사적 판단이지만 또한 개인적이지 않고 공적인 객관적 판단이기도 하다. 배심원들은 또 다른 지자가 조사하더라도 그 증거에 의해 똑같은 판단을 내릴 충분한 이유를 역시 찾을 수 있을 것이라고 주장한다. 이것이 의미하는 바는 당신이 진실을 말하는 것이라면 그 진실이 개인적이거나 사적이거나 상관없이 특정 개인을 넘어 다른 지자들도 이 똑같은 진리에 참여하고 헌신하는 공적으로 공유하는 차원이 있다는 의미다. 그러므로 수많은 지자들이 이 똑같은 참된 판단에 속하고 공유한다. 그리고 각각의 개별 판단이 개인적이고 사적인 반면, 옳은 판단은 또한 개인적 차원이 아닌 공적 차원이다. 수많은 지자들이 그 진리에 스스로를 헌신하는 하나의 진리가 있을 수 있다. 예를 들어 낙하에 관한 갈릴레이의 법칙, 중력에 대한 뉴턴의 법칙 등은 한 사람의 지자가 발견하고 입증한 것이지만 이 법칙들은 지자가 속한 공동체의 공적 자산이 되었다. 더 놀라운 것은 갈릴레이와 뉴턴은 죽었지만 그들의 판단이 옳은 한에 있어서 이 법칙들은 지속되고 있다. 옳은 판단이 갖는 이처럼 영구한 공적인 차원은 무엇일까?

영구히 계속되는 것은, 판단이 내려진 조건이 아니라 이해되고 확증될 수 있는 이해가능성이다. 판단을 내릴 때 판단된 것은 당신이 사물을 옳게 이해해 왔는지 여부이다. 지자들에게 공통된 것은 그들이 똑같은 경험을 해 왔다는 것이 아니라, '이 통찰과 아이디어들은 옳은가?' 라고 자신들의 통찰과 아이디어에 대해서 똑같은 의문을 던져 왔다는 점이다. 각각의 지자들의 공통점은 '그런가?' 라는 의식적이며 자발적인 의문이 출현했다는 점이다. 이 질문은 모든 지자의 의식에 (편재해) 있으며 지자는 우리의 예견적인 판단에 토대가 되는 충분한 증거를 요구한다. 그러므로 '그런가?' 라는 비판적 의문은 생각하는 사람들을 판단하는 자가 되도록 자극한다. 예를 들면, 판단자로서 지자는 '인상적인 아이디어로군. 과연 그것은 그런가?' 라고 말한다. 판단함은 당신의 생각에 긍정 혹은 부정, 유죄 혹은 무죄, 진실혹은 거짓을 덧붙이는 것이다. 그런데 그렇다 혹은 그렇지 않다는 그 자체로는 지적이지 않다. 두 번째 수준의 무엇 혹은 왜라는 질문 없이는 판단이라는 것은 없다. 이때 판단함은 처음의 두 수준들에서 '충분한 증거' 가 될내용을 갖고 그래서 '그렇군' 혹은 '전혀 그렇지 않군' 하고 주장한다.

단순한 그렇다 혹은 그렇지 않다는 대답은 중요해 보이지 않지만 판단이처음의 두 수준의 종합에 무엇인가 하는 것을 아는 점은 중요하다. 판단함을 통해 조건에 제한되지 않은 종합으로 전환되어 왔기 때문에 종합은 더이상 조건적 종합이 아니다. '그렇다' 는 주장은 절대적인 언급인데 당신이무조건적 확정을 할 때는 당신이 그 조건들이 주어진 것임을 이해해 온 것처럼, 그 조건들이 주어졌다는 것을 파악했기 때문이다. 이 절대는 조건이주어져 있는 한에 있어서 절대이다. 다른 말로 하면, 완전히 무조건적인 절대는 아니며, 오히려 그 조건이 주어져 온 덕택에 절대인 것이다. 그것은제한된 절대이다. 이 논의는 일반적인 방식으로 판단함이라는 인지 활동을다룬 것이다. 이제 나는 판단함의 특별한 두 형태, 상식적 판단함과 과학적판단함을 고찰해 보고 싶다.

2a 상식적 판단

나날이 생기는 생활의 구체적 문제를 지적이고 합리적인 방식으로 해결하는 데 관심을 갖는다는 의미에서 '알아감' 은 특정한 패턴의 상식이다. 인지활동의 이 패턴은 구체적이고 특정한 주제들을 다루면서 진전되는 것이지, 이론적이고 포괄적인 관심을 다루려 준비하는 것은 아니다. 상식적 지자는 가족과 이웃과 어떻게 협력할지를 배우고, 다른 그룹들과 경제적으로, 정치적으로, 교육적으로 그리고 종교적으로 어떻게 협력해야 하는지를 배우지만 물(物)들을 주체 중심에서 이해하고 판단하는 기술적 차원을 추상화하지 않는다. 상식적 지자들은 사회학자와 경제학자처럼 인문 과학의 지자들에게서 찾을 수 있는 사회적 · 경제적 · 정치적 체계의 포괄적 이해를 구하는 것이 아니다. 그렇다고 상식적 지자들이 그들의 활동 범위 안에서 옳게 판단할 수 없다거나 그렇게 하지 않는다는 의미는 아니다.

올바른 상식적 판단을 내리는 문제는 이 같은 한계들이 매우 특수하다는 것이며 그 같은 판단의 범위는 구체적이고 특정한 환경의 기술적 맥락에 항상 제한되어 있고 둘러싸여 있다는 의미다.[5] 예를 들면 교사들은 중요한 문제에 관해 학생들에게 어떻게 말할지 교수법에 근거한 상식적 수준의 교안이 있다. 교육학은 배워야 하는 숙련된 기술이어서 교사는 관찰하고, 조언도 듣고, 다른 접근법을 실험하고 시험도 해 보면서 적용과 수정을 한다. 교사는 전문적으로, 교육학적으로 성공적인 여러 방법 가운데 상이한 경험을 쉽게 다룰 수 있을 때까지 그렇게 한다. 이것의 요점은 교사들은 과목을 준비하고 조직화하고 학생들에게 그 과목을 효과적으로 전달할 수단을 마련하는 판단들의 맥락을 터득해 왔다는 것이다. 교사의 수준은 교육학적 문제들과 상황들을 진술할 수 있는지 그리고 수준이 다 다른 학생들에게 개별 과목들을 바르게 판단 적용할 수 있는가에 달려 있다. 일련의 구체적인 판단을 성취한 교사는 각각의 새로운 상황 혹은 각각의 모든 대상 안에서 본인이 덧붙인 구체적인 일군의 통찰, 이런 새로운 상황을 성공적으로 다루는 심화된 통찰을 갖고 있다. 각각의 모든 새로운 상황들을 이전에 판단된 상황과 마찬가지로 다룰 수 있음을 파악하면서 교사들은 계속해서 일반화하고 분석했다. 이것이 상식적 패턴의 알아감에서 우리가 이성적이고, 반성하며, 판단하는 방식이다.

---

5)   *Insight*, 279-99.

지자들은 하나의 특정한 사례와 관련된 사례들을 토론하고 일반화하는데 이는 자연스럽다. 그런데 문제는 단순히 분석하거나 일반화하는 것이 아니라 정확하게 그렇게 한다는 점이다. 다른 말로 하면 실질적 지혜를 지닌 교사는 가르치는 데 있어서 어떤 교정이 필요하다는 사실을 알게 되면 어떻게 학급을 평가하고 방법을 바꿔야 하는지 안다. 만약 그 교정이 실패했다면 일반화를 안이하게 했다는 것이 드러난 것이다. 현재의 상황과 문제를 이전의 상황과 똑같은 방식으로 해결하려 한 것인데 사실 주어진 이 상황은 미묘하게 달라졌기 때문에 이해하고 판단할 때 주의해야 한다. 결과적으로 그 교사는 부주의해서 실수를 하게 되었고 그 상황에 대한 이해와 옳은 판단 대신 오해와 잘못된 판단을 한 것이다.

하나의 상황과 일련의 문제로부터 다음의 것을 분석하고 일반화할 때, 당신은 상황들이 실제로 비슷한지 조심스럽게 점검하고 확인할 필요가 있다. 만약 실수하고 오해를 했다면 다음과 같은 질문을 함으로써 실수를 교정할 수 있다. 이 상황을 옳게 이해해 왔는가? 이 새로운 상황을 조심스럽게 되돌아보고 충분히 조사했으며, 이전의 상황과는 달라진 그래서 성공적인 결과를 얻기 위해서는 새로운 이해와 새로운 과정을 요구할 수밖에 없는 문제점을 질문할 충분한 시간을 가졌는가 등을 질문함으로써 말이다.

현재 실제 상황에서 문제시된 분야를 폭로하기 위해 충분한 시간을 갖고 비평적 질문을 했는지 판단자로서 당신은 어떻게 아는가? 참된 판단을 위한 지침 규범은 충분한 증거이며, 당신의 통찰이 정확히 그리고 올바로 그 쟁점이 된 문제와 만났다면 그 증거는 충분하다. 올바른 통찰의 기준은 올바른 의문이다. 제한된 상식 안에서 흥미가 일어났을 때 당신의 구체적 통찰이 비판적 의문과 만나기를 요구하는가? 그 같은 관심은 제한된 것이고 그래서 그 문제는 올바른 한계를 두어야 한다. 만약 항해술을 배우려 한다면 무역을 배워 온 숙련된 사람에게 말을 해야 한다. 즉 숙련된 이들은 전문가의 수준에 도달한 이들로, 이 의미들을 사례별로 폭넓게 정렬해 놓고 다양한 문제와 상황들을 옳게 판단할 수 있다. 요점은 숙련공은 이미 벌써 문제시된 상황들을 옳게 판단할 수 있는 그리고 쉽고도 효과적으로 풀 수 있는, 노련함을 획득해 온 제한된 특정 맥락에서 활동을 하기 때문에 구체적인 문제를 해결하는 데 바르게 판단할 수 있다는 것이다. 아리스토텔레스처럼 현명한 노동자들은 '해야 할 올바른 것, 올바른 시간 그리고 그것을 행할 올바른 방법' 을 안다.

다만 매우 제한된 상황하에서만 이 같은 판단들은 올바르거나 참되다고 주장하는 것이 중요하다. 그 같은 판단들은 특정한 시간과 공간, 특정한 문제와 특정한 해결법에 한정되어 있다. 전체 우주 물리가 실제 어떻게 작동하는지 당신이 이해하고 바르게 판단하기를 원한다면 다른 방식의 판단을 필요로 한다.

2b 과학적 판단

우리가 상식에서 과학적 판단으로 전환하면, 반성적 이해의 일반적 형식과는 다른 유형을 그려볼 수 있다. 과학자들은 과학적 판단을 내릴 때 무엇을 하는가?[6] 2장에서 갈릴레이가 모든 물체는 가속도로 떨어진다는 자신의 가설을 검증하려고 어떤 실험 절차들을 고안했는지 보았다. 갈릴레이가 가설을 세웠던 대로 낙하하는 물체들의 측정치에 조건을 두었더라면, 물체는 예상 속도로 떨어졌을 것이다. 그러나 그는 측정치를 거리와 시간의 예상 비례로 대체했고 그렇게 해서 낙하물에 관한 자신의 법칙이 옳다는 것을 확증했다. 과학적 판단은, 상식적 판단처럼 일반적이면서도, 또한 특수하게 다르다.

상식적 판단에서 당신은 자신을 기술적 관계성에서 탈중심화하지 않고, 이해가능한 엄격한 관계들의 세계 안에 이해하는 자로서 당신 자신을 다시 중심에 놓는다. 오히려 당신은 태양이 뜨고 지며 지구는 돌지 않는 그런 세계 안에 여전히 있다. 상식적 지자는 감각적으로 직접 소여된 것은 매개하

6) *Insight*, 299-309.

지 않는다고 잘못 생각하는 경향이 있지만, 그러나 그들도 매개한다. 상식
적 지자로서 당신은 주변의 물(物) 세계를 당신의 모국어가 만들어 낸 일상
언어의 의미 패턴을 통해 매개하고 있다. 물이 갖고 있는 속성을 통해, 그
속성 안의 어떤 대상을 정의하는 그 언어를 학습함으로써 물이 무엇인지
당신은 아는 것이다.

　그런데 갈릴레이는 매개 없는 시각적 장을 패턴화하지 않았다. 그는 기
술적인 관계성들로부터 추상화해서 정확히 설명할 수 있는 관계성 ― 특정
한 실험 절차와 그것에 의해 타당성이 입증된 ― 에 초점을 맞추었기 때문
이다. 자신의 가설을 입증할 때 갈릴레이는 관찰가능한 장에 되돌아가 심
사숙고했으나 그것은 일상에서 관찰할 수 있는 그런 장이 아니었다. 그것
은 실험으로 매개된 장이었고 더욱 중요한 점은 그의 의도는 즉각적으로
관찰가능한 실험뿐만 아니라 관찰할 수 있는 우주의 모든 만물을 궁극적으
로 설명해 내는 것이었다. 갈릴레이, 뉴턴, 아인슈타인과 같은 고전 과학자
들은 구체적이고 특정한 기술적인 관계들을 매개하는 데 관심이 있었던 것
이 아니라 왜 우주 만물이 그들의 존재 방식 안에서 그렇게 움직이고 보여
지고 들리는지를 설명하고 그 기반 위에서 설명적 관계성을 바르게 매개하
려는 데에 관심이 있었다. 그래서 과학자들은 태양이 뜨고 지는 것을 왜 당
신이 보는지, 태양이 뜨고 지는 것 같은 판단이 매우 제한된 맥락 안에서는
왜 옳은지를 설명할 수 있었다. 물을 옳게 이해하고 판단한다는 것은, 물들
이 서로의 관계성 안에서 그리고 그들의 독특성 안에서 포괄적으로 그리고
온전하게 판단되는 것이다.

　상식적 판단자는 구체적 특수성에 초점을 맞추지, 보편적이고 포괄적인
것에 초점을 맞추지는 않는다. 이것이 설명하는 것은, 왜 갈릴레이의 법칙
과 그가 살던 시대의 법칙들이 결국 뉴턴의 더 포괄적이고 체계적인 설명
으로 유도되는지, 또 뉴턴에서 아인슈타인의 법칙으로 유도될 때 물리적
우주 세계 안에 있는 만물 서로 간의 구체적 질서에 관해, 더 포괄적이고
더 통합적인 이해와 판단이 되는지, 또 왜 상식적 판단들이 어느 정도 옳은

반면, 과학적인 판단들은 충분히 포괄적인 설명을 지향하지만 단지 개연적일 수밖에 없는지 그 이유를 설명해 준다.

　과학적 판단은 타당성이 누적되어 입증된다. 그래서 갈릴레이의 지상에서의 운동 법칙과 케플러의 우주에서의 운동 법칙은 뉴턴의 지상과 우주라는 두 곳에서의 운동 법칙에 관한 체계적인 설명 안으로 포섭된다. 다른 말로 하면 실제적인 알아감은 과거가 진보하여 통합되고 과거를 수정하고 변형하고 보완하는 것과 마찬가지인 것처럼, 과학자들 역시 과거의 과학적 상황을 옳게 고치고 변형하여 진보한다. 우리는 무척 많은 과학적 배움의 예를 볼 수 있는데 예를 들어 화학의 역사를 보면 고대 그리스에서 전개된 흙, 공기, 불, 물 등의 4원소론이 19세기에는 92개의 원소 이론으로 발전되었다. 과학적 배움의 진척은 연역적으로가 아니라 추론적으로 발전 진행한다. 과거의 직접적이고 심사숙고한 이론적 이해함을 과학자들이 소화하고 보충하고 교정하고 변형하고 제거하고 그리고 축적하면서 한 발씩 나아가기 때문이다. 구체적인 나날의 생활에서든 과학적 탐구에서든 인간의 배워나감은 시행착오를 거쳐 현저하게 다른 그러나 연관된 방식으로 진보하기도 하고 퇴보하기도 한다.

　이 배워 감을 이해하고 판단하기 위해서, 당신은 통찰이 어떻게 체계의 통일성 안으로 축적되는지 그런 후 더 심화된 질문과 통찰 — 이 질문과 통찰은 수정을 요구하고 역 통찰을 통해 좀 더 중요한, 근본적인 역전이 일어난다 — 이 생겨나는지 알아야 한다. 알아감은 상호연관된 인식활동의 세 차원의 역동적 구조이다. 당신이 이전에 분명히 적절하게 형성할 수 있었던 것보다 세 차원의 순환과 재순환이 연합되어 좀 더 풍부하고 더욱 복합적으로 포함되었다. 알아감에 있어 기능적으로 상호연결된 단계들의 이 같은 상호작용에서, 당신 안팎의 의식경험이 가능적으로 이해할 수 있는 경험으로부터 현실적으로 이해할 수 있는 경험으로 바뀌면서, 첫 번째 단계인 경험에 세 번째 단계인 판단함이 통합되는데 이때 바로 두 번째 단계인 이해함이 그렇게 한다. 예를 들어, 일단 당신이 언어를 배우면 당신은 더 이상 돌, 나무, 물(水)과 같은 익숙한 대상들을 단순히 경험하지 않는다. 오히려 당신이 살고 있는 언어적 상식 세계에 익숙한 방식으로 그것들에 이름을 옳게 붙이면서 당신은 그것들을 참으로 이해가능한 방식으로 경험한다. 또는 만약 당신이 돌과 물(水)이 무엇인지 왜 그런 방식으로 행하는지에 관해 화학적 이해를 습득했다면 과학적으로 개연성 있는 방식 안에서 그것들을 경험할 수 있다. 요점은 당신 주변의 세상경험을 입증할 뿐만 아니라 동시에 둘러싸고 있는 세계의 이해가능한 경험에 대해서도 증명해야 한다는 것이다. 당신에 관한 감각적 세계와 당신 안에서 느껴진 세계는 당신의 통찰과 판단에 의해 매개되고 변화되어 분명히 이해가능하게 된다.

지자로서 당신 자신을 알아가는 근본적인 문제는 우리 모두처럼, 당신도 의식활동이 매개되지 않은 경험을 자신을 알아감 — 오히려 그것은 자기를 경험한 것일 뿐인데 — 이라고 생각하는 자발적인 경향이 있다는 점이다. 알아감의 상이한 활동을 수행하는 자신의 경험은 매개되지 않은 경험으로 당신 스스로의 탐구적이고 반성적인 의문을 던짐으로써 매개되어야만 한다. '알아감을 경험하는' 것과 '알아감을 알아가는' 것에는 반성적인 근본적 차이가 있다. 더 중요한 것은 알아감을 행하는 자신을 경험하는 것과 상이한 패턴의 알아감을 반복하면서 알아감의 활동을 통해, 그 활동 안에서 지자로서 자신을 알아감, 이 사이에 중요한 차이가 있다는 것이다.

3 지자로서의 자기

여태까지 당신 자신의 인지 활동을 이해하기 위한 조건을 제시해 줄 실마리들을 밝혀 왔다. 알아감의 의미와 조건을 적어 오면서 이제 당신은 스스로에게 다음과 같은 질문을 던질지도 모르겠다. '나는 지자인가? 논의해 온 대로 내가 경험하고 이해하고 판단하는가?' 당신의 구체적인 의식활동의 관점에서 이 질문들에 답을 해야만 한다. 그런데 답을 하기 전에, '의식'(consciousness) 혹은 '자각'(awareness)이라는 말이 의미하는 바를 분명

히 할 필요가 있다.[7]

3a 의식

자기 적정화의 문제는 알아감의 활동들 그리고 그런 활동의 내용 간의 차이점과 약간의 유사성을 발전시키는 것이다. 다만 이 차이를 적정화해 나갈 때, 당신은 의식의 개념을 명료하게 이해할 수 있다. 의식 혹은 자각의 개념을 분석할 때 기본적인 실수는 주의 혹은 지향을 의식과 혼동하는 것이다. 이는 프로이트가 의식과 무의식을 구별하면서 생긴 문제다. 당신이 동기에 주의를 기울이지 않기 때문에 동기는 무의식적인 것으로 생각되었다. 그래서 동기에 '주의를 기울'이는 것은 당신이 동기를 의식하는 것이라고 추정한다.

그러나 이 분석과는 반대로 그 같은 자각에 주의를 기울이지 않아도 당신은 의식하거나 알 수 있다. 당신이 의자에 앉아 독서를 하고 있는 동안, 당신은 마루 위에 있는 당신 발, 당신의 등 또는 의자 위의 엉덩이를 자각하지만, 어떤 자극에 주의가 쏠리거나 일부러 의식적으로 거기에 주의를 돌리지 않으면 당신은 이 자각 혹은 경험에 주의하지 않는다. 그러므로 주의함은 당신을 자각하도록 — 이미 당신은 그렇게 하고 있다 — 만드는 것이 아니라 다른 방식으로 당신을 자각하도록 한다. 예를 들어, 당신이 해변에 누워 아무 생각 없이 하늘을 보고 있는데 갑자기 어떤 소리가 당신의 주의를 끌게 되면 뭐지 하며 당신은 묻는다. 질문함은 당신을 자각하게 하는 것이 아니라 당신을 지적으로 자각하게, 탐구적 의식이 되게 한다. 그래서 의식 혹은 자각은 주의함의 서론 격이며, 주의함을 위한 조건이다. 당신이 아직 자각하지 못했다면 당신은 주의를 기울일 수 없다. 주의함은 당신의 의식이 모호한 자각상태로부터 선택적이고 선별적인 자각으로 변하게 하는 것이다. 그런데 주의함이라는 의식활동에는 주의를 기울이고 있는 의식

---

7)   *Insight*, 320-5.

주체인 당신이 또한 존재한다. 의식은 어떤 활동이면서 게다가 주체 자신의 존재 양태라는 특성이 있다.

의식은 조사할 수 있는 것이 아니다. 오히려 당신이 수행하는 어떤 의식 활동을 통해 또 주체인 당신이 의식적으로 행동할 때 간접적으로 알게 된다. 당신의 활동 전부가 의식적인 것은 아니다. 머리카락이 자라는 것이나 적혈구를 만들어 내는 것에는 주의를 기울일 수가 없다. 이런 활동도 일어나지만 당신은 그것에 주의를 기울이지 않는다. 모든 생물이 의식적인 것은 아니다. 거북이와 나무의 다른 점은 의식이다. 거북이는 의식이 있으므로 거북이가 하는 행동은 의식적이다. 나무는 의식하지 않으므로 어떤 활동도 의식적으로 하지 않는다. 즉 나무는 의식적으로 기능하지 않는다. 의식은 어떤 유형의 물(物)들 그리고 어떤 행동에 내재해 있는 질성(質性)이다. 의식을 알아감의 방식이라고 말할 수 있을까? 그렇다고 할 수 있지만 오직 예비적이며 미분화된 방식이다. 이런 이유 때문에 '경험'이라는 단어가 '의식'과 똑같은 의미를 공유하는지 생각해 볼 수 있다. 주변 세계를 경험하는 것은 그것을 의식 혹은 자각하는 것이지만 그러나 모호하고 아직 분화되기 전의 예비적인 알아감의 방식이다. 의식 혹은 경험은 내적이거나 외적인 자각인가? 당신이 주의를 외적인 경험에서 내적인 경험으로 전환하거나 혹은 그 반대로 할 때 이 차이를 자각하기 때문에, 둘 다이다. 주의를 기울이거나 선택된 자각을 하면서 자기의 내적이며 외적인 장(field)이 구별된다. 그러나 그런 선택을 하기 전에는 내적/외적 구별은 분명하거나 두드러지지 않는다. 분명함과 두드러짐은 단순히 자각에서 생기는 것이 아니라 지적인 자각에서 생긴다. 그러므로 의식, 자각 혹은 경험은 다른 유형들이다.

나는 어떤 활동들 안에서 그리고 그런 활동들을 하는 주체 안에서 곧 일어날 것 같은 자각으로서 의식을 정의했다. '알아감'에 서로 다른 세 층위가 있고, 그것은 서로 다른 세 묶음의 활동을 통해 구성되는 것처럼, 의식에도 세 차원의 방식 즉 경험적인, 지적인, 그리고 합리적 혹은 반성적인 방식이 있다. 의식의 이 유형들이, '알아감'의 서로 다른 층위들과 연합되는 과정에서 의식의 좀 더 분명한 통일성 혹은 단일성이 있다. 내가 '좀 더 분명한'이라고 말한 이유는 세 층위의 의식이 있는 당신보다는 분화되지 않은 통일된 자기로서 자신을 좀 더 쉽게 의식하기 때문이다. 알아감의 각 층위에 대해 상당할 정도의 자기 적정화를 거친 후에야 객체로서의 나 혹은 주체로서의 나라고 말해지는 단일성 안에 있는 세 유형의 의식을 비로소 구별할 수 있게 된다. 의식의 세 유형과 이를 통일하는 주체가 있으며, 게다가 의식의 더 심층적이고 복합적인 차원이 있다. 즉 내적이고 외적인 자각의 문제다. 이것은 정밀한 분석을 필요로 하는데 알아가는 방식에 관해 우리를 상당히 혼동하게 하는 근원이기 때문이다.

  감각운동 기관을 통해 외부 세계에 주의를 기울일 때, 당신 자신에 대해 이중의 자각을 하게 된다. 예를 들어, 시각적 장면에 주의를 기울일 때 당신은 주의 깊게 이 외부 세계의 장면을 자각하고 있다. 그런데 보고 있는 당신을, 그리고 당신 자신에 대해서 주의하지 않지만 알고 있다. 당신이 주의력을 외부 세계, 감각적 자료에서 거두고 당신 내부의 의식의 장을 들여다보기 시작하면, 보고 있는 당신을 그리고 주의력의 대상이 되는 당신 자신을 경험하기 시작한다. 이것은, '보고 있는' 당신의 활동과 '보는 자'로서의 당신 자신을 적정화하기 시작함을 의미한다. 이때 당신은 이중으로 자각하고 있는 것이다. 보는 당신의 활동성과 보는 행위를 하는 주체를 당신은 주의를 기울여 자각하지만 주체의 봄(seeing)은 이제 객관적으로 경험되는 반면에 '주의를 기울이고 있는 주체'는 오직 주관적으로 경험된다. 다른 말로 하면 당신은 자신의 내부에서 일어나는 인지 활동에 매번 주의를 기울이고 의문을 갖는데, 의문을 갖게 된 대상으로서 자신을 주의를 갖고 자각하며, 그 의문을 행하고 있는 주체로서의 자신에는 주의를 기울이지 않지만 자각하고 있다. 이것의 의미는 자기 적정화의 모든 활동에서 '주체'인 '당신'에 대한 심화된 경험 혹은 자각이 생겨나며 계속해서 주의를 기울이고 적정화를 한다는 것이다.

코끼리를 알아가는 것과 주체를 알아가는 것에는 차이가 있다. 두 경우 알게 되는 대상이 있지만, 자기를 알아감의 경우에 있어서 그 대상은 주체가 된다. 그런데 두 경우의 차이는 알아감의 활동에 있지 않고, 사실 자기를 알아가는 것에 있다. 당신은 자신을 처음에는 의문에 처해진 대상으로서 그리고 동시에 경험된 질문자로서 두 번 알게 된다. 코끼리를 알아가는 과정에서, 당신은 경험되고 의문에 처해지며 이해와 생각과 심사숙고한 판단 대상으로서 코끼리를 안다. 그러나 동시에 당신은 이 알아감의 활동을 수행하는 주체인 당신 자신을 의식한다. 그런데 자신에 대한 이 후자의 자각은 오직 알아감의 활동경험이며 지자로서 당신의 경험이다. 그래서 자기를 알아가는 데 반복되는 실수는 자기를 매개하지 않은 자각일 뿐인 자기경험을 또한 자기 알아감이라고 주장하는 것이다. 자기를 경험한다는 것은 예비적이고 모호하고 분화되지 않은, 자기 자각상태이므로 의문과 통찰과 판단으로 매개되어야 한다. 내가 자기 적정화라고 말했던 것이 바로 이 매개다.

3b 자기 확증

의식을 분석하고 있는 이 자리에서, 독자들에게 던진 질문 '당신은 지자인가' 라는 의문에 되돌아가고자 한다. 그 질문을 삼단논법의 형식으로 표현할 수 있다. 즉 당신이 경험하고 이해하고 판단하는, 이해할 수 있는 구체적 통일체라면 당신은 지자이다. 조건을 다음과 같이 말할 수 있다. 즉 당신은 지자이다. 만약 경험하고 이해하고 판단하는 이해가능한 구체적 통일체라면 말이다. 이 조건들의 타당성이 입증되는 장은 당신의 의식자료다. 감각하고, 의문이 일어나고, 통찰이 일어나 아이디어를 형식화하고, 그 아이디어에 대해 의문을 갖고 그리고 판단하는가? 이 질문은 당신이 아는지 그렇지 않은지에 관한 것이 아님을 아는 것이 중요하다. 그 질문은 당신의 인지 활동의 수행에 관한 것이다.[8] 이것이 중요한 이유는 우리는 알아감을 '행함' (doing)이라고 일상적으로 생각하지 않기 때문이다. 걷거나 일하는 것은 '행하는' 예들이지만 알아감은 종종 외적인 연습과 대비된 내적이고 정신적인 활동으로 주장된다. 그러나 알아감을 당신이 '행하는' 어떤 것으로 간주하는 것이 중요하다. 그 이유는 알아감에서 당신이 '행하는' 것은 당신 자신이기 때문이다. 알아감은 자기를 만들어 가는 것이다.

'당신은 지자인가'에는 다른 몇 가지 중요한 면이 있다. 그 질문은 '당신은 필연적으로 지자인가' 하는 점이 아니다. 또 '당신은 늘 지자였던가 하는 것도 아니고 늘 지자일 수 있는가라는 것도 아니다. 오히려 그 질문은 당신에게 지금 이 자리에서의 구체적인 사실에 대한 판단을 하는가를 질문한 것이다. 아주 놀라운 사실은 당신이 그 대답을 피할 수 있다는 점이다. 사실 당신은 지자이다. 그 이유는 알아감에 포함된 활동들은 필연적으로 주어진 것이 아니지만, 그럼에도 그 활동들은 저절로 자발적으로 주어졌기 때문이다. 좋아하든 말든 만약 당신이 눈을 뜨고 있고 의식도 있다면, 당신은 볼 수 있다. 저절로 의문이 떠오르고 당신은 통찰이 일어나는 것을 방해할 수도 있지만 통찰이 일어나면 자연스럽고 필연적인 것처럼 판단하기 위한 질문들이 떠오른다. 당신은 반드시 지자이지는 않다. 늘 지자였던 것도 아니다. 그러나 경험함, 이해함 그리고 판단함의 사건은 여전히 주어지고 의식적으로 주어지며, 당신의 현존 안에 주어진다. 당신이 지자라는 것을 부정할지도 모르겠으나, 실제 자신의 수행과 이 수행에 대한 당신의 설명은 상반될 수 있는 처지에 놓여 있다. 당신이 지자라는 사실을 부정하려고 시도하는 그 과정에 당신 자신의 알아감을 사용해야 한다. 이것은 하나의 사실이며, 그리고 사실들은 엄정하고 공적이며 최종적이다. 사실에 대한 이 판단에서, 당신의 인지 활동들과 활동들의 반복적인 이 도식 안에서 또 도식을 통해서 작동하며 실존하는 통일체로서의 당신을 확인하게 된다.

이 활동들을 행하는 가운데 그리고 그 활동들을 통하지 않고서는 당신 자신을 알 수 없다는 것은 매우 중요하다. 매개하지 않은 자신에 대한 자각

---

8)   *Insight*, 319-20.

은 자신을 직접적으로 매개하지 않고 알 수 있다고 오도한다. 자신을 경험할 수 있고 직접 매개하지 않고 알 수도 있지만 의식하는 것이 알아감은 아니다. 그것은 다만 알아감의 예비단계이다. 자신에 대한 경험은 반드시 이해되어야 하고 이 이해함은 당신의 경험된 자기를 이해된 자기로 바꾼다. 그런데 이 매개는, 당신이 누구인가에 관한 제한된 판단을 하기 전에 판단함으로 더 깊이 매개될 필요가 있다. 그러므로 매개하지 않은 의식적 자기를 매개하기 위해 자신의 알아감을 실제로 사용한다. 그렇게 행하는 가운데 알아감을 '행하는' 주체와 매개되어 알려진 대상 둘 다가 당신이다. 주체로서 당신은 매개하지 않고도 경험되나, 객체로서 당신은 매개되어서 알려진다. 자기 적정화, 자기 알아감에서 당신의 정체성이 당신 자신에게 드러나는 중이다. 알게 된 대상으로서, 자기를 알아감은 인식론과 형이상학의 토대를 제공한다.

나의 의도는 당신이 지자라는 것을 증명하려는 것이 아니다. 당신은 누군가에게 테니스를 하는 활동을 '증명'하지 못한다. 다만 테니스를 하도록 초대할 수 있을 뿐이다. 나의 의도는 당신 자신의 경험에 주의를 기울이도록 그리고 피할 수 없는 지자로서 당신 자신을 수긍하도록 당신을 초대하려는 것이다. 이 과정은 플라톤이 그의 대화에서 행했던 것과 약간 비슷하다. 당신의 반대자가 틀렸다는 것을 증명하려는 것이 아니라, 그 반대자가 논쟁을 위한 토대로서 이 가정에 실제 의존했다는 것을 자각하지 못한 채 가정하고 있었던 그 전제의 맥락을 당신의 반대자가 자각하게 하려는 의도다. 대화는 사람들이 추론 자체의 기반을 탐구할 것을 시작하라는 초대인 것이지 논쟁 혹은 토론이 아니다. 그래서 자기 적정화는 방법적인 절차, 즉 지자로서 당신이, 논쟁에 앞서 있다는, 범주 혹은 원리들에 앞서 있다는 반박할 수 없는 그 사실을 발견하도록 지자를 초대하는 방법적 절차다.

지자로서 자기에 대한 이 같은 판단이 전적으로 새로운 방법의 철학하기를 위한 시금석이 될 수 있다고 하는 이유는, 당신이 지자라는 구체적인 사실은 바뀌지 않기 때문이다. 그 같은 유의 판단은 필연적인 것이 아니라,

제한된 절대, 제한된 불변과 같은 구체적 사실 판단이다. 확실히 당신은 자신에 대한 지식을 확장시키고 향상시킬 수 있다. 당신은 생각과 판단을 고치고 변형해 나갈 수 있지만, 당신이 경험하고 묻고 이해하고 판단한 만큼만 할 수 있다. 교정하는 자로서 당신은 어떤 교정도 할 수 있지만 알아감의 활동을 함으로써 그 교정을 수행한다.

이제 당신이 지자이고 당신이 알아감을 '행하고' 있을 때 당신이 무엇을 하는지 분명해졌으므로 두 번째 근본적인 질문, 즉 당신은 알아감의 이 활동을 왜 하는가, 인지 활동의 이 반복되는 계획을 수행하는 데 당신의 객관성은 무엇인가를 물을 수 있다.

4 존재에 대한 생각

또다시 대답의 근원은, 이 질문뿐만 아니라 이제까지 우리가 고려해 온 모든 질문들에서 올라온 욕망에 있다. 우선, 우리는 왜 '무엇' 을 묻는가? '무엇' 이라는 질문에 답하려 할 때 '왜' 를 묻는 것은 왜인가? '무엇' 을 묻는 까닭은 다만 소리를 듣고 형태를 보는 것에 만족하지 못하기 때문이다. 소리와 형태가 무엇인지 우리는 알기를 원한다. 물음은 알아감이 감각함보다 그 이상이라는 것을 드러낸다. 우리는 왜 우리의 통찰들을 고심하고 정의하고 정형화할 것을 주장하는가? 그 이유는 우리가 이해한 바가 무엇인지 정확히 알고 싶기 때문이다. 우리가 내린 정의, 정형화, 전제들을 왜 물어보는가? 그것들이 옳은지 그른지 알고자 하기 때문이다. 그것들이 옳은지 그른지를 왜 알고자 하는가? 그것이 알아감의 최종적 대상이 되기 때문이다. 실제로 그런지 아닌지 우리가 알게 되는 것은 오직 올바른 전제와 입증된 이론의 매개를 통해서다. 그 같은 절대적인 긍정 혹은 부정이 우리가 구하고자 하는 바다. 실제 무엇을 안다는 것은 첫 질문에서부터 우리의 객관적인 올바름이 있었다는 것이다. 알고자 하는 이 욕망이 마지막에 성취될 때까지 연속적인 단계를 통해 그 과정을 시작하고 계속 지속하였다. 실제로 무엇이라는 것은 단지 감각함만으로, 이해함만으로, 판단함만으로는 알 수 없고, 오직 올바른 알아감의 삼중 체계를 통해서만 알 수 있다.

알아감의 최종적인 용어 혹은 객관성이 올바른 판단에서 말해지는 것이라면 질문은 왜 반복되는 걸까? 질문이 반복되는 것은 어떤 올바른 판단이라도 제한된 판단, 제한된 절대이기 때문이다. 그리고 올바른 판단들이 무엇이 진짜인지 당신의 알아감을 매개하는 반면, 중간중간에 성취된 대상들은 알고자 하는 당신의 요구를 전적으로 만족시키지 못하기 때문에 더 심화된 물음, 더 심화된 정형화, 더 심화된 판단들이 계속해서 개시된다. 중간에 성취된 특정한 대상 외에 분석되고 정의될 필요가 있는 좀 더 심오한 최종적인 객관성도 있는 것 같다.

무엇 혹은 왜라는 물음이, 통찰을 통해 알게 될 아직은 알지 못하지만 알게 될 미지를 향하도록 당신을 주도하고, '그런가' 라는 질문은 판단을 통해 장차 알게 될 것이지만 아직은 알지 못하고 있는 좀 더 심오한 미지를 지향한다. 그 방식을 내가 강조했던 것을 떠올려 보자. 더군다나 물음은 당신을 동기화할 뿐만 아니라 규범적으로 그렇게 한다. 물음은 당신이 할 대답에 맞춰서 기준들을 구성한다. 그래서 당신의 판단은 당신이 제기한 물음의 판단 기준과 만나게 된다. 당신이 할 예기적인 판단들이 정말로 그런지 당신이 계속해서 반성하고 의문을 던지고, 관련된 모든 질문들에 대답이 되었을 때, 당신은 예 혹은 아니오에 자신을 헌신한다. 물음은 당신을 주도할 뿐만 아니라, 물음이 구성한 기준을 따르도록 당신을 강제하며 충분한 증거를 갖추었을 오직 그때에만 동의하게 한다. 물음의 규범적인 정향은 당신이 그 방향을 따르도록 요구한다. 당신이 물음에서 실재를 이해하지도 올바로 판단하지도 않는다면 정말로 무엇이 그런지 당신은 알 수 없다. 그런데 질문의 그 실재는 제한된 하나의 실재이며, 질문도 제한되었다. 당신의 흥미와 욕망이 우리가 분석해 온 알아감의 패턴들 중의 하나의 물음에 한정시켰고 그래서 제한된 질문이었다. 이제 특정한 물음 혹은 패턴으로부터 물음을 전환하여, 저 물음이라는 특정 형식보다 물음 그 자체를 질문하기 시작했다.

우리는 물음의 본성 그 자체가 무엇인지 적정화하려고 시도하고 있다. 알아감의 이런저런 패턴에서가 아니라 알아감의 어느 패턴에서 우리가 묻고 있을 때, 무엇을 하고 있는지를 우리는 묻고 있는 것이다. 알아감의 하나 혹은 또 다른 패턴의 특정 물음은 더 깊은 물음을 계속해서 개시하도록 하기 때문에, 물음이 이런 제한되고 연속상에 있는 중간적인 대상을 넘어 모든 것에 관한 모든 것을 알게 될 최종적인 객관성을 향해서 우리를 이끌어 간다고 확정할 수 있다. 모든 것, 그리고 모든 것에 대한 모든 것의 전통적인 명칭은 '존재' 혹은 '실재'다.

5 제한되지 않은 존재

지자로서 당신이 아는 제한된 맥락과 모든 것에 관한 모든 것을 알아가는 잠재적으로 제한되지 않은 맥락 사이에 당신은 늘 있다. 이 후자의 맥락은 제한되지 않은 것만이 아니라, 또한 전부를 포괄한다. 만약 존재가 모든 것 그리고 모든 것에 대한 모든 것을 포함하는 것이라면 그것 너머에 남겨진 것은 없다. 더욱 중요한 것은 모든 것을 다 포함하고 있기 때문에 그 너머가 없다. 그 최종적인 대상은 전적으로 포괄적이어서 한계, 제한 또는 조건이 없다. 이 최종적인 대상은, 당신이 내렸던 올바른 판단에서 만나는 제한된 절대가 아니라 제한되지 않은 무조건적인 절대다.[9]

하나의 올바른 판단은, 당신이 그것이 주어진 것임을 이해해 왔고 판단해 왔던 것처럼 오직 주어져 온 그 조건들 가운데서만 절대다. 그렇지만 최종적인 객관성에 관해 조건 지어질 것은 없는데, 그 이유는 '사실상 무조건적이어서'가 아니라 전적이며 완전하게 무조건적이라서 그렇다. 그런데 당신이 모든 것에 관한 모든 것을 이해하고 판단하지 못했기에, 그리고 분명

---

9)   *Insight*, 348-52.

함과 정확함은 이해함과 정의함에서 유래하기에, 당신이 이해하지 못한 것을 어떻게 정의할 수 있는가?

당신은 활동 유형을 알아감으로써 당신이 알지 못하는 것을 알 수 있게 된다. 당신은 지금 알지 못하는 것을 그 유형을 통해서 알게 될 것이다. 그러므로 알아감의 두 번째 세 번째 단계에서, 그것을 알 수 있게 할 활동을 통해 지금은 알지 못하는 것을 자기 발견적으로 규정하며, 이 예기할 수 있는 체계를 당신은 형성할 수 있다. 이는 함축적이며 자기 발견적인 혹은 이차 정의의 중요성이다. 당신은 이해하지 못하고 판단하지 못한 '존재'를 정의하는 것보다, 이 제한되지 않은 아직 알지 못하지만 알도록 해 주는 그 활동들과 그 활동 전체를 정의할 수 있다. '존재'는 올바르게 판단함의 전체성을 통해 당신이 알게 될 것으로 정의할 수 있다.

5a 자발적인 것으로서 존재 개념

당신이 존재를 이해할 때까지 존재를 곰곰이 생각할 수 없다는 것, 그리고 모든 것에 관한 모든 것을 이해할 때까지, 모든 것을 구체적으로 완전히 이해하는 제한되지 않은 이해를 할 때까지, 당신은 존재를 이해하지 못한다는 것을 지적하는 것은 중요하다. 그러므로 존재에 관한 이차 정의는 존재에 대한 개념이 아니라 존재에 대한 '생각'(notion)이다. 생각은 일반적으로 당신이 실제 목격하거나 알기 전에 그 어떤 것에 대해 갖고 있는 막연한 관념이나 감(感)을 말한다. 감으로 아는 것은 선행적인 알아감이지만, 이 경우 선행은 궁금증과 질문에서 나오는 관념적인 알아감의 일종이다. 그래서 감으로 아는 것은, 당신의 물음이 당신이 이해함의 활동으로 나아가도록 안내하는 방법을 알아감이며, 그런 다음 이해를 넘어서 올바르게 판단하도록, 올바르게 판단함을 넘어서 제한이 없는 절대적인 최종적인 객관성을 향해 반복해서 물음을 던지도록, 안내하는 알아감이다. 그래서 존재란 무엇인가가 아니라 그것을 어떻게 알게 되는지, 그리고 알게 되는 실제 맥락에서 정의된 생각이다. 존재 혹은 실재를 이렇게 설명하는 것이 다소 복잡하고 추상적으로 보인다. 그러나 복잡하거나 추상적인 합리화의 과정에 개입하지 않고도 물들이 실제 실존한다고 모든 사람은 자발적으로 가정한다. 중요한 것은 존재에 대한 생각이 자발적으로 작동되는 것과 존재에 대한 이 생각이 무엇인지를 철학적으로 설명하는 것을 구별하는 것이다.[10]

아이들에게 질문을 가르치지 않아도 아이들은 저절로 질문한다. 어느 정도 나이를 먹은 아이들에게 '저것은 정말로 그러니?, 너 농담하는 거니?, 정말로 그렇게 생각하니?' 와 같은 것을 질문하도록 가르치지 않는다. 그 비판적 물음은 자발적으로 생기며 즉각적이고 자연적이다. 지혜의 시작은 물음이라고 아리스토텔레스는 말하면서 또한 '운동과 정지의 내재적 원리'로서의 본성이라는 말도 했다. 지자를 휘저은 것은 물음이며 그 지자를 침묵하게 하는 것은 올바른 답변이다. 물음과 답은 지자들에게 본성적이다. 그 의미는 알고자 하는 욕망, 그리고 제한되지 않은 방식에서 알고자 하는 그 욕망이 인간 지자에게 인간 본성으로 주어졌다는 의미다.

모든 사람들이 존재 혹은 모든 것에 관한 모든 것을 알고자 하는 것은 자연적이다. 그래서 아이는 이것은 무엇이야? 하다가 마침내는 '정말로 그래?' 하고 자발적으로 질문한다. 그 질문을 그만하게 하려면 의도적인 노력이 요구된다. 질문에 전략이 있다는 것, 어떤 물음들은 수년간의 공부 후에 대답할 수 있게 된다는 것을 아이가 배워야 한다는 것은 의심의 여지가 없다. 충분한 이유 없이 고의적으로 물음을 억압하거나 덮어 버리는 것은 우리의 본성에 역행한다. 어떤 형태든 무엇인가를 이해하거나 발견해 나가는 것을 방해하는 것은 진정한 지자에게 참을 수 없는 일이다.

5b 존재의 편재에 대한 생각

여태까지 존재에 대한 생각을 설명하면서 내가 강조한 것은, 물음의 지향의 대상에 관한 것이 아니라, 질문함 혹은 지향함이었다. 물음의 대상, 내

---

10) *Insight*, 352-7.

용, 혹은 용어에 주의하도록 전환하는 것, 물음에 처해진 혹은 지향된 각각의 모든 대상의 기저에 놓여 있고, 관통해 있고, 초월해 있는 존재에 대한 생각 방식을 적정화하도록 주의를 전환하는 것이 중요하다. 물음은 구별되지만 연관된 세 층위로 옮겨 가며 이는 세 층위에서 알려진 내용들을 상세화할 필요가 있음을 의미한다. '무엇이 나무인가?' 라는 질문은 감각적으로 경험되어 명명된 나무를 잠재태의 이해가능한 경험으로 바꾼다. 잠재적으로 이해가능한 경험이 '무엇' 에 관해 물음을 던지게 만든다. 중세 스콜라 철학은 이것을 나무의 '본질' (quiddity)이라고 이름 붙였다. 감각된 나무는 감각적으로 알려진다. 즉 본질 또는 하성(何性)은 알려지지 않았으나 알려질 것을 욕망했다.

아이가 사물의 이름을 배울 때, 아이는 이 감각할 수 있는 경험에 관해 명칭상의 이해를 한다. 그 같은 명칭상의 이해는 이 사물에 초점을 맞추어 깨닫게 되고 또한 약간 비슷하거나 혹은 모양, 크기, 색깔, 재질, 냄새 등등에서 약간 다른 것들과 지자가 비교할 수 있도록 가능성을 만들어 준다. 지자들이 나무의 실재를 알아가는 상식적 맥락으로부터 옮겨 가서 과학적 맥락에서 질문을 하기 시작하는 것은 지자가 나무의 실재를 알기를 원하기 때문이며 그것을 기술적으로 아는 것뿐만 아니라 그 기술적인 특성들을 추상화함으로써 아는 것도 포함한다. 즉 지자는 다른 유기체 존재와의 연관 하에서 그것을 파악하고 판단하기 시작한다. 그러므로 현재 생물학자는 나무가 생화학적이고 생물리학적 작용을 하며 나무들이 세포핵의 감수분열과 광합성이라는 대사작용을 포함한 순환 구조를 통해서 주변 환경을 통합해 간다는 것을 안다. 과학자들은 그 같은 복합적 이론을 형성하면서 점차로 나무가 실제 무엇인지 그리고 다른 것과 나무가 어떻게 다르며 어떻게 관계를 맺는지를 암묵적으로 안다.

그 이론적, 인지적 과정의 핵심에서 존재에 대한 생각이 유도되는데 이 생각이 과학자들을 탐구적으로뿐만 아니라 비판적으로 질문하게 한다. 과학자들은 본인의 생각에 도전하여 교차 조사를 한다. 그 이유는 과학자들이 생각함은 알아감이 아님을, 생각함은 판단함이나 입증함을 통해서 알아감으로 변한다는 것을 함축적으로 알기 때문이다. 더 중요한 것은 과학자들은 현재 타당하다고 입증된 이론들이 나무의 현실화된 실재를 제한적으로 설명하고 있다는 것을 안다. 충만하고 최종적인 실재는, 생물학자들이 아직 알지 못하지만 알기를 원하고, 그래서 알고자 하는 자신들의 욕망이 현재, 한시적으로 타당하다고 여겨지는 이론들을 넘어서 반복적으로 새로운 물음들로 계속 유도되고 있음을 아는 것이다. 나무는 충분히 이해할 수 있는 실재로 가정되며, 생물학자들은 나무의 충만하며 최종적인 이해가능성이 실제 무엇인지 알고자 하는 지향을 지닌다. 그런데 비록 생물학자들은 나무의 최종적인 실재를 알지 못한다는 것을 의식할지라도, 나무에 관해 무엇인가를 안다. 그들이 아는 것은 올바로 확정된 알아감인 한에서, 사실상 나무가 실제 무엇이라는 것을 아는 것이다. 다른 말로 하면 사물의 바른 설명적 알아감이 사물의 내적 실재라고 추정되는 것과 관계없는 것이 아니라, 오히려 바로 이 올바른 알아감을 통해서, 나무의 내적 실재는 점점 노출된다. 생물학적 바른 알아감은 생물학적인 것들의 내적 실재를 드러낸다.

철학자 혹은 형이상학자들이 알게 된 것은 나무의 좀 더 심오하고 내적인 어떤 실재가 아니다. 생물학자로서 생물학자는 모든 것을 알려고 하는 것이 아니라 나무의 존재 또는 진짜 실재를 알려는 것으로, 그들은 전문적인 목표를 이루기 위한 자신들의 방법에는 유능하다. 존재는 모든 지자들이 알고자 욕망하는 것이고 지자들이 아는 것은 올바로 알려고 할 때마다 어느 정도 제한된 방식에서 알 뿐이라는 것이다. 그러므로 존재는 모든 개별 존재에게 내적이지만 동시에 그것을 초월하여 알려져 있는 모든 것의 기반이다. 존재에 대한 이와 같은 생각을 갖고 이제 인식론적인 물음, 즉 알아감의 객관성에 관한 물음을 살펴보자.

6 객관성에 관한 생각

인식론은 알아감에 대한 객관성 혹은 타당성에 관한 학문이다. 나는 계속해서 인식론은 그보다 앞서 있는 인지론에 기반해 있으며, 인지론은 지식의 타당성을 묻는 것이 아니라, 알아감의 구체적 주체로서 당신이 알아감을 '행하고' 있을 때, 당신이 무엇을 하고 있는지를 묻는 데서부터 시작한다고 주장해 왔다. 그에 대한 답은, 세 층위의 다르지만 기능적으로 관련 있으며 자연스럽게 나온 당신의 질문으로 말미암아 하나로 묶인 활동을 하고 있다는 것이다. 이 물음은 그 자체가 첫째, 당신을 경험함에서 이해함으로 이끄는 탐구적인 물음이며, 그다음, 이해함에서 판단함으로 가는 비판적인 물음이다.

당신이 알아가는 중일 때 당신이 무엇을 하는지 적정화한 후에, 당신의 알아감의 작동들을 적정화하는 것에서, 알아감의 다른 모든 패턴들에서 지향하고 있는 목표로 질문이 전환된다. 이 전환은 물음을 인지적 관심에서 인식적 관심으로 바꾼 것이다. '내가 알아갈 때 나는 무엇을 행하는가'를 묻는 대신에, 알아감을 왜 행하는가를 묻는 것이다. 그 객관성, 알아감의 모든 형식 즉 실재 또는 존재의 어떤 측면에서 자연적으로 저절로 구해지는 객관성을 적정화함으로써 대답이 주어진다. 존재 혹은 실재는 올바르게 판단해 가는 어느 정도의 제한된 방식에서 포착되는데, 바로 그 실재라고 당신이 경험하고 이해하고 판단해 온 것에 당신은 제한되어 있다. 그러나 당신은 제한된 실재들보다 좀 더 알기를 원하고 그래서 당신의 질문은, 제한된 바른 판단 너머의 제한되지 않은 객관을 향해 당신을 자연히 이끌어 나간다. 알아감의 최종적인 포괄적 목표는 모든 것에 관한 모든 것을 알아가는 것이다. 그래서 존재 혹은 실재는 알아감이라는 것은 왜인가의 이유이다. 그래서 우리의 알아감은 무엇인지 혹은 무엇이 아닌지를 당신이 알아갈 때마다 알아감이 된다. 그것이 당신의 객관성이며, 그것이 당신을 객관적인, 알아가는 주체로 만든다. 다른 말로 하면, 알고자 하는 당신의 욕망에 충실하다면, 그 욕망을 전개해 당신의 물음을 인도하도록 놔두는 것이다. 그러면 알고자 하는 당신의 욕망에 인지적인 헌신은 당신의 판단을 객관적이 되도록 만들 것이다. 역설적으로 참된 혹은 진정한 주체가 된다는 것이 당신을 객관적인 지자로 만드는 것이다.

의심할 여지없이 많은 독자들에게 이 설명은 객관적 알아감에 관한 이상주의 혹은 주관주의 같을 것이다. 항상 인식론은 알아가는 주체와 알게 된 대상은 분리된다고 가정하면서 시작한다. 그래서 나의 정신 안에서 알게 된 것이 나의 알아가는 정신 너머 실제 저기 밖에 있는 것과 상응하는가 하는 점을 나는 어떻게 확신할 수 있는가라는 물음이 인식론적 문제에 있어왔다. 이런 식으로 인식론적 문제가 있다면 우리는 알아가는 주체와 알게 된 대상의 이원론을 가정하고 있는 것이다. 더욱 중요하게, 우리는 주체와 대상이 무엇인지를 우리가 이미 알고 있다고 암묵적으로 주장을 하기 때문에 매개 없는 경험함 또는 지각함을 알아감이라고, 이미 객관적인 알아감이라고 주장하게 된다.

이 연구는 주체인 당신에서라기보다는 당신이 질문을 던지는 것에서 시작했다. 오직 자신의 알아감을 당신이 알게 된 후에, 알아감을 통해 그리고 그 알아감 안에서 주체로서의 당신 자신을 알게 된다. 매개하지 않고는 자신을 알 수 없으며, 오직 매개적으로 알 수 있다. 당신은 직접적으로 매개함이 없이 자신을 느낄 수 있겠지만, 그러나 느낌은 하나의 경험, 하나의 의식이어서, 당신의 물음, 이해함, 판단함의 대상으로 될 수도 있고 안 될 수도 있다. 다만 느낌이 이해함과 올바로 판단함에 매개될 때에만 당신은 이들 감정이 실제 무엇인지를 알게 된다. 더 나아가서 이들 감정을 올바르게 이해하면, 바르게 알려진 대상은 당신 자신의 감정이다. 이 의미는 당신의 주관인 감정들이 바르게 알려진 대상이 될 수 있다는 것이다. 마찬가지로 알아감에서 경험하게 된 당신 주체는 바르게 알려진 대상이 될 수 있다. 알아감은 알려진 대상들을 대면하고 있는 어떤 알려진 주체가 아니고, 오히려 바르게 알아감이 지자들과 그들이 아는 것 이 둘 사이의 제한된 동일성을 구성한다. 당신이 제한되지 않은 지자라면, 당신의 알아감은 당신의 존재와 완벽히 같을 테고, 아리스토텔레스가 인식한 것[11]처럼, 당신은 당신 자신과 다른 모든 존재들과 완벽히 같다.

자신을 알아감이 알아감의 특정 경우처럼 보일지 모르나, 그렇지 않다. 어떤 것을 알려면, 당신은 우선 감각 세계든 알아감을 행하는 당신 자아든 경험을 해야 하며 그리고 이해함과 바르게 판단함을 통해 매개되고 있지 않은 세계 또는 자신에 대한 당신의 인식을 매개해야 한다. 이런 점에서 자기를 알아감과 타자를 알아감 사이에 차이는 없다. 자기를 알아감에서, 당신은 저 매개함을 행하고 있는 의식 주체일 뿐만 아니라, 매개되고 있는 중인 의식 대상이다. 그러나 매개하는 주체로서, 당신은 알려지는 것이 아니라 단지 경험된다. 그래서 자기의 바르게 알아감의 모든 행위에서, 당신은 지자로서 자신의 더 깊은 경험을 자신에게 제공한 후 매개한다. 다른 말로 하면 자신을 알려지도록 한 지자로서의 당신과 바르게 알려진 대상으로서 당신 이 둘 사이의 동일성이 있겠으나 어떤 완벽한 동일성은 아니다. 만약 그렇다면, 당신 자신을 알아가는 행위 가운데서 당신 자신을 창조할 것이다. 당신의 존재와 당신의 알아감은 아주 똑같은 행위일 것이다.

알아감이 동일성 때문이지, 대조 때문이 아니라고 하는 논쟁은, '알아감을 객관적인 알아감으로 만드는 것이 무엇인가?' 를 묻기 전에, '당신이 알아감을 행하고 있을 때, 당신은 무엇을 하고 있는가?' 라는 물음을 왜 먼저 시작하는지 핵심적인 이유가 된다. 이 방법적인 접근이 아는 자와 알려진 것이라는 이원론에서 시작하는 것을 피하게 할 뿐만 아니라, 또한 객관적 알아감에 그 같은 현재의 이원론이 있다고 지자들이 왜 가정하려 하는지 이유를 설명해 준다. 그래서 당신의 알아감을 알아감에는 두 가지 중요한 발견이 있다. 그 발견은 장차 객관적 알아감은, 알아가는 주체들이 실제 대상들이라고 가정된 것에 주관성을 투사하지 않는 것에 대한 확신의 문제라

---

11) *Verbum*, 147-51, 183-4.

고 지자들이 왜 그렇게 주장하는지 설명해 줄 수 있다. 첫 번째 발견은 알아감은 하나의 단순 행위가 아니라, 초월적이고 기능적으로 통합된 세 차원의 행위라는 점이고, 두 번째 발견은 지자들은 다른 패턴들에서 작동하며, 그 패턴들 가운데 하나는 감각하는 주체들이 감각된 대상들에 상응한다는 점이다. 마치 동물이 '아는' 것과 똑같은 방식으로 말이다. 동물의 알아감은 세 단계의 알아감이 아니다. 동물의 알아감은 매개하지 않고 느낀, 내적 필요를 만족시키는 외적 세계의 대상을 향한 무매개적이고 직접적인 경험이다.

인간 지자들 또한 내적이고 외적인 감각할 수 있는 의식의 경험함이 있지만, 이 감각운동 기관들을 분명하게 적정화하여 매개해서 이해할 수 있도록 매개된 틀로 그것들(경험함)을 다시 중심화하지 못한다면, 인간의 알아감의 세 단계의 객관성을 동물의 알아감인 한 단계의 객관성으로 오해하는 경향을 반복적으로 하는 것이다. 그렇지만 당신이 인지 활동의 세 차원을 적정화하여 매개한다면, 객관적 알아감은 세 단계의 꽤 다르지만 당신의 알아감을 타당하도록 함께 만드는 연관된 (부분적) 객관임을 당신은 알게 된다. 첫 번째로 소여의 단계가 있다. 실제로 소여된 것이 없으면 얼룩말은 호랑이가 있다고 생각하지 않는다. 그런 점에서 얼룩말을 객관적 지자로 간주할 수도 있다. 그러나 우리가 의미한 객관적 알아감을 의미한다면, 대상이 정말로 있지 않을 때는 어떤 대상이 경험적으로 주어졌다고 주장하지 않는다. 확실히 경험적 소여가 객관적 알아감의 한 부분이긴 하지만, 단지 한 부분에 해당할 뿐이지 본질적인 부분은 아니다. 인간의 알아감의 경우, 이 경험적 소여는 알아감에 있어서 최소의 흥미로운 부분이기 때문에 사물을 바르게 감각함을 너머 하나의 사물이 무엇인지, 그것을 왜 무엇이라고 하는지 등에 대해 더 흥미 있는 질문을 촉발하지 못한다. 당신이 이 물음들을 더 추구한다면 당신은 기술적이고, 표면적인 답변에서 과학자들의 설명적인 답변으로 나아가게 된다. 그러나 과학적 설명이 얼마나 지적이며 매혹적인지와 상관없이 당신은 이 이론적인 설명을 넘어 '지적으로 보이는 이 설명들이 정말로 실증할 수 있는 것인지'를 묻고 있는 지자로서 자신을 발견하게 될 것이다.

객관적인 알아감은 경험적으로 소여된 요소와 두 번째 규범적 요소(이해 가능성)를 요구할 뿐만 아니라 세 번째의 비판적인 요소도 역시 요구한다. 이 비판적 요소는 가장 중요한 단계인데 그 이유는 앞의 두 단계를 초월해 당신의 사고와 이론을 실재에 관한 가변적 가설로부터, 무엇이 실재인지 다양하게 반복되는 도식을 통해서 그 도식 내에서 실제 작동하고 있는지 실증할 수 있는 비판적 설명으로 변하게 하기 때문이다. 판단함은 객관성에 절대성, 사실성, 독립성, 반박할 가능성 없음 등을 부여한다. 판단함은 진리에 — 그 진리는 당신의 것만이 아닌, 그것을 알고 싶어 하는 각각의 지자들에게도 진리인 — 당신을 헌신하도록 한다.

그래서 각각의 바른 판단에는 객관성에 관한 세 단계의 형태가 있다. 즉 경험적 객관성, 규범적 객관성, 그리고 절대적 객관성이다.[12] 만약 어떤 지자가 알아감을 단순히 한 단계라고 생각하면, 그 지자는 첫 번째 단계인 무매개적으로 소여된 경험을 세 번째 단계인 비판적으로 매개된 경험과 혼동하고 있는 인식론의 기본 실수를 한다.

비판적으로 매개된 사실들이 만약 저 알아감을 행하고 있는 주체로부터 독립해 있는 것이 아니라고 하면 어디에 있는가? 그 물음 형식이 주장하는 바는, 만약 사실들이 참으로 실재하고 객관적이라면, 그 사실들은 시간과 공간의 어떤 형식을 담보하고 있어야 한다는 것이다. 그러나 이것은 두 번째 기본적인 잘못이다. 이 잘못을 바로잡으려면 절대적인 시간과 공간이 정말로 존재한다는 뉴턴의 가정을 역전시키는 아인슈타인의 역 통찰과 같은 매개 통찰이 요구된다. 뉴턴이 자신의 알아감의 객관성을 보장하기 위해 찾고 있었던 그 '절대'는 이 우주의 구체적이며 무매개적인 소여성에서가 아니라, 그 무매개적인 소여성에 관해 바르게 매개된 판단들에서 찾아

---

12) *Insight*, 375-84.

진다. 그 같은 판단들은 매개하지 않은 외적인 소여를 변형시키고 초월해
서 내적으로 이해가능한 존재 우주 — 이 존재 우주는 궁극적으로 현실을
포함해서 모든 시공간에 제한된다 — 에 당신을 헌신하도록 한다. 이것이
의미하는 바는 바르게 매개된 사실들은 구체적으로 이해가능한 존재의 우
주에 있지, 시간과 공간 안에 있는 것이 아니라는 점이다. 시간과 공간은
단순한 제한으로, 그것들을 형성하는 중력과 자기장 때문에 존재하는 방식
과 행하는 방식이 제한된다. 전통적인 아리스토텔레스의 언어로 한다면,
시간과 공간은 잠재태 혹은 질료이고, 그런 방식의 시간과 공간이 된 이유
는 원자의 도식을 통해, 그 도식에서 지금껏 존재해 왔고 지금도 형성되고
있기 때문이다.

처음의 두 장에서 우리가 주목한 것은, 역 통찰은 당신이 갖고 있던 생각
과 판단을 바르게 하지는 못하지만, 당신 자신에 관해 혹은 세상에 관해 당
신이 질문하는 방식을 바르게 교정한다는 것이었다. 아인슈타인의 역 통찰
의 의미를 바르게 이해하고 판단하려면, 알려진 대상들을 객관적인 앎으로
만든 것이 무엇인지에 대해 당신이 질문하는 방식을 당신은 재정의해야 한
다. 다른 말로 하면, 객관적 알아감이 무엇인지, 그것을 객관적이게 하는
것이 무엇인지에 관해 당신이 갖고 있는 가정의 기본적인 맥락을 인식할
필요가 있다. 당신의 모든 판단들은 맥락하에 있으며, 이것의 의미는 알아
감에 대한 타당성에 관련된 인식론적 이론은 알아가는 주체가 알려진 대상
들에 연관된 방식에 관한 맥락을 가정하고 있다는 점이다. 이런 이유 때문
에 나는, 주체가 무엇인지, 대상이 무엇인지, 주체와 대상이 어떻게 연관되
는지, 그리고 이 둘이 어떻게 구별되는지에 관해 당신이 판단하기 전에 당
신의 알아감을 알도록 당신에게 요청하였다.

이 장의 첫 절에서, 당신이 바른 판단을 내릴 때, 당신이 무엇을 행하는
지 분명히 하였다. 두 번째 절에서는 당신이 지자라는 사실을 당신이 구체
적으로 판단하도록 초대했다. 세 번째 절에서는 모든 지자들이 의도한 대
상을, 지자들이 알고자 할 때마다 그리고 그들의 앎의 패턴이 어떻든, 즉

존재 그 자체를 규명했다. 네 번째 절은, 바른 판단하에서라면 어디서나 현존하고 있는 객관성은 기능적으로 연관된 세 요소라는 것을 규명했다. 이제 당신은 인식론적인 이론을 발전시킬 수 있는 것으로부터 그리고 그것을 통해서 어떤 기본적인 새로운 맥락을 세울 수 있는 위치에 있다. 이 새로운 기본적인 맥락의 핵심은 구별되지만 연관된 세 판단들로 이루어져 있다. 즉 (1) 나는 지자다. (2) 존재하는 대상들이 있는데, 바른 판단을 통해서라면 나는 그것들을 알 것이다. 그리고 그 대상들은 서로 구별될 것인데 바른 판단을 통해서만 나는 그 차이를 안다. (3) 나는, 실제로 존재하는 대상들이라고 판단해 온 알려진 이 대상들 중의 하나가 아니다. 이 세 판단들로 말미암아, 객관성의 이론을 얻게 되었는데, 판단에 관한 이 패턴 혹은 맥락을 통해서 그리고 이 과정에서, 주체를 대상들에 관련시켜 설명할 수 있기 때문이다.

이들 세 판단의 각각은 — 나는 지자다. 이것은 책상이다. 나는 책상이 아니다 — 객관적이다. 이것이 의미하는 바는 각각은 객관적 판단의 연관된 세 요소를 갖고 있다는 점이다. 즉 경험적 객관성, 규범적 객관성, 그리고 비판적 객관성이다. 더군다나 각 판단은 이 세 요소들을 결합해서 단일하고 규범적이고 비판적으로 구축된 통합을 이룬다. '당신은 책상이 아니라고 판단한다' 는 것을 논쟁하는 것이 이상해 보일 수 있다. 지자로서 당신은 그것을 저절로 아는 것처럼 보이지만 그렇지 않다. 당신은 당신 자신과 책상을 다르게 감각하지만, 다름을 감각함이 곧 차이를 알아감은 아니다. 공기가 수많은 가스들로 이뤄졌다는 것을 과학자들이 발견하여 판단하기까지 2,000년 동안 공기는 단일한 대상이라고 과학자들은 감각했다. 닮음뿐만이 아니라 다름을 당신이 안다고 말할 수 있기 전에, 이해되고 바르게 판단되어야 할 사항이었다. 당신이 책상이 아니라는 것을 아는 것은 당신 자신과 대상 사이의 실제 구별에 관해 판단한 것으로, 그 판단은 당신의 판단을 독립적으로 참되게 하는 경험적이고 규범적이며 비판적인 요소를 갖고 있다.

일반화를 위한 근본 전제가 되는 판단의 이 패턴으로, 특정한 알아감의 맥락에서 내리는 판단들의 객관적 토대가 될 기본 맥락을 세울 수 있다. 예를 들면 이 맥락에서 당신은 주체를 지자인 대상으로 정의할 수 있다. 당신이 아는 대상들의 장(field)에서, 동시에 주체이기도 한 어떤 대상들이 있는데, 그것의 의미는 그 대상들 역시 자기 확증적 지자들이라는 것이다. 그러면 이 객관성 이론의 핵심은 무엇인가? 그 핵심은 바로, 알아감이란 이런 것이고 실재는 저런 것이 아니라는 점이다. 실재가 알려지는 것은 그것을 경험함, 이해함, 바르게 판단함에서 그리고 이를 통해서이다. 실재는 내재적으로 이해할 수 있으며, 이해할 수 있음이 바르게 확인된다면 실재인 것이다. 이 원리는 주체가 됨은 객관이 됨을 배제한다는 기본 가정을 뒤흔든다. 그러나 당신이 판단하는 객관적인 자가 될 수 있다는 당신의 인지적 요구를 주의 깊게 주목할 때에만 그럴 수 있다. 당신의 판단에 토대가 되는 것은 실재에 대한 경험이 아니며, 당신의 판단이 객관적일 수 있다고 보증해 주는 실재의 이해가능성 때문도 아니며, 바르게 판단함을 위한 동기를 제공해 줄 수 있는 비판적 물음 때문도 아니다. 오히려 판단하는 자인 당신에 의해서 연결되고 통합된 세 요소 전부가 당신이 정말로 그렇다고 판단해 온 실증할 수 있는 이해가능성에 자신을 헌신하게 하는 이유다.

바른 설명적 알아감은 사물들의 실재를 드러낸다. 당신이 자신을 알아감은 당신이라는 실재에 본래적이고, 당신의 알아감은 또한 당신이 바르게 아는 또 다른 실재에 본래 관련되어 있다. 살아 있는 사물들의 실재는, 이것들은 무엇이라고 생물학자들이 바르게 판단한 것이며, 생물학자들은 이미 발견하고 입증된 것에 지적으로 만족할 수 없음을 알기 때문에, 생명의 최종적이고 충만한 실재는 알려져 있지 않지만 필히 알 수 있다는 것을 적어도 암묵적으로 안다. 우리가 전에 지적했던 것처럼, '이 우주에 관해 가장 이해할 수 없는 점은 바로 이해할 수 있다는 점이다.'

객관성의 이론에서 알게 된 더 심오한 점은, 알아감의 다양한 패턴하에서 성취된 제한된 객관성, 잠재적이며 제한되지 않은 객관성, 이 둘을 구별해야 한다는 점이다. 잠재적이며 제한되지 않은 객관성은, 상식적인 그리고 과학적인, 알고자 하는 제한된 욕망과 관심이 아니라, 모든 것에 관한 모든 것을 알고자 하는 제한되지 않고 사심 없는 욕망에 기반하고 있다.

7 요약

이 장의 첫 절에서, 두 가지 이유 때문에 의미와 알아감을 구별했다. 첫 번째 이유는, '의미된' 용어나 대상들을 만들어 낸 활동들과 상반되는 것으로서 '의미 된' 용어나 대상들의 다름을 강조하기 위해서였고, 두 번째는 자기 알아감의 이 단계에서 우리의 관심은 언어가 아니라 우리의 언어 사용을 생겨나게 하고, 촉진하고, 안내하는 그 활동들임을 강조하기 위해서였다.

이 장의 두 번째 절에서, 인지 활동의 두 번째 단계에서 세 번째로 나아갔고, 알아감은 기능적으로 연관된 삼중 체계라는 것을 밝혔다. 세 번째 절에서는, 당신은 지자로서 당신 자신을 동일시하고 확신하도록 요청을 받았다. 이 단계에서 당신이라는 주체는 알려진 대상이 되었다. 당신 주체가 알려진 대상이 될 수 있기 때문에, 당신 자신과 다른 주체를 '지자인 대상' 으로 특정화하거나 동일시할 수 있다. 지자로서 자기에 대한 이 같은 확증은 자기 알아감의 전 과정에 있는 비판적 단계이다. 자신에 대한 이 같은 확증에 초점을 둔 목적은, 알아감의 삼중 체계를 통해서 지자로서 당신이 어떻게 당신 자신을 당신 자신에게 알려질 수 있도록 할지를 분명히 밝히고 강조하기 위해서다. 비록 지자들이, 직접적이며 매개하지 않고 자신을 알 수 있다고 주장하지만 자신을 '알아감' 에 있어서 다른 길은 없다. 당신이 직접적이며 매개하지 않은 채 당신 자신을 경험할 수 있거나 인식할 수 있다고 할지라도, 자기에 대한 이 같은 매개되지 않은 경험은 자기를 알아감이 아니다. 알아감의 연관된 세 활동은 당신에 대해 매개되지 않은 경험을 매개할 것을 요청받으며, 이 활동을 통해서 알게 된다. 잘못된 가정 — 자기를 경험함 또는 지각함이 자기를 알아감이다 — 을 폭로하는 것은 두 번째 잘못된 가정 — 주체와 객체는 매개되지 않은 의식을 통해서 이미 알려졌다 — 을 교정해 나가는 데 매우 중요한 걸음이다. 이 잘못은 단선적이고 감각적인 알아감을 감각적, 지적, 합리적인 삼중의 알아감과 혼동한다. 이 두 잘못은 좀 더 근본적이고 만연해 있는 잘못을 주장한다. 즉 실재가 이미 알려졌다고 보기 때문에 매개하지 않고 주체와 대상을 알게 되고, 실재도 직접 매개하지 않고 알려진다고 주장되었던 것은 이 잘못 때문이다.

존재에 대한 막연한 생각과 존재에 대한 개념을 구별했던 절에서 나는 바로 이 세 번째 잘못된 가정을 질문하려 시도했다. 인간 지자들은, 매개하지 않고 직접, 자발적이며 원초적인 존재 혹은 실재에 대한 물음을 가질 수 있지만 그러나 그들은 실재에 대한 지식을 가지고 있지 않다. 실재는 할 수 있는 바른 판단 전부를 판단하기 전까지는 알 수 없으며 알려지지도 않는다. 우리는 알고자 하는 제한되지 않은 잠재성이 있지만, 그 잠재성을 현실화하지 못했다. 간단히, 우리는 실재나 존재를 알지 못한다. 우리가 아는 것은 어떻게 존재를 알게 되는가, 그리고 그것은 알아감의 세 단계 활동에서, 그리고 그 활동을 거치면서 알게 된다는 것이다.

알아감에 앞선 것이 물음이고, 그 물음은 전부를 망라하고 있다. 당신 자신의 매개되지 않은 경험을 당신이 매개할 적마다, 당신이 그렇게 하는 데는 물음의 의식 장에서이지, 감각함의 의식 장에서가 아니다. 매개되지 않은 의식 장인 감각함은 제한되지 않은 물음에 대한 전부를 포괄하고, 매개되지 않은 자각에 에워싸여 있고 그 안에 포함된다. 일단 당신은, 첫 번째로 매개되지 않은 지평 내에 있는 당신 자신에 대한 앎을 질문으로써 바르게 매개해야 하며, 두 번째로 모든 포괄적인 물음의 지평 안에서 당신의 매개되지 않은 감각 세계를 매개해야 한다는 것을 파악하면, 객관적으로 타당한 판단을 한다는 것의 의미를 상세하게 할 수 있는 위치에 있게 된다.

객관적인 판단을 내리는 데 늘 놓여 있는 문제는, 이미 알려진 주체 너머, 알아가는 주체에 의존하지 않고 독립적으로 알려진다고 주장된 대상에 대한 문제다. 알려진 대상이 지자가 투사한 어떤 이상화된 차원에서가 아니라 실재 안에 존재한다고 지각된다면 그 독립성은 보증된다고 주장된다. 객관성의 문제를 다루는 나의 접근방식은 이와 반대다. 나는 주체인 당신도, 대상도, 실재도 매개되지 않은 채 직접 알려질 수 있는 것이 아니라고 주장해 왔다. 그 대신에 나는 알아감의 세 차원의 체계를 규명해 왔고, 그것을 통해서 대상으로서 당신 자신이 이해되고 확증된다는 것을 보았다. 즉 주체가 알려진 대상이 되었다. 두 번째로 그 대상이 자기 자신이든 다른 무엇이든 우리가 왜 대상을 알고자 욕망하는지 그 이유를 규명했다. 그 이유는, 당신이 알고자 하는 것은 그 대상의 실재이고, 매개되지 않은 모든 포괄적인 존재의 장 안에서, 그 대상을 당신이 바르게 매개하기 전까지는 실제 대상을 당신은 알지 못하기 때문이다. 그리고 당신 자신에 대해 혹은 어떤 다른 대상에 대해 바른 판단을 이미 해 왔다 해도, 당신 자신의 실재를 당신은 모른다. 오히려 당신의 실재를 매우 제약된 이해로 성취한 것일 뿐이다. 당신이 실제로 누구인지에 대한 최종적인 바른 판단을 내릴 때에만 당신에 대한 실재가 충만히 알려질 것이다. 다른 사물에 대해서도 마찬가지다. 더군다나 최소한 세 층위의 판단들 — 지자로서 당신 자신에 대한 판단, 어떤 다른 대상에 대한 판단, 알아가는 주체와 알려진 대상의 차이에 대한 판단 — 이 맥락 또는 패턴을 우선 정립해 놓지 않으면 객관적인 판단을 하면서 당신이 의미한 것을 당신은 정의할 수 없다. 그 이유는 객관성에 대한 막연한 생각에는 주체와 대상이 연관되면서 구별된다는 것을 이해함이 포함되고 있기 때문이다. 세 단계의 판단 모두 자발적이고 매개되지 않고 제약받지 않은 실재 혹은 존재의 장 안에 자리하고 있다. 이 장은 당신을 감싸고 있는 매개되지 않은 감각 장이 아니다. 그보다는 오히려 알려지지 않은 불가사의한 장으로 매개되지 않은 감각의 지평을 둘러싸면서 넘어서 있는 것으로 당신의 자발적인 물음을 통해서 현존해 있다. 이 매개되지 않은 감각 장이 객관적으로 소여되어 있다는 것은 의문의 여지가 없다. 그러나 더 중요한 것은 물음을 통해서 당신이 '경험'하는 지평을 초월하는 것이다.

알아감이 무엇이며, 당신이 누구인지, 존재가 무엇인지, 그리고 객관성이 무엇인지를 정의하면서, 이제 우리는 상호 정의된 용어들에 기반해서 형이상학을 구축할 수 있게 되었다.

6

형이상학 Metaphysics

1 전통 형이상학

초기 그리스 사상가들의 우선적인 문제는 종교적, 윤리적인 것이었지 형이상학적인 것이 아니었다. 이런 식의 표현은 문제를 잘못 이끄는데, 초기 그리스 사상가들은 우리가 하는 것처럼 종교적, 도덕적, 형이상학적 물음을 구별하지 않았다. 이 사상가들에게 철학의 근본 질문은, '존재의 의미는 무엇인가?' 보다는 '사는 데 있어서 최선의 길은 무엇인가?' 이었다. 이 두 질문은 확실히 관련이 있기는 하지만, 아리스토텔레스의 경우에는 '존재 물음' 과 형이상학은 삶의 바른 길을 묻는 도덕 질문보다 우선했다. 논의를 계속 전개하기 전에, '우선' 이라는 말로 내가 의미하는 바를 설명할 필요가 있다.

아리스토텔레스에게 형이상학은 타 학문들의 존재 의미의 기본 맥락을 제공한다. 그 이유는, 형이상학은 물(物)이 존재자들인 한에 있어서 물 존재의 궁극 원인 또는 구성 요소에 관심을 두었기 때문이다.[1] 운동하는 물인 경우 물리학자의 관심 대상이 되고, 살아 있는 물인 경우 생물학자에게 대상이 된다. 그리고 물이 감각과 이성(reason)인 경우에는 심리학자의 관심 대상이 된다. 그러나 물이 실제하는 물들 또는 존재자라면, 형이상학자의

---

1) *Verbum*의 로너건의 서론을 보라.

대상이 된다. 그래서 형이상학적 대상으로서 대상을 연구한다는 것은 기본
적이며 가장 포괄적인 방식으로 대상을 연구하는 것이다. 이런 맥락에서,
형이상학은 대상을 연구하는 가장 보편적인 방식이면서, 또 덜 보편적인
타 학문들의 연구에 기본 용어를 제공한다.

　그런데 우리가 제시한 형이상학은 현저하게 다른 방식으로 접근했다. 우
선, 우리는 시작을 형이상학에서가 아니라 인지론에서 했다. 더 중요한 것
은 독자로서 당신은 당신 자신의 인지 작동의 관점에서 인지 이론을 적정
화하게끔 했다. 당신의 인지 작동은 그것을 통해서 알려지게 된 내용과는
구별된다. 더 나아가 우리는 인지 작동에 선행해 있으며, 그것들을 주도하
고 서로 협응하도록 한 어떤 지향된 궁금증이나 물음에 초점을 맞추었다.
그런 다음에 우리는 관여하고 있는 알아감의 패턴이 무엇이든, 어느 때이
든, 우리가 구하려는 궁극적 객관이 무엇인지를 분명히 해 왔다. 두 번째
지점에서 다소 달라진 이 방법이 우리를 인식론적 이론으로 이끌었다. 이
이론에서 사용된 기본 용어와 관계성은 아리스토텔레스의 알아감의 형이
상학 이론이 그랬던 것처럼, 선행하는 형이상학 용어와 관계로부터 추론하
지 않고, 실제 당신이 알아감을 수행하는 것에서부터 시작했다. 그 의도는
당신이 알려고 지향한 대상을 발견하도록 할 뿐만 아니라, 더 중요한 것은
이 활동 안에서 그리고 그것을 통해서 작동하는 주체로서의 당신, 그리고
당신의 인지 활동을 통해서만 '객관적으로' 알려지게 되는 주체로서의 당
신을 알게 하려는 것이었다. 이 의미는 주체인 당신이 알아감의 대상이 될
수 있다는 것이고, 모든 알아감의 지평 — 즉 '존재' — 내에서 당신 자신을
하나 이상의 대상으로 알려지도록 했고, 그래서 주체들은 대상들에 상응할
수 있으며, 대상들과 구별될 수도 있게 되었다는 것이다. 주체들이 대상들
과 어떻게 상응되며, 또 어떻게 구별되는지 자세히 하는 것은 객관적 알아
감의 이론, 즉 인식론적 이론을 구축하는 것이다. 다른 말로 하면 선행하는
알아감의 이론으로부터 객관적인 알아감의 이론을 도출했고, 이제는 앞의
이 두 이론으로부터 형이상학적 이론을 이끌어 내려 한다. 그렇게 하면서,

선행하는 형이상학 이론으로부터 객관성과 알아감의 이론을 도출했던 전통적인 절차를 역으로 했다.

이렇게 역으로 하는 이유는 방법론적이기 때문이다. 2장에서 보았던 것처럼, 일단 과학이 형이상학에서 떨어져 나와 느슨해진 후 자기 영역의 기본 용어와 관계를 갖고 자기 방식의 방법론적인 절차를 정립하게 되면서, 과학은 비약적으로 발전했다. 과학의 현저한 성공은, 철학에 방법적으로 접근하려고 시도했던 데카르트와 비슷한 상황의 인식론적 위기의 상태를 촉발했다. 데카르트로부터 '주체에게로 돌아섬'이 시작되었고, 주체가 활동하는 것을 통해, 주체인 당신이 당신 자신을 당신 자신에게 알려지게 하는 것을 통해, 주체뿐만이 아니라 '작동들'을 매개함이라는 새로운 언어를 발견하는 긴 과정이 시작되었다. 이 '주체에게로 돌아섬'을 이해하는 핵심은, 당신의 인지 활동을 주도하고 있는, 근저에 놓여 있고 정향되어 있는 기본 물음을 적정화하는 것, 잠재적으로 제한되지 않은 영역과 당신 질문의 객관성을 적정화하는 것이다. 방법론적으로 이렇게 하려면, 당신은 알아감의 기술적 패턴에서 설명적 패턴으로 나아가야 한다. 이 논쟁을 정리하면 다음과 같은 방식이 된다. 즉 당신의 형이상학 이론이 왜 그 같은 방식으로 작동하는지를 '설명'하려면 인식론적 이론은 어떻게 도출되는지를 밝혀야 한다. 마찬가지로 당신의 인식론적 이론을 '설명'하려면 그것이 당신의 인지 활동에 어떻게 의존하고 있는지 밝혀야 한다. 다른 말로 하면 방법론적으로 철학을 하려면, 우리는 '당신이 알아가는 중일 때, 당신은 무엇을 하는가?' (인지 이론)라는 물음에서 시작하여, 그다음 '저 알아감은 왜 일어나고 있는가?' (인식론적 질문)라는 질문으로 옮겨 가고, '당신이 객관적으로 알게 될 때, 당신이 아는 것은 무엇인가?' (형이상학적 질문)라는 물음으로 나아가야 한다.

2 형이상학: 용어와 관계

전통적으로 형이상학의 근본 개념들은 잠재(potency), 형식(form), 활동
(act)이다. 그러나 이 범주 사용에 있어서 기본 가정은 철학자들이 갖고 있
는 존재에 대한 정의 혹은 생각(notion)이었다. 많은 철학자들이 되풀이한
실수는 마치 파르메니데스, 플라톤, 그 외 다른 철학자가 했던 것처럼, 존
재에 대한 개념(concept)을 형성할 수 있다고 가정한 점이다. 그러나 우리
는 존재에 대한 '생각'을 주장했다. 개념에서 생각을 구별한다는 것은, 생
각을 정의하는 것인데, 이 정의는 직접적으로가 아니라, 존재가 알려지게
되는 인지 활동의 맥락에서 암묵적으로 정의된다. 존재가 정의되는 것은
인지 활동을 통해서인데, 더욱 중요한 것은 인지 활동은 기저에 놓여 있는
알고자 하는 욕망에서 나오고, 그 욕망에 의해 지속된다는 점이다. 우리의
모든 궁금함과 물음이 일어나도록 하고 또 이 물음을, 우리의 모든 경험 안
에 잠재적으로 현존해 있는 이해가능성을 파악하도록 하는 어떤 이해함으
로 향하게 하는 것이 알고자 하는 욕망이다. 게다가 지성은, 우리가 파악한
이해가능성을 제한하고 있는 경험의 다른 측면을 또한 파악한다. 그리고
경험이 그 이해가능성을 한정하기 때문에, 지자는 경험에서 추상화하여,
이해가능성에 초점을 맞추는 대신에, 이들 경험을 이해할 수 있는 어떤 단
일 형식으로 패턴화한다. 그런데 그 알고자 하는 욕망은 우리의 물음을 시
작해서, 지속시키며, 그 방향이 가능적으로는 이해할 수 있으나 아직 알 수
없는 것을 알려질 가능성들로 전환시키며, 가능적인 이해가능성들의 알아
감을 책임지는 것이 아니라, 이 가능성들이 현실화될지 그렇지 못할지를
발견하는 데로 나아간다. 그러나 바르게 이해된 바로 그 경험은, 인간이 지
금껏 경험했고 지금도 경험하고 있는 모든 가능적인 경험 패턴 전부를 다
만 작게 파편화해서 설명한다. 알고자 하는 욕망은 모든 것을 포함한다. 즉
모든 각각의 가능한 판단이 올바로 내려질 때까지 충족되지 못한다. 다른
말로 하면 알고자 하는 욕망이 제한되지 않은 것처럼, 그 욕망을 매개하고

있는 우리의 알아감의 삼중 체계도 역시 비슷하게 정향되어 있고 구체적이다. 그래서 '경험'이라는 용어는 모든 경험들에 관련되고, '이해함'은 모든 이해함에 해당하고, '판단함'은 모든 판단함에 해당한다. 이런 식으로 존재의 이차 정의를 삼중의 활동으로 확장할 수 있다. 즉 이 활동에 의해서 그리고 이 활동을 통해서 개별 존재자와 모든 존재자들이 알려지게 된다. 이 삼중의 인지 활동은 용어와 관계의 순환을 제공하는데, 이해함은 경험함을 상정하고 보완하는 것이며, 판단함은 이해함을 상정하고 보완하기 때문이다. 이 삼중의 활동은 상호적인 설명의 맥락 내에서 서로 연관된다. 그 설명의 맥락에서는 지자로서의 당신을 당신 자신에게 역시 매개하고 동시에 당신을 다른 모든 지자에게 함께 관련시키는데, 이 관련된 활동들은 모든 지자들을 저 똑같은 객관, 즉 존재에 연관시키기 때문이다. 바로 이 존재에서 모든 지자들이 왜 알아감에 참여하고 있는지 설명된다. 알아감의 활동이 설명적으로 서로 관련되어 있는 것처럼, 존재와 알아감 역시 설명적으로 관련되어 있다. 존재는 알아감의 객관성이며, 존재를 판단하려 할 때 알아감이 먼저 진행된다.

그래서 알아감은 존재 외부에 있지 않다. 오히려 알아감의 체계는 존재의 체계에 상응하며, 그 존재의 체계에 본래적이다. 존재의 본래적인 이해 가능성을 이해하고 주장하기 위해서는, 기술적인 맥락에서 설명적인 맥락으로 나아간다는 것, 그리고 기술적인 알아감의 방식을 신뢰하지 못해서가 아니라, 바로 그 기술적 맥락을 비판하고, 다시 중심을 잡고, 다시 방향을 제시하는 그런 방식으로 나아가도록 한다는 것의 의미를 이해하는 것이 대단히 중요하다. 우리가 제안하고 있는 형이상학은 설명적 형이상학이며, 이 기본 용어와 관계는 지자 자신의 삼중으로 된 알아감의 활동이고, 알아감의 이 체계적 활동은 존재에 의해 정향되어 있고, 존재를 향해 역동적으로 있다.

잠재, 형식, 그리고 활동을 정의해 보자. 잠재는 모든 경험(개인의 경험이든, 시공간의 경험이든, 계속되는 모든 과정의 경험이든, 기대된 규범에서 우연적이거나 비체계적으로 갈라져 나온 경험이든)의 지성적인 패턴화 안에서, 그 패턴화를 통해서 알려진 체계의 구성요소다. 잠재는 모든 경험 의 완전한 설명적 패턴화를 통해서 알려진다. 잠재는 형식이 아니라 형식 과 기능적인 관계를 맺고 있다. 형식은 모든 물들이 서로 연관되어 있는 것 으로 모든 존재자들을 온전히 설명적으로 진술하는 것을 통해서 알려지는 존재의 체계 요소로 정의된다. 활동은 세 번째 체계 요소로, 다른 두 요소 를 보완하고 완전하게 만드는 절대적으로 최종적인 조건 지어져 있지 않은 요소다. 활동은 형식과 잠재의 출현을 최종적으로 현실화하고 완전하게 한 다.[2] 체계의 이 세 요소가 하나로 합쳐지면서 단일 형식이 되는데, 경험된 것은 이해된 것이고, 이해된 것은 판단된 것이기 때문이다. 더군다나 이 세 요소들은 '형식'이라는 이름으로 정의된다. 경험은 정의되기보다는 있음이 고, 활동은 결정짓고 구체적이라기보다는 확신이거나 부정이다. 바로 형식 이 구체화하고 결정짓고 경험에 의해 있는 것을 정의하고, 활동도 역시 바 로 그 형식에 의해 정의된다. 마찬가지로 형식은 다른 물들과의 관계성 안 에서 물들에 대해 충분히 설명될 때 구체화된다. 그래서 잠재, 형식, 활동 은 공통의 정의를 공유하며, 그 정의는 예견적이고, 자기 발견적이며, 설명 적이다. 더 나아가 세 요소 모두는, 궁극적이고 제한되지 않은 객관성을 향 하고 있는 알아감의 체계라는 맥락에서 정의된다.

　그러므로 잠재, 형식, 활동은 당신과 다른 지자가 설명적 방식에서 모든 존재자들을 알아감, 이를 예견할 수 있음을 통해서 하나의 통합적인 자기 발견 체계를 구성한다. 그런데 이 체계를 구체적인 존재 우주에 적용하기 전에, 잠재, 형식, 활동을 일반적인 두 유형으로 나누어 구별해야 한다. 잠 재, 형식, 활동은, 당신의 경험함, 이해함, 판단함을 통해서 당신의 제한되 지 않은 앎의 욕망에 의해서 제약되는 것으로 정의했던 것을 근거로 볼 때, 경험을 이해함, 판단함에는 다른 방식이 있고 그 때문에, 우리는 잠재, 형

---

2)　*Insight*, 432.

식, 활동의 다른 유형을 구체화할 수 있다. 처음의 네 장들에서 이해함의 두 유형을 보았다. 즉 물(物)이 서로 관련되어 있는 방식을 이해함, 그리고 계속적인 변화 가운데서도 지속하고 있는 실체적 단일성으로서의 동일한 이 사물을 이해함이 있다. 이해함의 이 두 유형을 근거로, 우리는 접합-형식(conjugate forms)[3]과 이 접합-형식을 통해서 작동하고 있는 중심-형식(central form) 또는 단일성(unity)을 구별할 수 있게 되었다. 이 중심-형식은 개체 혹은 제한된 방식으로 존재하기 때문에, 우리는 실존으로서 중심-활동과 실존하는 중심-형식을 개별화하는 근원으로서의 중심-잠재로 더 규명할 수 있다. 게다가 개체 내에 실존하는 단일성 또는 형식은, 접합-형식을 통해서 어떤 특정 환경에서 생겨나고 반복적으로 작동한다. 그래서 접합-잠재는 사물이 활동하는 근저에 있는 특정한 제한적 조건에 관련되고, 접합-활동은 이들 접합-형식의 발생과 반복에 관련되어 있다. 예를 들면, 식물은 유기적 통일체로(중심-형식), 개별화된 방식으로(중심-잠재) 존재해 있다(중심-활동). 개별적으로 존재하고 있는 동일한 그 식물은 어떤 특정한 방식에서(접합-잠재) 재생산적으로(접합-형식) 작동한다(접합-활동).

이 여섯 가지 용어(중심-잠재, 중심-형식, 중심-활동과 접합-잠재, 접합-형식, 접합-활동)는 일련의 기본적인 용어와 관계성을 제공한다. (1) 개별 존재자들이 하나의 단일체를 형성하는 것으로서, 단일 존재자의 형이

---

3) 옮긴이 주: 로너건은 원래 "접합"(conjugate)이라는 용어를 처음부터 사용한 것은 아니었다. 처음에 그는 일반적으로 많이 쓰는 "부수적인 것"(accidental)이라는 용어를 생각했지만 그렇게 할 경우 연결의 의미보다는 분리의 의미만이 두드러지게 드러날 수 있어서 생물학적 의미를 담고 있는 "접합"이라는 용어를 새롭게 사용했다. 사실 "접합"은 "중심체"를 전제로 하나로 통합되어 존재할 수 있고 동시에 중심체는 접합을 전제로 구체화될 수 있다. 이를테면 로너건에 있어서 인간의 중심체는 근본적으로 영적인 형식이어서 다른 형식들인 물리적 화학적 생물학적 심리적 그리고 지성적 형식들은 모두 다 중심체로서 영적인 형식에 접합될 때 인간의 형식들로 통합될 수 있다.

상학 체계의 구성 부분을 통합할 수 있고, (2) 개별 존재자를 같은 종에 속하는 다른 개별 존재자들과 통합하거나 연관 지을 수 있으며, (3) 같은 속(屬)에 속하지만 종이 다른 존재자를 다른 종과 통합하거나 연관 지을 수 있으며, (4) 역동적으로 발전하고 있는 존재 우주 내의 다른 속과 어떤 속의 개별 존재자를 연관 짓거나 통합할 수 있게 되었다. 이 장의 나머지는 구체적인 우주 존재 내에 있는 상이한 모든 존재자들을 관련짓고 체계적으로 통합하는 이 네 가지 방식에서, 여섯 가지 용어와 관계성이 어떻게 결합되는지 밝히는 시도가 될 것이다. 개별적인 모든 물을 통합하기 위한 자기 발견 체계를 발전시키기 위해 여섯 가지 기본적인 용어와 관계성을 첫째, 존재자들의 구체적으로 실존하는 통일체에서, 둘째, 또 존재자들끼리 서로 맺고 있는 다양한 종(種)적이고 속(屬)적인 관계에서 정립하면서, 이 통합 체계가 존재의 각 분야와 상이한 타 학문 분과를 어떻게 통합하는지 상세화할 것이다.

형이상학의 목표는 존재 우주 전체를 위한 통합적인 자기 발견 체계를 구축하는 것인 반면, 과학자의 관심사는 한정된 영역들의 다양한 존재자들을 이해하고 판단하는 데 도움이 되는 특정하게 분화된 체계를 발전시키는 것이다. 형이상학자가 통합자료들을 제공하는 다양한 과학에 의존하긴 하지만, 그 통합을 행하는 이는 여전히 형이상학자다. 그 이유는 형이상학자는 과학자가 아는 체계를 알며, 또 타당성 있는 설명 패턴으로 존재자들이 알려지는 것이라면, 이 체계는 존재자들의 내적 체계에 상응한다는 것을 알기 때문이다. 더군다나 본인들의 알아감의 인지 활동을 알고, 그 패턴을 아는 형이상학자는 또한 상식적 알아감을 이론적 알아감에 통합할 수 있는데, 그 이유는 상식적 지자들이 기술적 맥락에서 작동하므로 앎을 추구할 때 네 겹의 편견에 종속되는 반면, 형이상학자의 알아감의 방법은 타당성이 있을 뿐 아니라 특정하고 구체적인 상황을 아는 유일한 방법임을, 그리고 그런 맥락에서 지적이고 지혜롭게 작동하려면 어떻게 해야 하는지 등을 형이상학자들은 알기 때문이다. 형이상학자는 상식적 지자와 (과)학자들이 제공하는 자료에 의존해서 이 자료들을 존재 우주 전체의 좀 더 확대된 설명이 될 수 있도록 전환하고, 재정향하고, 통합한다.

3   설명적인 속과 종

4장에서, 나는 세계질서는 반복되는 도식을 통해서 상이한 물(物)들끼리 서로 수평적으로 연합해 있고, 반복적인 자신의 도식에서 작동하고 있는 일련의 한정된 물들을 통해서 수직적으로 연합되어 있음을 개관했다. 또한 반복적인 자신의 도식에서 작동하는 물들이 수직적이고, 수평적으로 연관되어 있는 단계들이 드러남은, 변화하는 확률의 스케줄을 따라 알려지는 중이라는 것을 제안했다. 바로 그 같은 세계질서는 어떤 보편적, 필연적인 법칙하에서 작동하는 필연적 질서도 아니고, 최종적으로 완전하게 질서 지어진 것도 아니다. 오히려 지금도 여전히 드러나고 있는 중이다. 비록 이 질서가 전개되는 데 있어서 확률적이긴 하지만, 형성 중인 이 질서는 필연적이거나 결정적이지 않으면서도, 꽤 안정적이고 효과적일 수 있다. 장기적으로 볼 때 확률은 상당히 효과적이기 때문이다. 상당히 오랫동안 지속되고 광범위하게 산재된 상황들에 흩어져 있는 대단히 많은 물들은, 매우 효과적이며 유연한 방식에서 나온 결과물일 수 있다.

창발적 확률을 통해 이 같은 세계질서를 이해함은 인지 활동의 분석과, 통찰이 체계적 관점 — 이 체계적 관점은 알아감의 반복적 순환의 범위에 결합되어 간다 — 을 축적해 가는 방식에 기초를 두고 있다. 그 체계들은 더 고차적이고, 복잡하며, 강력한 체계들이 출현할 수 있는 조건들을 구성할 수 있으며, 그래서 낮은 차원에서 드러나고 있는 각각의 고차적인 체계를 가지고 일련의 고차적인 체계들을 생산해 내는 동시에 낮은 체계의 자료들을 변경시킨다. 우리는 수학과 과학사에서 드러나는 더 고차적인 체계들의 예를 연구했다. 이번 장에서는 구체적인 존재 우주에서 실제로 작동 중인 질서를 설명하기 위한 자기 발견 체계를 정립하기 위해 기본 용어와 관계를 구성하고 있다. 다른 말로 하면 인지 활동의 분석에 기반을 둔 4장의 세계질서를 이제 형이상학적 용어로 재배치한다. 앞의 다섯 장들의 논점을 간단히 되돌아보면 우리의 과제를 분명하게 인식하는 데 도움이 될 것이다.

1장의 첫 번째 단계는 통찰에, 그리고 이론적 용어와 관계를 추상화하여 정의하는 더 강력한 방법을 통해서 통찰이 축적되어 고차적 관점이 되는 방식에 초점을 두었다. 두 번째 단계는 자기 발견적 절차의 중요성, 그리고 이론적 지자가 알려지지 않은 대상을 알아감을 예견하게 되는 방식에 초점을 두었다. 세 번째 단계는 알아감의 이론적 패턴과 실제적 패턴을 자기가 발견해 내는 방법과 통찰을 막는 네 겹의 태도 이 둘 사이의 다른 점을 이해했다. 네 번째 단계는 '반복되는 도식'의 설명적인 개념에서 예견적인 알아감의 상이한 두 이론적 방법 — 고전적이고 통계적인 방법 — 을 결합했다. 반복되는 도식 개념을 더 고차적 관점과 결합하면 창발적 확률이라는 맥락 안에서 이 우주가 질서를 형성 중임을 설명할 수 있다. 논쟁의 이 지점에서 '물'(thing)에 대한 복잡한 생각에 천착하여, '물체'(body)라는 익숙하고 기술적인 생각과 대조할 수 있었다. 물체를 '저기 밖에 지금' 실재하는 것으로 항상 잘못 이해했다. 다섯 번째 단계는 사실이라는 구체적인 판단을 구성하는 것을 정확하게 밝혔고, 독자인 당신이 나는 지자라고 하는 기본적이며 사실적이고 구체적인 판단을 하도록 요청했다.

알아감이란 무엇이며 우리 각자가 지자라는 사실을 정립하고 난 뒤에, '그것이 무엇이라는 것을 왜 알아가는가'라는 질문에 초점을 맞추어 진행했다. 그 물음에 대한 대답으로 모든 지자들의 공통점은 제한 없는 객관성, 즉 존재라고 정립했다. 객관성은 또한 존재의 매 단계마다 대상들의 전 우주에 스며들어 있고 토대를 이룬 것처럼, 모든 주체와 대상을 초월하면서 또한 우리가 논쟁하고 있는 모든 과정의 각 단계마다 스며들어 있고, 토대가 되고, 주도하고 있다. 이것은 다소 놀라운 결과를 보여 준다. 즉 할 수 있는 한 모든 올바른 판단을 우리가 할 수 있을 때까지 실재 혹은 존재가 무엇인지 알지 못한다는 것, 그리고 우리의 제한되지 않은 알고자 하는 욕망을 적합하게 전개하지 않고서는 우리가 하는 판단에 참된 객관성은 있을 수 없다는 놀라운 결과 말이다. 이를 성취한다는 것은, 우리의 알아감을 편향되게 하는 네 겹의 편견을 인식하는 것, 그리고 현재 우리가 알고 있는 제한된 지평과 우리가 알 수 있게 될 잠재적이며 제한되지 않은 지평, 이 사이의 끊임없는 긴장에 우리가 존재한다는 것을 받아들이는 것을 의미한다. 여섯 번째와 마지막 단계는 형이상학적 지자는 과학적 지자와 상식적 지자와 함께 협력하여 존재 우주를 충분히 설명할 수 있도록 하면서 통합적이고 자기 발견적인 체계를 구축했다. 이 자기 발견 체계의 여섯 가지 용어를 정의하는 것이 중요한 이유는, 존재에 대한 생각에서인데, 존재의 본래적인 이해가능성 또는 우리의 알아감의 체계가 존재 내의 존재자들의 본래적 체계에 상응한다는 기본 전제를 이 생각이 정립하기 때문이다. 이 전제는 또한, 형이상학적 지자들이 모든 학문과 상식의 결과를 다시 정향하고 변형해서 존재의 알아감에 중요한 토대와 발전이 되도록 하는 능력의 기반이 된다. 그다음 단계는 상이한 속과 종에 관한 형이상학적 질서의 형성을 어떻게 설명의 방식으로 풀어낼 수 있는지에 관해서다.

　지난 장에서 존재의 생각(notion)을 논의하면서, 알아감의 삼중 체계를 알아가는 것으로부터 모든 알아감 내에 있는 궁극적인 객관성을 알아가는 것으로 전환했다. 그것은 알아감의 활동에서 이 활동들을 통해 알려지게 된 체계화된 내용으로 전환한 것임을 의미한다. 그래서 알아감의 활동에 초점을 두기 위해 알아감의 내용을 추상화했던 우리 연구의 첫 단계로 되돌아가, 이제는 인지 활동에서부터 그 활동을 통해 알려지게 된 체계적 내용으로, 인지 체계에서 존재론적인 체계로, 경험함, 이해함, 판단함에서 경험된 잠재, 이해된 형식, 판단된 활동으로 전환하고 있다. 잠재, 형식, 활동은, 알 수 있는 비율 또는 체계화된 존재를 통해서 그 체계를 구성한다. 존재자가 잠재적으로, 공식적으로, 현실적으로 알려지게 되는 것을 통해서 이 체계는 중간 항을 제공한다. 그런데 화학적, 생물학적 물들과 같은, 물들의 현실의 형식(현실태)을 알고 싶다면, 화학이나 생물학을 공부해야 할 것이다. 형이상학자가 아는 것은 사실 화학자와 생물학자가 알게 된 물들의 현실태를 아는 것이라고 할 수 있는데, 그 이유는 알아감의 설명적 체계는 존재자들의 현실의 체계와 내재적으로 연관되어 있는 체계라는 것을 알기 때문이다. 형이상학자들은 형식들의 현실의 앎은 특정 학자들에게 맡기고 대신에 이들 상이한 학문들의 타당한 과학적 설명들을 통합하는 데에 초점을 둔다. 그 이유는 형이상학자는 존재 또는 실재, 또는 모든 것에 관한 모든 것을 알고자 하기 때문이다. 형이상학은 지식의 전부가 아니라 입증된 지식의 모든 것 안에 있는 전부다.

이 논점은 중심적이고 가변적인 잠재, 형식, 그리고 활동의 맥락에서 다시 진술될 필요가 있다.[4] 화학이 설명적 학문의 지위를 얻게 될 때, 화학자가 아는 것은 특정 경우에 함축적으로 정의되고 확증되는 일련의 법칙이다. 이 법칙을 화학 원자들이 서로 관련을 맺고 있는 접합-형식으로 동일시할 수 있다. 비록 개연적이고 임시적 일지라도, 그 법칙의 타당성은 접합-활동으로, 반면 그 법칙을 검증하면서 감각적인 상황과 경우는 접합-잠재로 설명할 수 있다. 형이상학자는, 첫째, 그 화학 법칙들은 화학 원자의 바로 그 체계에 본래적인 것임을 알며, 둘째, 고전적이고 통계적인 접합-형식들의 서로 다른 유형이 있다는 것임을 알며, 셋째로, 그 같은 접합-형식들은 이 원자들이 서로 상호작용하는 것을 통해 반복되는 도식에서 결합되는 것임을 안다. 그래서 이 존재하는 통일체들 또는 화학의 중심-형식들은 반복되는 도식들을 통해 존재, 작동하고 있음이 알려진다.

화학자가 정의하고 검증한 설명 법칙이 진짜 실재하는 원자 체계를 드러낸 것이냐고 화학자에게 묻는다면, 우리는 형이상학적 질문을 하는 것이며, 그 대답은 알아감을 객관적으로 만드는 것에 관해 또 알아감과 존재 혹은 실재와의 관계에 관해 일련의 가정을 갖고 하는 것이다. 전부는 아닐지라도

---

4)   *Insight*, 432-41.

가정의 상당 부분을 화학자들은 알지 못하거나 조사하지 못했지만, 화학자들이 대답한 방식에서 그 가정들은 작동될 것이다. 알아감을 아는 것, 알아감이 왜 그것인지, 또 당신이 객관적으로 알 때 당신이 아는 것이 무엇인지에 관한 것을 아는 것 등은 화학자의 일이 아니다. 그것은 형이상학자의 임무다. 그리고 만약 형이상학자가 우리가 했던 것처럼 형이상학을 방법론적으로 구성한다면 형이상학자들은, 설명적으로 입증된 화학 법칙이 화학 원자의 실재 체계를 내재적으로 드러내는 접합-형식이라는 것을 안다. 화학자들은 완전히 설명적인 학문에서는 멀어져 있지만, 자신들이 현재 옳게 알고 있는 것이 화학 실재의 구체적 현실 세계를 이해함에 대해 광범위하게 이해할 수 있도록 나아가는 중임을 안다. 화학 실재는 완전한 실재 세계의 단지 작은 한 부분으로, 화학자가 드러내고 있는 것은 실재의 부분이다.

물리학이나 생물학과 마찬가지로 다른 학문들도 알아감의 설명적 단계로 나아가고 있다. 기술적 알아감은 물들의 존재에 있는, 그리고 그 작동하는 관계의 실재에 있는, 내적 체계를 드러내지 않아서 기술적 지자들은 '이 분필은 정말로 하얀가? 혹은 인간 지자에게만 하얗게 보이는가?' 라는 잘못된 물음을 끊임없이 던지고 있다. 만약에 원자의 전자기장 구조라는 설명적 맥락에서 그런 기술적인 질문을 한다면, 최소한 개연적이고 임시적인 대답을 할 수 있다. 종과 속이라는 형이상학적, 설명적 이론을 구성하면서 그 학문이 기술적 단계, 기술적-설명적 단계, 혹은 순전히 설명적인 단계의 어디에 해당하는지 아는 것이 중요하다.

두 번째로 검토할 문제는 이 설명적 학문들을 통합하는 데 따르는 어려움이다. 통합할 때의 중심 아이디어는 고차적 관점이라는 개념으로, 선행하는 낮은 체계에서 고차적 체계가 출현한다고 본다. 이 낮은 체계는 고차적 형식이 출현할 잠재성을 제공한다. 잠재성은 낮은 수준에서는 체계화될 수 없는 낮은 활동들의 다양성에 있으며, 이 활동들은 고차적 도식들이 실현되어 밖으로 나올 수 있는 가능한 기회를 형성한다. 대기권의 설명적 학문으로서 기상학을 예로 들어 보자. 기상학자는 우리를 둘러싸고 있는 공기가 질소, 산소, 탄소 그리고 그 외의 다른 가스의 혼합이라는 것을 안다. 또한 기상학자는 현재 공기의 흐름 속에서 이들 다양한 가스의 비율이 얼마인지도 안다. 그러나 이 다양한 가스의 비율이 어떻게 비롯된 것인지, 어떻게 유지되고 있는지를 설명하려면, 기상학자들은 생물학의 도움을 받아야 한다. 현재 공기 중의 다양한 가스들의 화학 균형에 대해 대답하려면, 기상학자들은 질소의 순환이 토양과 대기와 바다의 화학활동과 더불어서 동·식물의 생물활동과 어떻게 연관되는지 알아야 한다. 이 질소 순환은 상호작동하는 도식의 거대한 관계망에 있어서, 대기 가스의 현재 균형을 유지할 수 있도록 모든 것은 서로 상호조건이 된다. 이 대기 가스는, 토양과 마찬가지로, 원자적 분자적 성분들로 된 하나의 화합물을 형성한다. 원자적이고 분자적인 통일체로 존재하며, 저마다의 화학 도식에 따라 작동하는 개체로서 이 광대한 다양성은, 고차적 생물학적 형식이 실제로 드러나는 중에 나온 잠재성이다. 이 고차적인 생물학적 형식을 위한 잠재성은 낮은 단계의 화학의 접합-활동에서 나오며, 화학적 관점에서의 현실 사건이라는 것은 고차적인 생물학적 관점에서의 잠재적 형식이다. 마찬가지로 산술과 기하학의 낮은 관점에서의 수 혹은 점이라는 것은 분석적인 기학학적 관점에서 함께 질서를 이룰 잠재성 혹은 가변성이 된다. 원자가 아원자의 사건들을 원자의 통일체로 유지되도록 패턴화하는 것과 마찬가지로, 세포는 주변의 토양과 대기로부터 원자 혹은 분자를 흡수하여 변형시킨다. 살아 있는 세포 안에서 이들 화학작용은 높은 차원의 물리적 도식의 잠재성을 제공한다. 이 고차적인 물리 도식은 유기체의 신진대사활동에 자양분이 되어 지원한다. 그러므로 낮은 차원의 접합-형식의 접합-활동은, 접합-형식의 고차적 도식이 출현할 수 있는 잠재적 장을 제공한다.

낮은 차원의 개체적으로 실존하는 통일체들이 저마다의 도식에서 작동 중이라는 이 시나리오는, 저마다의 도식을 지닌 속(屬)으로 고차적인 일련의 물들이 출현하여 진화할 때까지 반복된다. 그 같은 일련의 고차적 관점은 우리가 이미 4장에서 논의했던 창발적 확률 이론을 통해 단일화되어 통합된다. 그러나 현재의 형이상학적 맥락에서 창발적 확률을 다시 맥락화하기 이전에, 우주의 이 역동적인 전개 안에서 잠재의 역할을 좀 더 분화된 방식으로 분명히 할 필요가 있다.

4   잠재와 한계

형이상학의 요소인 잠재의 역할을 논의하는 데 있어서 중요한 것은 의미를 조절하고 구체적으로 명시하는 인지 분석을 염두에 두는 것이다. 경험에 대한 물음은, 그 경험을 아직 알지 못하지만 알 수 있는 것으로 전환한다는 것을 회상할 필요가 있다. 궁금증을 자아낸 경험은, 그 경험이 우리의 현재 알아감에서는 한계로 드러나지만 동시에 그 경험을 이해하고 판단해 가는 과정에서 알지 못하는 것을 알게 될 것으로 전환하기 때문에 기회가 되기도 한다. 그래서 달의 모양이 차고 지는 것을 의식하는 경험함은, 왜 달빛이 저 같은 방식으로 변하는지 궁금해할 때 잠재적으로 이해가능한 경험이된다. 잠재 혹은 경험은 하나의 관점에선 한계를 의미하지만 또 다른 관점에서는 기회다. 그것은 정반대 사이에 있는 긴장이다.[5]

정반대의 대립물들 사이에 있는 긴장으로서, 잠재는 방향이 정해져 있는 긴장이다. 이 긴장을 해소하려는 이해 혹은 형식을 향해 가도록 지자를 인도하기 때문이다. 그러나 다음 순간에 이 형식 또는 이해함은 판단함이라는 고차적 활동의 잠재가 되는데, 그 까닭은 형식 혹은 이해함은 바르게 이해되거나 혹은 참되게 확증되었다고 판단될 때까지는 충분히 현실화되지 않기 때문이다. 더 나아가 잠재, 형식, 활동의 순환은 매개되지 않은 자발적인 욕망 혹은 잠재에 제한되어 있기 때문에, 제한적으로 현실화된 그 잠재는 지자의 욕망을 자극하게 된다. 즉 지자는 그 순환을 반복하여 경험의 또 다른 차원 또는 낮은 차원의 잠재를 전환시켜 또 다른 형식 혹은 통찰이

---

5) *Insight*, 442-4.

생겨나는 긴장의 상태가 되고, 그다음 비판적 물음을 제기해서 판단이나 접합-활동으로 향하도록 하는 잠재 또는 정향된 긴장으로 전환한다. 그래서 잠재, 형식, 활동은 모든 의식 있는 지자 안에서 순환 과정을 형성하며, 이 순환 과정은 다른 모든 존재의 순환 방식과, 또 우리가 봤던 대로 '역동적이고 정향되어 있지만 결정되지 않은 방식'에 있는 전 우주의 순환 방식과 상응하며 체계적으로 유사하다.

5 수직적 최종성

존재자들의 전 우주의 역동적 방향성을 생각하기 전에, 당신의 알아감에 있는 순환 방식과 다른 존재자들에 있는 순환 방식 간의 체계의 유사성을 분명히 하기 위해 세 가지를 논의할 필요가 있다. 첫 번째는 당신과 다르게 순환하는 존재자들 간의 체계적 유사성이 있고, 그 유사성은 수직적으로 이해된다는 것이다.[6] 이것은 당신의 잠재는 당신의 형식이고 당신의 형식이 당신의 활동인 것처럼 식물의 잠재는 그 식물의 형식이고, 식물의 형식은 그 식물의 활동이라는 것을 의미한다. 두 번째는 두 존재론적 체계들을 비교한다는 것은, 두 체계의 관계성의 비교이지, 그 관계들의 용어를 비교하는 것이 아니라는 것이다. 이것은 당신의 잠재가 당신의 형식에 또 당신의 형식이 당신의 활동과 맺는 관계 패턴이, 식물의 잠재가 식물의 형식에 또 식물의 형식이 식물의 활동에 관계하고 있는 패턴과 유사하다는 것을 의미한다. 비교는 당신의 잠재와 식물의 잠재를 비교하는 것이 아니라, 당신의 형식이 당신의 잠재와 관련된 방식을 비교하는 것이다. 사람과 식물의 잠재는 필연적으로 다르지만, 식물의 의식이 아닌 잠재에서 식물의 형식이 기능하는 방식, 그리고 당신의 의식적 잠재나 경험에서 당신의 이해

---

6) 이 절의 제목은 *A Third Collection*, 23-31에 있는 'Mission and the Spirit'에서 취했다.

함이 기능하는 방식, 이를 체계적으로 비교할 수 있다. 식물의 잠재와 사람의 잠재가 다른 것은 이들의 형식이 다르기 때문이지만, 우리가 이 두 잠재와 형식을 추상화하는 대신 이 상이한 잠재와 형식이 상응하는 방식에 주목한다면, 형이상학적 또는 체계적 유사성의 토대를 세울 수 있다. 이런 이유 때문에 앞 장에서 형이상학자가 우선적으로 관심을 갖는 것은 물리학자, 생물학자가 아는 것에 대해서가 아니라, 그들이 알아낸 것을 통한 삼중 체계라고 말했던 것이다. 당신의 알아감이, 알아가는 존재로서의 당신이라는 존재에 실제로 본래적이며, 설명적이라는 것을 당신이 알게 된 것처럼, 생물학적인 알아감은 만약 그것이 설명적인 알아감이라면, 생물학적 존재의 실제 본래적 체계를 드러내고 있음을 역시 깨닫는다. 더군다나 잠재, 형식, 활동을 자기 발견적이며 설명적으로 정의했기 때문에, 비록 모든 존재자들이 개체적으로, 구체적으로, 또 일반적으로 다르지만, 모든 존재자들의 본래적 체계가 서로에게 유사하게 연관되어 있는 방식의 알아감을 예견할 수 있다.

　역동적이며 순환적으로 연관되어 있는 잠재, 형식, 활동을 생각할 때 지적할 세 번째 요점은, 4장에서 논의했던 알아감의 네 방법을 이 순환적 체계와 어떻게 결합해서 이해할 수 있는가이다. 이 네 가지 인지 방법은 형이상학자들이 통합적인 자기 발견 체계를 형성하기 위해 통합했던 네 가지 형이상학적인 방법에 상응하며 그 토대가 된다. 우리는 이미 형식을 중심-형식과 접합-형식으로 구분했다. 이제 이 접합-형식들을 고전적 형식, 통계적 형식, 발생적 형식, 변증적 형식으로 구별할 필요가 있다. 형식의 의미는 이해함의 활동으로 말미암아 구체화되는데, 이해함에 상이한 유형들이 있기 때문에 그에 상응한 형식들의 차이가 있는 것이다.

　고전적인 통찰은, 계속해서 변화 중인 가변적인 것들 가운데 변하지 않는 상관관계를 파악한다. 그러나 그 상관관계는, 이들이 상관하고 있는 또는 접합-형식이 실제로 작동하고 있는 실제 구체적인 조건들을 추상할 때 발견된다. 통계 과학은 이 고전적 상관관계가 어떤 구체적 상황하에서 얼마나 자주 일어나는지, 혹은 그 고전적 상관성이 이미 일어나 반복되고 있다면 그 생존 확률은 얼마인지 이해하려는 시도다. 그 발생빈도 혹은 확률의 타당성을 주장하기 위해, 통계학자들은 이상적인 빈도수의 근사치에 있는 비체계적이거나 무작위적인 가변성을 추상화한다. 요약하면 고전적 학자들이 형식을 다룬다면, 통계학자들은 이들 형식이 활동과 갖는 관계를 다룬다. 발생적 과학은 형식이 잠재에서 드러나는 방식을 다루고, 변증학자들은 형식의 출현을 방해하는 것에 초점을 맞춘다. 발생적이고 변증적인 방법은, 최종성 혹은 결정되어 있지 않지만 방향이 있는 역동적 우주를 논한 후에 언급할 것인데, 지금은 이전에 했던 상관관계 혹은 접합-형식의 도식과 순환을 대조하고 싶다.

4장에서 지상의 순환을 우주, 천상의 순환에 따르는 전통적인 '존재의 연쇄' 세계질서와 대조했다. 아리스토텔레스는 우주의 순환은 땅의 순환을 지배한다고 보았고, 성서 전통에서도 우주와 땅의 순환은 인간의 순환보다 덜 중요했다. 두 경우 모두, 세계는 조화로운 질서이고, 아름답고 복잡한 이 질서는 신적 설계자, 섭리자, 전지한 통치자의 현존을 계시하는 것으로 보았다. 이 같은 설명의 문제는, 물(物)을 다만 서로의 관계성에서 우연적이며 외적으로만 변한다고 보는 정적인 실체로 생각하는 경향으로 기술적이며 이미지의 맥락에서 세계질서가 작동한다고 본다는 점이다. 그런 세계질서는 두 부분으로 되어 있다. 물 내면의 불변의 본질과 외면의 임의적이고 변화하는 우연적이고 감각적인 속성들의 두 부분이다. 경험주의자들은 물의 제한된 외면의 양상만을 연구한 것이고 반면, 형이상학자들은 물 내면의 불변하는 본질을 가정적으로 파악한 것이다. 그와 같은 형이상학은 보편적이고 확실하며 자명적이라는 제일원리 위에 구축되었으며, 형이상학자들은 그 같은 보편적이고 필연적인 제일원리로부터 우주질서와 관련된 일련의 어떤 결론들을 연역한 것이다. 그러나 세계질서를 구성하는 우리의 과정은 근본적으로 다르다.

이 연구는 전제에서 출발하는 것이 아니라, 독자 당신의 인지 활동을 조사하도록 요청하면서 시작했다. 이는 기술적인 틀과 설명적인 틀을 세심히 구별했기 때문에 도출된 것으로, 일상의 실질적 알아감을 과학적 알아감에서 분별했다. 그다음 단계에서 추상적인 고전 과학적 방법에 설명-기술적인 방법의 통계학을 결합하였고 그렇게 한 것은 반복 도식의 일반적인 개념을 만들기 위해서였다. 조건 지어진 일련의 반복 도식의 기초 위에서, 설명적인 세계질서를 제안했고, 이 설명적인 세계질서가 접목된 후에야, 반복 도식 안에서 그리고 그 도식을 통해서 존재하며 작동하는 물이라는 개념을 제시할 수 있었다. 반복된 활동 패턴을 통해서 작동하며 또 함께-작동하는 물들 혹은 구체적인 개별 단일체들을 정립하고 난 후에, 우리는 지자인 당신에게로 돌아섰고, 당신이 구체적이고 의식적이며 인지적 도식을 통해서 존재하고 작동한다는 것을 보았다. 간단히 말하면 우리는 기술적 맥락에서 시작하여, 세계가 질서를 형성하는 중임을 분명히 파악할 수 있는 설명적 맥락으로 점점 나아갔고, 그다음 5장에서 의식하는 자기라는 원래의 기술적 맥락으로 되돌아갔다. 알아감의 자기로 되돌아간 것은, 설명적 방식 안에서 존재에 대한 공통된 모색을 하고 있는 다른 모든 지자를 당신과 연관시키기 위해서였다. 다른 말로 하면, 설명적인 자기 안에서 그리고 그 자기를 통해서, 당신의 기술적인 자기를 매개했다. 이렇게 접근한 이유는 설명적이거나 혹은 '인과적' 알아감의 조절 아래, 일상적이고 익숙한 기술적인 방식의 알아감을 제시하기 위해서였다. 그래서 각각의 모든 존재자가 어떻게 존재하고 행동하는지를 형이상학적 유비의 방식에서 파악하고 설명할 수 있는, 설명적 형이상학을 구성할 수 있었다. 이들 유사성의 토대는 당신의 알아감의 삼중 체계인데, 당신 자신을 포함한 모든 존재자들의 삼중 체계와 유사하거나 또는 비례한다. 당신의 본질 혹은 중심-형식이 존재하고 작동하는 것이 당신의 접합-형식 혹은 인지 형식의 도식을 통해서이듯이, 어떤 존재자의 중심-형식은 접합-형식의 유사한 도식 안에서 그리고 그 도식을 통해서 존재하고 작동한다.

이 형이상학의 관점에서, 알아감이 사물의 본질임을 예측하는 이는 과학자이고, 비슷하거나 비슷하지 않은 활동 도식으로 작동하는 물의 존재에 상이한 본질의 상이한 유사성을 예견하는 이는 바로 형이상학자이다. 간단히 형이상학자는 구체적인 존재 우주 전체의 통합적이고 자기 발견적인 관점을 제공하는 반면, 다른 학자들은 비례적 존재의 각각의 분야에서 비슷한 존재자를 일반적이며 구체적으로 조사하는 것이다. 형이상학의 통합 체계는 알아감의 최종적인 객관성 즉 존재의 맥락에서 정의되기 때문에, 그리고 그 통합 체계는 각각의 모든 존재 체계와 유사하기 때문에, 형이상학자가 드러낸 통합된 관점은 존재 내에 있는 존재자의 역동적이고, 개방적이며, 드러나는 우주다.

　이 역동성의 원천은 잠재이며, 존재의 이런저런 수준의 잠재일 뿐만 아니라, 우주 전(全) 존재의 총체적 잠재 혹은 가능성이기도 하다. 지금까지 살펴본 것처럼 형식이 활동에 정향되어 있는 것처럼 하나의 잠재는 형식에 정해져 있다. 이 형이상학적 세계질서를 사유하는 또 다른 방식은, 존재의 상이한 층위들 전부에 있는 중심-잠재와 접합-잠재 모두가 서로에게 정해져 있는 형식을 생각해 보는 것이다. 이들 연속적이고 고등한 존재자의 통합을 설명하거나 정보를 제공하는 형식 혹은 이해가능성은 '창발적 확률'이며, 그리고 우리가 창발적 확률과 동일하다고 본 '형식'은 '확률이라는 계속 변화하는 스케줄에 따라서' 현실화되는 중이다. 다른 말로 하면, 비례적 존재라는 구체적 우주는 현재 '창발 중이며', 그 창발 질서는 전체로서 이해가능하며, 그것은 종결된 전체가 아니고, 실제 전개도 확정된 것이 아니라 확률적이며, 이 확률은 사물과 그 도식의 변화처럼, 낮은 차원에서 고차적인 것으로 전환하고 있다. 이는 우주가 효율적으로 조직화되지 않음을 의미하는 것은 아니다. 확률은 사건들의 장기간의 맥락에서 볼 때, 매우 효율적인 방식으로 질서를 형성한 결과물이다. 또한 이는 형식을 향한 모든 잠재의 보편적 정향이 무수한 가능성을 동반하여 안정적으로 변화하게 하는 것이라면, 광범위한 대안적인 형식이 드러날 수 있다는 의미이기도 하다. 물(物)에 관한 이들 대안적 질서 중에 어떤 것은 생존의 확률이 더 높거나 혹은 낮을 수 있어서, 생존 비율이 낮은 물의 도식은 점차 쇠퇴하거나 사라지겠고, 반면 더 높은 생존 비율을 지닌 도식은 지속될 것이다. 세계질서가 이처럼 상당한 범위에서 대안적으로 질서를 정해 갈 뿐만 아니라, 그 형식들의 다양한 상호작용에서 고차적으로 질서 지어진 도식과 물들이 밖으로 출현하고, 출현과정에서 상당히 다양한 활동을 종합적으로 생산하기도 하는 잠재성도 있다. 이는 존재자들의 우주가 존재의 한 차원과 연속적인 차원들에서 이해가능하게 정해져 있을 뿐만 아니라, 보편적으로 출현하는 이 질서는 정향되어진 질서를 형성하는 중임을 함축한다. 출현물이 각각의 도식에서 작동하고 협응할 때, 이 출현물로 이뤄진 우주 전개의 방향 혹은 끝은 무엇일까? 정향되어 있고 역동적인 세계질서에 관한 이 물음은, 우선 반복 중인 실제 알려진 삶의 도식에 초점을 둔 물음이 아니며, 또 이 우주의 종교적 목적에 관한 것도 아니다. 우리는 존재를 참된 판단을 통해서 알게 된다고 정의했다. 구체적인 현재 우주의 방향에 관한 이 물음은 인지적이며 형이상학적인 물음이다. 우주의 최종성에 관한 윤리적이고 종교적인 물음들은 다음 장에서 고려하겠다.

잠재는 형식, 형식은 활동을 향하고 있고, 그리고 잠재, 형식, 활동의 반복 순환은 자신의 도식에서 존재하며 작동하는, 고등한 존재자가 되게 할 가능성을 행사할 잠재를 형성할 수 있는 활동 집합체들로 축적된다. 그러므로 단일 존재자의 전개 방향은 자신의 단일성과 정체성을 유지하며 게다가, 분화되어 밖으로 가지를 뻗어 나가는 종(種)들 내에서 가능한 변이의 범위를 탐구 모색하여 결국 일련의 아종이 되는 존재(자)의 군(群)이라는 전통적인 수평적 경향성이 있다. 게다가 존재자의 고등한 속(屬)이라는 위계적인 수직적 방향도 있다. 전통적인 '존재의 연쇄'는 고등하고 좀 더 완전한 존재들이라는 위계적 세계질서를 제시하지만, 원자나 분자와 같은 낮은 차원의 응집이 어떻게 고등한 세포 도식의 한 부분이 될 수 있는지 설명하지 못했다. 낮은 차원의 세포 도식이 어떻게 동물의 고등한 심리 도식에 참여할 수 있는지도 설명하지 못했다. 다른 말로 하면 존재 우주가 역동하고 있는 방향은 새로운 종을 향한 방향에서는 수평적으로, 동시에 고등하고 더 복잡한 속을 향한 방향에서는 수직적으로, 양 방향 모두를 향해 움직이고 있다.

하등한 속에서 고등한 속의 창발 또는 바로 수평적 최종성이 연속된 고등한 속이 출현할 수 있는 경향을 지지하고 발전하는 데 기여하는 방식에서, 우주에는 좀 더 중요한 전개 방향이 성취되고 있음을 볼 수 있다. 그 이유는 낮은 단계의 질서는 더 높고, 더 복합적이고, 그리고 더 분화된 도식에 종속되고 그 도식이 발전하는 데 기여하기 때문이다. 그런데 수직적 최종성이, 일련의 좀 더 고등한 속을 향하고 있긴 하지만, '결정된 최종성'은 아니다. 그 이유는 결정되어 있다는 것은 어떤 개체들, 종들, 혹은 속들에 제한을 가했다는 것이기 때문이다. 수직적 최종성의 특징이란 존재와 행위의 상이한 방식을 충분한 범위에서 탐구한다는 것이다. 탐구할 가능한 선들과 경로 가운데 어떤 경우는 근시안적이어서 곧 끝나게 되는 반면, 또 다른 경우는 생산적이고 유연함이 증명되어서 좀 더 탄력적으로, 지략적으로 결론에 도달하도록 이끈다. 그래서 이 우주의 최종성이 역동적이고 전개 방향이 있는 한, 성공과 실패를 다 포함하고 있는 한, 유연하고 지략적인 한, 끝은 결정되어 있지 않다. 그 이유는 잠재, 형식, 활동을 자기 스스로 발견적이고 제한되지 않게 정의했기 때문이다. 우주의 이 역동적인 전개의 토대인 잠재는 존재 자체에 대한 생각만큼이나 개방적이고 비제한적이다.

존재 개념이 제한되지 않은 객관성을 향한 모든 물음에 전제되어 있고, 관통되어 있으며, 정향되어 있듯이, 존재 우주는 의식적으로나 무의식적으로 똑같이 그 객관성을 향해 있다. 또 한 번 우리는 전 우주의 본래적이고 설명적이며, 형성 중인 질서에 대해 제한되지 않은 알고자 하는 욕망의 맥락에서 잠재, 형식, 활동을 수평적으로 수직적으로 정의하는 것의 중요성을 본다. 충분하고도 완전히 설명적인 방식으로 모든 존재를 알도록 전 지자들을 동기화하고, 지자들에 전제되어 관통되고 있는 제한되지 않은 알고자 하는 욕망의 그 방식을 형이상학자들은 안다. 그리고 각각의 모든 존재자에 그리고 존재의 모든 층위에서, 객관적으로 그리고 유비적으로 작동하고 있는 것은, 바로 그 정향된 역동주의다. 그러므로 우주의 이 최종성은 존재 개념과 객관적인 짝이 된다. 의식 체계를 지닌 지자들이 자신의 잠재적 존재자를 현실화하려 애쓰는 것과 마찬가지로, 의식을 지니고 있지 않은 존재자들 역시 각각의 잠재성을 실현하려고 애쓴다.

이 객관적인 최종성을 설명하고, 질서를 이루며, 향하고 있는 '형식'은, '창발적 확률'이며 그래서 더 탐구할 필요가 있는 것은 바로 그 '형식'이다. 이 형이상학적 용어에 고전적이고 통계적이고 발생적이고 변증적일 뿐만 아니라 중심과 접합의 모든 상이한 유형의 이해가능성이 포함되어 있기 때문이다. 존재 우주 전체가 질서를 형성하는 중임을 알려 주는 통합적인 자기 발견 체계를 제공하는 것이 형이상학이라고 정의해 왔는데, 지금까지 논의는 우리의 형이상학적 세계질서를, 제한되어 있는 일련의 물들이 정향된 역동적 방식에서, 반복적인 도식에서, 존재하여 작동하고 있는 맥락에서만 논의해 왔지, 우주의 '정향된 역동성'이 종적인 혹은 발달 중인 방향에서 움직이고 있는지를 묻지 않았다. 역동적인 세계질서와 역동적으로 발달하는 세계질서는 다른 것이다.

6 발생적인 방법

4장에서 언급했던, 발생적인 방법은 발달 문제를 연구하기 위해 규범적인 절차를 정립하려는 시도였다. 발달은 단일 존재자에서도, 존재자들의 무리에서도, 우주의 전 질서 안에서도 발생한다. 개체의 발달이든, 특정적 또는 보편적 발달이든, 그 발달을 이해하는 데 있어 기본적인 어려움은, 우리 연구 전체의 특징, 즉 발달에 대해 기술적 이해로부터 설명적인 이해로 나아가는, '어떤' 발달인가를 이해하는 것에서 그런 발달은 '왜' 그런가를 이해함으로 나아가는 문제다.

기술적 이해함에서, 사람들은 발달을 식물, 동물, 사람 등이 성장할 때 관찰되는 성장을 만들어 내는 변화의 패턴이라고 생각하려 한다. 발달을 관찰할 수 있는 변화의 패턴으로 이해한다. 거기에는 물(物)들이 왜 그렇게 변하고 성장하는지 이해하려는 시도가 없다. 물의 최초의 단계가 관찰되면 그것이 곧 마지막 단계. 즉 마지막 단계를 이전의 단계와 비교해서, 물의 관찰할 수 있는 속성들 가운데서 연속적인 어떤 변화를 통해 성장 과정이 일어난다고 판단해 버린다. 이렇게 외적이고 기술적인 발달 개념에서 더욱 내적이고 설명적인 개념으로 전환하려면, 수학사에서 세 단계로 정의했던 방식을 다시 회상할 필요가 있다.

첫 번째 단계에서, 고대 수학은 수와 기하학의 대상을 연관 짓는 다양한 방식에 초점을 맞췄다. 두 번째 단계에서, 르네상스 과학은 수학의 이 대상을 변수로 전환하였고, 계속해서 변하는 두 원소로 된 한 쌍이 서로 대응되어 다른 유형의 연속이 되어 가는 이 불변의 관계성을 주목하게 되었다. 세 번째 단계에서, 과학자들은 불변의 관계성에서 변화하는 연속 또는 변화하는 변수들의 연속을 만들어 내는 작동 체계로 관심을 돌렸다. 과학자들이 그 체계의 범위에서는 답할 수 없는 것을 질문할 수밖에 없는 어떤 작동 체계가 있다는 것을 발견하게 되는데 바로 이 세 번째 단계에서다. 그런 종류의 물음은 그 체계의 균형을 흔들어 그 결과, 낮은 체계의 제한을 넘어 새로운 종류의 질문에 답할 수 있는 더 고차의 복잡한 체계가 출현할 수 있도록 조건들을 구성했다. 수학사의 핵은 다시 드러나는 무리수의 문제로, 더 고차적으로 복잡하고 더 확장된 지평의 제한된 체계를 세울 수 있는 가능성을 개방해 가는 것이었다.

수학사의 이 세 단계는, 알아감에 있어서 기술적인 단계에서 엄밀한 설명적인 단계로 나아간다는 것이 얼마나 어려운지를 보여 준다. 유클리드는 12권의 기하학 책을 정하는 데 있어서 어떤 의미에서 체계라는 것을 사고했지만, 외적이고 기술적인 관계성을 분명히 깨지 못했기 때문에 체계를 엄밀하게 생각하지 못했던 것이다. 기하와 정수의 비에 관한 비율 이론을 논하고 있는 그의 책 5-8권은 이런 단계의 사고와 가장 근접해 있다. 나중에 데카르트가 기하학 문제는 수식의 연산(더하기, 빼기, 곱하기, 나누기, 제곱근)을 적용했을 때 풀 수 있다는 것을 발견하면서 상을 갖고 상상하는 비율은 깨졌다. 그런데 데카르트도 계속되는 변수에서 변수들이 변하는 관계의 기능으로 전환했지만, 좀 더 작용력이 넓어진 고차 체계가 출현하면서 초월할 수 있는 한정된 범위의 기능을 갖는 역작용의 집합의 작용 체계를 구체화하는 데는 실패했다. 이 단계의 생각은 19세기에 와서 전개된다. 유클리드의 공리가 그가 사용했던 용어를 정의한 것이라면, 19세기 수학자들은 다른 작용 체계의 범위를 정의하는 달라진 공리나 법칙을 사용하기 시작했다. 이 단계에서 수와 기학학의 비율이 무엇인가에 대한 분명한 답을 할 수 있게 되었다. 수가 수인 까닭은 그 수를 산출해 내는 연산작용 때문이다. 연산작용은 수라는 것이 '왜' 그러한가를 제시한다. 수학사의 세 단계를 짧게 개관한 것은 과학자들이 외적이고 기술적인 틀에서 내적이고 설명적인 틀로 나아가는 지난하고도 오랜 배움의 과정을 보여 줄 뿐만 아니라, 우리가 논의해 왔던 알아감의 세 단계 — 고전적, 통계적, 발생적 — 의 형이상학적 방법을 설명하는 데 도움이 된다.

　르네상스 시기의 규범적인 패턴 내의 변수들 사이의 변하지 않는 상관식의 발견은 설명적 알아감의 고전적 방법의 전형이었다. 19세기 과학자들이 현실의 구체적인 변수를 표본화하면서, 대부분의 경우에 불변의 규범적이고 이상적인 확률을 계산할 수 있음을 발견했다. 비록 각각의 경우에 이 이상적이고 규범적인 확률에서 비체계적인 변수들이지만 말이다. 고전 법칙 또는 상관등식이 추상적 법칙을 제공한다면, 이 통계 법칙은 통계적 확률을 계속해서 되풀이하는 주기 개념과 결합되었다. 주기가 최초로 나타난 것은 어떤 확률 때문이지만, 일단 그 주기가 출현하면 그 생존 확률은 의미 있게 변한다. 그 주기 도식은 알아감의 고전 방법과 통계 방법을 결합한다. 그런데 발생적인 방법, 발생적 지자들이 예견할 수 있는 발달의 두 의미, 이 둘을 예시하는 방식에서 수학사의 두드러진 특징을 볼 수 있다. 첫째, 작용 범위를 탐구하면서 체계가 확장될 때 생겨나는 수평적 발전이 있으며, 둘째, 낮은 체계의 경계를 넘어가는 새로운 체계와 이 새로운 체계가 점차 분화하면서 가능성의 지평이 더 개방되어, 기본적인 용어, 관계, 작용이 새롭게 규정되고 정의되어 가면서 드러나는 수직적 발전이 있다. 두 번째 체계는 첫 번째를 토대로 해서 세워지지만 또한 이전 체계에 있으면서도 탐구되지 않고 남겨져 있던 가능성과 변수를 발견하게 되면서 이전의 체계를 초월한다. 그래서 해석 기하학자는 대수와 기하학 분야에서는 탐구된 적이 없던 수와 기하학의 가능성을 탐구하기 시작하면서, 새로운 용어, 관계성, 작용을 만들어 냈다. 이 수직적 발전은 산술이 해석 기하학에서 출현하고, 수 이론이 산술에서 출현하는 것처럼 또다시 반복될 수 있다. 그 결과는 제한된 일련의 고차적 체계들이며, 작용 범위가 드러난 이 각 체계들은 이전의 낮은 체계보다 더 확장되고, 세분화되고 복잡해졌다.

체계적 작동자는 그 체계의 잠재성이 발달하기 때문에 체계의 가능성들을 탐구한다. 지적했던 것처럼 잠재는 형식과의 관계하에서 새로운 형식을 향해 가는 긴장이 있기 때문에 역동적인 용어다. 또는 역으로 말하면, 각 잠재의 긴장을 해결하는 가운데서 형식은 잠재로부터 드러난다고 할 수 있다. 그런데 그 형식의 출현은 이전의 잠재 내에서 새로운 가능성이 개시된 것이고 형식이 출현할 수 있도록 더 심화된 상태를 구성할 수 있다. 그래서 발달은, 좀 더 고차적 형식을 향해 가는 동시에 이전의 낮은 단계의 성취에 적응하는 것이기도 한 낮은 잠재의 긴장을 해결하는 일련의 고차적 형식들 (고차적 이해가능성)의 출현이라고 정의할 수 있다. 이 정의를 식물과 동물에 적용한 후 전체로서의 우주에 적용해 보면 더욱더 정교하고 상세해진다.

지금까지 발달의 예를 수학적 지자와 같은 의식의 작동자에 초점을 두었지만, 이 경우를 식물과 같은 의식이 없는 발달의 예에도 적용해 볼 수 있다. 이 경우 기술적 틀에서 설명적 틀로 나아가는 데 곤란함이 있긴 하다. 우리와의 관계하에서 이해되고 있는 식물과 동물, 그리고 다른 물(物)들과의 관계하에서도 작동하고 있는, 바로 이 식물과 동물의 연구로부터 전환하기 위해서 반드시 거쳐야 할 세 단계가 있다. 첫 단계는 저들의 외적이고 내적인 모습을 조심스럽게 조사하고 기술하는 해부학적 단계다. 그다음은 식물과 동물의 상이한 해부학의 각 부분의 기능과 그 부분들이 어떻게 서로 연관되어 있는지를 규명하는 단계다. 이는 식물의 해부학적 연구로부터, 각 기관들이 기능적으로 서로 어떻게 연관되어 있는가를 보는 생리학적 연구다. 이는 세포 생리학의 연구에서 생화학과 생물리학의 연구로 나아가는 세 번째 단계다. 해부학에서 생리학을 거쳐 생체 분자학에 이르는 이 세 단계에서, 식물을 기술하는 단계에서부터 식물은 왜 식물로 존재하는지, 식물은 왜 그렇게 활동하는지 설명하는 단계로 나아갔다.[7]

　바로 이 해부학으로부터 생리학으로의 전환은 핵심 단계를 형성하는데, 그 근거는 우리의 연구가, 식물 구조의 정적인 연구에서부터 식물의 다른 기관들을 통해서 그리고 그 기관들에서 작용 중인 유기체의 역동적인 움직임, 또 기능 중인 부분들이 유기체 내부의 생리적 활동과 유기체 자신의 생장과 재생산, 방어와 생존을 이끌어 내는 유기체 외부의 활동과 함께 질서를 잡아 가는 데까지 나아간 것이기 때문이다. 해석 기하학자가 수와 점을 동적인 변수로 이해하고, 고차적 연산작용에서 새로이 수와 기하학의 상관식을 변환시킨 것처럼, 식물도 낮은 단계의 무기물이라는 변수를 계속적으로 변형시켜 세포라는 더 고차적인 유기체의 상관물을 만들어 냈다. 이 지평에서 식물의 표면은 내부와 외부의 유기적이고 무기적인 과정 간의 상호적인 관계성을 조절하는 기능적인 유기체로 되어 갔다. 이 단계에서 식물의 실재를 알아가는 외적, 상식적, 기술적인 방식은, 식물의 내적인 실재, 그리고 실질적으로 식물이 왜 그처럼 다양하게 존재하게 되었는지 알아가는 데 있어서는 굉장히 제한된 방식이라는 것이 드러나기 시작했다.

　식물 생리학이 생화학과 생물리학으로 된 이 세 번째 단계는 수학사와 매우 유사하다. 해석 기하학의 제한적인 지평 내에서 또 그 지평을 넘어서,

---

7)　*Insight*, 451-8.

합, 곱, 거듭제곱, 몫, 제곱근과 같은 다른 형식들을 만들면서 덧셈, 뺄셈, 곱하기, 나누기 등의 새로운 연산작용을 드러내는 산술이 출현했다. 이 발달로 좀 더 고차적인 수 이론의 형식과 수학이 시작되는 기본 변수들을 더 깊은 차원에서부터 다시 검토하게 되었다. 그처럼 식물의 생체분자와 생물리학의 연구는 식물의 생화학 연구를 전체 우주의 물리적 기본 구성 성분을 연구하는 데로 되돌렸다. 수 이론이 새로운 형식에서 수학의 기본 변수로 사용된 것처럼, 유기체 내부의 생체-전기 과정을 연구하는 것은 낮은 차원의 잠재 — 화학적이고 전자적인 과정 — 가 더 고차적인 생물체의 기능에 어떻게 제공되는지를 밝혀 준다. 이는 생화학자이면서 생물리학자인 생물학자가 식물의 생명을 원자의 과정으로 환원하는 것처럼 보일 수도 있지만, 정반대의 지향이 작용하고 있다. 생화학자는 식물 또는 유기체가 어떻게 화학 과정을 다시-조직화하여 좀 더 고차적 생명의 형식이 되는지 밝혀낸다. 생화학과 생물리학은 '추상적'인 연구가 아니라, 식물이 화학과 아원자의 낮은 차원의 원자활동을 유기체의 고차적 기능에 어떻게 실제적으로 통합하는가를 밝혀내는 포괄적인 연구이다. 그런데 식물은 분자와 아원자의 낮은 차원의 과정을 통합하는 것만이 아니라, 환경에서 이로운 것을 취해 그 환경에서도 유기체의 생존 문제를 놀라울 정도로 해결해 가는 방식으로도 작동한다. 유기체는 무기물의 환경에서 생존할 뿐만 아니라, 전혀 예기치 않았던 방식으로 실제 주변의 환경을 능가하기도 한다.

유기체가 물리적 환경 그 너머로 나아간다는 이 생각은 강조되어야 한다. 다윈 전통에서는 유기체가 주변 환경에 조화하는 것만 적응으로 취급하여, 새로움을 만들어 낼 수 있는 변이를 발견할 수 있는 관점을 갖지 못해서 이 개념을 간과하거나 저평가했다. 리처드 르원틴은 '기존의 세계에서는 적응이 문제에 대한 해결'이라고 이해했지만 이는 적응에 대한 오해라고 지적했다.[8] 다윈 자신은 남미의 해변에서 반복되는 지리적이고 기후적인 변화에, 유기체는 물리적이고 화학적인 도전으로 응전해서 '생명을 영위하는' 다양한 방식으로 진화한다는 선입견을 갖고 있었다. 다윈은 식물 종의 다양함을 식물들의 유기체적 도식인 생장, 재생산 그리고 보존을 주변 환경의 낮은 차원의 화학적 다양성에 적응하는 선택으로 여겼지만, 이는 다만 적응의 한 측면일 뿐이다. 낮은 차원의 도식에 통합되기도 하지만, 높은 차원의 도식으로 창발하기도 한다. 리처드 르윈틴이 제안한 것은 유기체는 변화하는 환경에 적응할 뿐만 아니라 다른 방식으로 스스로 환경을 구성하기도 한다는 점이다. 어떤 점에서 살아 있는 유기체는 생태 시스템에서 자신들의 자리를 발견하는 것만이 아니라, 유기체들이 어느 정도 외부 환경을 조절하려고 시도한다는 점에서 그 스스로 생태적 역할을 한다고 말할 수 있다. 예를 들어, 식물은 자신들이 살아가는 대기권을 변화시킬 수 있고, 또한 꽃, 잎, 수액, 수지(樹脂), 가지들, 열매들을 번식시키며 성장하는 가운데 토양의 화학적 조건을 변화시킬 수도 있다. 달리 말하면 적응에는 낮은 차원의 통합뿐만이 아니라, 고차원의 '창조적' 움직임도 있다.

동물에서 볼 수 있는 심리적 적응으로 가면, 더한 증거를 볼 수 있다. 식물의 진화를 분석하면서 해부학, 생리학, 생화학의 세 단계의 과정을 거치면서 기술적 분석이 설명적 관점으로 옮겨 갔다. 동물의 수준에서 이 분석을 확장하면, 형태학, 생리학, 생화학과 생체 물리학, 그리고 심리학의 네 단계의 과정을 볼 수 있다. 식물이 생존 문제에 대해 변화하는 유기적 해법을 구하려 할 때 낮은 단계들을 체계적으로 통합해 가는 생화학적 작동체라면, 동물은 낮은 유기적, 화학적, 물리적 결합체를 고차적인 심리적 결합체에 통합하는 심신적 작용체이다. 동물에게 고차적 체계는 의식적 작동체로 되는 반면, 낮은 체계는 의식이 없는 상태다. 먹고, 교제하고, 생을 보존하는 유기적 기능이 식물에서는 의식이 없는 채로 추구되는 반면, 동물의 경우에는 이것이 의식적으로 추구된다. 식물이 어느 정도 주변 환경을 통

---

8) Richard C. Lewontin의 논문 'Gene, Organism, and Environment'의 273쪽 참고. D.S. Bendall이 편집한 *The Evolution from Molecules to Men*(Cambridge : Cambridge University Press)에 수록.

제해서 내적인 생명을 영위할 수 있게 되었다면, 동물의 경우는 낮고 제한된 상태로부터 본질적으로 더 높은 자유를 성취함으로써 더욱더 극적이고 효과적으로 할 수 있었다. 해석 기하학자가 낮은 차원의 수학 변수에서 새로운 잠재를 발견했듯이, 동물은 생명의 의식활동을 가능하게 하는 세포 구성을 무의식적으로 작동하게 되었다.

자신의 이론의 난점을 언급하면서 다윈은 눈의 진화와 자연선택에 의한 눈의 두드러진 특징에 대한 설명이 청중들에게는 매우 어색해 보일 거라고 고백했다.[9] 다윈이 옳았다는 것은 의심할 여지가 없다. 그러나 그런 역동적인 발달 혹은 적응은, 상승의 방식 또는 하향의 방식으로 바라볼 수 있다. 동물이 빛 자극을 시신경을 거쳐 뇌로 전달하기 위해 전자기적 과정을 신경 세포로 전환하고 변형했다는 것에 놀랄 수도 있지만, 더 놀라운 것은 파충류와 조류는 자신들의 생존 기술을 주변 환경과 의식적이고 체계적인 상호반응을 통해서 수행해 왔다는 점이다.

동물의 행위가 왜 그런가를 이해하기 위해서, 우리는 심리학과 행동학을 다루어야만 한다.[10] 형태론적으로 그리고 생리적으로 동물 종은 다양하지만 본질적으로 현저하게 다른 점은, 그들의 의식적, 공격적, 감정적인 행동의 양태와 방식에 있어서 심리가 다르다는 점이다. 과학자들이 심리적 작동체로서 동물을 연구하기 시작한 것은 최근의 일이다. 동물을 작동체로서 이해하려 할 때의 문제는 물(物)이 무엇인지를 이해하는 문제다. 4장에서 물을 자신들의 반복적인 도식 안에서, 그 도식을 통해서 존재하고 있는 단일성-동일성-전체로 정의했다. 식물은 일련의 유기적, 화학적, 물리적 도식들이 상호연관된 반복활동의 도식에서 기능하는 생화학적 작동체다. 반면 동물 작동체들은 네 종류의 수준이 동시에 기능하는 구체적이고 의식적

---

9) 찰스 다윈, 『종의 기원』(New York: Hill and Wang, 1982)의 Richard Leakey의 서문. 또한 6장 'Difficulties of the Theory'를 보라.
10) *The Evolution of Molecules to Men*에 수록된 R.W. Burkhardt의 논문 "The Development of an Evolutionary Ethology", 429-35.

으로 존재하는 전체들이다. 동물 작동체들은 자신의 다른 부분들을 결합해서 다르게 작동하는 전체로 되어 왔기 때문에, 고생물학자는 화석 한 조각을 조사하더라도 동물의 전체 형태를 추측할 수 있다. 이 해부학적인 부분들은 서로 맞물려 상호작용하는 전체를 형성하며, 동물들이 고차적 단계에서 작동할 수 있는 것은 자신들의 낮은 차원을 고차적 기능에 끊임없이 통합했기에 그렇다.[11] 더구나 고생물학자들은 다르지만 상호 맞물려 있는 전체들을 한 동물의 발전 단계에서 또는 일련의 다른 종들에서 발견했다.

그런데 동물이 특별하게 다른 점은 그들이 의식적, 심리적인 전체라는 점에서이지, 해부학적이거나 유기적 전체라는 점에서가 아니다. 동물들이 구별되는 지점은 내적이고 외적인 다양한 자극을 받아들이고 반응하는 뇌의 능력과 다양한 신경 말단에서 발견할 수 있다. 뇌의 용량이 크면 클수록, 신경 말단이 세분화되고 효율적일수록, 동물이 외적이고 내적인 다양한 자극에 반응할 수 있는 폭은 더욱 유연해진다. 코끼리나 돌고래와 같은 고등동물들이 그렇게 많은 기술을 습득할 수 있는 잠재력과 생존에 있어서 고정된 다양한 방식을 공동으로 수행하기 위해 사회적 도식을 형성할 수 있는 의사소통을 발전시키는 것을 배우는 것 등의 잠재력을 찾을 수 있는 이유는 바로 이 때문이다. 동물의 생활에 얼마나 복잡하고 얼마나 많은 단계의 협응이 개입되어 있는가 하는 점은 발달의 문제를 단일한 존재나 혹은 어떤 특정한 종에 관련되는 것으로가 아니라, 생태계 전 체계를 이해하는 것으로 간주할 때 더욱 분명해진다. 그처럼 복잡하고 상호작용하는 체계는 존재 우주 전체의 진화와 발전의 문제에 교량을 제공해 줄 수 있다.

최근 몇 년간, 특히 다양한 생태 운동의 관점에서 생태 체계의 개념이 도입되었다. 이 개념은 서식지가 확장되기도 하고 축소되기도 하면서 동물과 식물의 작동함이 상호작용을 하는 공동체로서의 매우 넓은 복잡한 망이라는 개념이다. 다윈의 문제는 종의 진화였으나 최근에 주목받는 문제는 상

---

11) *Insight*, 464.

호작용하는 관계 종들의 진화다. 발전하는 존재 혹은 진화하는 존재자들의
특정한 무리 대신에, 상이한 수많은 종들 — 이 종들은 서로의 반복 도식을
위해서 조건이 되어 준다 — 이 무리를 이루고 있는 더욱 복잡하고 역동적
인 전체가 있다.[12] 그렇게 호혜적으로 조건이 되어 주는 도식은, 각양각색
의 다양한 종들을 보완해 주고, 안정되게 하고, 유지되도록 하며, 존재의
다른 차원들에서도 기능하는데, 모든 존재자들이 질서를 이룬다는 더 폭넓
은 세계관의 맥락이다. 달리 말하면 역동적으로 전개되는 존재자들의 우주
전체를 지배하는 더 일반적인 세계질서의 예이다.

나는 지금까지 식물, 동물, 창발적 존재인 우주 전체의 발달을 생각해 보
았는데 이제 인간의 발달과 인간의 도식이 어떻게 작동하고 협응하면서 창
발적 존재인 우주에 통합되는지에 초점을 맞추려 한다. 어떤 점에 있어서
우리는 수학사와 과학사에서 인간의 발달을 벌써 생각했다. 그런데 이 예
들은 오해를 불러일으킬 수도 있다. 그 예들이 지적 발달에 초점을 두면서
낮은 차원의 심리적 유기체적 발달을 배제하려는 경향이 있기 때문이다.
동물의 발달은 의식이 없는 유기체적 전개와 의식적이고 심리적인 발달 둘
다를 포함하고 있으며, 인간의 수준에서는, 여기서 한 발짝 더 나아가, 유
기체적, 심리적, 지적 과정과 이들 각각의 기능함이라는 세 겹의 발달이 있
다.[13]

인간의 세 겹의 발달로 나아가기 전에, 의식의 발달과 의식이 없는 발달
에 대한 우리의 균열된 사고방식을 검토할 필요가 있다. 한편으로는 의식
의 활동을 무의식으로 간주하고 그것을 낮은 차원의 접합-형식들로 환원
하려는 경향이 있고, 또 다른 한편으로는 낮은 차원들이 좀 더 고차적인 의
식 도식이 출현하고 유지되도록 조건이 되어 주는데 이런 낮은 차원과는

12) R. May의 논문 "The Evolution of Ecological System", 80–92쪽 참고. *Evolution:
A Scientific American Book*(San Francisco: W.H. Freeman, 1978)에 수록.
13) *Insight*, 469.

어떤 관련도 없는 것으로 의식활동을 간주하려는 경향이 있다. 이 두 경향의 뒤에는 더 고차적인 인문 과학을 낮은 차원의 자연 과학과 통합하는 근본적인 문제가 있다.

앞 절에서 우주의 수직적 최종성에 관해 논의하면서, 지자가 자발적으로 그리고 의식적으로 존재에 정향되어 있는 것처럼, 모든 의식이 없는 존재자들도 수평적이며 수직적으로 존재에 정향되어 있다는 것을 나는 제안했다. 달리 말하면, 존재의 의미를 찾는 인간의 인지 탐구는 존재를 향한 우주 전체의 정향적이고 역동적인 최종성에 대한 하나의 예다. 낮은 단계들에서 의식이 없으면서도 존재를 모색하는 것이, 인간의 단계에서는 충만한 설명 방식에서 존재를 알고자 하는 의식 탐구가 된 것이다. 상이한 알아감의 학문들은 존재 우주 내에 있는 다른 영역들을 설명하는 반면, 형이상학은 존재 우주를 충분히 설명하기 위해서 상이한 학문들의 기저에서, 이 학문들을 변형하고 연합하는 과학이다.

최종성에 정향된 역동성 외에 또한 우주의 정향된 발달도 있다. 수직적 최종성은 계속해서 변하는 존재자들의 우주를 비결정적이고 개방된 종말이라는 목표를 향해 상승하도록 정향되어 있는 것으로 언급한다. 발달하는 우주라는 개념은 그보다 복잡한데, 발달에는 현재는 전진한다는 맥락에서 과거의 성과들을 재배열하는 가운데, 상승의 전진과 하강의 조절 둘 다를 포함하기 때문이다. 수직적 최종성이 존재의 모든 차원을 특징짓는 반면, 발달은 생물학적 차원에서 특정한 종류의 유기적 존재자들의 방대한 관계망에서 시작한다. 낮은 차원의 물리적, 화학적 통합체는 확률을 따른 반복 도식 안에서 출현하며 작동한다. 식물류의 도식, 날씨의 패턴 같은 낮은 차원의 도식에는 관찰할 수 있고 설명할 수 있는 아주 다채로운 동적 변화들이 있는 반면, (액체에서 고체로 또 기체 상태로 이동하는) 기후의 순환을 만들어 내는 수많은 분자 과정에는, 초기의 배아 상태에서 이후 성체가 되는 발달이라는 것이 없다. 요약하면 고전적인 변화와 통계적인 변화 사이에 본질적인 차이가 있는데 발생적인 변화라는 점에서 차이가 있고, 다른 한편으로는 고전적이고 통계적인 형식과 각 잠재, 그리고 발달적인 형식과 그 잠재에서 차이가 있다.

그 차이란 바로 발달적 변화는 예전의 형식 안에 있는 잠재를 성공적으로 재배치해서 새로운 형태의 출현을 이끌어 낸다는 것이다. 우리가 보아 온 대로 유기체는 이것을 의식이 없이 행한다. 유기체는 태양 에너지를 흡수하고 이용해서 이산화물과 물을 소화하지 않고 탄수화물을 종합해 낼 수 있는 생화학적이며 생물리적 작동체이다. 광합성이라는 각양각색의 도식을 통해, 유기체는 자신의 내적 생명 과정을 정립했고, 이 내적 생명 과정은, 유기체가 존재하고 작동하고 협응하는 외부 환경에 대해 많든 적든 다양한 정도에서 독립적이다. 유기체 안에서, 유기체를 넘어서 순환하는 광합성이라는 이 유기적 도식은 행성의 순환같이 단지 반복이 계속되는 것이 아니다. 오히려 성숙하지 않은 유기체의 초기 상태가 성숙한 유기체라는 그다음 단계로 발달하는 것이다. 이 성장 과정이 의미하는 바는 원초의 세포가 계속 재분화해서 더 다양해지고 더 특화된 세포로 대체하여, 유기체의 다른 기관들이 진화되고 다르지만 기능적으로 연관된 활동들을 수행한다는 것이다. 어떤 성장 단계에서든, 유기체는 이전 시기의 통합을 더 세분화하고 성숙한 그다음 단계로 통합할 때까지 변형할 것이다. 예를 들면, 식물의 성장 초기 단계에서는 생화학적이고 생물리적인 도식을 통해서 그 도식 안에서 존재하는 이 유기체의 중심-형식이 현재의 통합 위에서 끊임없이 작동되고, 그 통합은 좀 더 복잡한 유기체의 단계로 발달하는데, 역시 예전의 변모된 통합을 포함하고 있다. 작동체로서 유기체는 자신의 통합을 변형시켜 더 성숙된 유기체가 되는데, 이전의 동일성을 잃어버리지 않는 동시에 그 동일성을 의미 있을 정도로 대체한다. 성장하는 식물이나 나무를 계속해서 발달 중인 통합체로 설명할 수 있는데, 그 통합 단계에서 작동은 성숙하지 않은 통합을 율동적으로 변모시키고, 그래서 자신의 세포활동의 생화학적인 과정에 긴장을 조성하고, 그다음에는 가능성과 확률을 새롭고 더 성숙한 단계의 통일체로 정향된 진보가 되게 한다. 성장하는 식물은 성숙 상태에 도달할 때까지 더 분화하고 복잡한 통합을 이루어 나가는데, 성장이 멈추고 나면 유기체적 작동들의 고차적이고 낮은 차원의 상호작용하는 반복 도식들의 역동적인 평형 체계로서 자신을 유지 보존하려 한다.

인류의 단계에서는, 통합−작동의 기능이라는 그 똑같은 법칙이 유기체적, 심리적, 지적인 세 맥락에서 한 번에 동시적으로 된다. 세 작동자가 있는 것이 아니라, 이 세 차원에서 작동하는 하나의 중심−형식이 있을 뿐이다. 이것이 의미하는 바는 동시에 진행하는 세 개의 다르지만 연관된 발달이다. 예를 들면, 자라나는 아이는 유기체로서 중요한 발달을 겪으며, 그와 동시에 이미지들, 감정들, 기억들을 흡수하여 심리적 긴장을 만들 때 심리적 차원에서도 중요한 변화들을 겪게 되어, 이 변화들을 정서생활의 새로운 양태가 되도록 한다. 그 아이는 새로운 방식으로 어떻게 말하고 생각하는지 배운다. 그 아이가 직면한 문제는 다른 차원의 이 발달들을 어떻게 조화시켜 일관성 있는 단일한 것으로 전개하는가이다. 유기체 작동자로서 아이는 심리적이고 지적인 작동자로서의 자신을 조율해야 한다. 다시 한 번 오직 하나의 작동자, 하나의 중심−형식이 있어 인간을 형성하는 세 차원을 하나로 묶는다.

인간에게 발달은 어떤 한 차원에서 시작되었고 그 시작된 차원이 무엇이었든지 곧 다른 차원들에도 영향을 끼치게 되고 그래서 모든 차원에서 조화로운 협응을 이루게 된다. 예를 들면, 의식이 없는 생식기관에 변화가 일어나면, 유기체의 단계에 머무르지 않고, 신경 체계를 거쳐 올라가 낯설고 혼란스러운 감각적이고 상상적인 변화의 상태로 되어 새로운 흐름의 심리적 감정을 일으키게 된다. 4장에서 보았던 것처럼, 고차적 단계의 지자는 통찰이 드러나는 상을 조절함으로써 통찰이 출현하는 것을 방해할 수 있고 그래서 높은 차원의 인지 작동자는, 심리 경험을 흡수하고 조화시켜 높은 단계의 지적 도식이 되도록 조작할 수 있다. 또한 이것이 함축하는 바는, 낮은 차원의 심리 도식들은 잠재적인 변수여서 대안적인 도식에서 패턴화될 수 있으며, 그중 어떤 것은 낮은 차원의 욕구와 성공적으로 만나게 된다는 것이다. 달리 말하면, 심리 차원에서 나와 다양한 감각적 흐름에 영향을 끼치는 낮은 차원의 신경계의 욕구가 있을지라도, 이들 감각적인 흐름은 동화와 통합이라는 대안적 양태에 개방적이다. 그래서 인간의 발달은 반드시 통합되는 세 차원을 포함하고 있는 대단히 유연한 일인 동시에, 낮은 차원의 심리적이고 유기체적인 과정에 협응하는 더 고차적인 지적 작동자로서의 광범위한 방식도 있다. 낮은 차원의 심신(psychosomatic) 도식들이 얼마나 다양한가는, 우리가 이미 논의했던 실질적, 이론적, 상징적이라는 낮은 차원의 경험함의 패턴들을 인간 지자가 발달해 가는 방식에서 볼 수 있다.

인간의 발달과 동물의 발달 간의 근본적인 차이는 동물은 유기체적, 심리적 단계에서 작동하고 통합하는 것이라면, 인간의 발달은 세 차원의 발달을 요구한다는 것이다. 동물은 낮은 차원의 유기체의 욕구를 만족시키려는 심신의 경험 세계에서 작동한다면, 인간은 감각할 수 있고 지적인 차원에서 살며 고도의 지적 작동자는 낮은 차원의 몸과 마음 안팎의 세계를 다양한 목적과 접하게 하기 위해 다양한 방식하에서 패턴화한다. 동물은 먹고, 짝짓고, 생명을 보존하는 등 생물학적 목적하에서 작동하려는 경향이 우세하지만, 지향적 인간 작동자는 낮은 차원의 심신의 경험들을 조직화하고 주도하는 데 복합적인 관심과 지향을 갖고 있다. 동물은 눈, 귀, 코, 근육, 신경계 등을 통해서 감각 자극을 다르게 받아들이고 다르게 반응할 수 있지만 이 감각들을 새로이 획득하지 못하면 심신경험들도 의미 있게 다시 조직화하지 못한다. 심지어 이전과는 다른 어떤 심신경험을 겪었더라도, 동물은 키우고, 짝짓고, 자신을 방어하는 등의 고정적인 생물학적 생활의 목적에서 벗어나지 못한다. 하등동물에서 고등동물의 범위에 걸쳐 다양한 종의 심신 존재자들이 있지만, 이 생물학적 목적의 한계를 넘어서는 고차적 종은 없는 것처럼 보인다.

생물학적인 본능을 초월한 상태가 이 인간의 발달에서 출현한다. 아이들한테서 보이는 자발적이고 풍부한 유희가 아이들로 하여금 실제 생활에 수

많은 가상의 드라마를 구성하도록 하고, 그런 가운데서 생물학적 욕구는 부차적인 것으로 되어 버리고 느끼고, 감각하고, 기억하고, 상상하는 상징적 패턴이라는 새로운 영역이 출현하고 마침내는 백일몽과 환상의 내적인 세계를 형성하게 된다. 실제 생활의 이 상징적이고 가상적인 드라마는 자라나는 아이들이 문화공동체의 다양한 상징적 도식에 참여하기 시작하면서 인간 삶의 중심적인 드라마에 점점 양보된다. 이는 상징 드라마에 끝이 온다는 의미가 아니라 하나의 경험 패턴에서 또 다른 패턴으로 전환하는 인간 주체의 능력이 시작된 것을 의미한다. 그런 상징적이고 실질적인 패턴이 어떻게 낮은 차원의 심리적이고 유기체적인 차원을 매개하고 변모시키는가는 다음 장에서 더욱더 충실히 탐구할 것이지만, 다만 여기서 내가 강조하고 싶은 것은 상징적이고 실질적인 경험 패턴의 발달이, 양육하고, 재생산하고, 방어하는 동물의 상태와 같은 도식으로부터 인간 공동체를 자유롭게 했고, 공동체에 어떤 삶을 제공하며 동시에 그 구성원들에게 살아 있는 의미와 상징적 가치가 되게 하는 고차적인 지향적 의미를 이 낮은 차원의 도식에 부여했다는 점이다.

인간생활의 이 같은 고차적 도식의 출현과 발달에는 어느 정도 여전히 실질적인 목적을 지닌 욕망과 흥미가 지배하고 있었다. 그런데 바로 그리스 문화에서 알고자 하는 사심 없는 욕망이 출현했고, 그것이 이론적 알아감이라는 좀 더 고차적 도식들과 상응하면서도 거기에 종속되어 작동하는 낮은 차원의 심리적 통합이라는 새로운 도식 안에서 낮은 차원의 심신 변수들을 패턴화하도록 지적 작동자들을 자유롭게 했다. 지적 작동자가 낮은 차원의 심신의 변수를 패턴화하는 것을 또 다른 방식으로 말할 수 있는 예로, 흥미라는 또 다른 차원을 따라 더 낮은 차원의 경험을 패턴화하면서 심리적 이미지들의 기능을 대조할 수 있음을 들 수 있다. 이미 보았던 것처럼, 경험의 패턴들은 내적이고 외적인 감각활동을 결합해서, 지적 작동자의 이익과 목적에 따라 조직되고 통합된 의식의 반복적 흐름이 된다. 다른 말로 하면, 내적이고 외적인 감각하고, 기억하고, 상상하는 등의 활동은 인간의 의식이라는 계속되는 흐름 안에서 상호의존적이나, 그 의식의 흐름을 특징짓고 조직화하는 것은 좀 더 고차적인 작동자의 이익과 목적에 달려 있다. 그 고차적인 작동자는 다양한 정도의 숙련과 능숙함에 따라서 의식의 흐름의 방향을 지배하고 조절할 수 있다.

오귀스트 로댕의 유명한 조각상, 반성에 완전히 몰입해 있는 생각하는 사람은 자신이 지향하는 의미의 세계에 가치 물음을 던지느라 내면을 향해 있는 지자를 외적으로 구상화한 것이다. 마찬가지의 방식으로 낮은 차원의 심리활동을 조절하고 능숙하게 다룰 수 있는 단계에 있는 전문학자는 자신의 낮은 차원의 심리 흐름에서 상기된 이미지들을 따라서 적절하고 유용한 기억들을 불러일으키고 고차적인 지적 도식을 위한 상태를 마련할 수 있다.[14] 그런데 생각하는 사람을 조각하는 것은 과학자가 이론적 패턴을 형식으로 만들어 갈 때 요구하는 이미지, 감정, 기억 등과는 꽤 다른 상호작용을 요구한다. 수학의 역사는 상을 이용한 사고로부터의 자유로, 또는 상으로 그릴 수 있는 세계에서 엄밀히 상으로 그려 볼 수 없지만 그러나 포괄적이고 체계적인 방식하에서 상당한 양의 감각자료를 매개로 해서 고차적인 이해가능한 세계로 성공적으로 돌파해 간 것으로 요약할 수 있다. 바로 상에서 사상가들을 자유롭게 하고 그 상들을 자기 발견적인 상징으로 대치하는 등의 진보에서부터 함축적인 정의와 일련의 고차적인 관점들을 발견하는 기예를 낳을 수 있게 되었다. 19세기 고등 수학이 이룬 성취는 존재 우주를 설명해 내는 통합적인 자기 발견 체계로서의 형이상학이라는 현대적 접근을 발달시키는 데 중심이 되었다.

더욱 정확히, 알아감의 삼중 체계와 알려진 것의 유비적 체계를 구별할 수 있는 능력 때문에 우리는 지자의 인지 활동을 조직하고 주도하는 서로 다른 욕망과 관심으로 주의를 전환할 수 있었다. 특히 이해관계가 있는 실질적인 알아감과 이해관계가 없는 이론적인 알아감을 대조하는 가운데 우

---

14) *Insight*, 185.

리는 제한되지 않은 앎의 욕망과 그에 상응하는 존재의 제한되지 않은 객관성의 특징을 분명하게 했다. 이것의 의미는, 인류사의 매 시기마다 모든 지자들에게서 작동하는 정향된 욕망에 의해서 존재는 모든 지자를 서로에게 질서 지운다는 것이다. 더구나, 바로 그 존재 개념은 그들이 구할 때 개별적이면서도 모든 존재에 전제되어 있고, 관통하고 있으며, 게다가 독자적으로 실존할 때도, 다른 존재와 실존을 공유할 때도, 수평적이고 수직적인 최종성을 통해서 존재와 특정하게 또 보편적으로 연관되어 있다. 마지막으로, 정향된 이 수직적 최종성은 역동적이기만 한 것이 아니라, 생물학적인 단계에서 시작해 심리적 단계를 거쳐, 지적 단계에까지 올라가는 발달하는 역동성이다. 이는 우주의 수직적 최종성은 발달 중인 최종성, 또는 이 우주는 완성되지 않고 여전히 형성 중이라는 것을 의미한다. 그러므로 이 우주의 운명은 결정되어 있지 않고, 결정되어 있지 않기 때문에 우주의 수직적 최종성이다. 이는 인간 의식 안에서 의식적이고 발달 중인 최종성이며, 제한되지 않은 객관성 즉 존재와 더불어 알고자 하는 제한되지 않은 욕망 안에 근거를 둔다. 바로 이 제한되지 않은 객관성, 의식 지향적인 모든 개별적인 인간 지자들이 바로 인류 역사의 목표를 제한되지 않고 개방적으로 계속 결정되어 가야 하는 것으로 만든다.

결정되었다고 할 수 있는 것은 저 최종성의 객관성을 어떻게 알게 되는가인데, 즉 완전히 올바른 판단을 통해서 그렇게 된다. 바로 이 토대 위에 존재 우주에 대한 완전한 설명을 예견할 수 있는 것을 통해서 우리는 형이상학적이고 자기 발견적인 체계를 구성했다. 이 체계는 '나는 지자이다'라는 구체적이고 사실적인 판단에 굳건한 근거를 둔다. 이것이 함축하는 바는, 지자로서 당신은 늘 동적인 긴장의 상태, 즉 이미 당신이 바르게 알고 있는 것과 알고자 하는 제한되지 않은 욕망으로 말미암아 알 수 있는 것 사이의 긴장에 있다는 점이다. 의식의 이 동적 상태는, 개별적인 지자 안에 있는 근본적인 긴장관계, 즉 특정 장소와 시간에 위치해 있는 경험된 낮은 차원의 감각기관의 자기와 이해함과 판단함을 통해서 존재 우주의 충만한

전 영역을 지향한 지적 작동자로서의 똑같은 그 자기 사이에 긴장을 만든
다. 그래서 구체적인 개별적 지자는, 주변의 경험된 세계 안에 중심을 두고
있는 경험된 감각기관의 자기, 그리고 질서를 이루는 존재 우주에 거주하
고 있는 합리적 자기, 이 둘 사이에 잡혀 있다. 탈중심적이고 매여 있지 않
은 합리적 자기는 지자들의 우주 안에서 미미한 자기이지만, 존재 우주 전
체를 어느 정도 제한된 방식으로라도 알 수 있었던 것은 바로 이 미미한 존
재를 통해서, 그 존재 안에서였다.

7   진정성 있는 객관적 앎

이해관계에 관심을 둔 자기, 감각하는 자기와 사심 없는 탈중심적인 자기
와의 이 같은 기본적인 대립이 의미하는 것은 개별 지자들은 근본적으로
모순 가운데 존재한다는 것이다. 현재의 당신인 자기가 있고, 지금 현실태
의 자기를 더 통합되고 고차적으로 발달시킨 자기로 대치할 수 있는 가능
태의 자기가 있다. 그러나 당신은 이미 습관들 — 그리고 그런 습관은 행동
과 상호행동이라는 대안적인 방책들의 범위를 유지하고 보존하는 관성적
시스템이다 — 또는 접합-형식들이 결합되어 반복되고 있는 도식들의 순
환 안에서 현재 작동 중인 통합된 자기로 발달시켜 왔다. 반면 발달한다는
것은 당신의 습관을 바꾸는 것, 또 이 습관을 형성한 그 자기를 바꾸고 그
다음 그 습관에 의해 형성된 자기를 바꾸는 것이다. 그래서 발달한다는 것
은 현재 당신에게서 작동하고 있는 그 통합으로서 당신 자신이 성취한 낮
거나 높은 도식들의 통합에 대해 물음을 던지는 것을 함축한다. 그래서 발
달한다는 것은 작동자로서 당신은 물음을 던지고, 통합자로서 당신 자신을
가만히 있지 못하게 하는 것이다. 당신은 똑같은 이 순환 과정이 다시 반복
되지 않도록 막을 방법은 없다. 작동자인 당신은, 제한되지 않은 욕망을 통
해서, 당신의 통합된 자기를 끊임없이 흔들어 더 고차적이고 더 발달되고
더 통합된 자기를 향해 계속해서 상승하도록 정향되어 있기 때문이다.[15) 우

리는 이미 수직적 최종성은 존재 우주 내에서 계속적으로 다른 차원들을 펼쳐 나가도록 역동적으로 정향되어, 인류의 단계에서는 의식이 되었고 각 지자는 존재를 향해 이 대대적인 우주적 노력에 사로잡혀 있는 것이라고 지적했다. 이 연속적인 위계의 수준에서, 특정한 각각의 존재자들은 자신들의 수평적 최종성을 구하는 동시에, 또한 인류의 전 역사를 포함하고 있는 우주의 수직적 최종성에 들어온 내적인 참여자들이 된다.

수직적 최종성의 이 도식에서, 형이상학적 지자는, 물리학, 화학, 그리고 생물학의 설명도식을 통해서, 전체 우주가 통합되어 있던 이전의 단계를 추적하여 원래의 잠재들, 형식들, 활동들로 거슬러 가는 동시에, 인문 과학의 발전을 통해서 — 이 인문 과학이 좀 더 설명적인 단계를 향해 가는 한에서 — 우주의 이 낮은 차원들을 연결한다. 초월하고, 작동하는 당신 자신, 그리고 제한되고 통합된 당신 자신 사이에 놓여 있는 이 근본적인 긴장은 당신 혹은 다른 지자의 잠재, 형식, 활동의 통합적이고 자기 발견적인 체계를 통해서, 매개되고 일반화되어 있는 그 최종성으로서 전체 우주의 수직적 최종성과 유사하다.

또 이 성찰은 우리가 객관성에 관한 개념을 생각할 수 있도록 새로운 맥락을 제공한다. 이 연구 전체의 근거로 '나는 지자이다' 라는 구체적인 사실 판단을 엄격하게 정의하고 주장해 왔다. 동시에 모든 지자가 제한될 수 없는 객관성, 바로 존재에 정향되어 있다고 우리는 주장해 왔다. 그래서 현재 알려진 대상들, 그리고 그 대상들을 당신이 올바로 알아가는 것 사이에 존재하는 제한된 객관성이 있고, 그리고 최종성의 제한되지 않은 객관성도 있고 게다가 그 최종성의 먼 대상에 당신은 현재 개방되어 있다. 더 깊은 차원의 알아감을 요청하는 것에 비판적으로 응답하는 것이 의미하는 바는 지자들의 제한되지 않은 알고자 하는 욕망을 왜곡하고 방향을 흩트러 놓은 네 가지를 반드시 알아야 한다는 것이다. 알고자 하는 이 욕망에 대해 변증

---

15) *Insight*, 470-9.

법적인 비평을 할 것이지만, 지금의 상황에서 나는 진정한 또는 진짜 지자라는 형이상학적 의미를 강조하고 싶다. 진정한 참된 지자는 제한된 객관성이나 제한된 지자의 진정성, 그리고 잠재적으로 제한되지 않은 객관성, 그리고 충분히 현실화된 지자의 진정성, 이 사이에서 작동한다.

이제껏 논의했던 형이상학적 맥락에서 진정한, 객관적 지자가 된다는 것은, 알아감의 어떤 제한된 맥락하에서 올바른 객관적 판단을 당신이 해 왔고 또 하고 있다는 의미가 아니라, 오히려 한정된 맥락의 제한된 진정성이랄까 혹은 객관성, 그리고 먼 발달 중인 진정성이라는 관점, 그것을 기준으로 삼아 현재 당신의 제한된 진정성에 계속해서 질문을 던지면서 확장하고 있으며 초월하고 있는 맥락의 모순된 상태에 당신이 처해 있다는 의미다. 이것이 바로 객관적인 알아감은 진정한 주체성의 결과라고 말할 때 의미한 것이다. 진정한 지자로서, 내가 깨닫는 것은 내가 지자라는 것과 나는 지자가 될 수 있다는 것 사이에 영원히 계속될 갈등이 있다는 점이다. 그런데 갈등은 대립을 의미하는 것은 아니다. 의식의 긴장, 즉 제한되어 있는 구체적 존재로서의 나와 나의 현재의 제한을 넘어 발달할 수 있는 나의 의식의 잠재성 사이의 의식의 긴장을 의미한다.

8   역사 형이상학

방법적 형이상학은, 설명적 방식으로 완전히 알게 될 존재 우주 전체를 통해, 통합적이고 예상할 수 있는 체계로 이해될 수 있다고 우리는 제시했다. 존재자들이 자신의 완전을 추구해 가는 우주, 점점 드러나며 펼쳐지는 동적으로 정향된 존재자들의 이 우주 안에서 당신, 지자가 담당하는 역할을 이 예견적인 설명이 어떻게 포괄해 왔는지 설명했다. 그 완전성은 수평적으로 다른 존재자들의 완전에 참여함을 포함하며, 또 연속의 수직적 단계에서는 좀 더 조절된 방식이 증가하는데, 바로 이 조절의 완전은 인간 지자의 차원에 도달할 때까지의 참여를 포함한다. 인간 지자는 개별의 그리고 모든 존재자들의 존재를 공유할 뿐만 아니라 최종적인 객관성, 존재를 향해 있는 이 우주의 수직적 최종성에 자신의 참여를 어떻게 조절하는지를 또한 배운다.

그런데 인류가 수직적 최종성에 참여함은 발달 중인 참여이고, 그 발달은 누적되어 가는 통찰과 비판적 반성 안에서 또 그 과정을 통해서, 존재를 알고자 하는 제한되지 않은 욕망에 지향되어 있고 반응한다. 수평적이고 수직적인 최종성에서, 발달 중인 참여를 만들어 내는 그런 누적된 통찰도 있지만 또 도식을 축적하는 것과 정반대의 경우도 있어, 통찰을 방해하며, 알고자 하는 욕망을 왜곡하고, 대안적인 행동 방침의 가능성을 축소하여 좀 더 제약된 관점을 만들어 내는 조건을 반복하는 도식을 만들기도 한다. 3장에서 축적 중인 통찰을 통한 인류 역사의 진보와 이와는 변증적으로 정반대인 인간 지자의 통찰을 막는 네 종류의 방법, 그로 말미암은 쇠퇴와 그 결과 개인의, 공동체의, 역사의 왜곡된 편견이 주기적으로 반복되는 것에 대해 예비적인 논의를 했다. 또 우리의 이해관계에 따른, 그리고 이와는 무관한 사심 없는, 알고자 하는 욕망 간의 근본적인 변증, 또는 문화공동체의 단기적 의미와 장기적 의미의 순환 사이에 놓여 있는 근본적인 차이에 대해서도 소개했다. 좀 더 자세하게는, 실제 생활에 관심을 둔 주기들은, 공동체의식의 경험으로서 일상적으로 반복되는 수요에 많든 적든 압력을 받고 있는데, 이 주기들이 어떻게 긴장을 불러일으키는지, 그리고 종종 우리의 이해관계와 무관하게 사심 없이 알고자 하는 욕망에 응답하는 장기적인 관심과 열린 갈등을 불러일으키는지를 논했다. 예로 『안티고네』 연극을 제시했는데, 이 연극은 안티고네라는 인물이 가족과 종교라는 사회적 전통에서 갈등하는 것을 드라마화한 것으로, 크레온이라는 인물이 구현한 공적인 정치적 전통과 대립된다. 여기서 제기한 문제는 이 두 전통이 출현한 역사적 맥락에 좀 더 근본적인 물음을 담고 있는 것으로, 이 두 전통의 규범에 있는 구체적인 의식의 긴장감에 관한 것이다. 우리가 제안한 문제는 문화공동체 안에서 단기적인 전통들의 작동에는 장기적인 역사적 전통들이 전제 조건으로 스며 있다는 것이며 그 다양한 방식에 관한 것이었다. 그래서 문화공동체가 받는 도전은 역사적인 전통이 앞으로 나아가는 데 작동하고 협동할 수 있는 가능한 대안적인 방책들을 미리 전제해 놓은 방식을 첫째는 개인, 둘째는 다양한 집단 구성원들, 셋째는 같은 공동체 안에 있는 상이한 집단들 안에서, 이해하고 바르게 판단해야 한다. 요약하면, 필요한 것은 문화를 초월하고 역사를 초월한 새로운 고차적 관점으로, 그렇게 되면 발달 중인 그리고/또는 몰락하고 있는 역사적 맥락을 비판적으로 해석하고 객관적으로 판단할 수 있는 방법적 규범을 제공할 수 있을 것이다. 3장에서 우리가 제기한 문제가 이것이었다. 이제 문제는 우리가 지금껏 형성해 온 형이상학이 이 문제를 풀 수 있는가이다.

존재 우주 전체를 온전히 설명할 수 있기 위해, 세분화된 학문 분과들의 알아감 전부를 통합할 방법적 형이상학을 우리는 제안했다. 형이상학적 통합이라는 이 방법은 알아가는 중인 우리 자신과 존재를 알고자 하는 사심 없는 욕망에 의해 정향된 다른 모든 지자들에 근거를 두고 있다. 수직적 최종성 또는 정향된 역동주의라는 생각은 모든 개별 존재를 강조하고, 관통하고 초월하며 특화된 존재자들의 수직적 최종성을 통해서 또 존재의 위계적 단계의 수직적 최종성을 통해서 이들을 연합한다. 이 같은 생각을 통해서 우리는 지자의 의식의 정향을 존재로 확대했다. 낮은 단계에서 작동하는 이 무의식적이고 직접적인 역동성은 인간 지자에게서 의식으로 정향된 하나의 최종성이 되었다. 더구나 식물과 동물, 인류 안에서 이 수직적 최종성은 결정되어 있지 않은 객관성을 향하고 있을 뿐만 아니라, 발달 중인데, 인류의 단계에서는 현재 우리 지자와 장차 우리가 되어 갈 지자 간의 근본적 긴장을 구성하고 영향을 미치는 비판의식이라는 하나의 최종성으로 되었을 수도 있다. 인간 지자는 알아가는 현재의 자기와 잠재적인 미래의 자기 간의 이 근본적인 긴장을 피할 수 없는데, 그 이유는 역사의 어떤 시기든, 인간이 생을 영위하는 문화공동체가 무엇이든, 모든 인간 지자에게 본질적이고 내재적으로 작동하기 때문이다.

인간 지자들은 역사의 한 단계에 있는 문화공동체에서 출현하여, 그 문화 세계에서 모종의 역할을 담당하는 동시에 전체 역사 드라마가 전개되는 과정에서도 모종의 역할을 하도록 운명 지어졌다. 궁극적으로, 그 사람이 수행하는 역할은 존재 우주의 수직적 최종성에 조화를 이루거나 또는 다른 방식으로 그 최종성을 거스르거나 한다. 지자들은 자신의 문화적 역할에 더해 역사적 역할을 분명하게 할 필요가 있다. 다른 말로 하면 3장에서 제기되었던 역사 비판의 문제를 이제 존재의 수직적 최종성의 맥락에서 역사에 대한 비판적 형이상학으로 바꾼다. 인류 역사의 이 최종성은 수직적 최종성의 연속이며 의식의 발달이다. 창발적 확률에 대한 초기의 우리 설명은, 지자들이 이 출현 중인 역사의 질서를 이해하고 비판적으로 판단할 수 있을 때에 국한해서, 의식적으로 지향된 인류 역사의 창발적 확률이 나타나거나 일어날 수 있다. 이를 성취하기 위해서는 역사학자, 사회 과학자, 형이상학자들이 동맹해서 협응하는 것이 필요하다.

형이상학자들은 인간이 본질적으로 역사적 존재임을 알지만 동시에 형이상학적 알아감과 역사적 알아감 사이에 큰 차이가 있는 것도 안다. 형이상학적 지자들의 임무는 역사적 지자들이 역사적 알아감을 수행할 때 그들이 무엇을 하는 중인지 아는 것이다. 이전 장에서 우리가 알아가는 중일 때 우리가 무엇을 행하고 있던가에 초점을 맞췄던 것처럼, 앞 장의 좀 더 기본적이고 일반적인 생각의 맥락에서, 이제 역사적 알아감을 행할 때 우리가 행하는 것이 무엇인가를 짧게 개관할 수 있다. 요점은 역사적 알아감을 행하는 것이 아니다. 그것은 역사가의 임무다. 핵심은 역사적 알아감이 무엇인지를 아는 것 그리고 그 알아감의 맥락에서, 역사적 알아감을 사회 과학적 알아감, 자연 과학적 알아감 그리고 이에 상응하여 알려진 것 등에 통합하는 것이다. 이 통합의 목적은 전개 중인 역사 드라마 전체 속에서 문화공동체들의 역할을 구체화하려는 것이다.

우리가 구축해 온 형이상학의 맥락에서, 역사적 알아감에 관해 형이상학자가 무엇을 알게 되었는지 질문해 보자. 이 질문의 대답으로 6개의 주요한 논제를 정리한다.

(1) 모든 인간 존재는 알아가는 지자들이며, 인간의 최종적인 객관성은 존재를 알아가는 것에 궁극적으로 질서 지어져 있다는 것을 형이상학자들은 안다.

(2) 모든 인간 존재들은 다중적 지자들로, 처음에 구분되지 않은 지평에서 작동하다가 점차 알아감의 중요한 세 패턴 — 실질적, 상징적, 이론적 — 으로 분화되어 간다.

(3) 식물, 동물과 같이, 모든 인간 지자도 발달한다. 그러나 생물학적 발달을 하는 식물, 생물학적이며 심리적으로 발달하는 동물과 다르게, 인간 지자는 또한 지적인 발달을 한다. 인간의 발달이 그럴 수 있는 것은 통찰을 축적하고 이 통찰들을 정확하고 비판적으로 검토하기 때문이다.

(4) 모든 인간 지자는 어떻게 하면 실질적이고 성공적으로 살 수 있을지를 알고자 하는 이해관계에 좌우된 사심 있는 욕망과 제한되지 않은 객관성에 지향된 사심 없이 알고자 하는 욕망 사이에서 지자가 이미 성취한 지식이 어떤 단계에 있든 끊임없이 안정한 상태에 있지 못한다. 그래서 더 고차적 단계로 나아갈 확률에 개방되어 있다. 이것이 함축하는 바는 지자들은 제한되고 이해관계적인 자신들의 문화 맥락 속에서도 비판적인 경향에서 작동하지만, 알고자 하는 자신들의 제한 없는 욕망의 초문화적 맥락에 관해 여전히 진정성이 없는 상태에 있다.

(5) 지자들은 다양한 패턴들에서 알아감을 추구하려 자연발생적으로 통찰을 하기도 하지만, 왜곡하기도 한다. 고의적으로 낮은 단계에 있는 의식의 심리적 사건을 억압하거나 선입견을 가질 때 이렇게 되는데, 이 사건들은 더 높은 의식 단계에서 통찰이 발현되는 것을 방해하는 패턴에서 드러나 심사숙고할, 그리고 현실화할 가능성 있는 대안들의 범위를 제약한다.

(6) 인간 지자들은 서로에게 다양하게 질서를 형성하면서 존재자들을 알아가도록 지향되어 있을 뿐만 아니라, 또한 자신과 존재 우주 안에서 펼쳐지고 있는 인류 역사의 수직적 최종성 안에서 자신을 그리고 자신들의 참

여를 알아가도록 지향되어 있다.

　이 여섯 개의 원리에 덧붙여 정도를 달리하여 이미 논의했던 것으로, 인간의 알아감에 관한 표현 문제가 있는데, 그것은 역사학자가 과거 인류의 알아감과 행함을 이해하고 바르게 판단하면서 반드시 다뤄야 할 중심 논제다.

8a 의미의 표현 대 의미의 진리

우리는 지금까지 언어나 다른 식의 표현 양상 등에 거의 주의를 기울이지 않았는데 독자가 이를 이상하게 여길지도 모르겠다. 우리의 관심이 우선적으로 알아감의 작동이었던 이유는 이것이 인간 표현의 다양한 의미의 토대였고 이것을 설명해 주기 때문이었다. 알아감을 설명하는 것은 언어가 아니다. 언어를 설명하는 것이 알아감이다.[16] 지자, 특히 최초의 지자일 경우, 본인의 알아감을 표현하기 위해서는 물려받은 언어를 사용해야 하고 그래서 이전에 사용하던 언어의 의미에 제약받는다. 이것이 의미하는 바는 알아감과 알아감의 표현은 상호적이며, 어느 정도는 서로를 제약하기도 한다는 것이다.

　알아감과 표현이 다르다는 것을 보여 주는 한 예화가 있다. 소크라테스가 아테네 여기저기를 다니면서 각양각층의 시민들에게 '정의', '용맹', '용기', '지혜' 등등의 단어를 사용할 때 의미하는 바가 무엇이냐고 묻는 방식에서 차이를 볼 수 있다. 아테네 시민들은 자신들이 이 단어들을 바르게 사용할 수는 있었지만 의미하는 바를 정의하지 못한다는 사실에 당혹해했다.[17] 이 예화는 몇 가지 중요한 사실을 설명한다. 우선, 소크라테스는 이론적 알아감이라는 인간의 알아감의 새로운 패턴을 완전히 발달시키려 시도하는 중이었고, 이전에 그 누구도 알지 못했거나 표현해 보지 않았던

---

16) *Insight*, 553-8.

17) Bernard Lonergan, *Understanding and Being: An Introduction and Companion to Insight*, ed. Elizabeth A. Morelli and Mark D. Morelli(New York: Edwin Mellen Press, 1980), 43-5.

것을 발견하려고 이 단어들이 유래된 그리스어의 의미를 사용했다. 아리스
토텔레스가 지적했던 것처럼, 소크라테스는 보편적 정의를 정형화하려 시
도했던 최초의 사람이다. 그는 전해 내려온 언어 의미를 통찰을 촉발시켜
새로운 의미를 지닌 도구로 사용했다. 아주 일반적으로 정의되었던 의미를
찾아가는 그의 탐구는 정의, 용맹, 온화, 거룩, 그리고 도덕적이고 종교적
인 행동 양태의 유사성에 관한 질문을 다루는 새로운 의미 맥락을 구성했
다. 평범한 아테네 시민들은 이 용어들을 사용하면서 소크라테스가 의미했
던 바를 이해하려면, 실질적이고 일상적인 자신들의 질문 방식에서 전환해
완전히 새롭고 꽤 다른 의미의 맥락을 수용해야만 했다. '맥락'이 의미하는
것은 무엇인가?

　5장에서 판단은 '그런가?'라는 물음에서 나오며, 이전의 판단들의 맥락
에서 수행된다는 것을 지적했다. 맥락이란 일련의 관련된 질문에 답을 주
는 연관되었던 판단들을 의미한다. 판단은 질문에 대한 답에서 나오기 때
문에 작가의 의미를 포착하는 가운데 작가의 질문이 향해 있는 욕망을 아
는 것은 매우 중요하다. 예를 들면, 소크라테스의 물음에는 두 가지 상반성
이 있다. 그것은 아테네 사람들의 일상적이고 익숙한 언어를 사용하는 상
식적 알아감을 특징으로 하는 실질적이고 제한된 알고자 하는 욕망, 그리
고 새롭게 출현 중인 것을 시도하는 즉 그 욕망에 제한되어 있지만 잠재적
으로 제약되지 않은 객관성을 향한 질문으로 이끌고 있는, 사심 없이 알고
자 하는 욕망을 대조하고 있다. 소크라테스에게 큰 문제는 그 평범하고 익
숙한 단어들이 새로운 맥락의 알아감과 의미함에서 표현이 되면서 상당히
다른 의미 맥락을 표현하게 된 것이다. 이 문제가 설명하는 것은, 의미는
비록 단어가 담고 있지만, 단어 그 자체에 우선적으로 의존하는 것이 아니
고, 의미활동에 근거가 되고 이를 설명해 주는 알아감이라는 선행활동에
의존한다는 것이다. 의미는 알아감과 같은 것이다. 의미함이 다른 언어 형
태를 통해 청중에게 우리의 알아감을 표현하는 문제를 알아감에 덧붙이는
경우만 제외하고서 말이다. 지자의 알아감을 표현할 때, 적절할지도 부적

절할지도, 또 분명하거나 모호할 수 있지만 그 표현들만으로 참이나 거짓이 되는 것은 아니다. 진술의 참 또는 거짓이란 지자들이 했던 판단들에 놓여 있고, 그래서 그 판단들은 이 지자들이 골라 썼던 언어들의 단어와 구절의 적절한 결합에서 표현된다.

지자가 알고 있는 것과 그 알아감, '그 알아감이 의미하는 바'를 소통, 전달하기 위해서 그가 선택한 표현양식과 방법, 이 둘에는 중요한 차이가 있다. 더군다나 알아감과 화자나 필자가 알게 된 그 내용을 표현하기 위해 선택한 언어의 의미 사이에는 차이점이 있기 때문에 마치 알아감 그 자체 안에 중요한 발달이 있는 것처럼, 표현양식과 방법에 중요한 발달이 있을 수 있다. 특히 우리가 수학과 물리학의 역사에서 봤던 것처럼 알아감에 있어서 기대하지 않았던 진보가 있었을 때 참으로 그랬다. 예를 들면 비에타가 대수학에서 이룬 괄목할 만한 발견은 상징양식으로 표현되었는데, 그가 혼자 고안해 낸 상징양식은 결국은 고대 그리스 방식의 수학의 의미 표현을 대치했다. 비에타가 남긴 수학의 알아감에서 언급해야 할 사람이 데카르트인데 그 또한 수학의 이 새로운 상징 언어를 더욱더 발전시키는 데 지대한 공헌을 했다. 유사한 발전이 미적분의 발견에서도 일어났다. 뉴턴과 라이프니츠, 두 사람 모두 본인의 발견을 표현하기 위한 새로운 상징양식을 고안했는데, 라이프니츠의 표현양식이 더 적절한 기호로 판명되었기 때문에 그것과 다른 상징으로 그 발견을 설명하려던 뉴턴의 노력은 결국 허사가 되었다.

이 표현양식의 발전사가 보여 주는 것은 지자가 본인의 알아감을 점점 더 정교한 패턴과 양식으로 구별해 가면서 지자가 발달하는 것처럼, 소통과 표현의 양식의 역사에서도 비슷한 구별이 있다는 것이다. 예를 들면, 서구 문화에는 실질적인 알아감, 이론적인 알아감, 상징적인 알아감의 차원이 점진적으로 발달, 구별되어 왔고, 그 각각의 표현과 소통의 양식도 나란히 구별되었다. 우리가 이제껏 명제로 형성해 온 형이상학적 맥락의 발달 그리고 알아감의 활동과 이것의 의미를 전달하기 위해 언어적 또는 상징적인 모종의 양식으로 만들어 특정한 청중에게 소통하는 이 활동은 구별된다는 발달의 맥락에서, 이제 우리는 앞 장에서 구축했던 참됨의 의미를 다시 진술할 수 있다.

진술이 참 또는 거짓으로 알려지는 것은 우리가 경험을 이해하는 데 '사실상 제한을 두지 않은'(virtually unconditioned) 판단을 통해서다. 무엇이 확실히 또는 개연적으로 참인지 그렇지 않은지를 이해하는 것은 바로 그 바른 판단들을 통해서다. 그 판단들은 사적이고 개인적이면서 또한 공적이고 비개인적이다. 그 판단들은 특정한 시공간에 있는 지자가 내린 것이지만 상이한 시대와 배경에 있는 다른 지자에 의해서도 역시 주장될 수 있다. 그 이유는 존재 개념은 모든 지자, 모든 청중, 알려진 모든 대상에 스며들어 있고, 그 기저에 전제되어 있으며, 그러면서 초월해 있기에 그렇다. 그래서 진리는 존재에 상응한 지자들의 알아감으로 정의될 수 있다. 존재는 바른 알아감을 통해서 우리가 파악한 것, 또는 존재와 바르게 관련을 맺었기에 참인 알아감이다.

그래서 참에는 두 규범이 있다. 제한된 의미 맥락에서 파악되는 제한적인 절대 규범이 있고, 이 제한된 맥락들이 존재에 연관되기에 서로 간에도 상응할 수 있도록 모든 맥락에서 내재하여 작동하고 있는 먼 규범이 있다. 알고자 하는 이 욕망은 네 가지 방식에서 왜곡될 수 있기 때문에, 이들 편견들, 특히 모든 문화공동체에서 작동하는 상식이라는 장기간의 일반적 편견 ─ 이 공동체가 과거 공동체들과의 관계를 왜곡하는 한에서 편견이라 한다 ─ 을 분별할 수 있는 변증적 비판이 필요하다. 이는 항상 이전의 공동체들로부터 전래되어 온 의미들, 가치들, 일반적인 문화적 업적들을 왜곡하고 타락함으로써 과거의 문화적 성취에 의존해 있던 공동체가 공통으로 공유하고 있는 기억을 발전시킴으로써 그렇게 해 왔다. 왜곡된 도식은 실질적인 대안 도식들을 공동체가 선택할 수 있는 기회를 제한한다. 간단히 말해서, 사람이 알고자 하는 제한되지 않은 욕망을 왜곡해서 진정성 없이 되는 경우뿐만 아니라, 공동체가 사회 구성원들에게 왜곡된 규범과 실천을 제공하고 또 계속해서 개인들의 질문을 제약하면서 공동체 성원들을 왜곡하기 쉽게 하는 도식을 공동체 또한 만들어 낸다.

그런데 왜곡될 수도 있는 제한되지 않은 진리, 이를 향한 제한되지 않은 알아감, 이를 원하는 제한되지 않은 욕망 역시 무한한 발달의 근원이기도 하다. 빗나간 지자는 판단에 앞선 반성 과정의 토대가 되는 자기 교정의 과정을, 지자가 존재를 향하도록 근본적으로 되돌아설 때까지 추구해야 할 것이다. 다른 말로 하면 지자인 당신은 당신 의식의 질문에서 작동하고 있는 전해 받은 편견들을 교정해서 자신을 인류의, 역사의 알아감의 최종적인 객관성으로 다시 정향해야 한다.

진리와 표현에 관한 이 논의에서, 짧게나마 형이상학의 역사가 어떻게 발달했는지, 또 고차원적, 비결정론적, 개방적인 최종성을 향해 역사학, 사회 과학, 자연 과학이 수직적이고 수평적인 역동성에서 모든 존재자에 관한 설명적 패턴화를 성취하려는 노력에 어떻게 형이상학이 통합적 자기 발견 체계로서 협조하는지 개관했다.

8b 역사 형이상학의 복구

이 객관성을 어떻게 성취할 수 있는지 일반적으로 요약해 보겠다. 형이상학자들은 근본적인 객관성에 대한 본인들의 제한되지 않은 질문에서부터, 모든 인간과 모든 역사공동체가 존재에 질서 지워지도록 한다. 그 목표를 성취하는 일반적인 방법은 알아감의 도식을 확장하는 가운데 인류 역사의 최종성을 향해 성공적으로 나아가도록 의미를 포괄적으로 조절하면서 동시에 문화공동체에서 작동 중인 쇠퇴의 주기를 되돌리는 것이다. 이 목표를 이루는 데 있어 기본적인 문제는, 알아감의 다양한 패턴들이 추구하는 상당히 다른 객관성들을 구별하고 차이를 분별하는 데 실패했다는 점이다. 그 구별의 실패가 의미하는 바는 실질적 알아감의 단기적인 객관성들은 공동체와 그 성원들을 이탈하도록 반복하는 조건들을 구성한다는 점이다. 이 조건들은 역사적 진보로 전진하도록 고무하는 대신, 공동체 구성원들을 무질서한 쇠퇴의 주기로 잘못 인도한다. 이 문제를 풀기 위해 형이상학자들은 역사가, 인문 과학자들과 함께, 유산으로 내려오는 진보의 도식을 정반대인 쇠퇴의 도식과 무슨 차이가 있는지 비판적으로 분별하는 시도로, 과거 인류의 알아감과 행동함을 해석할 필요가 있다.

형이상학자들은 상응하는 체계적인 객관성이라고 알려진 것을 통해서 알아감의 예견적 또는 자기 발견적 근본 체계에 근거하기 때문에, 그들은 그 체계를 채우는 다양한 과학들에 의존해야 함을 안다. 이 학문들은 자료를 수집해서, 가설을 세우고, 그 가설을 검증하는 등 고유한 방법들로 채워야 할 자신들의 자기 발견 학습에 대한 가정을 갖고 있다. 게다가, 자연 과학과 인문 과학에는 중대한 차이가 있다. 갈릴레이 같은 자연 과학자는 거리, 시간, 속도는 달라지지만 그 속에 변하지 않는 대응관계가 있다는 것을 발견하고, 그 실험의 경우를 무수히 다르게 해서 상관관계성을 검증했다. 반면에 역사가는 카이사르가 루비콘 강을 건넌 것 또는 로마 제국의 몰락과 같은 단일한 사건이나 사람을 취급한다. 상식적 패턴의 알아감은 그 단일성 가운데 있는 구체적이고 특정한 경우들을 다룬다. 마찬가지로 구체적이고 특정한 역사 사건을 다루는 역사가는 특정 시공간에 살고 있는 사람들의 상식적 세계를 알려고 시도하며, 그 상식 세계는 다양한 기록, 문서, 기념비 그리고 과거에 존재했던 문화공동체의 흔적을 드러내 주는 자료면 무엇이든 이것들을 통해서 소통한다.

일단 자료가 모아지면, 역사가는 해석으로 나아간다. 자료는 의미의 세계로 갈 수 있도록 하지만 자료들이 자발적으로 말하는 것은 아니다. 예를 들면, 플라톤의 대화는 단지 흰 종이 위에 검은 잉크 자국일 뿐이다. 독자가 직면한 문제는 그 인쇄 기호를 의미의 세계로 이끌어야 한다는 것이다. 해석은 텍스트를 그냥 읽는 것이 아니라, 이해가능하게 텍스트를 독해할 수 있는 능력이기도 하다. 그렇게 하려면 독자는 배움에 있어서 길고도 현저한 발달을 해야 한다. 다른 말로 하면 플라톤의 『국가』와 같은 역사적 텍스트를 해석하려면, 그리스어 텍스트를 통해서 그리고 그 텍스트 안에서 자신의 알아감을 표현해 온 플라톤의 수준에 도달하기 위해, 해석자는 자신의 알아감의 성질을 바꾸어야 한다. 이것의 의미는 해석자는 자신이 살고 있는 기술적, 언어적, 상식적 의미의 세계에서 시작하지만 자신의 경험함, 이해함, 판단함을 플라톤 상태의 경험함, 이해함, 판단함에 접근할 때까지 발달시켜야 한다는 것이다. 또한 이것의 의미는 어떤 텍스트를 해석하는 최초의 원천은 해석자 본인의 알아감에 있으며, 그 알아감은 무한히 발달할 수 있는 능력이라는 것이다. 또한 해석자가 더 많이 이해할수록 작가가 의미하는 바를 표현하려고 선택한 단어들을 통해서, 그 단어들 안에서 작가가 소통하고 있는 그 알아감을 이해할 수 있는 능력은 더 커진다는 의미다.

해석자의 첫 번째 과제는 텍스트의 저자가 말하려는 것을 확실하게 아는 것이다.[18] 플라톤의 『국가』의 주제를 모르는 해석자라면 플라톤의 의미를 해석할 수가 없다. 그 주제에 관해 전혀 모른다는 것이 아니라 전체에 관한 어떤 예견적인 아이디어를 갖지 못한다는 의미다. 해석자가 생각한 것이 플라톤이 그 단어들을 선택해서 표현하려 했던 것이 아니라면, 해석자는 처음에 가졌던 자신의 예견을 교정해야 한다. 플라톤이 생각했던 것을 알아간다는 것은, 해석자가 바른 해석에 도달할 것임을 보증해 주는 것이 아니라, 이런 선이해가 없다면 플라톤의 텍스트에 쓰인 말들이 지향하고 있는 의미가 무엇인지 알 가능성이 없다는 것이다.

텍스트 해석에 있어서 두 번째 과제는 단어를 이해하는 것이다.[19] 이 시점에서 해석자는 맥락(context) 확장이라는 해석학적 순환과 만난다. 한 텍스트의 어떤 단어의 의미는 문장에 속해 있고, 그것은 단락에 그리고 에세이 전체에 속해 있다. 더 나아가 저자의 한 텍스트는 그의 다른 작품들의 맥락하에서 해석된다. 이렇게 확장하는 순환은 해석자의 정신이 소여된 전

---

18) *Method in Theology*, 156-8.
19) *Method in Theology*, 158-60.

체에서 이를 구성하고 있는 부분으로, 앞뒤로 움직이는 방식을 반영한다. 즉 한 부분에서 또 다른 부분들로 이 연관된 부분들을 통해서 해석자는 이해의 통합된 전체로 되돌아온다. 이 과정은 우리가 그림을 해석하는 방식과 닮아 있다. 즉 하나의 전체로 그림을 보기 시작하지만, 그다음 그림의 부분들을 주목하고, 그 부분들과 연관되면서 그 부분들을 변형한 선, 색채, 색조의 변화 등 다양한 패턴들을 연구한 후 서로 연결되어 있는 이 부분들을 통해 그리고 이 부분들 안에서 드러나고 있는 통합된 전체로 되돌아온다. 텍스트의 전체 의미를 만들어 내는 해석학적 순환의 이 나선형의 움직임을 통해 『국가』텍스트를 넘어 마침내 해석자는 저자에게로 간다.

더 충실하고 포괄적인 해석을 위해서는 플라톤의 또 다른 텍스트들뿐만 아니라 플라톤 당대의 문화 세계도 포함해야 한다.[20] 플라톤이 성장하고 생활했던 아테네의 문화 세계를 이루는 수많은 구체적 일상의 의미들이 플라톤의 텍스트를 해석하는 데 더 완전하고 풍부한 맥락을 제공해 줄 것이다. 이 세계로 들어가기 위해서는, 흔히 우리가 살고 있는 세계의 생활 의미들에 점차적으로 동화되고 숙달됨으로써 상식적인, 자기를 교정하는 학습 과정과 같은 그런 종류가 필요하다. 그런데 이런 경우에, 자기를 교정하는 학습 과정은 해석자 본인의 자기(self)를 근본적으로 방향 전환할 것을 요구하는 한계에 닿게 된다. 플라톤의 텍스트 연구를 통해서, 그 연구에서 그의 세계로 진입한다는 것은 플라톤이 동굴의 비유에서 그 비유를 통해서 기술하려고 했던 그런 종류의 회심을 경험하도록 요구한다. 또 플라톤의 『국가』와 같은 텍스트를 해석하는 것은, 아테네 시민들이 소크라테스를 만나면서 경험했던 것처럼 대화를 하고 있는 많은 해석자를 포함하고 있다는 의미이기도 하다.

텍스트 이해라는 이 문제에 더해, 바른 해석이나 참된 해석을 비판적으로 판단함이라는 세 번째 문제가 있다. 판단함에는, 맥락과 관련한 비판적

---

20) *Method in Theology*, 160-1.

인 질문이 작동하며, 맥락을 이해한다는 것은 텍스트의 부분들에서 전체로, 하나의 텍스트에서 다른 텍스트로, 그 텍스트에서 텍스트의 저자에게로, 그리고 저자에서 그 저자가 살던 의미의 세계로 계속 확장해 가는 것이다.[21] 이것이 함축하는 바는, 하나의 해석이 바른지를 판단함은 이 문장이나 이 장 전체 또는 이 글 전체의 제한된 맥락에서 판단한다는 것이다. 그런데 한 문장의 의미는 그 단락의 의미에 속해 있고, 한 단락의 의미는 그 책의 각 장들의 의미에서 이루어진다는 이 사실이, 전체 텍스트를 이해하지 못하면 그 텍스트의 다른 부분들을 바르게 해석할 수 없다는 주장은 아니다. 어떤 책의 한 장은 그 책 전체와 구별되는 나름의 제한된 의미가 있다. 그 책 전체에서 보면, 그 장의 부분적 의미는 더 풍부하고 더 포괄적인 의미가 있을 테지만, 좀 더 제한되어 있는 부분들의 의미를 세심하고 정확하게 해석해 낼 수 있다면, 그 풍부한 의미가 더 제한되어 있는 부분들의 의미와 대립되는 것은 아니라는 것을 알 수 있다. 텍스트 전체의 의미가 부분들의 의미보다 더한 것은 사실이지만, 해석자가 절대적인 그러나 엄밀히 제한된 판단을 내리는 데 충분한 증거를 제공할 때까지 각 부분들의 의미가 이해되고, 바르게 비판되면, 그 부분들의 의미를 통해 그리고 그 안에서 전체는 알려지게 된다.

해석자는 본인의 판단이 어느 정도 정확하다고 과대평가하는 실수를 한다. 이 사실이 말하는 것은 두 가지다. 첫째 해석자는 본인의 실수를 참되게 판단할 수 있다는 것이고, 둘째 해석자는 본인이 바르게 이해한 것이 무엇인지, 그렇지만 아직 이해하지 못한 것은 무엇인지 정확히 진술하도록 말을 아껴야 한다는 것이다. 플라톤의 『국가』를 예로 들면, 이 텍스트를 바르게 해석하는 것은, 해석자가 판단을 바르게 내리는 가운데 그 맥락을 조절해 가면서 이루어진다. 또한 해석자는 이해하고 판단할 때 그 맥락에 대한 비판적 인식을 갖고 조심스럽게 제한된 판단을 해야만 한다. 형이상학

---

21) *Method in Theology*, 162-5.

의 관점에서 고려해야 할 네 가지 맥락이 있다. 첫째, 텍스트 자체와 연속된 부분들이다. 해석자는 텍스트의 연속된 부분들을 통해서 전체 의미를 이해하려 할 때 이 부분들을 거쳐 간다. 둘째, 해석학적 맥락에서 역사적 맥락으로의 전환이 있다. 플라톤의 역사적 세계와 이 일상적이고 상식적인 세계가 그 텍스트의 이론적 의미에 어떤 영향을 주었는지를 이해하려 할 때 이 전환이 일어난다. 셋째, 특정한 시대와 장소의 세계를 연구하는 역사가의 과업이자 사회 과학자들의 과제도 있다. 사회학자는 역사에서 무엇이 전진하는지 설명하기 위해서 계속되는 역사 세계와 관계성을 논하려 한다. 사회학자는 설명적 범주들을 통해서 역사의 상식적인 맥락 또는 역사 세계의 의미의 관계를 보려 한다. 넷째, 형이상학적 맥락이다. 이것은 앞의 세 개의 해석학적이고 역사적인 맥락들을 결합하여 통합적인 기본 체계를 제공한다.

이전의 인지적, 인식론적 이해에서 도출해 낸 우리의 형이상학적 용어와 관계성에서 세운 바로 이 방법적 형이상학은 해석학적이고 역사적인 맥락을 통합할 수 있는데, 그 이유는 상식적 알아감과 이론적 또는 과학적 알아감이 꽤 다른 규범과 객관성을 지녔지만 알아감의 상호보완적 패턴이며, 더 포괄적인 욕망과 규범의 알아감 — 여기에는 객관성으로서의 존재를 지닌다 — 으로 통합된다는 것을 이 자기 적정화의 형이상학자는 알기 때문이다. 또 사회 역사를 구성하는 사회 과학자는 특정한 장소와 시대의 특정 인물들의 생활을 연구하는 역사학에 의존해야 하는데 이를 자기 적정화의 형이상학자는 안다. 그와 반대로 사회역사가나 정치역사가는 지속해 온 사회들 내에서 반복되는 사회적 행동의 순환주기를 파악하려고 사회 과학자가 발달시킨 좀 더 보편적인 범주들을 갖고서 일련의 특정 사회들 간의 상호관계성을 밝히려 시도한다. 형이상학자 역시 사회역사가의 과학적 역사에 의존한다. 사회 과학자가 이어져 온 사회들의 진보 또는 몰락을 해석하고 설명하려고 특정 역사들을 일련의 연속적인 사회적 역사들로 전환한 것처럼, 형이상학자는 사회학자가 적용해 온 범주들이 바른지를 조사해서 사회학자의 활동을 비판적으로 전환한다. 그래서 진정성 있는 자기 적정화의 형이상학적 지자는 모든 인간 존재가 발달적으로는 참 또는 거짓일 수 있고 그렇지 않을 수도 있다고 인정된 의미의 도식을 통해서, 그 도식 안에서 사는 역사적 존재자임을 깨달았다. 바로 이 진정성 있는 형이상학자는 이 의미가 왜 참이거나 거짓인지를 알기 때문에, 첫째, 사회 과학자가 적용한 범주를 비판할 수 있으며, 둘째, 그 연구 결과를, 셋째, 그 해석과 역사를 비판할 수 있다. 그런 후 진정한 형이상학자는 인류 역사의 최종성에서 역사학자와 사회 과학자의 결과를 재맥락화할 수 있다. 이는 과거, 진정성 있는 역사적 알아감에 의해 부분적으로 결정되고, 또 남아 있는 인류 역사자료의 총체성을 패턴화함으로써, 이 안에서 부분적으로 결정된다.

요약하면, 진정성 있는 형이상학자는 역사의 최종성의 잠재와 형식, 활동을 안다. 잠재는 모든 텍스트의 해석과 관련된 자료의 총체이고, 형식은 해석학적이고 역사적인 것이다. 저자가 살았던 의미의 세계, 그리고 그 텍스트의 의미에 들어온 의미의 세계에서 추정해 낸 저자의 태도와 감수성까지 포함해서 저자가 의미했던 것을 해석자가 완전히 이해했다면 이는 해석적이다. 인류 역사의 계속적인 단계들을 통해서 전개되는 변증적이고, 진행 중인, 역사의 통일체 안에서 이전의 해석들이 이해되었다면, 형식은 역사적이다. 모든 저자의 해석적, 역사적 패턴들이 참되고 진정성 있게 판단되었다면 활동적이다.

이 설명은 진정한 인간 지자는 역사의 형이상학적 철학을 작업하는 데 어떻게 협력할 수 있는지를 짧게 요약한다. 그렇지만 그 역사를 도덕적으로 해석하고 가치 평가하는 것과는 분리했다. 다음 장에서는 역사의 형이상학적 철학이 어떻게 인류 역사의 도덕 철학으로 확장될 수 있는지 기술하려 한다.

9   요약

이 장에서 크게 발전시킨 것은 두 가지 주제다. 첫째, 알아감과 존재는 서로 상응한다는 것, 둘째, 발전하고 몰락하는 역사적 존재로서의 지자이다.

인지 용어에서 첫 번째 주제는 다음의 방식으로 설명할 수 있다. 첫째, 당신은 당신의 인지 활동을 통해, 그 활동 안에서, 지자로서 당신의 내재적 실재를 알 수 있다는 것을 정립했고, 둘째, 당신의 인지 활동을 통해, 그 활동 안에서, 다른 존재의 내재적 실재를 알 수 있다는 것도 정립했다. 셋째, 우리는 경험함, 이해함, 판단함이라는 당신의 인지 체계를 통해서 잠재, 형식, 활동이라는 전통적인 용어를 정의했다. 그런데 강조할 것은, 일상적인 기술의 알아감이 물들의 내재적 실재를 드러내는 것은 아니라는 점이다. 당신이 표면적인 기술의 알아감에서 설명적 알아감의 형식으로 나아갈 때에만 당신은 제한적 또는 조건부적인 방식으로 물들의 내재적 체계를 알 수 있다. 내가 당신 자신의 존재와 다른 존재자들의 내적 체계를 드러내는 것으로서 알아감을 말할 때, 그 문장은 설명적 맥락에서 그것을 의미한다는 것을 이해해야 한다.

이 똑같은 주제를 형이상학적 용어로도 표현할 수 있다. 첫째, 당신의 의식적 잠재, 의식적 형식, 의식적 활동을 통해 당신의 잠재, 형식, 활동을 당신은 안다. 둘째, 당신의 의식적 잠재, 형식, 활동을 통해 다른 존재자들의 의식적이거나 무의식적인 잠재, 형식, 활동을 당신은 알게 된다. 셋째, 당신의 의식적 잠재, 형식, 활동을 통해 의식적이거나 의식을 지니지 않은 전 우주 존재의 잠재, 형식, 활동을 당신은 또한 알게 된다. 그 이유는 '형식'은 이해함과 관계되기 때문이다. 그리고 당신이 이러저러한 개별 존재 또는 존재자들의 집단을 이해해 가도록 하고, 또한 '창발적 확률' 이론을 통해서 모든 존재자들 서로 간의 보편적인 질서를 이해해 가도록 하기 때문이다. 이 논의의 토대는 존재 개념에 있다. 그리고 이 개념은 지자들의 알아감을 통해서, 이 안에서 모든 지자들의 기본적인 객관성을 제공하며 그

래서 다양하게 제한된 잠재, 형식, 활동의 바른 알아감의 객관성과 타당성
의 기반이 된다. 이 존재 개념을 형성하는 핵심은 두 단계이다. 첫째, 당신
은 실제로 무한을 알 수 없지만, 알고자 하는 의식의 욕망 또는 잠재력을
지니고 있음을 이해하고 적정화할 필요가 있다. 둘째, 이차 정의 또는 조작
적 정의가 무엇인지를 이해해야 한다. 즉 존재 개념은 그 자체에서가 아니
라 존재가 알려지는 것을 통해서, 알려지게 하는 수단인 작동을 통해서, 작
동 안에서 정의되었다. 정의의 이 과정은, 알아감의 예견적 구조를 통해서,
모르는 것은 알려진 내용들(가변적인 것)로부터 이 내용들을 알게 한 작동
들로 당신이 주의를 전환할 수 있는 능력에 달려 있다는 것이다. 이 과정을
이해해야만 당신은 — 잠재, 형식, 활동의 — 형이상학적 의미와 그리고 이
형이상학 용어들이 어떻게 존재의 형이상학적 체계와 다른 모든 존재자의
형이상학적 체계를 서로 연결해 주는 통합 체계로서 작동하는지를 파악할
수 있다.

　당신의 잠재, 형식, 활동이 타 존재의 잠재, 형식, 활동 — 이는 설명의
맥락에서만 이해될 수 있고 형식화된다 — 과 서로 상응 또는 이형동질이
라 할 때 여기에는 중대한 측면이 있다. 이 측면은 알게 된 기술적 내용을
추상화할 필요, 그리고 그 내용들을 알게 한 인지 체계에 주목할 필요가 있
다는 것을 다시 강조한다. 2장에서 중요하게 다루었던 아인슈타인의 업적,
어떤 특정 장소와 특정 시간에 위치한 특정 과학자가 측정했던 작업틀을
중심으로 삼지 않고, 과학자들이란 하나의 작업틀에서 또 다른 틀로 측정
도구를 변형할 수 있다는 관점에서 이들 특정 작업틀을 동등한 순위에 놓
았던 사실을 중요시했던 이유는 바로 지금 다루는 문제가 저변에 놓여 있
기 때문이다. 이것의 의미는 과학자들의 측정 작업틀은 일련의 변형을 통
해서 상이한 작업틀 전부를 '동등하게' 할 수 있는 균등함으로 서로 상호관
계를 맺을 수 있다는 것이다. 이 과정은 존재 개념이 모든 지자들의 인지
틀에 객관적인 위치를 부여하고, 그래서 특정 지자의 잠재, 형식, 활동을
완전히 보편적이 되게 하는 방식과 유사하다. 전체적인 이 논의의 핵심은

기술적인 지자들과 이들의 특정 작업틀을 탈중심화해서 존재에 대한 인간의 탐구 안에서 재중심화해야 한다는 점이다. 모든 인간 지자들이 존재를 알아감을 향해 전진해 가는 한, 그리고 그 전진을 다음 세대들과 소통하는 한, 모든 인간 지자들은 연합해 있다. 이것이 우리를 이 장의 두 번째 주요 주제로 이끌었다. 즉 존재에 대한 완전한 앎으로 향해 가는 역사적 탐구의 여정에서 발달하기도 하고 쇠퇴하기도 하는 역사적 존재인 인간 존재로 말이다.

이 장의 마지막 절에서, 역사 형이상학을 설명하면서 처음으로 발달이라는 개념을 자세히 다루었고, 발달의 기술적인 개념과 설명적인 개념도 구별했다. 사람들은 꽃과 나무가 미숙한 초기 단계에서 완전히 성숙한 후기 단계로 점점 진화해 간다는 것을 안다. 그런 성장 과정도 발달의 예이긴 하지만, 그런 예시를 갖고는 왜 발달 개념이 20세기가 될 때까지 이론적으로 충분히 전개되지 못했는지 거의 설명하지 못한다. 발달을 분석할 때, 우리는 주요한 발달과 소소한 발달을 기본적으로 구별했다. 소소한 발달은 해석 기하학을 배우는 학생이 수학 체계의 다음 단계들을 익혀 나갈 때처럼 한 체계 안에서 일어난다. 주요한 발달은 이 학생이 하나의 의미 체계에서 더 고차적이고 더욱 복잡한 의미 체계로, 예를 들어 해석 기하학에서 미적분으로 심화해 가는 과정에서 일어난다. 소소한 발달은 하나의 체계 내에서 조작될 수 있는 문제들의 범위를 연구하면서 생긴 지평의 확장을 포함하지만 반면, 지자가 어떤 낮은 체계의 작동 범위를 넘어 더욱 포괄적이고 유연한 작동들의 세트로 발전해, 낮은 차원이었을 때는 탐구되지 않던 잠재를 낮은 체계 안에서 드러내 보일 때, 수직적 발달이 드러난다. 그래서 고차적 체계는 낮은 체계를 포섭한다고 하는데, 그 방식은 이전의 성과를 부정하는 식으로가 아니라, 낮은 체계의 한계를 초월해 더 깊어진 진보의 새로운 가능성으로 개방하는 포괄적 방식이다. 현재의 문명은 과거의 성취를 변형하고, 건설하면서 진보했다. 그 진보는 과거 지평을 수평적으로 확장하거나 또는 새로운 지평을 여는 수직적 도약과는 구별된다. 발달은, 현재를 있게 한 과거 상황들을 동시적으로 포함하고 있을 뿐만 아니라, 그 과거를 현재가 되게 한 현재의 방식 역시 포함하고 있다. 발달은 옛것을 변형하고 포함해서 새롭게 되어 가는 새로운 고차적 통합의 형성을 의미한다. 발달은 현재에서 과거로 앞으로 뒤로 순환하면서, 옛것을 새롭고 고차적인 통일체로 다시 만들며 계속해서 자신을 다시 새롭게 하는 과정이다.

발달이라는 설명적 개념에 더해서, 텍스트와 역사자료의 해석 문제인 역사 형이상학에 방법적으로 접근하기 위해서 설명해야 하는 두 번째 문제가 있었다. 여기서 가장 중요한 것은 해석자는 그 분야에 선지식을 갖고 있어야 한다는 점이다. 2장의 수학의 역사를 예로 들어 보자. 역사가가 수학 분야를 안다 하더라도, 만약 역사 조사의 방법을 훈련받지 못했다면 그는 서양 수학의 역사를 쓸 수 없다. 수학에 대해 깊은 지식을 갖지 못하면, 그 역사가는 자료에서 관련 있는 문제와 관련 없는 문제를, 또 지금껏 성취해 온 다양한 진보들을 구별할 수 없을 것이다. 수학에 관한 방법적 철학이 발전하면서, 형이상학자는 수학의 역사에 의존하게 되었지만, 그는 반드시 수학의 역사에서 주요한 철학적 문제들을 선택하고 비판할 수 있어야 한다. 그래서 칼 보이어의『미적분학사: 그 개념의 발달』을 평가하면서, 나는 미적분의 발달사를 관통해서 반복되고 있는 핵심인 인식론 문제를 들추어냈다. 상에 의존할 수 없는 이해가능성을 수학자들은 상으로 그려 보려고 계속 시도했기 때문에, 미적분의 핵심 개념들과 용어들을 정의할 수도 있었던 수학자들의 능력은 발휘되지 못했다. 상을 그리려는 작업이 어떻게 하여 이 능력을 계속해서 막았는지를 강조하는 보이어의 설명 방식에 나는 특히 흥미를 느꼈다. 바로 이 초점 덕에, 나는 중요한 진보를 선택할 수 있었고, 동시에 무한의 문제를 다루는 수학자의 방식을 새로운 방향에서 보게 한 역 통찰의 필요성도 지적할 수 있었다. 무한 개념은 철학에서 알아감, 객관성, 실재의 적합하게 정향된 이론을 세우는 데 있어서 아주 중요한 쟁점이었다.

이들 관찰이 좀 더 함축하는 바는, 철학 방법의 역사를 쓰고 싶다면, 시작하기 전에 철학자가 극복해야 했던 중요한 문제가 무엇인지를 반드시 알아야 한다는 점이다. 그런 점에서 나는 형이상학적 문제들은 이전의 인식론적 문제와 인지 문제에 매여 있었다는 것을 논증했다. 인지 이론에서 주요 문제들을 바르게 규정해 온 철학자는, 수학의 역사와 학문들이, 첫째, 이 문제들을 분명하게 하고, 둘째, 문제들을 풀 수 있는 적정화의 장을 제공한다는 것을 안다. 그런데 철학자가 경제, 법, 사회학 같은 다양한 인문 과학의 역사들을 비판하고 통합할 수 있기를 희망한다면, 상식적 알아감과 이론적 알아감의 패턴의 유사점과 차이점, 또 인지 체계의 경험함, 이해함, 판단함이 어떻게 형이상학 체계의 잠재, 형식, 활동을 토대로 하고 있는지를 적정화해야 한다. 오직 이와 같은 통합 체계를 구축할 때에만, 철학자는 하나의 위치에서 다양한 인문 과학에서 지금껏 해 왔던, 당연히 해야 했던 연관된 인문 과학적 의미들의 역사를 비판적으로 변형시킬 수 있다.

역사 형이상학을 연구하려 한다면, 우선은 과거로부터 물려받았으며 역사적으로 전진해 온 그리고/또는 쇠퇴해 온 의미의 도식을 통해서, 그 도식 안에서, 지자들이 어떻게 실존하고 작동하는지 이해할 일이다. 또는 지자로서 우리의 잠재, 형식, 활동이 발달하고 쇠퇴하는 인류 역사의 잠재, 형식, 활동을 비판적으로 변형하고 가치 평가할 수 있도록 통합 체계를 어떻게 하면 형성할 수 있는지 알아야 한다.

윤리학 Ethics

형이상학에서 윤리학으로 오면서, 윤리학에 새로운 접근을 제공해 줄 자기 적정화 방법의 영향력과 중요성을 더 검토할 수 있게 되었다. 스콜라 철학에서 형이상학은 다른 과학들에 기본 원리와 근본 맥락을 제공하기 때문에 '첫 번째 철학'으로 간주되었다. 그런데 우리는 르네상스 시대의 과학의 중요성 그리고 통계학과 발생학의 등장을 통해 근세기에 이어진 발전에 대해서도 강조해 왔다. 19세기와 20세기 인문 과학 혹은 문화 과학의 발흥도 마찬가지로 중요하다. 더 나아가 지난 장에서는, 첫 장에서 소개되었던 고차적 관점의 개념이 4장에서는 창발적 확률 이론으로, 수직적 최종성의 형이상학으로, 마지막으로 역사 형이상학으로 진행되는 것을 보았다. 이제 이 장에서 형이상학과 윤리학의 관계에서 주요한 역전을 살펴봄으로써 더 중요한 발전을 논의하려 한다. 윤리학이, 형이상학보다 더, 다른 과학들에 기본 맥락을 제공할 것이다.[1]

고차적 관점 이론에서, 낮은 차원의 의미 맥락이 이전 맥락의 작동 범위의 중요성을 축소하지 않고도 어떻게 새롭고 고차적이고 포괄적인 지평을 위한 잠재력을 제공하는지 보았다. 예를 들면, 식물의 화학작용(광합성)이

---

1) 이 장에서 *Insight* 18장의 주요 주제를 선택할 것이다. 로너건은 *Insight*를 출판한 후 수년에 걸쳐 선택자로서 인간 주체에 대한 네 번째 단계를 발전시키면서 이 주제들을 변형했다.

고차적인 생리적 기능에 동화될 때, 식물이 어떻게 낮은 차원의 화학 도식 체계를 작동하는지를 보았다. 이제 윤리학이 어떻게 형이상학에 관한 연구를 반박하고 변형해서, 새롭고 고차적인 역사 맥락이 되도록 하는지 조사하려 한다.

서구전통은 윤리학을 형이상학의 맥락에 놓는데 이는 아리스토텔레스가 실질적 지혜와 이론적 지혜를 구별한 데에서 기원한다. 이론적 지혜 혹은 형이상학적 지혜는 실질적이라기보다 관조적이다. 형이상학적 지혜는 영원한 천상의 주기를 지배하고, 지상의 주기를 명령하는 어떤 필연적 원인을 찾기 때문에 실질적이지 않다. 필연적 원인이 세상질서를 지배하고, 그래서 그 질서는 변할 수 없다고 여기는 과학자가 있다면, 그는 '실천'에 관심이 없고 실천을 지향하지도 않는다는 의미다.[2] 그러나 과학은 더 이상 필연적 법칙을 찾지 않고, 그 대신 유용한 최상의 설명을 찾는다. 또 현대 과학은 정적인 폐쇄된 우주가 아니라, 역동적으로 발달 중인 개방된 우주를 가정한다. 이 우주 전체는 진화하는 중이며, 더 고차적이고 더 복합적인 통합을 지향한다. 이 진화가 역동적으로 인류의 역사 단계에서 의식의 지향으로 되었다. 이 맥락에서 자연 과학과 인문 과학 모두는 역동적인 과학, 발달 중인 과학이 되었고 또 경험적이면서 실험적으로 되었다. 오늘날 과학자는 영원하고 필연적인 진리를 관조하지 않는다. 과학자들은 조사하고, 바꿔 가며, 더 향상된 가설 모형을 만든다. 조사를 받아 인정된 이들 가설은 또한 다른 과학의 관찰자들로부터 더 심화된 질문을 받는다.

마찬가지로 인문 과학도 인류의 과거 역사물의 의미를 매개로 해서, 미래의 살아 있는 의미를 좀 더 이성적으로 하기 위해서 이들 인류공동체의 성공과 실패를 배운다. 그래서 인류 역사 그 자체를 연구의 대상으로 삼았다. 이를 관조적으로 연구하는 것이 아니라, '지구적으로 생각하고 지역적

---

2) Bernard Lonergan, 'Aquinas Today: Tradition and Innovation', *A third Collection*. 35-55.

으로 행동' 하라고 요구받은 정부와 국가들의 연대적 책임감을 완전히 연구
한다. 역사는 거대한 실험실이 되었다. 우리는 아리스토텔레스의 열 권의
『니코마코스 윤리학』과는 다른 방식의 윤리학을 요청받고 있다.

1 방법적 윤리학

바로 앞 장에서 형이상학이 과학적인 그리고 역사적인 알아감과 의미함을
통합한 자기 발견 체계를 구축했듯이, 우리가 하는 방식의 윤리학도 과학
적인 그리고 역사적인 알아감, 결정함, 행동함의 통합 체계를 제시하려 한
다. 또 형이상학의 통합 체계가 우리 인지 활동의 제한되지 않은 객관성에
기초를 둔 것처럼, 윤리학의 통합 체계도 우리의 인지적이고 의지적인 활
동의 제한되지 않은 객관성에 기초를 두게 된다. 이 활동들이 지향적이고
역동적이며 자기 발견 체계에 서로 관련되어 있을 때 말이다.

   그런데 우리의 인지적이며 의지적인 활동력을 말하기 위해서는, 영혼
(soul)의 형이상학에 토대를 둔 상아탑의 전통 심리학의 용어를 더 제시해
보겠다. 영혼의 형이상학은 영혼의 잠재성과 인지적이고 의지적인 활동을
구별하는 데 알아감과 의지함을 구별할 뿐만 아니라 또한 분리하는 경향이
있다. 인지적 활동과 의지적 활동을 나누는 이 경향은 의지보다 이성이 우
월한지, 이성보다 의지가 우월한지에 대한, 중세의 오래된 논쟁을 배경으
로 하고 있다. 전통 스콜라 철학에서는 이성이 의지에 행동 방침들을 제안
한다(구체화한다). 의지는 영적 욕구(spiritual appetite)이다. 이 의미는 영
적 대상에 응답하고 영적 대상을 추구한다는 것이다. 만약 이성이 합리적
인 행동 방침을 제안하고, 그것이 영적 대상이라면 의지는 이성의 합리성
을 그것의 동기적 선으로서 수용한다. 그래서 우리의 의지는 알아감의 인
도를 따르거나, 당연히 따르게 되는데, 그 이유는 우리가 아는 그 대상이
우리의 영적 욕구 즉 우리의 의지를 끌어당기기 때문이다.

   오늘날은 의지를 덜 말하고, 선택과 가치를 더 많이 말한다. 우리는 의식

주체들이 선택하는 이러저러한 삶의 방식을 말하는데, 이 사람이 다른 것보다 어떤 특정한 방식의 생활 양식 혹은 경력에 가치를 두기 때문이다. 더구나 이성과 의지는 영혼의 잠재이지 주체의 잠재가 아니고, 또 영혼은 의식 주체가 아니다. 영혼은 '살아 있는 몸의 첫 원리'이다. 이 정의는 제일원리에 토대를 둔 형이상학에서 주장하는 것이지, 우리가 계속해서 정교하게 다듬어 가고 있는, 알아가는 주체의 구체적이고 경험적인 의식활동에 기반한 형이상학은 아니다. 그래서 구체적인 주체의 윤리학으로 전환하기 위해서, 무의식적인 의지 능력에 토대를 두는 것이 아니라, 선택함이라는 우리의 의식활동을 적정화하는 것에 근거를 둔 윤리학으로 전환해야 한다. 이것은 영혼의 형이상학에 근거한 윤리학이 반드시 잘못되었다거나, 제일원리에 토대를 둔 형이상학이 필히 잘못이라는 것을 의미하지는 않는다. 오히려 그 형이상학이 갖고 있는 문제는 경험의 통제, 방법적 규범, 공통적으로 받아들일 수 있는 절차와 논점이 부족하다는 점이다. 마찬가지로 영혼의 윤리학도 의지와 관계된 이성의 우선성으로서 문제를 해결할 수 있는 방법적 통제가 부족하며, 이 부분이 윤리적 기초를 정립할 때 아주 중요한 의문점이 되었던 것이다.

자기 알아감이라는 우리의 방법을 따라가면서, 우리는 알아감이 단지 하나의 활동이 아니라 구별되지만 상호연관된 세 층위의 활동 체계라는 것을 알았다. 더욱 중요한 점은, 이 활동들의 단계 또는 측면이 낮은 관점이 고차적 관점에 서로 연결되어 있다는 점이다. 이해함이라는 활동은 감각할 수 있고 이미지화할 수 있는 낮은 단계의 활동을 포함하고, 이 단계를 변형, 확장한다. 마찬가지로 판단함은 이해함을 변형하고 이해함을 넘어서 알아감의 새로운 원천을 시작할 수 있게 하는 더 높은 차원의 새로운 작동 단계를 소개한다. 마지막으로 선택함 혹은 결정함은 네 번째 단계에서 작동하는데, 이것도 판단함을 의미 있게 변형하고 포함하면서 또 넘어선다. 이 방법은 의지 대 이성의 우월성이라는 문제를 해결할 수 있다. 그 이유는 판단함이 어떻게 알아감을 포섭하며 변형하는지 폭로하기 때문이다. 이것은 첫 세 단계 활동들을 통해서 작동하는 알아감의 체계보다, 선택함이 더 높은 차원의 알아감의 형식이라는 점을 의미한다. 또한 윤리학은 형이상학을 포섭하며, 변형하고, 그것을 넘어선다는 것을 의미하기도 한다. 마지막으로 정서적 알아감과 인지적 알아감이라는 이 시대의 분열은 문제제기가 잘못되었다는 것을 증명할 것이다.

새로운 윤리적 토대를 정립하기 위해, 나는 발달 중인 형이상학에서 물었던 그 기본적인 물음을 따라갈 것이다. 첫째, '내가 알아가는 중일 때 나는 무엇을 하는가'라는 물음 대신 '내가 심사숙고하며 고민 중일 때 나는 무엇을 하는가'를 물을 것이다. 둘째, '왜 아는가'를 묻는 대신에 '왜 나는 결심하는가'를, 셋째, '내가 알아갈 때 나는 무엇을 아는가' 대신에 '내가 선택할 때 나는 무엇을 선택하는가'를 물을 것이다.

2 윤리에 관한 첫 번째 질문

판단함이라는 당신의 활동을 적정화하는 것은 당신이 판단 중일 때 당신이 하는 것과 비슷하다. 판단함에는 세 특징이 있다. (1) 판단함의 활동으로 이끄는 것은 바로 반성 과정이고, 이것이 시작되는 때는 당신의 경험을 바르게 이해했는지에 관해 당신이 이해했는지 그렇지 않은지 물을 때이다. 당신은 '그런가?' 하고 묻는다. (2) 판단함은 이해함 또는 경험함보다 더 개인적이다. 당신은 판단한 것에 관해 더 친밀감을 갖고 개입하고 이것이 그렇다거나 아니다라고 한 당신의 판단함에 당신 자신을 헌신하도록 만든다. (3) 당신은 이전의 판단 맥락에서 판단하고, 자연히 새로운 판단은 당신의 이전 인지적 요소에 상응하는 방식으로 경험한다.

결심을 하기 전에, 당신은 가능성 있는 행동들을 계획하면서 고민하고 평가한다. 심사숙고함의 이 과정, 이는 결정의 끝이기도 한데, 반성의 과정이 종결되면 판단이라는 점에서 둘은 일종의 유사성이 있다. 고민과 반성은 다음의 세 가지 점에서 비교된다. 첫째, '그런가'라는 물음 대신에 '그렇게 애쓸 가치가 있는가?'를 묻는다. 할 만한 가치가 있는지 결정하기 위해 그 계획의 가치를 생각하는 데 상당한 시간을 들인다. 둘째 결단할 때 당신은 지자로서 또 선택자로서, 그 계획에 자신을 헌신하게 될 것이며 그래서 당신의 인격적 개입은 더 민감하게 느껴진다. 셋째, 현재 내린 결정은 이전 결단의 맥락에서 이뤄지며, 현재 당신이 내린 결정의 일부분에는 과거에 했던 선택이 있다. 그래서 판단함과 결단함의 이 정의적 세 가지 특징에는 평행점이 있다.

결정함은 앞의 알아감의 세 차원을 포섭하며, 변형, 초월하며, 당신 존재의 전적으로 새로운 차원을 낳는다고 앞서 말했다. 알아감의 특정 활동을 완성하는 판단함의 활동과 중요한 유사점도 있지만, 결정함의 활동에는 정교하게 적정화할 필요가 있는 더욱 중요한 차이점이 있다.

판단으로 가는 반성 과정에서 당신의 주장을 뒷받침할 수 있을 충분한 이유를 당신은 찾게 된다. '충분함'의 기준은, 조건적 명제를 비조건적 명제로 변형시키는 반성적 통찰이다. 이 때문에 당신은 그 조건들이 사실상 주어졌든 그렇지 않든 그 조건들을 주어졌다고 이해했기에 판단했던 것이다. 이 '사실상 조건이 없는' 또는 '제한된 절대'가 그 명제를 '사실상 그렇다'고 당신이 이해한 것으로 판단하도록 당신을 동기화한다. 심사숙고함에는, 심사숙고하는 고민의 과정을 종결지었기 때문에 당신이 선택하도록 동기를 이끌어 내는 '사실상 조건이 없는' 또는 내적으로 생겨난 용어가 없다. 판단함에서 우리는 사실적으로 혹은 개인적으로 무엇이 그러한지를 다룬다. 그런데 집을 살까 결혼을 할까를 결정할 때 심사숙고함은 명확하지 않은 채로 계속되고 있다. 이유는 당신이 사실로서가 아니라 당신이 그렇게 행동해야겠다고 결정하지 않는다면 실현되지 않을 가능적인 행동 방침으로 다루기 때문이다. 당신이 살까 고려하는 집은 사실로 존재하지만 당신의 구매는 아직 사실이 아니며 당신도 그것을 안다. 이것이 바로 자유, 책임, 헌신 그리고 그 결과 등이 판단함과는 반대로 결정함을 논의할 때 그렇게 중요한 이유가 된다. 그러나 심사숙고함이 판단함을 포함하는 것이라

면, 당신이 심사숙고 중일 때 당신이 판단하는 것은 무엇인가? 당신이 가
치 있다고 평가해서 결단하려고 시도 중인 것을 행함, 그럴 가치나 실행할
만한 가치가 있는지를 당신은 판단 중이다. 그리고 제안한 행동이 참으로
할 만한 가치가 있는지 아닌지 당신은 질문 중이다. 심사숙고함은 가치라
는 전적으로 새로운 물음을 야기한다. '결정하려 할 때 나는 무엇을 하고
있는가' 라는 물음의 첫 번째 대답은, '나는 가치 평가 중이다' 또는 '가치
판단을 하고 있는 중이다' 이다. 그다음 문제는 사실을 판단함과 가치를 판
단함 이 둘의 차이를 구체적으로 명확히 하는 것이다.[3]

　제한된 방식에서 무엇인가를 안다는 것은 그 물(物)을 경험하고, 이해하
고, 판단하는 것이다. 당신의 경험함을 이해하게 되어 당신 경험의 현실성
을 반성하고 마침내는 주장하게 되는 알아감의 인지 활동이 판단함이다.
판단함은 구체적인 사물의 실재성에 또는 구체적인 당신의 실재성에 당신
이 인지적으로 있도록 한다. 그런데 이때 '저 실재는 참으로 '가치 있는' 실
재인가' 라는 물음이 떠오른다. 나는 물들의 참된 가치를 어떻게 판단하는
것일까? 전통적인 용어로 그 질문은, '나는 사물의 선함을 어떻게 아는가',
더 중요하게는, 제안된 행동 방침은 선한가로 읽을 수 있다. 이 물음에 함축
되어 있는 것은 '바른 도덕적 판단을 위한 규범은 무엇인가' 라는 도덕적 규
범에 관한 심화된 물음이다. 전통적 대답은 '바른 이성'(right reason)이었
으나 이 대답은 영혼과 영혼의 능력에 관한 형이상학을 기초로 한 것이지,
구체적으로 존재하는 의식 주체를 기초로 한 것이 아니다. 후자의 맥락에
서 보면 알아가는 중인 주체는 더 고차적인 선택 중인 주체에 포함된다. 이
문제는 '바른 이성작용' 과 동시에 '참된 가치 평가' 를 의미한다.

　다시, '나는 이것을 해야 할까' 또는 '나는 계속해서 이것을 해야 할까'
라는 물음에서 기본 단서를 찾아낼 수 있다. 어떤 프로젝트를 평가한다는
것은 당신이 이미 그 프로젝트가 무엇인지 안다는 가정하에서다. 또는 개

---

3)　*Method in Theology*, 36-41.

인적 행동의 반복적인 도식을 당신이 평가할 때 그 물음은 당신이 이미 옳은 실제 지식을 갖고 있다는 것을 전제한 후 그 개인적 도식에 내재하고 있는 가치 또는 가치들에 관해 부차적인 질문을 하는 것이다. 다른 말로 하면, 바르게 판단함에서 알려지는 실재가 있고, 개인의 어떤 행동 그리고/또는 상호작용에 내재한 선함과 가치가 있는지를 바르게 평가하는 과정에서 알려지게 되는 더 심층적이고 복합적인 실재가 있다. 그래서 가치 판단은 사실 판단을 미리 전제로 삼는다. 선택자로서 당신이 사실을 바르게 이해하거나 혹은 어떤 행동 방침을 이성적으로 계획했다고 가정하자. 이 계획서를 평가하려 할 때 그 계획을 생각하면 떠오르는 여러 감정을 이해해야 하는데, 그 이유는 그 감정의 이해를 통해서, 당신이 그 프로젝트의 가치를 장차 판단할 것이기에 그렇다. 감정을 이해하고 정의하는 것은 복잡한 문제이긴 하나 20세기에 이 분야에서, 특히 현상학자들에게서 괄목할 만한 진전이 있었다.

지향적 감정과 비지향적 감정의 구별이 있다.[4] 비지향적 감정은 구체적인 목표와 행동을 주도하는 감정이다. 예를 들면 배고픔, 피곤함, 아픔 등은 의식의 감정 상태다. 이는 의식이 아닌 신경생리학 체계의 변화 때문에 생겨난 것이어서, 먹거나, 자거나, 병원에 가는 등의 어떤 목적을 달성하도록 당신을 이끈다. 그러나 직장을 바꿀까, 집을 살까, 결혼을 할까 등의 가능성 있는 여러 행동 방침을 생각하는 것 역시 감정을 불러일으키지만 여기에는 제한된 주도적인 초점이 없다. 직장을 바꿀까 어쩔까 하는 물음에는 감정의 폭이 넓어서 분명한 정의를 할 수가 없다. 그 감정은 이해되고, 명명되고, 분별이 될 수 있으며 그렇게 될 필요가 있다. 상당히 다른 유형의 이 감정이 당신 안에서 올라올 때는 바로 당신이 어떤 것을 해야 하는지 혹은 하지 말아야 할지에 관해 물음을 던질 때다. 이 감정들은 지향적이며, 그 지향성이 무엇인지를 주목하고 파악해서 감정을 평가해야 한다. 이 감

---

4) *Method in Theology*, 30-4.

정의 어떤 면은 자연히 올라온 것이겠지만, 일단 드러난 감정은 이전의 당신 감정의 역사와 당신에게 달려 있다. 핵심은 당신이 그 감정을 가치 판단하기 전에 그 감정을 이해해야 한다는 점이다. 이유는 이해된 그 감정이 바로 가치가 있다거나 없다고 당신이 결정하게 될 것을 매개하기 때문이다.

사실 판단을 하기 전에 이 사실들이 무엇인지 먼저 이해해야 이 사실들에 대해 이해가능하게 되는 것처럼, 감정의 가치를 판단하기 전에 우선 당신은 이들 감정이 무엇인지 이해해야 한다. 감정이 생길 때, 이 감정은 경험된 것이긴 하지만 아직 이해된 것은 아니다. 비록 이해함과 판단함에 개방되어 있긴 하지만 말이다. 이해되고 판단되었을 때에만, 이 감정은 참으로 또는 개연적으로 가치가 있다거나, 참으로 또는 개연적으로 가치가 없다고 주장될 수 있다. 그래서 '내가 이 프로젝트를 실행해야 할까' 라는 물음에 대답하기 전에, 먼저 당신은 그 프로젝트를 이해하고 판단해야 하며, 그런 후 그 프로젝트의 가치를 이해하고 판단할 수 있다. 그 프로젝트의 진짜 가치를 안다는 것은 단지 그 프로젝트가 무엇인지 아는 것을 넘어선다. 가치 판단은 초월적이어서 행동 방침에 있는 현실적이거나 투사된 실재에 내재해 있는 좀 더 심오한 실재를 드러낸다. 그 가치 판단은 이전의 가치 판단의 맥락에, 그리고 발전이었든 왜곡이었든 이전의 당신 감정의 맥락에 달려 있다. 또한 과거에 당신이 여러 가치들의 경중을 재 보던 방식에도 달려 있다. 당신이 어떤 가치를 다른 가치보다 더 좋아하는 것은 그 가치가 더 가치 있다고 여기기 때문이다. 또 그 가치를 더 가치 있다거나 덜 가치 있다고 파악한 것 역시 그 가치가 더 또는 덜 제한적이라고 여겼기 때문이다. 산술법이 수를 다루는 데 대수학보다 더 한정적이거나 제한적인 방식인 것처럼, 당신의 건강 가치를 건강하지 못한 음식을 먹거나 과식을 하는 데서 오는 쾌락보다 더 중요하다고 여길 수 있다. 그런데 당신의 생명 가치는 공동체의 안녕과 생명력보다 선호되지 않을 수도 있다. 이것은 어떤 한 사람의 건강을 고려하기보다는 함께 협력할 수 있는 건강 체계를 구성하는 것이 더 가치 있다는 점을 의미한다.

또한 생명 가치를 넘어 사회질서 전체에 중요성과 의미를 부여하는 사회 가치와 문화 가치도 있다. 사회질서가 공동체 안에서 실제로 작동하고 있는 협력 역할과 임무의 체계로 간주한다면, 문화란 그런 사회질서가 왜 제공되는지 이유를 설명하는 것으로 정의될 수 있다. 사회질서가 사람들이 무엇을 협력할 것인지에 관한 것이라면, 문화는 왜 그렇게 해야 하는지 이유를 설명한다. 문화 가치는 사회질서 자체보다 더 포괄적이고 더 중요하다. 마치 해석 기하학이 단순한 대수의 한정을 넘어선 것처럼, 문화 가치는 사회질서의 가치를 넘어서 있다.

또한 사람의 존재론적 가치가 있다. 그 사람의 사회질서와 문화 가치뿐만 아니라 그 사람 자체를 가치 있는 존재로 존중한다. 그 사람은 잠재적으로 무한한 알아감을 지향하는 알아가는 주체이며, 우리가 봤던 것처럼, 잠재적으로 무한한 가치 있는 객관성을 지향하는 가치를 추구하는 주체다. 알아가는 자이면서 선택하는 자인 이 사람의 존재론적 가치는 문화 가치보다 상위이며 그것을 넘어서 있다. 알아가는 중이고 가치를 추구하는 이 선택자가 사회적 가치와 문화적 가치를 처음 시작하고, 고안하고, 선택한다. 그래서 최초의 근원이 된 선택자인 이 주체는 선택된 이들 가치보다 더 상위에 있다. 그래서 어떤 문화를 가치 있다고 판단할 수 있는 것은 오직 진정성 있는 지자이며 선택자들이 지자로서 그리고 선택자로서 자신을 알아가고 가치를 추구할 수 있도록 그런 조건을 만들어 주는 문화일 경우에 한해서 가치 있다고 할 수 있다. 마지막으로 최고의 가치는 제한적이지 않으며 완전히 초월적인 가치로, 이 가치는 모든 지자와 선택자들이 지향하는 욕망이며, 그래서 상이한 모든 단계의 가치 또는 가치들의 전체 규모를 구성하는 조건이 된다.

당신이 심사숙고하여 가치 평가를 했던 가치 판단의 모든 맥락에는 가치의 척도가 포함되어 있다. 대부분의 경우, 이 가치의 척도는 당신이 속한 문화에서 유래한다. 이 문화 유산을 고려하기 전에, 가능성 있는 행동 방침들에 대해 가치 판단을 하는 것은 결정함과 똑같은 것이 아니라 그 결정을 할 수 있는 조건이라는 것을 아는 것이 아주 중요하다. 결정함이 가치 평가에 더하는 것은 무엇일까를 묻는 것은 진정 가치 있는 행동 방침일 수 있겠구나라고 판단해서 그것을 따르기로 선택하는 과정을 통해 당신은 구체적이고 실존적인 헌신을 하는데, 당신이 가능성이 있는 행동 방침들의 가치를 평가하고 있는 동안에는, 이 헌신은 아직 일어나지 않는다. 결정한 후에, 당신은 어떤 것을 단지 알아서가 아니라 어떤 행동 방침을 존재하게 한다는 점에서 — 만약 당신이 행하지 않으면 그것은 존재할 수 없기 때문이다 — 헌신한 것이다. 더 놀라운 것은, 그 행동 방침이 존재하기 시작했을 뿐만 아니라, 그 결정을 내리기 전에는 존재하지 않았던 방식으로 당신 자신도 존재하기 시작했다는 점이다.

어떤 특정 행동 방침에 자신을 헌신하겠다고 왜 선택했을까? 그 이유는 이 방식이 이해가능하며 잠재적으로 합리적이기도 해서겠지만, 내재적인 가치가 있고 진짜 애쓸 만한 가치가 있다고 결정했기 때문이다. 이를 행하면 더 가치 있는 방식으로 존재하거나 살기 시작할 수 있다는 것, 또는 이를 행하면 자신은 더욱 의미 있고 가치 있는 존재가 되겠구나 하는 것을 당신이 깨달았기 때문이다. 더 나아가 존재와 삶을 가치 있게 하는 그 방식을 현실화하는 것은 당연하므로, 당신은 이 '당위성'을 의식한다. 선택자로서 당신이 이 '선택할 만한 가치 있는' 방식을 선택해서 살려는 이유는 가치 있는 존재에 저절로 이끌리고, 그것을 욕망하기 때문이라는 생각을 하기 때문이다. 비록 지금은 아니지만 그렇게 될 수 있는 더 나은 존재가 되기 위해서, 당신이 이해하고 판단하고 가치 평가를 했던 그래서 삶과 존재의 현재 방식을 초월하게 한 행동 방침에 응해야겠다고 당신은 느낀다.

더욱이 이 새로운 방식대로 살겠다고 선택한다면, 당신이 실존하고 있는 그 방식에 당신은 진짜 더 책임을 갖는다. 참으로 선택할 만한 가치가 있는 삶의 방식이라고 당신이 이해하고 판단하고 평가해서 선택한 의미 있는 도식, 그렇게 살겠다고 선택한 당신은 실존하는 구체적 존재로 되어 간다. 그래서 자유롭게 산다는 것은 원칙 없이 임의대로 사는 것이 아니라 당신이 마땅히 그렇게 살아야겠다고 진지하게 판단하고, 심각하게 가치를 둔 방식으로 사는 것이다. 자유의 역설은 자유롭게 산다는 것을 멋대로 사는 것으로 보았다. 그러나 자신을 원칙하에 둔 것은 바로 당신이었다. 당신의 이성이 자기를 가치 평가하는 자기로 강제했고, 당신은 진정으로 할 만한 가치가 있다고 여긴 방식으로 존재하며 행동하자고 자신에게 명했다. 다른 말로 하면 알아감과 행동함 사이에 일관성을 가지려는 자발적인 욕망이 올라온 것이다. 그런데 자신을 강제했다고 해서 행동이 필연적으로 뒤따른다는 의미는 아니다. 만약 행동으로도 이어졌다면 그 이유는 당신이 결정한 것을 행했던 것은 행할 만한 옳은 것이었기 때문이다. 강제는 필연이 아니다. 자유롭게 산다는 것은 결정하지 않거나 원칙 없이 임의대로 사는 것이 아니라 자기를 알아가고, 자기를 평가하고, 자기를 선택하는 방식으로 사는 것이다. 자유로운 자기는 '결정하는' 자기다. 바로 당신이 그 결정을 행한다.

우리는 현실태의 지자, 선택자로 태어나는 것이 아니라, 우리 자신을 어떻게 만들지 스스로 결정하기 전에 먼저 생물학적으로, 심리학적으로, 지적으로, 감성적으로 발달해야 하는 잠재적 지자며, 선택자로 태어난다. 약 7살이 되기 전까지 우리는 합리적으로 깊이 생각할 능력이 안 되고, 어느 정도 성숙하기 전까지는 깊이 생각해서 책임질 줄 아는 선택자도 못 된다. 이 시기에 우리가 하는 것은 알아감, 결정함이 아니라 참으로 할 만한 가치가 있다고 타자가 알고 결정한 것을 믿는 것이다.

2a 믿음

플라톤의 유명한 원리인 '국가는 영혼이 확대된 것이다'와 '영혼은 국가의 축소다'를 아리스토텔레스는 차용했다. 우리 시대의 맥락에서는, 문화가 구성원들의 특징을 발달하게 하는 조건이 된다거나, 문화가 바로 사람들의 확대라고 말할 수 있겠다. 문화와 개인 사이에 가족이 있고, 아이들의 초기 적응은 가족을 통해서 이루어진다. 부모로부터 아이들에게 전달된 이 문화적 도식들 또는 가치들은 어떤 가치에 더 비중을 두어야 하는지 믿도록 또는 신뢰하도록 하는 중요 요인이다. 프로이트와 에릭슨이 밝혀낸 바에 의하면, 아이들의 사회적 행동에서 도덕적 분별과 태도가 시작된다고 여겨지는 나이는 4-7세 사이다. 문화의 '일반화된 타자'는 부모의 '초-자아'를 통해서 매개되며, 그리고 이 둘이 모두 아이들에게 개인적이면서 사회적 양심인 내적 목소리가 된다. 아이들은 행동할 때 자신들의 기준을 발달시키지 않는다. 오히려 아이들은 이것은 해도 되고 저것은 하면 안 된다는 부모들의 명령에 복종한다. 아이들은 바르다고 여기는 것을 행하기를 욕망하는데 이는 부모를 두려워하고 신뢰하기 때문이다. 바로 아이들의 행동을 감독하고 조절하는 부모의 이 권위가, 아이들이 협동하는 활동과 방식을 선택하는 이유나 동기를 제공하고, 아이들에게 역할과 각각의 임무를 제공한다.

　여기서 강조할 필요가 있는 것은 믿음이 수행하는 역할이다.[5] 아이들은 스스로 행동 규범을 발전시키지도 않고, 행하고 상호반응하는 방식을 스스로 만들어 내지 않는다. 아이들은 부모들이 하는 방식대로 행동하고 상호반응을 하는데, 이런 복종은 문제의 해법을 발견하려고 사태를 씨름하면서 혼자 생각할 때 떠오르는 그런 종류의 이성 작동은 아니지만 그래도 꽤 합리적이다. 다른 사람의 이성을 믿는 것은 이성 작동의 공통적인 형식이다. 다른 사람을 믿는 이유는 당신이 그 사람을 신뢰하기 때문이다. 어떤 사람이 신뢰할 만한지 당신은 어떻게 아는가? 부모는 믿을 만한 가치가 있다고 아이들이 아는 것은 아이들이 자신들의 욕망과 두려움을 통해서 부모는 신뢰할 만하다고 가치 평가했기 때문이다. 이 두려움과 욕망은 단계적으로 발달하고 경험하게 된다는 것을 피아제와 에릭슨 같은 심리학자들이 자세히 밝혀 놓았다.[6] 요점은 이 욕망과 두려움이 가치 판단의 내용을 제공하고 아이들이 믿는 바를 선택하도록 동기를 형성한다는 점이다. 부모들이 허락

---

5)　*Method in Theology*, 41-7.

6)　Erik H. Erikson, *Childhood and Society*(New York: W.W. Norton, 1963), 7장.

하고 금지하는 표시를 신뢰하도록 아이들은 학습하고, 이 표시가 아이들 행동의 규범적인 토대가 된다. 아이들은 왜 부모를 신뢰하는가? 아이들이 그렇게 하는 것은 아이들의 믿음은 아이들의 사랑에 토대를 두고 있기 때문이다. 사랑은 아이들의 욕망과 두려움에서 시작되었고 이를 향하고 있는 기반이다. 사랑이 선택함보다 더 근본적인 행위처럼 보이기에 우리는 사랑이 무엇인지 살펴볼 필요가 있다.

2b 사랑

알아감이 주체와 대상의 본래적 실재를 겉으로 드러나게 하는 것처럼, 사랑에 빠져 있지 않던 이전 상태에서는 알지 못했던 실재의 새로운 측면을 사랑함은 외적으로 드러낸다. 알아감이 사물의 본래적 이해가능성을 드러낸다면, 사랑함은 한 단계 더 나아가 사람들과 사물의 본래적인 탁월함이나 가치를 드러낸다. 알아감은 지자의 체계화된 행위다. 그러나 사랑은 단지 행동만은 아니다. 그것은 존재의 방식, 우리의 모든 다른 행동들의 토대가 되고, 그 행동들을 불러일으키며, 그 행동들이 지향하고 있는 동적인 상태다. 또한 사랑은 우리에게 새로운 맥락 또는 지평을 제시해 준다. 어떤 맥락에서 가치 판단을 한다고 말할 때, 그 의미는, 사랑에 빠진, 사랑을 받기도 할 어떤 한 사람이, 다양한 자신의 행동 방침들을 가치 판단함에 있어서, 그리고 그 판단을 통해서, 그 지평을 제공하는 것을 의미한다.[7] 그 가치 판단은 어떤 방식으로 행동하거나 행동하지 않을 것을 결정하는 이성적인 동기를 제공한다. 사랑은, 사랑하는 사람이 선택할 행동을 지향하고 안내하는 바로 그 동기가 된다.

사랑에 빠진 상태는 우리의 가치 판단의 차원을 분명하게 하는 데 도움이 된다. 또한 이 가치들이 우리의 행동 방침들을 선택할 동기를 어떻게 형성하는지도 분명하게 한다. 사랑의 네 가지 다른 유형들을 일별해 보면 사

---

7) *Method in Theology*, 32-3.

랑함은 가치 평가처럼 역시 위계적이라는 것이 드러난다.

첫 번째는 친밀한 사랑이다. 이는 남편과 아내가 공유하는 사랑으로 부모와 자식의 가족 간의 사랑으로 꽃이 핀다. 이 가족 간의 사랑은 두 번째 유형인 사회적 사랑함으로 확장된다. 세 번째 유형은 자기 사랑으로, 이는 가족 내 사랑하는 자 또 시민으로서의 사랑하는 자로서 자신을 완전하게 하는 데에 근거를 두고 있다. 마지막으로 모든 형태의 사랑함의 근원이며 동기인 완전히 초월적인 존재에 대한 사랑이 있다. 사랑의 형태가 이 네 유형이라는 것이 함축하는 바는 사랑의 다른 형태들이 내포하고 있는 완전함을 비교 판단할 수 있다는 것이다. 참된 가족 사랑이 국가와 인류 동포라는 더 넓은 사랑의 조건이 되는 것처럼, 자기를 사랑함은 우리가 사회적 존재일 뿐만 아니라 모든 인류 역사의 시작과 종말에 속해 있는 운명이며 근원인 더 중요한 역사적 존재로서 자각하도록 한다. 총체적 역사공동체의 잠재적인 사랑하는 자로 자신을 적정화하는 것은 역사의 시작과 끝에서 무한한 사랑의 근원을 추구하는 조건이 되고, 인류 역사의 가능적 운명은 타자를 사랑하는 것이 우리의 존재를 사랑하는 것에 토대를 두고 있는 공동체에 속한다는 것을 발견하게 한다. 그래서 이 사랑은 지고의 가치, 모든 사랑함의 시작이며 목표가 되는 사랑으로 이끈다. 그래서 여러 가치들의 진정한 경중을 정립하는 것은 모든 사랑들이 지향하고 있는 전적으로 초월적인 사랑을 적정화하는 것에 달려 있다. 이 종교적 사랑이 다음 장의 주제이다.

2c 상징적 추론(이미지화의 역할)

어떤 사람 또는 청중한테 어떤 행동을 하도록 설득하는 핵심은 상징적으로, 이미지를 써 가면서 말하는 것이다. 이미지는 사람 심리의 심층으로 내려가 고차적인 인간의 경험에 스며들어 있는 잠재의식을 휘저어, 행동할 의사가 없었거나 무관심했던 사람이 행동하도록 충분한 느낌을 불러일으킨다. 그 결과 그런 상징들은 지향적일 뿐만 아니라 효과적으로 지향적인 또는 동기를 부여하는 느낌을 자아낸다. 상징 혹은 상징적 의미는 어떻게 작동하는 것일까?[8] 어떤 방식으로 행동하도록 설득당하거나, 또는 다른 사람들이 우리를 움직이도록 용인한 이 상징 논리는 무엇일까? 왜 단 한 장의 사진이 천 마디 말보다 가치가 있을까? 그 이유는 한마디 말이 아니라 상징이기 때문이다. 그 사진에는, 과거의 경험에 대한 풍부한 감정이 담겨 있어, 그때의 기억과 의미를 반향하여, 우리 안에서 깊은 가치를 갖고 있던 한 다발의 과거 경험에 새겨져 있는 갖가지 의미들이 담겨 있다. 예를 들면 당신이 살았던 집, 당신이 자랐던 학교, 가게, 이웃 공동체 등은 당신이 살았던 그 복합적인 의미 세계의 일부분을 형성하기에 과거의 느낌, 기억된 의미들을 불러일으키는 모든 상징 경험이 된다. 이 상징 의미들은 가치 판단과 의미 부여의 자발적이고 원초적인 형식이 된다. 또 상징 의미는 논리가 생겨나기 훨씬 전부터 인류의 역사에서 작동해 왔다. 사실, 상징 의미와 논리적 의미를 대조하여 상징들이 어떻게 작동하는지 요약하는 간단한 방식이 있다.

　전통적으로, 논리는 단 하나의 뜻만 있지, 다양한 뜻을 지니지 않는데 그렇게 하는 것은 전제를 분명하게 하여 일관적인 논쟁을 하고 합리적인 결론에 신중하게 도달하기 위해서다. 그래서 논리는 명료하고 일관된 논쟁 가운데 연속적인 단계에 의해 증명되었다. 그런데 '논쟁'의 또 다른 형태로 소설, 노래, 그림, 신전, 춤, 조각 등의 상이한 형식이 있다. 이 논쟁은 상징적이며 지적인데 추론적인 이성이 아니라 인간의 감성-이성(human heart reasons)의 방식을 띤 이성이다. 셰익스피어, 베토벤, 렘브란트 등의 확신은, 그들이 어떤 전제나 결론을 증명하기 때문이 아니라, 우리와 연관된 한 무더기의 기억과 의미로 우리를 압도하며, 이를 추상적으로가 아니라 끝없이 연상되는 의미와 느낌을 불러일으키며 그것들을 응축해서 보여 주기 때문이다.[9] 그 연상 패턴에는 종종 대립되는 성향을 포함하는데, 네 가지 기본 상징 요소를 보면, 땅은 생명의 근원으로 상징되기도 하지만, 또한 죽음

---

8)　*Method in Theology*, 64-9.

의 자궁으로 상징되기도 한다. 물은 신선함, 탄생 그리고 생명의 상징이기
도 하지만 깊은 심연의 물은 생명을 삼켜 버리는 상징이기도 하다. 공기도
숨으로서 생명을 유지하는 상징이기도 하지만 또한 가공할 만한 폭풍은 파
괴를 의미한다. 그리고 불은 따뜻함, 성장을 의미하기도 하지만 또한 다 태
워 버리는 파괴를 상징하기도 한다. 상징은 전제의 논리를 따르지 않는다.
즉 마음속 상반됨, 긴장감, 갈등, 격노 등을 표현한다. 상징은 머리의 지적
논리를 표현하는 것이 아니라, 우리들의 행동과 반응의 토대가 되는 동기
화의 논리를 표현하며, 우리 심층에 있는 욕망과 가장 어두운 공포의 기본
적인 긴장에 묻혀 있으며, 이로부터 솟구쳐 올라오는 생, 즉 생 그 자체의
논리를 드러낸다. 이론적 이성이 이미지로부터 추상화해서 상에 의존하지
않고도 이해할 수 있는 고차적 의미들을 다룬다면, 상징적 이성은 이미지
를 이용해서 감정을 불러일으키고, 감정을 지향하며, 패턴화한다. 즉 이미
지들은 우리의 낮고 높은 차원의 알아가고 가치 평가하는 자기에게 자연스
레 말을 건넨다. 상징은 사람들에게 감성적 이성을 제공해서 사람들이 자
신들의 삶의 활동을 수행하는 데 동기를 부여하는 의미들을 제공한다. 그
렇게 우리는 제도화된 패턴과 문화적 패턴을 구별할 수 있다. 사람들의 집
단적인 실천을 구성하는 제도화된 패턴과 개인 그리고/또는 공동체의 목표
를 추구하는 데 개인적이고 사회적인 작동과 협력을 주도하며 지향하게 동
기를 부여하는 사회적 패턴 사이에 넓게 스며들어 있는 것이 문화적 패턴
이다.

　　제도는 사람들이 행하는 것이라면, 문화는 사람들이 그것을 왜 하는지의
이유다. 상징적 추론과 심사숙고함은 더 자발적이며, 더 앞선 것이고, 더
친숙한 추론의 양태다. 이것은 좀 더 보편적이고 포괄적인 알아감과 의미
함의 패턴을 형성한다. 이성적 동물로 인간을 정의하는 것은 인간을 추상

---

9)　매우 독창적인 연상 감정 이론으로, Northrop Frye, *The Well-Tempered Critic*
(Bloomington : Indiana University Press, 1963)을 참조.

적으로 정의한 것이다. 구체적으로 말하면, 우리는 문화적 혹은 상징적 동물이다.[10] 19세기에 사변 지성보다 실천 지성이 우선한다는 역전이 있었던 것처럼, 20세기에 우리는 인지적 또는 이론적 이성보다 상징적, 감정적 추론이 더 우선적이라는 것을 깨닫게 되었다.

2d 문화

우리는 지자 또는 선택자로서가 아니라 욕망과 두려움의 관점에서 세계를 경험한다. 그 욕망과 두려움은 문화를 초월해 있지만 이 욕망과 두려움이 어떻게 문화화되는가는 우리가 태어나고 그 안에서 실제로 사는 이 문화 세계의 행위와 상징에 의존해 있다. 문화는 모든 시대의 사람들에게 공통적이다. 특정한 태도, 관습, 믿음 등이 문화적으로 다양할 수 있지만, 그 의미와 가치의 도식은 역사 안에서 종적으로, 변증적으로 변한다. 변하지 않는 것은 사람들이 태어나고, 자라고, 먹고, 일하고, 잠자고, 결혼하고, 꿈꾸고, 병들어 죽는다는 사실뿐이다. 이것은 인간 존재의 기본적 사태들이며 역사에서 변하지 않는다. 발전하거나 쇠퇴해서 소멸한 것은 사람들이 이처럼 반복적으로 되풀이되는 인간의 사태에 부여한 가치와 의미뿐이다. 이 되풀이하는 의미들은 사람들의 이야기, 의례에서 먼저 표현된다. 사람과 공동체는 과거, 현재, 미래의 의미 도식에서 살아간다. 그리하여 기억하고 미래를 예견하며, 또 그런 기억과 경험은 자신들의 역사적 기원, 약속, 순례 그리고 마지막 운명과 관련해서 의미와 가치를 설명하고 있는 문화 이야기로 표현된다.

그 이야기들이 비록 부분만 알려져 있을지라도, 반복되는 일상 속에 살아 움직이며, 개인의 삶과 제도들로 구성된 공공생활에서 지향하고 있는 동기의 기본 맥락을 제공한다. 우리는 언어 안에서 언어를 통해 살고 있으며 이들 언어는 우리의 사적이고 공적인 알아감, 선택함, 사랑함, 행동함

---

10) Ernst Cassirer, *Essay on Man*(New Heaven : Yale University Press, 1944).

등의 연속된 흐름에 의해서 형성되고 또 재형성된다. 이러한 문화 언어는 역사를 지니고 있지만 사람들이 살고 있는 역사는 보통 '알려진다'는 말의 의미에서 알려진 것이 아니라, 믿기 때문에 알려지고, 신뢰할 만하다고 생각하기 때문에 믿게 되고, 가치 있기 때문에 신뢰할 만하다고 판단된다. 역사에서 믿음은 이 유산을 구체화하고 연결하는 문화 상징에 의해 동기화된다. 다른 말로 하면 기록된 의미와 가치의 역사적 도식과 사람들이 살고 있는 그 도식, 이 둘 사이에는 근본적인 차이가 있다. 원시 사회에서 사람들이 아는 문화 역사는 오직 그들의 신화 공연과 의례화를 통해서 알려졌다.[11] 우리가 아는 기록 역사는 그리스에서 시작되었지만 오늘날 우리는 읽고, 다시 생각하는 반성과, 가치 평가 등을 통해서 그들이 살았던 문화 역사의 극히 일부분만을 안다. 살아 있는 대부분의 역사는 이야기, 노래, 의례, 그 외 어떤 것을 매개하고 있는 이미지와 수행 등의 일상적이고 상징적인 언어 안에 살아 있다. 이 일상의 상징적 언어들은 일상생활에 동기를 부여하는 감정적인 의미와 가치를 불러일으키고 반복한다.

이제 우리의 첫 번째 질문 '내가 고민하고 결심할 때 나는 무엇을 하는가?'를 반복하면서 그 대답을 우리가 막 연결시켰던 맥락에서 짧게 진술할 수 있게 되었다. 우리가 고민하여 결단을 내릴 때, 우리는 진정으로 참된 가치가 있다고 믿는 문화 규범과 기준의 맥락하에서 한다. 이 대답은 중요한 윤리적 문제를 노출시킨다. 즉 '나는 왜 결정하는가? 내가 객관적으로 결정했다는 것을 나는 어떻게 아는가? 내 선택의 근거가 되었던 문화 기준이 참으로 객관적인 기준이라는 것을 나는 어떻게 아는가?' 다른 말로 하면 우리가 모색하는 것은 특정한 문화 규범과 무관하지만 특정한 모든 문화들에 적용될 수 있는 문화를 초월한 규범 또는 기준이다.

---

11) Mircea Eliade, *Myth anh Reality*(New York: Harper & Row, 1963).

3   윤리의 두 번째 질문

우리가 고심하고 있는 이 질문은 인지 판단의 객관성과 인식론의 이론이기
도 했던 질문에 답하는 것에 해당된다. 이 절에서 다루어야 할 문제가 떠오
른다. 사실 판단이나 가치 판단을 할 때 규범적 토대는, 알고자 하고 사랑
하고자 하는 우리의 욕망에 자유가 얼마나 주어졌는가에 달려 있는데, 우
리가 보았던 것처럼 사실 판단 또는 가치 판단은 문화적 맥락 혹은 문화적
지평에서 일어나고, 이는 판단들은 그 지평에 제한되어 있다는 것을 의미
한다. 그럼에도 알고자 하고 사랑하고자 하는 우리의 욕망은 잠재적으로
제한되지 않는다. 판단을 제한하는 것을 교정해 왔다는 것을 나는 어떻게
확신할 수 있을까?

축적된 증거로 우리가 고민 중인 어떤 판단을 주장하기에 충분하다, 부
정하기에 충분하다 또는 한정적으로 충분하다고 파악할 때, 반성의식은 숙
달됨과 익숙함의 한계로 이끈다는 것을 지적했다. 우리는 알아감의 다른
패턴들, 그래서 판단함의 다른 패턴들을 구별해 왔다. 예를 들면, 우주의
질서를 당신이 바르게 혹은 틀리게 이해했는지 판단하고자 한다면, 당신은
모든 것, 가능하기는 하지만 아직까지도 성취하지 못한 우주에 관한 모든
것을 완전히 이해할 때까지 판단을 내릴 수 없을 것이다. 그런데도 당신이
개연적으로 판단할 수 있고 그 개연적인 사실을 확신할 수 있는 이유는 개
연성을 평가할 만한 충분한 증거를 당신이 모아 왔고, 더 나아가 개연적으
로 참이라는 주장을 반성하는 가운데 당신은 그 맥락에 대해 '숙달과 익숙
함'을 지니기 때문이다. 다른 말로 하면 고양이가 깔개 위에 있다와 같은
현실에 관한 판단이든, 뉴턴의 중력 이론은 한정된 경우에 개연적으로 타
당하다와 같은 이론적 판단이든, 당신은 항상 한정을 설정하고 그 한정된
범위 안에서 바르게 판단한다는 것이다. 이 한정들의 타당성을 보장해 주
는 것은 연속된 단계마다 전개되는 알아감에 대한 제한되지 않은 무한한
욕망을 발달시키는 것이다.

　이 욕망은 잠재적으로 제한되지 않는데, 그래도 발달 중이라는 것을 어떻게 아는가? 진리를 향한 우리의 욕망은 한정이 없고, 우리가 성취한 진리는 제한적이기 때문에, 각 인간 지자의 내면에는 지자로서 현재의 자기를 넘어서, 비록 아직은 존재하지 않지만 각 지자의 무한히 알고자 하는 잠재적인 욕망 덕택에 존재가 시작될 수 있는 더 고차적으로 발전된 지자로 현재의 자기를 대치하려는 투쟁이 계속 있다. 진정한 지자 혹은 진짜 지자가 된다는 것은 알고자 하는 당신의 욕망을 왜곡하거나 이 욕망에서 이탈하는 것이 아니라, 당신의 알아가는 현재 자기를 초월하려고 늘 추구한다는 사실을 의식적으로 받아들이는 것을 의미한다.

　앞 장에서 지적했던 것처럼, 진리에는 두 가지 규범이 있다. 첫 번째는 가까운 규범으로, 이는 '제한된 절대'로 규정된다. 두 번째는 먼 기준의 진리로, 이는 사람이 알고자 하는 무한한 욕망이 전개되고 발달하는 것에 달려 있다. 가까운 규범 진리를 설명하면서, 반박할 수 없는 이해함의 중요성을 주장했다. 반박할 수 없는 이유는 당신이 세운 한계 안에서 '그런가'라는 물음에 당신 주장의 근거가 되어 줄 충분한 증거들을 발견하기 위해 충분한 시간을 가질 때까지 기다려야 했기 때문이다. 이것의 의미는 어떤 '제한된 절대'의 한계를 정하는 것이 가까운 규범을 정립하는 핵심이라는 것이다. 즉 물음이 생기도록 놔두고 질문이 떠오르도록 충분히 오래 궁금해하라. 알고자 하는 당신의 욕망이 제한된 맥락 안에서 작동할 때가 있다. 그럴 경우, 당신은 그 욕망을 방해해서 질문이 떠오르지 못하도록 자신을 방어하여 생각하지 않는 것을 더 선호하게 만드는 상이한 몇몇 방식을 알면, 알고자 하는 당신의 욕망을 발전시킬 수 있다. 이런 이유 때문에 당신의 판단에 있는 맥락 또는 지평을 다루는 세 가지 방법을 제안했던 것이다. 첫째, 논리적 방법, 이는 주어진 텍스트의 명백함과 일관성을 검증한다. 둘째, 발생적 방법, 이것은 연속되어 있는 더 고차원의 잠재적 통합을 예견함으로써 맥락의 발달을 다룬다. 즉 관점 혹은 맥락을 계속 이동하여 조절함으로써 말이다. 셋째, 변증적 방법, 이는 일탈된 맥락을 당신이 바르게 수정할 뿐만 아니라 되돌아가서 자신을 제한되지 않은 무한한 객관성을 향해 있는 발달하는 지자로의 참된 회심으로 돌아가게 하는 방식을 다루면서 동시에, 지자로서의 발달을 가로막는 방식도 다루는 것이다.

이 발생적이며 변증적인 방법을 요약하면, 발생적으로 숙달된 지자로서 당신은, 지적 성장의 연속 단계들을 통해 알아감이 어떻게 발전하는지를 알게 되었다. 변증적 지자로서 당신은, 알고자 하는 욕망을 왜곡해 발달하지 못하게 만드는 네 가지 방식을 알게 되었다. 종적-변증적 지자는 진정한 자기 초월적 지자이다. 즉 본인의 알아감이 진전하는지 쇠퇴하는지를 비판적으로 판단할 수 있으며, 또 인류 역사공동체의 다른 지자들이 한정되지 않는 무한한 알아감의 최종적인 객관성을 향해 나아갈 수 있도록 똑같이 비판적으로 판단할 수 있다. 그러나 이 설명은 인지 인식론을 말하는 것이다. 반면 '나의 문화적 가치가 참으로 객관적인 가치를 지니는지를 어떻게 알지?' 라는 지금 당신 속에서 생기는 물음은 인지 인식론이 아니라 도덕 인식론을 다루는 것이다. 그런 알아감을 통해 가치의 가까운 규범과 먼 규범, 이 둘을 구별할 수 있을까?

인지적 객관성에 대한 우리의 생각은 존재에 대한 생각에 달려 있고, 그래서 도덕적 객관성에 대한 우리의 생각은 참인 존재에 대한 우리의 생각을 참이면서 가치 있는 존재에 대한 생각으로 확장하는 것에 달려 있다. 진리에 대한 초월적 생각과 같이 가치에 대한 초월적 생각은 제한되지 않는다. 그래서 참으로 가치 있는 모든 판단을 예견할 수 있다. 당신의 힘으로 선택했던 진정 가치 있던 모든 선택을 당신이 형성하고 선택했을 때, 초월적으로 가치 있는 것에 자신을 헌신한다. 진리에 대한 초월적인 생각과 마찬가지로 가치에 대한 초월적인 생각은 이차 정의 또는 자기 발견적 정의이다.

객관적으로 안다는 것은 참으로서 존재에 대한 생각을 알아감, 그리고 존재에 대한 생각이 드러나는 것을 통하여 알아감이 삼중 체계라는 것을 바르게 알아감 둘 모두에 달려 있다. 마찬가지로 객관적으로 선택함도 가치에 대한 초월적 생각을 알아감 그리고 선택함의 네 겹의 체계 — 경험적, 규범적, 비판적, 평가적 — 를 바르게 알아감에 달려 있다. 이들 부분적인 객관성을 묶어 주는 것은 제한되지 않은 가치 객관성을 향해 있는 선택자로서의 당신이다. 진짜 또는 진정한 지자로서 자신을 적정화한다는 것의 의미가 (당신의 무한한 잠재태와는 반대되는) 현재 자신이 제한된 현실태라는 것을 규범적이며 비판적으로 알게 되는 것을 의미하는 것처럼, 객관적인 선택자로서 당신은 제한된 선택자로서의 자기와 잠재적으로 한정되지 않은 자기 사이의 의식의 긴장을 적정화해야 한다. 선택자로서 당신의 제한되지 않은 잠재성을 규범적으로 그리고 비판적으로 알게 된다는 것의 의미는 당신이 심사숙고하여 가치 평가하는 것의 토대가 되는 상반된 두 규범을 적정화해야 하고 또 구별해야 한다는 것이다.

알아감에 있어 근본적인 잘못은 다음의 주장 즉 알아감의 삼중 체계에서 감각적 경험함이 규범적이고 중요한 요소라고 잘못 가정하는 것이다. 선택함에 있어서 근본적 잘못은 감각적 효과가 있는 경험이 가치 판단을 하는데 규범적인 토대를 제공한다는 가정이다. 다른 말로 하면, 객관적인 알아감을 바르게 알아간다는 것에는 바르지 못한 판단에서 알아감의 규범에 관심을 갖는 바른 판단으로 자신을 다시 정립하는 것이 포함되어 있듯이, 자신 안에 윤리학의 규범적이고 비판적인 토대를 정립하려면 비슷한 회심이 필요하다. 선택함에 있어서 근본적인 잘못은 감각적 느낌과 만족이 당신의 선택을 가치 있게 한다는 가정이다. 이 실수를 고치려면 이미 앞 절에서 논의했던 감각적 느낌과 지향적 느낌의 차이를 이해하고 적정화하는 것이 필요하다. 어떤 점에서 이는 아리스토텔레스를 비롯하여 고대 철학자들은 알고 있던 전통적인 구별인데, 쾌락적이거나 감각적인 만족이 좋은 선택의 부분이 될 수는 있지만, 좋은 선택을 하는 데 본래적이고 결정적인 규범을 제공하지는 않는다는 것이다. 예를 들며, 입에 쓴 약을 먹어야 할 때도 있는데, 그때는 건강함이 약에 대한 맛보다 더 가치 있다는 것을 알기 때문이며, 그래서 약이 비록 맛은 좋지 않을지라도 본래적으로 또는 참으로 가치

있는 것이다. 운동을 처음 시작할 때 당신이 유쾌하지 않음을 느낄 수도 있
지만 운동을 하도록 이끄는 동기는 당신의 현재 느낌 때문이 아니라 건강
한 몸이 되었을 때의 예상되는 느낌 때문이다. 당신이 운동 중에 처음 느낀
불유쾌한 느낌은 점차 만족으로 심지어는 기쁨으로 변형되어 가는 것을 보
게 된다. 이러한 일이 일어날 때, 운동은 가치가 있을 뿐만 아니라 또한 유
쾌할 수도 있으며, 그리고 건강함이라는 본래적으로 가치 있는 목표를 추
구하면서 당신은 운동을 기쁘게 여기게 된다.

  건강함이라는 중요성보다 더 가치 있는 것은 좋은 사회질서를 만드는 가
치로, 이것은 지자와 선택자의 전 공동체에 사회적, 정치적, 경제적, 교육
적, 종교적 가치의 반복적 도식을 제공한다. 사회질서에 참여할 수 있는 어
떤 기술과 전문성을 습득하겠다고 선택하는 것은 한 사람의 개체적 생명
가치를 넘어선다. 한 사회의 질서는 공동체 전체뿐만 아니라 특정한 개인
을 위한 사회적, 정치적, 교육적, 경제적, 종교적 가치를 다 포함한다. 당신
의 사회질서가 진정 가치 있는 방식으로 작동한다면, 사람들은 서로에게
상호주관적인 실제 느낌을 형성, 계발하게 되며 그 결과 그 사회질서 내의
구성원들 사이에는 충성과 사랑이라는 시민의식이 증진된다. 편향된 가치
판단과 거짓 선택을 통한 사회질서라면, 사회 전 공동체는 적대적으로 쪼
개지고 그 결과, 갈등은 반복되어 시민의식은 분열되며, 사회는 무질서의
상태가 되어 버린다.

  사회질서의 가치 너머에는 그 사회질서 내에 있는 구성원들이 그 질서
자체를 의문시하고 비판할 수 있는 문화 가치가 있다. 개개의 모든 인간은
잠재적인 형이상학적 지자들이다. 그렇지만 형이상학이 없는 사회에 산다
면 실재 혹은 존재의 본성에 관해 어떤 분명하고 이론적인 방식으로 의문
을 가질 수가 없다. 마찬가지로 분명한 도덕적 이론이 없는 사회에 살고 있
다면, 당신과 당신이 속한 공동체가 현재 살고 있는 기억, 의미, 가치에 체
계적인 방식으로 의문을 던지지 못한다. 예를 들면, 소크라테스는 아테네
시민들에게 사회질서의 가치들을 비판적으로 보고, 또 스스로 물음을 던지

도록 하는 새로운 방식을 소개하려 시도했다. 알아가는 자기와 사회에 관한 최초의 시도는 겨우 아리스토텔레스의『윤리학』에 와서 체계적인 단계에 이르렀다. 아리스토텔레스의『윤리학』의 문제는 실질적 지혜 위에 성찰적 지혜를 놓은 형이상학의 맥락에서 전개했다는 점이다. 우리는 이 순서를 역으로 해서 진정한 선택하는 자들의 실질적 지혜에 더 고차적이며 더 포괄적인 가치의 위치를 부여했다.

　이 역전은 아리스토텔레스의 저서에서 조화를 이루었다. 개인적 비판과 사회적 비판을 증진하는 문화 가치 너머에 그 문화 가치를 초월하는 개인적 가치가 있다. 사회질서에 참여할 때, 당신은 타인들과 협력하면서 동시에 당신 자신을 덕이 있는 혹은 사악한 사람으로 만들 수 있다.[12] 진정 가치 있는 사회질서 안에서 사람들과 협력하기로 선택하면서 당신은 가치 있는, 다른 사람들에게 가치 있는 것이 아니라 특별히 본인 자신에게 더욱 가치 있는 존재가 된다. 할 만한 가치가 없는 기획에 협력한다면 이는 당신 자신을 가치 없는 인간으로 만드는 것이다. 그래서 사회질서는 구성원들이 서로에게 그리고 자신들에게 가치 있는 사람이 되도록 격려하고 그런 조건이 되게 해 주는지에 달려 있다. 이것이 왜 개인의 가치가 좀 더 고차적인 것으로 평가받으며 개인 가치가 문화나 사회적 가치보다 더 선호되는지 그 이유를 설명해 준다. 좋은 사회질서의 본래적인 객관적 목표는 사람들을 서로에게 그리고 스스로에게 사랑스러운 존재가 되게 한다. 거짓말을 하거나 속이거나 훔치는 사람들은 자신에게 우호적일 수 없다. 거짓말하는 것은 타인에게도 비우호적일 뿐만 아니라 자신에 대한 자존심과 평가를 가치 없게 만든다는 점에서 인격적 배신이다. 플라톤과 아리스토텔레스는 특정한 영혼들과 그들이 속한 사회질서의 상호관계를 깨달았다. 플라톤의 '국가는 영혼의 확대다' 라는 유명한 경구는 영혼은 국가의 축소라는 의미도

12) Aristotle, *Nicomachean Ethics*, trans. Martin Ostwald(Indianapolis : Bobbs-Merrill, 1982).

내포한다. 그 사회질서가 구성원들의 특징을 필연적으로 결정짓는 것은 아니지만 그래도 그들의 행동이 사회적으로 용인되거나 승인받지 못하는 등의 조건이나 성향으로 확실한 영향을 미친다.

사회적이며, 시민적이고 문화적인 공동체에서 작용하고 협력하는 지자이며 선택자인 당신의 정체성에 대해 질문하는 것 너머, 개인사와 공동체의 역사에 던지는 물음이 있다. 한 명의 미국인의, 혹은 캐나다인의, 맥시코인의 문화적 선택자가 된다는 것이 당신을 자신에게 좋은 친구가 되게 한다는 것을 당신은 어떻게 아는가? 규범적이고 비판적이며 가치 평가적인 방식에서 이 물음에 대답하기 위해서, 사회질서 내의 구성원들이 '좋다'고 가치 평가하여 선택하고 있는 현재 동기를 제공하는 문화적 의미와 가치를 비판적으로 가치 평가할 수 있는 기준이 될 초문화적 규범이 필요하다. 문화를 초월하는 규범을 발전시키기 위한 첫걸음은 모든 인간 선택자들에게 적용할 수 있고 이들이 실제 하는 선택과 대조적인 가능적 선택에 적용할 수 있는 가치에 대한 초월적인 생각을 찾아내는 것이다. 이 초문화적 규범의 토대는 당신의 개인적이며 문화적인 정체성과 만약 제한될 수 없는 가치를 지향하게 당신이 더 관심을 갖고 응답하면 발달되는 잠재적인 정체성 사이의 의식의 긴장에서 찾을 수 있을 것이다. 개인의 가치가 문화 가치를 초월하는 반면, 자기 선택자로서 자신을 가치 평가하는 토대는 현재는 아니지만 될 가능성이 있는 잠재적으로 무한한 자기를 지향하는 초월적인 객관성에 응답하는 당신의 능력과 개방성에 달려 있다.

5장에서 진리를 판단하는 가까운 규범으로서 '사실상 조건 없는' 또는 '제한된 절대'를 입증했다. 6장에서는 진리를 판단하는 '먼 규범'은 알고자 하는 당신의 제한되지 않은 무한한 욕망의 발달에서 찾을 수 있다고 입증했다. 이제 진정 가치 있는 선택을 위해 가까운 기준과 먼 기준에도 이와 같은 구별을 하려 한다. 앞서 당신이 아는 것과 알고자 하는 당신의 잠재적으로 무한한 욕망 간의 의식의 긴장이라는 관점에서 인지적 진정성을 정의한 적이 있다. 즉 진정성 있는 선택자로서 당신은, 현재 제한된 선택과 잠재적으로 제한되지 않을 수 있는 선택, 이 양자 사이의 의식의 상응관계라는 관점에서 당신을 정의한 적이 있다. 현재 알아가고 선택하는 자기의 계속적인 초월에 당신이 헌신하는 한에 있어서 당신은 진정성 있는 또는 참으로 객관적인 지자이며 선택자가 될 것이다. 당신이 물려받아 살고 있는 문화의 의미와 가치라는 문화의식과 정말로 진정성 있는 당신의 도덕의식 간에 근본적으로 차이가 있다. 우리가 정의 내린 지금에도 당신은 현재 당신의 문화의식에 충실하느라 진정성 있는 당신의 도덕의식에 여전히 충실하지 않을 수도 있다. 진정성 있는 형이상학적 지자가 되어 간다는 것은 알아감을 알아가는 데 또 객관적 알아감을 알아가는 데 저지른 기본적인 실수로부터 지자로서 자신의 회심을 포함한다. 그리고 진정성 있는 도덕적 선택자로서 당신 자신을 적정화하기 위해서, 당신이 선택하는 중일 때 당신이 무엇을 행하는 중인지, 그리고 행하는 그 방식을 당신은 왜 선택하는지 이 둘을 알아야 한다. 이는 당신이 행하는 그 방식의 가치를 왜 저울질하는지에 대한 알아감을 의미한다.

진정성 있는 도덕적 선택자는 여러 가치들을 참된 경중의 맥락에서 선택한다. 그리고 생명적, 사회적, 문화적, 개인적, 초월적 가치 등 여러 가치의 척도를 정하는 데, 필수적인 것은 절대적인 토대를 세우는 것이다. 이 절대적 토대는 온전히 초월적 객관성을 지향하는 선택자로서의 당신 자신이다. 객관적 또는 진정성 있는 지자가 되는 규범이 자기 초월적 지자로서의 당신 주체인 것처럼, 진정성 있는 선택자가 되는 규범은 자기 초월적 선택자로서의 당신 주체다. 당신이 자기 초월적 선택자인지 당신은 어떻게 아는가? 문화 선택자로서의 당신 자신과 당신의 문화공동체를 초월하여 객관성을 향해 초문화적으로 있는 당신 자신, 이 사이의 의식의 긴장을 적정화하는 것에 의해서 알게 된다. 이렇게 하려면 당신이 속한 공동체의 문화 역사를 알아야만 하며, 그 맥락에서 당신의 문화공동체가 진보하고 또 쇠퇴하던 반복하는 문화 도식을 당신이 식별하고 가치 평가할 수 있어야 한다. 예를 들면, '이것을 해야 할까' 하고 당신이 물을 때, 당신이 살고 있는 문

화의 맥락에서 그렇게 기획된 행동 방침의 장점이나 단점을 평가하는 것이
다. 성인인 당신은 세계를 '텅 빈 머리'로, 즉 문화적 맥락 없이 경험하지
않는다. 당신은 사람과 장소를 문화적으로 경험하며, 이 의미는 당신이 살
고 있는 문화의 맥락 안에서 사실과 가치를 판단하고, 심사숙고해서 결정
한다는 의미다. 그래서 당신이 살고 있는 세계는 매개되지 않은 물리적 세
계가 아니라, 의미와 가치의 문화가 매개된 세계이다. 다른 말로 하면 당신
이 아담이나 이브라면 '이 프로젝트는 할 만한 가치가 있을까'를 묻지 않는
다. 오히려 아담과 이브, 다른 사람이 결정했고 그런 방식으로 해 왔기 때
문에, 당신이 하는 방식에 물음을 갖는 것이고, 또 당신이 하는 방식을 결
정한 것이다. 이미 지나간 세상을 기억하는 방식과 다가올 세상을 예견하
는 방식, 이뿐만 아니라 당신이 다른 사람들과 다른 세상을 경험하는 상태
나 조건에 대한 책임은 바로 조상들에게 있다. 당신은 문화적 존재다. 이는
당신이 역사적 존재라는 의미이기도 하다.

　인류 역사는 각 세대마다 새로 출발하지 않는다. 우리는 역사를 물려받
았고 이를 향상하거나 훼손해서 후손에게 전해 준다. 어떻게 우리가 실제
살고 있는 문화 역사를 가치 평가할 수 있을까? 우리 문화가 구성원들을
진정성 있는 또는 진정성이 없는 지자, 선택자가 되도록 하는 조건이라는
것을 어떻게 아는가? 그 질문에 대답하려면 우리는 역사의 방법 형이상학
을 역사의 도덕 형이상학 또는 역사의 도덕 철학으로 변형해야 한다.

4　역사의 도덕 철학

앞 장에서, 알아감이란 인간 표현의 다양한 양식과 태도를 통해서 청중과
소통하는 것임을 알아감의 인류 역사에서 강조했다. 여기서 문제는 부분적
이고 제한된 해석의 맥락을 더 포괄적인 역사적 관점의 해석이 되도록 변
형하고, 형이상학자들이 이를 자연 세계의 질서를 포함하는 역사 세계의
질서의 맥락에서 비판하여 변형할 수 있는, 다양한 학문적 과정을 통해서

상이한 역사의 기록물들과 작품들의 의미를 바르게 해석하는 것이었다. 세계질서에 대한 설명을 우리는 알고 있으므로, 지자들은 다음과 같은 물음, '보편적 세계질서는 진정 가치 있는가? 인류의 역사를 포함하여 우주의 구체적인 현재 질서는 진정 좋은 질서일까?' 라는 질문을 던져 볼 수 있다. 이 물음에 대답하려면 좋은 질서란 무엇인지 더 엄밀하게 명시할 필요가 있다. 그러나 그러기 전에, 다양하고 구체적인 인간의 일상사가 영위되면서 이 안에서, 실질적인 상식적 알아감이 어떻게 작동하며 소통되는지 더 분별해야 한다. 상식적 알아감은 평범한 매일의 일상에서 드러나는 특정한 상황, 상이한 구체적인 상황에서의 말과 행동을 이해하면서 특정하게 된 알아감의 한 패턴이라고 우리는 이미 상술했다. 여기서 말이 아니라 행동의 알아감을 강조하고 싶다. 사람들은 말하거나 쓰는 것을 통해서 그리고 그 속에서 의미를 표현한다는 사실에는 익숙하지만, 몸짓과 행동의 도식을 통해서, 이 속에서도 의미를 표현한다는 것에는 익숙하지 않다. 구현된 의미의 역할을 이해하고 적절히 평가하는 것에 실패한다는 것은, 알아감과 행동함 사이에 아주 중요한 차이가 있다는 것을 보여 준다.

앞 절에서, 사람들이 무엇을 행하는지, 그리고 왜 행하는지 사이의 차이를 주목했다. 문화 ─ 사람들이 믿고 행동하게 동기화하는 일련의 상징 도식 ─ 는 알려진 도식일 뿐만 아니라 동기를 부여하는 또는 영향을 미치는 의미 도식이다. 알아감의 주기는 행동함의 주기와 구별할 수 있고 혹은 머리의 습관은 가슴의 습관과 다르다. 지적으로 행동의 방침을 기획하여 계획을 세우는 것과 그것을 실행하는 것은 또 다른 일이다. 이는 마치 사람들이 피아니스트나 골퍼에 관한 책을 읽었다고 피아니스트나 골퍼가 되는 것이 아닌 것처럼, 관대함, 돌봄, 용기와 같은 덕을 성취한 이들을 연구한다고 해서 그런 관대하고 배려심 있고 용기 있는 인격이 되는 것은 아니다. 습관을 반복적으로 실행하고 성취해 가는 거듭된 과정을 통해 그리고 그 안에서, 운동 기술과 도덕적 덕은 좀 더 온전한 알아감 속에서 '알려' 진다. 용기 있는 행동을 실제로 하거나, 용기의 의미를 표현한 용감한 이들의 행동에서 용기의 의미가 무엇인지 파악할 수 있다. 배우가 무대 위에서 드라마 배역의 태도와 몸짓으로 의미를 구현하는 것과 마찬가지로, 사람들 또한 사회질서 안에서 행하는 어떤 특정한 문화의 역할을 수행하면서 의미를 구현하고 있다. 그 문화의 의미는 볼 수 있는 게 아니고, 사람들이 문화공동체의 구성원으로 타인과 서로 협동하는 특정한 방식을 통해서 그 방식 안에서 해석될 수 있다.

문화공동체 안에서 특정 역할을 수행하고 있는 특정한 이들이 구현하고 있는 의미 해석이 있고, 또 그 역할과 임무와 목표의 반복적인 패턴을 통해서 그 패턴 안에서 사회 전체를 통합하고 조직하는 방식이 있는데, 이 방식에서 해석되고 평가되어야 할 좀 더 복합적이고 까다로운 의미도 있다. 3장에서 예로 들었던, 구체적인 특정 상품을 사려고 정육점이나 빵집에 간 사람, 이 빵집 주인의 판매와 소비자의 구매라는 실제 행위는, 특정한 수백만의 사람들이 특정한 장소와 시간에서 반복하고 있는 비슷한 교환 시스템 가운데 한 사건일 뿐이다. 구체적인 교환은 좀 더 확대된 경제의 반복 도식 내에서 어떤 식으로 참여하는지를 체계적으로 이해하고 연구하며 발전시키고 있는 사회학자들을 제외하고는 이해와 설명과 평가를 할 수 없을 정도로 광범위한 질서의 한 부분이다. 빵이나 고기 같은 특정 상품을 구매하기로 결정한 사람과, 잠재 고객들을 위해 수백만의 노동자들이 생산해 낸 수백만의 상품들을 통해서 경제질서를 이해하고 평가하는 사람 사이에는 중요한 차이가 있다.

빵과 고기처럼 욕구된 특정 대상과 그 특정 상품들의 흐름을 낳은 경제질서를 대조하면서 알게 된 것은 사람들이 추구하는 특정한 좋음들, 그리고 다양한 경제 행위 전체를 지배하여 특정 상품의 흐름을 효과적으로 유지할 수 있도록 협동적인 도식들로 연합되어 공적인 질서가 된 좋음, 이 '좋음'이라는 두 말의 의미에 근본적인 차이가 있다는 것이다. 이 공적 질서 또는 '질서의 좋음'은 무엇인가? 좋은 질서를 이해하기 위해서 우리는 알아감의 상식적 패턴에서 이론의 관점으로 전환해야 한다.[13] 실질적인 상식 패턴에서, 소비자뿐만 아니라 푸주한과 빵집 주인은 다만 자신들의 판매와 구매, 자신들의 이익과 손해와 관련된 특정한 좋음에 한해서 경제적 좋음의 흐름을 이해하고 평가할 수 있다. 반대로 경제학자들은 공동체 전체에서 서로 관련되어 있는 판매자와 구매자의 구매행위와 판매행위가 어떻게 상응하는지 이해한다. 상식적 알아감과 이론적 알아감의 이 비교는 해, 달, 지구의 운동을 보는 보통 사람들의 지각 방식과 이것과 똑같은 운동을 보편 중력 이론을 통해 상관적으로 보는 뉴턴의 방식을 비교하는 것과 유사하다. 이 두 관점은 다르지만 잠재적으로 서로 보완한다. 두 관점 모두 객관적으로 옳을 수 있지만 의미 맥락에서는 아주 다르다. 이 둘을 통합하려면, 다른 행성들의 운동을 인간 지자들의 감각 경험과 관련시키는 특정한 기술적 상관성에, 어떻게 이론적이고 설명적인 상관성이 토대가 되어 주며, 일반화하여 매개하는지를 알아야 한다. 마찬가지로 우리가 가치 있다고 선택한 것과 관련된 특정 상품을 아는 것과 생산자 판매자 구매자의 다양한 역할과 업무 전부를 통합하여 공동체 전체의 경제적 수요를 만족시키거나 그렇지 못할 수도 있는 전체로서의 경제질서를 기능적으로 조직하고 그 안에서 체계적으로 생산했을 때 위에서 말한 바로 그 상품을 아는 것 사이에는 현저한 차이가 있다.

이를 더 깊이 있게 분석하기 위해, 상품의 경제질서를 장기 도식과 단기 도식으로 구분하고 그 순환이 서로 어떻게 영향을 주는지 분석하겠다. 빵을 사는 것을 예로 들면, 빵집 주인은 본점에서 빵을 산 도매업자에게서 빵을 받아 당신한테 팔았다. 그 본점이 빵을 생산하는 것을 보면, 우선 빵 만드는 데 필요한 공장 건물과 설비를 갖추고 필요한 내용물들을 산다. 빵의 성분인 밀을 재배하는 농부와 밀을 빻는 제분업자에게까지 소급된다. 다른 말로 씨 뿌리고 추수해서 최종적으로 한 가정의 식탁에서 빵으로 소비되는 밀의 질서에는 연관된 일련의 단계들이 쭉 있다. 밀을 빵으로 바꾸는 과정

---

13) *Method in Theology*, 47-52.

에는 기술을 요하는 다양한 분업화가 있다.[14) 생산 공정의 각 단계에는 공장, 기계 설비, 전기, 열, 전력, 운송 등 다양한 수단들이 소용된다. 이는 상품을 만드는 '수단'이기 때문에 그 자체가 상품은 아니지만, 경제 과정의 통합적 부분이 된다. 밀을 빻는 제분기, 밀가루를 옮기는 트럭 등의 '수단'은 그 자체로 욕구할 대상은 아니지만 전체 생산 순환에 필요한 연속적인 단계들을 연결하기 때문에 욕구된다. 그래서 경제질서에 작동하는 두 종류의 순환이 있다. 첫째는 시장에서 사고팔리는 다양한 상품들의 정규적인 반복적 흐름을 낳는 익숙한 생산 순환이고, 둘째는 일상적인 소비를 위한 것은 아니지만 상품을 생산하는 사람들이 주로 구매하는 수단의 순환이라는 덜 익숙한 순환이다. 이 순환은 구매와 소비될 상품과 서비스들의 정상적인 흐름을 유지시키는 그리고/또는 증가시키는 데 기여한다. 이 두 번째 순환은 낯설기 때문에 역사의 몇 가지 실례를 보면 이 순환이 왜 더 중요하게 규명되어야 하는지 알 수 있다.

간단한 예로 작살, 칼, 낚시 그물, 이와 비슷한 도구 등 이들 생산품들의 쓰임을 보자. 사람들이 시간을 들여 작살이나 칼을 벼리거나 낚시 그물을 만드는 것은 그 도구 자체를 욕구해서가 아니라, 먹을 것에 대한 수요는 계속 반복되고 작살과 그물은 실질적이고 효과적으로 이 반복되는 수요에 기여한다는 것을 지적인 사냥꾼들과 낚시꾼들이 알았기 때문이다. 특정한 생선과 육류가 소비된다면, 작살과 그물은 욕구되는 대상이 정규적으로 유통될 수 있게 유지한다. 마찬가지로 동물을 가축으로 만들고 쟁기, 마구를 발명하고 새로운 형태의 농사법을 선보이는 것은 식량을 생산하는 경작과 추수의 순환을 증진시켰다. 향상된 농사법 덕택에 중세 사회에 밀이 과잉 생산되어 저장과 교환을 할 수 있게 되었을 뿐만 아니라, 또한 작은 마을과 새로운 무역 경로가 발전할 수 있는 조건도 만들어졌고, 그 결과 노동자들

---

14) Bernard Lonergan, 'An Essay in Circulation Analysis', unpublished manuscript, 1부.

의 새로운 역할과 업무가 새로 생겨났다. 이 새로운 경제 흐름은 결국 중세의 생활양식을 변화시켰다. 그리고 생산과 분배에 관한 경제순환의 새로운 가능성을 만들어 엄청 광범위하고 다양한 새로운 생활양식과 방식이 생겨났다. 가장 놀라운 변화는 르네상스 때에 일어났는데, 유럽에서는 이전의 농경방식에 기반을 두었던 경제질서가 폭넓은 화폐 사용을 기반으로 한 더 상업적 방식으로 전환되었다. 이는 산업 혁명 이전의 시장 경제가 그 이후의 시장 경제로 전환되는 것으로, 노동과 자본의 대 분화가 출현되었고 산업혁명의 생산과 분배의 아주 현저한 변화를 마련한 단계로의 전환이라고 할 수 있다.

산업혁명은 이전 시대의 생산과 분배의 순환과 대비되어 이를 붕괴시키고 새로운 생산과 분배의 도식을 세운 것이라 하여 혁명이란 말을 쓰는데 이는 잘못이다. 산업형 순환이라는 이 새로운 방식은 이전 시대의 경제 도식에 의존해서 출현한 것이다. 마치 뉴턴의 미적분이 데카르트의 좌표 기하학에 의존해서 출현한 것처럼 말이다. 산업혁명은 이전의 생산과 분배의 순환질서가 발전한 것이지 정복된 것은 아니다.[15] 모든 발달이 그렇듯 과거 경제순환의 연속상에서 세워진 방식이어서 과거가 현재에 녹아 있지만, 또한 중요한 점에서 변하기도 했다. 사람들의 경제 역할이 변했고, 이 역할로 말미암아 업무가 변했고, 업무에서 나오는 상품들이 새로 생겼으며, 협력의 목표가 변했다. 이 새로운 경제질서에서 나타난 태도와 동기에서도 또 중요한 변화가 있었는데 이것은 나중에 논의하겠다.

나의 주제는 일반적으로 다음과 같다. 경제 발전은 생산과 분배의 과정 그 자체에서 먼저 일어나는 것이 아니라, 한 사회의 생산 능력의 범위를 증대시키고 변형시키는 경제활동의 도식 안에서 일어난다는 점이다. 그물을 제작하니까 물고기 잡는 능력에 속도가 붙은 것처럼 더 효율적인 그물을 만들면 속도도 더 빨라질 것이다. 만약 열 배나 빠르게 그물을 만들어 내는

---

15) Jacobs의 *The Economy of the Cities*, 특히 3장 참고.

기계가 있어 열 배의 노동력이 감소된다면, 그물을 더 많이 생산하는 것은 어획량을 더 많이 증가시킬 뿐만 아니라 일이 없어진 노동자들은 다른 업무를 찾아야 하는 상황이 된다. 만약 그물을 제작할 수 있는 기계가 만들어지면 이 발전 단계는 더 심화된 단계로 나아가게 된다. 요점은 경제 도식의 발전은 두 가지 방식, 더 효율적인 방식(노동 분업, 대량 생산 등등)으로 제품을 생산해 내는 사람들을 조직화하는 방식과 생산 수단 그 자체를 변화하는 방식, 이 두 방식으로 이루어진다는 것이다. 후자의 경우에 발전은 예상할 수 없는 장기적인 변화를 낳고, 전자의 발전은 대부분의 경우 새로운 발견이 아니라 옛 발견을 조직화하는 새로운 방식이기 때문에 예측할 수 있고 계획할 수 있다.[16]

이렇게 기본적인 구별을 하는 이유는 18-9세기 서양의 산업혁명 시대에 일어난 역사 진보의 일반적인 발달 과정을 지적하고 싶어서다. 앞 장에서 17세기 과학혁명이 지난 2천 년 역사 중 가장 중대한 사건 중의 하나라고 나는 주장했다. 그 시기에 과학과 물리학은 기술하는 단계에서 설명하는 단계로 나아갔고, 그 결과 일상생활의 기술적이고 실질적인 세계와 상에 의존하지 않는 고도의 이해가능한 현저하게 다른 양상의 의미의 이론적 세계, 이렇게 둘로 분화되었다. 17세기의 이 발달은 더욱 발전되어 18세기 유럽과 영국의 온 지성계에 널리 퍼졌고 계몽주의라는 문화가 저변으로 확대되는 중요한 조건이 되었다. 동시에 산업혁명으로 생산과 분배의 경제질서도 변화되었는데 처음에는 영국에서 그다음 18-9세기에는 유럽과 미국에서 변화되었다. 이 시기에 과학의 발달이 어떻게 경제의 생산성에 영향을 미쳤는가에 관한 역사는 역사가의 일이 되지만, 인문 과학이 어떻게 자연 과학과 통합되는지 보여 주는 하나의 예로 짧게 논해 보고 싶다.

18세기 영국에서 먼저 발전된 화력 발전 기술의 발흥을 예로 들 수 있다.[17] 화력기관의 발전이 중요하다고 보는 이유는 한편에서는 그것이 열역

---

16) Jacobs의 efficiency와 creating의 구별을 참고하라.

학의 출현과 관련 있다는 점에서, 또 다른 한편에서는 이 기술이 새로 일어나고 있는 산업혁명에 끼친 아주 예외적이라 할 파급력과, 수많은 사람들의 평균적인 생활을 향상시킨 엄청난 제품들의 생산과 분배에 장기적으로 지속적인 영향을 미쳤다는 점에서다. 이 예는, 우주질서를 설명하는 과학자들의 오랜 이론적 관심 그리고 노동의 방식과 생활양식에 변화를 일으킨 기계를 발명한 발명가들의 짧은 실질적 관심을 서로 무관하다고 생각해 왔던 우리들의 생각을 교정한다는 점에서 흥미롭다. 알아감에 실질적 패턴과 이론적 패턴이 있으며 이것의 구별이 중요하긴 하지만 이 둘은 또한 서로 보완이 되기도 한다. 좀 더 효율적인 화력 엔진을 만들려는 시도와 자율적으로 출현한 열역학 이 둘의 관계에 의미 있는 상호작용이 있었던 것을 볼 수 있다. 각기 다른 분야에 있던 실질적인 엔지니어와 이론적인 과학자가 과학과 기술 그리고 서로의 기여에 관해 상호작용을 보여 준 이 역사는 오래되었고 복합적이면서 아주 흥미로운 연구 대상이다. 여기서 나의 목적은 이 역사에서 볼 수 있는 몇몇 일반적인 방법론의 문제에 주목하는 것이다.

물리학의 역사에서 주요 사건을 훑어보면 나는 뉴턴의 힘의 개념에서 아인슈타인의 에너지 개념으로의 전환, 또는 $F = ma$에서 $E = mc^2$으로의 전환에 눈길이 간다. 또 뉴턴 시대와 아인슈타인 시대 간의 열역학에 있어서 회전축의 발명이 우주질서에 대한 과학자들의 이해를 변화시켰다는 점도 지적하고자 한다. 뉴턴의 세계질서가 폐쇄적이고 정적이라면, 새로운 열역학의 질서는 더 개방적이고 동적이다. 정적 체계와 동적 체계의 이 대조는 기계를 사유하는 데 두 가지 다른 방식을 보여 준다. 지렛대, 도르레, 시계 그리고 바퀴 같은 기계는 이동되는 물체에 어떤 의미 있는 변화를 일으키지 않고 다만 한 위치에서 다른 위치로 옮겨 놓는다. 그러나 에너지의 형식을 전혀 다른 방식으로 바꿔서 이 두 번째 에너지 형식으로 동력을 제

---

17) D.S.L. Cardwall, *From Watt to Clausius*(New York: Cornell University Press, 1971).

공하는 상당히 다른 유형의 기계도 있다. 석탄의 화학 에너지를 열과 빛 에너지로 바꿔서 사용하는 열 에너지 형식이다. 열과 빛은 물을 고압의 증기로 변형해서, 피스톤을 움직이고, 열 에너지는 피스톤의 상하운동을 일으키는 기계의 에너지로 완전히 바꾼다. 이 상하운동으로 파이프 안에 진공이 생겨나 석탄을 파낼 수 있는 광산에서 물을 퍼 올릴 수도 있고 또는 이 피스톤은 섬유 공장, 목재 공장, 제조 공장, 석탄 광산, 그 외 산업혁명 시기에 생겨난 수많은 형태의 공장에서 바퀴를 회전시키는 축과 연결되어 다양한 일이 가능해졌다. 그래서 제임스 왓슨과 다른 기술자들이 처음 만들었던 화력 엔진은 점차 완전한 모습을 갖춰 가면서 대단히 다양한 산업체의 생산 도식을 가속화했고, 그 결과 대단히 다양한 분야에서 경제 상품들을 생산해 낼 수 있는 힘이 곱으로 증가되었다. 바로 이 화력 기계가 증기선의 엔진으로 장착되면서 경제 상품의 분배 도식의 전체를 의미심장하게 가속화해서, 한 곳의 국제 시장에서 또 다른 시장으로, 국내에서 또 국가 간에, 운송과 교환이 엄청 증가되었다. 이 광범위한 변화로 수백만 노동자들의 역할과 일과 목표와 일상사가 변했다. 만약 화력 엔진의 피스톤을 기계 작업을 수행할 수 있는 또 다른 축으로 대체하면 그 막대는 전기 발전기도 되어, 집이나 공장, 산업 현장 등에서 기계를 돌릴 수 있는 전력을 만들 수도 있다. 또한 그 동력을 빛과 열로도 전환할 수 있다.

한 사회질서 내의 생산과 분배의 경제질서에서 중요한 변화가 어떻게 일어났는지 설명한 이 짧은 묘사에서 내가 관찰한 세 가지를 말하면 다음과 같다. 첫째, 위의 예는 오랜 기간에 걸쳐 발달한 과학의 사유가, 일하는 사람들의 실질적 순환의 단기적인 변화와 조화하는 가운데 인류사의 흐름에 중요한 전환을 초래한 예를 보여 준다. 좀 더 중요한 변화가 일어난 곳은 생산 작업의 순환에서가 아니라, 사회가 상품을 생산해 내는 '수단'이 변한 데서 일어났다. 화력 엔진은 소비자들이 일상적으로 구매하는 것이 아니라, 상품과 서비스를 바꾸거나 증가해 보려는 산업체가 구매한다. 주된 경제 진보는 먼저 생산자에게 생산 수단을 제공하는 사람들에게서 일어났다.

평범한 사람들은 일하는 데 직접 소용되는 쟁기와 렌치를 구매하지, 쟁기와 렌치를 만들 수 있는 기계를 구매하는 것이 아니며, 이 연장들을 제작할수 있는 기계를 만드는 기계를 구매하는 것도 아니다. 장기간의 결과와 단기간의 결과, 새로운 쥐덫을 고안하는 것과 내부 연소 엔진을 발명하는 것에는 근본적인 차이가 있다. 나의 두 번째 관찰은 화력 엔진이 점점 완성도가 높아지는 것은 새로운 과학 세계의 질서를 발견한 것에 상응한다는 것이다. 우주가 어떻게 작동하는지 자연 과학자들이 설명할 수 있는 역량은점진적으로 진보하기 때문에, 엔지니어들은 자연질서가 작동하는 방식과유사한 방식으로 작동하는 인간의 경제적 순환을 구성할 수 있다. 위의 예는 자연 과학인 물리학이, 역사의 연속에서 작동하는 보편적인 경제 도식을 연구하는 인문 과학의 일종인 이론 경제학과 어떻게 통합되는지 보여주는 예가 된다. 역사학은 저 연속적인 상황들의 구체적이고 특정한 세부사항을 다룬다. (물리학, 이론 경제학, 역사학) 세 맥락 전부를 좀 더 포괄적이고 근본이 되는 역사의 최종성에서 어떻게 통합할 수 있는지 설명하는일은 바로 도덕 형이상학자의 일이 된다.

　나의 세 번째 관찰은 위에서 들었던 예들이 이삼백 년 전에 했던 결정의결과가 어떻게 지금 우리네 생활 속에서 작동하고 있는 반복 순환이 될 수있었던가를 보여 준다는 점이다. 어떤 목표를 달성하기 위해 요구되는 기술이 있고, 그 특정 업무는 경제의 한 역할을 담당한다. 이 역할은 수년 전에 사람과 공동체가 선택했기 때문에 지금 우리 생활에서 작동 중이다. 과거는 현재에 살아 있으며, 수많은 방식으로 개인들이 하는 선택 저변에서미리 전제된 조건이 된다. 이미 놓여진 이 조건은 대부분의 경우 선택을 하는 사람들에게는 알려지지 않았다. 헤겔의 말처럼, 역사는 우리의 뒤에 놓여 있다. 이 의미는 이전 세대가 했던 역사 선택의 결과가 우리의 선택을필연적으로 결정짓는 것이 아니라, 우리가 선택해 살아가는 방식에 있어다양한 정도로 과거의 역사 선택이 이미 조건으로 결정되어 있다는 의미다. 우리의 지금 선택은 장구한 역사 흐름의 맥락에서 이뤄진 것이며, 이 역사의 흐름은 깨닫지도 알려지지도 않은 방식으로 우리 생활에 스며 있다.

또한 사회학자와 역사학자 간에는 기술하는 역사에서 설명하는 이론 역사로 진전할 수 있도록 서로 보완하는 면이 있다. 한 시대의 일상적이고 상식적인 사람들의 삶의 상황은 이들의 생활 맥락에 계속 영향을 끼치는 장구한 역사의 흐름에 이미 제한되어 있다. 주어진 역사의 상황이나 역사적 맥락을 설명하고자 하는 역사가는 사회학자가 연구한 장기적인 흐름을 포함한 좀 더 넓은 역사적 지평에서 그 상황을 해석하고 평가해야 한다. 이것의 의미는 역사가가 무슨 일이 일어났는지 역사를 기술하는 것을 넘어 왜 일어났는가 하는 역사를 설명하는 것으로 나아가려 할 때에는 사회학자에 의존한다는 의미다. 반대로 사회학자는 실제 무엇이 일어났는지를 발견하려면 역사학자에 의존한다. 장구한 흐름이 한 공동체가 어떤 방식으로 행동할지에 관한 사고에 영향을 미치지만, 특정한 사람들이 무엇을 할지는 결정되어 있지 않다. 이런 의미에서 역사학자와 사회학자의 학문활동이 서로 보완이 되는 것은 마치 인류 역사의 궁극적 가치를 묻는 근본적인 물음에 답하려 애쓰는 과학자와 철학자의 학제 간 노력과 유사하다. 이 물음의 답을 위하여 좋음과 가치의 구별로 되돌아가 보자.

사람들이 자연스럽게 스웨터를 갖기를 욕망한다고 해서, 그들이 섬유 공장도 욕망하는 것은 아니다. 그러나 사람들이 사려고 하는 스웨터를 생산해 내는 곳은 바로 섬유 공장이다. 여기서 좋음의 두 의미를 구별해 볼 수 있다. 즉 스웨터와 같이 저절로 욕망되는 좋은 대상과 직물공장의 생산품으로서의 동일한 특정 대상이 있다. 직물공장은 좋으나, 그것을 좋다고 하는 것은 바로 대단히 다양한 사람들이 자신들의 역할을 하고 있고, 협동하며, 다르지만 연관된 업무를 수행하면서 어떤 목표를 추구하기 때문이다. 이 두 좋음의 다른 점이란 사람들이 욕망하는 구체적이고 특정한 좋음, 그리고 협력하는 성원들로 이뤄진 경제질서 내의 복합적인 시스템에서 구체적으로 작용하고 있는 체계적인 질서의 좋음이다.

　어떤 한 사람의 선택에서 이 두 좋음이 같이 나타나면, 즉 구별되는 이 두 좋음의 개념이 합쳐지면서 가치 개념은 도출된다. 가치는 좋음인데 저절로 욕구되는 대상이어서 좋은 것이 아니라, 이성적으로 이해되고, 판단되어, 선택되는 좋음이다. 스웨터를 구매한 평범한 소비자는 스웨터를 질서 속의 좋음의 일부분으로 보지 못한다. 이는 연못에서 피어나는 안개를 보고 있는 평범한 사람이 이 안개를 열역학 세계질서의 한 부분으로 보지 못하는 것과 같다. 평범한 소비자는 특정 상품을 구매하거나 소비할 만한 가치가 있는 대상이라고 어떤 식으로 평가하고, 고민하고 선택하게 되는 걸까? 그 대답은 내적으로 생겨난 알아감과 믿음에 근거한 앎을 구별하는 것에 달려 있다. 고도로 숙련된 전문가든 직물공장의 노동자든 대부분의 사람들은 내적으로 생겨난 알아감 때문이 아니라 믿음에 근거하여 결정한다. 그런 선택은 꽤 합리적일 수 있지만 그러나 또한 잘못될 수 있다.

　믿음에 기초한 선택과 지적으로 질서의 좋음을 이해해서 하게 된 선택, 이 구별은 또한 의미와 가치를 단기적 맥락에서 파악하는 것과 장기적 맥락에서 파악하는 구별을 전제하고 있다. 우리는 개인적이면서 공동체적인 의미와 가치의 맥락에서 선택을 한다. 그러나 그 의미와 가치는 우리가 고민하여 결정을 할 때 소여된 조건으로서 장구한 역사의 흐름에 제한되어 있다. 인류공동체의 도전은 이 장구한 역사의 흐름을 우리의 고민과 결정을 제한하고 있는 의미와 가치의 배후에서부터 드러내어 알아감과 선택함의 전면에 놓는 것이다. 이와 같은 목표를 방법적으로 어떻게 달성할 수 있을지 설명하기 위해서 경험된 좋음, 이성적인 질서로서의 좋음, 이것과 가치 평가하여 선택된 좋음, 이 양자를 구별하는 맥락에서 문화적인 지자이며 선택자인 우리 자신으로 주제를 변형할 필요가 있다.

　나는 문화란 한 사회질서 내의 구성원이 결정을 할 때 동기를 부여하는 기반이 된다고 정의했다. 역할, 임무, 목표와 같은 제도적 도식은 공동체가 어떻게 작동하는지, 협동하는지의 문제로 정의할 수 있다면, 문화적 도식은 그 구성원들이 공동체의 생활양식을 그 같은 협동 방식으로 조직할 것을 선택했고 지금도 선택하는 이유를 설명해 준다. 만약 우리가 한 경제의 생산자와 경제질서를 생겨나게 한 이들의 생산 수단 이 둘 사이의 구별을 문화 영역에 적용한다면 우리는 인류의 역사 드라마가 문화의 매 단계에서 전개될 때 출현하고 작동하는 문화적 맥락의 의미와 동기의 발전과 몰락을 비판적으로 조절할 수 있는 기본적인 방법론적 절차를 분명히 할 수 있다.

생산자와 경제질서를 생겨나게 한 수단 이 둘을 구별한 것은, 알아가고 선택하는 작동과 이를 통해 알려지고 선택이 된 내용 둘이 기본적으로 다르다는 것을 적용해 본 것이다. 이 구별을 문화의 주제에 적용하면, 우리는 문화적 의미와 동기를 표현했던 수많은 방식을 따라 발전된 문화적 의미와 동기의 작동들을 사람들의 생활양식을 형성한 문화적 의미 그리고 동기와 식별할 수 있다. 평범한 말과 이야기들을 통해서 표현되기도 하지만, 또한 사람들의 실제 '행동들'에서, 다양하고 복합적인 행위 형식, 의례, 기념식, 노래, 춤, 또 사적이거나 공적인 모든 건물, 거리, 도시들, 고속도로, 항구 등에서도 문화의 의미와 동기가 표현된다. 인류의 문화는 저 모든 표현의 의미와 양식 전부로 구성되어 있다.

인간의 문화는 인간의 본성과 구별된다. 인간은 본성을 지니고 태어났지만 본성을 통해서 인간이 만들어 낸 것이 바로 문화다. 본성은 변하지 않지만, 문화는 발생적으로 변할 수 있고 변증적으로 변할 수 있다. 모든 인간은 본성적으로 지자이고 선택자이고 사랑하는 자이다. 이것의 의미는 사람들이 알고, 선택하고, 사랑하기를 거절한 것뿐만 아니라 알고, 선택하고, 사랑한 것들을 통해서 만들고 발전시키고 분배한 일련의 문화들이 인류의 역사라는 것이다. 이것이 기본적으로 구별되면, 역사학자와 인문 과학자는 인류사를 문화의 성취 역사로 연구할 수 있고, 철학자는 그 문화의 역사가 발달하거나 망했던 것을 통해서 작동을 연구할 수 있다. 문화들을 구별하는 철학의 방식은, 우리들의 알아감과 선택함을 아는 것, 그리고 그와 같은 인식활동들이 어떻게 실재들을 다르게 드러내는 기능을 하는지를 아는 동시에 우리의 존재와 동기, 우리의 선택함과 사랑함을 구성하는 데 어떻게 기능하는지를 아는 것이다. 알아감과 선택함이 갖춘 인지적, 구성적, 동기적 기능 등은 모든 문화에, 역사의 모든 시기에 작동한다. 역사공동체들이 알아감과 선택함의 기능을 조절한 상이한 방식에 의해, 또는 사적으로 공적으로 역사를 만들어 간 지배적인 발달 방식에 의해, 문화 역사의 주요 시기들을 나눠 볼 수 있다.[18]

  인류 역사의 첫 시기에 문화공동체는 알고, 선택하고, 사랑하는 능력은 확실히 있었으나 이들 작동들에 대해 특별한 반성적 조절을 발달시키지는 못했다. 두 번째 단계가 그리스 철학자들에 의해 나타났는데 이들은 어느 정도 체계적인 방식에서 알아감과 선택함을 알았고, 형이상학적 용어로 이 의미를 깊이 생각했으며, 이 형이상학적 개념을 갖고 추론하는 방식을 조절하기 위해 논리를 썼으며, 그리고 논리 덕택에 그리스 철학자들은 알아감의 내용에 초점을 맞출 수 있었다. 그 앎을 만들어 낸 작동에 초점을 맞추진 못했지만 말이다. 그 결과, 철학자들은 알아감과 선택함의 작동은 아니지만 체계라는 선행된 조건에 집중할 수 있었다. 세 번째 단계는 데카르트에서 시작되어 칸트에 이르는데, 형이상학적 물음에서 이 물음보다 선행하고 있는 인식론의 물음으로 전환했다. 앞 장에서 이미 우리는 인지론에서 일어나 인식론적 물음을 거쳐 형이상학적 물음으로 나아가는 과정이 어떻게 인식론적이고 인지론적인 위치에 근거한 형이상학적이고 도덕적인 위치를 발전시키는 데 조절하는지 논의했다. 그 절차가 '방법'이 의미한 바를 정의한다.

  방법은 목표를 달성하도록 하는 규범적 절차다. 만약 그 목표가 명제의 명료성과 일관성을 결정하는 것이라면, 그때 쓰는 방법은 논리가 된다. 그러나 우리가 진정한 지자인지를 발견하려는 것이 목표라면, 우리의 알아감을 알 수 있는 방법, 그것의 기본적인 객관성을 알 수 있는 방법, 그 객관성을 향해 어떻게 전진할 수 있는지 알 수 있는 방법, 이와 동시에 진보를 저

18） *Method in Theology*, chapter 2, 'Stages of Meaning.'

지하여 후퇴를 불러오는 다양한 편견을 변증적으로 어떻게 반전시킬 수 있을지 알 수 있는 방법이 요청된다. 바로 이 방법이 진정성 있는 선택자로 우리를 적정화하는 데 확장될 수 있다. 그 방법이, 방법으로서 논리가 지녔던 정통성을 무효로 만드는 것은 아니다. 오히려 그 근거를 드러내고 또 기본적 질문을 다룰 때 왜 그런 역할이 제한되었는지 밝혀낸다. 이 방법은 또한 역사가와 함께 자연 과학과 사회학자의 통합적인 공동 작업을 가능하게 한다. 그리고 또 지자이면서 선택자로 진정성을 성취하는 데 중심이 되는 문제는 어떤 문화의 구체적이면서 살아 있는 의미가 작동 중인, 의미와 동기의 문화적 순환을 장기적으로 그리고 단기적으로 구별할 수 있는 능력에 있다는 것을 드러낸다. 또한 자신과 타인의 의미를 이해하고 가치 평가하는 데 있어서의 이론가의 반성과 심사숙고에 달려 있기도 하다. 그처럼 반성하고 심사숙고하는 데 있어서의 기본적인 문제는 개인이 수행하고 있는 사적인 실제 역할과 목표 안에서뿐만 아니라, 더욱 의미심장하게는 문화공동체의 구성원들이 공동 운명을 추구하는 데 협력하거나, 협력하는 데 실패한 수많은 방식을 조직한 제도적인 공적 질서 안에, 과거로부터 내려와 여전히 작동 중인 가치의 척도를 적정화하는 것이다.

5 윤리의 세 번째 질문

윤리에 관한 첫 번째 질문은 '내가 선택할 때 나는 무엇을 하는가' 이었고 두 번째 질문은 '왜 그것을 선택하는가' 이었다. 이에 대한 답으로 선택의 토대가 된 동기들, 결정을 내릴 때의 문화적 그리고 역사적 맥락들에 초점을 맞췄다. 세 번째 물음은 '선택하려 할 때 나는 무엇을 선택하는가?' 이다. 이제까지 설명한 문화와 역사의 관점 덕택에, 이 질문에 대해 간단하지만 놀라운 대답을 할 수 있게 되었다. 우리는 선택할 때마다, 우리가 살고 있는 문화적이고 역사적인 세계의 질서에서 한 개인이 수행하는 역할을 스스로가 맡고 있다는 점이다. 스웨터 한 장, 빵 한 개를 사는 예를 보더라도,

그 안에서 이루어지는 구매와 판매는 수백만의 사람들이 다양한 역할에서, 자신의 업무를 하는 가운데 목적한 바를 이루어 가는 거대한 경제질서의 부분이다. 이들 역할 전체가 상호작동을 하는 목적은 구성원들의 사사로운 목적을 넘어서, 모든 사람들의 이익과 잘 존재하기 위하여 더 큰 공공의 질서를 만들려 함께 노력하는 협력 작업이다. 어떤 특정 경제질서가 특정 공동체에 득이 되게 작동을 하든 그렇지 않든, 요점은 이 질서의 목적이 거기에 참여하고 있으며 기여하고 있는 개인들의 사적인 목표, 그 질서보다 더 낫다는 것이다. 스웨터를 구매한다는 것은 이 구매자가 수세기 전에 한 결정의 결과로 형성된 지금의 사회질서 안에서 함께 작동하는 것이다. 이는 또한 각 개인이 내리는 현재의 결정이 미래 인류가 하게 될 선택에 조건이 되며, 우리는 다양한 방식으로 이 조건을 만드는 데 참여하고 있다는 의미다. 모든 사회질서는 더욱 큰 역사 세계의 질서에 참여하고 있다. 이전 역사공동체로부터, 더 발전되었거나 퇴보한 공공의 문화 제도의 질서를 물려받았고, 그렇게 함으로써 역사의 최종성에 기여했던 이것을 미래 사회에 전달한다. 덧붙이면 모든 사회질서는 수평적이고 수직적인 최종성의 우주질서 전체의 관점에서 볼 때 각기 한 위치를 차지하고 있다.

19세기 사회질서와 경제질서를 변화시킨 기술의 진보로 화력 엔진을 논하면서, 서구의 사회적, 경제적 질서가 우주질서와 새로운 관계로 진입하게 된 것을 보았다. 문화공동체는 다양한 방식으로 항상 자연의 질서, 계절의 순환에 영향을 받아 왔다. 그러나 인류 역사가 전개되면서, 그 관계는 대단히 중요하게 바뀌었고, 화력과 전력의 흐름을 어떻게 조절하는지를 알게 된 산업혁명의 출현보다 더 극적이었던 적은 아마 없었을 것이다. 인류공동체는 자연이 지닌 가능성을 완전히 다른 실질적인 형태의 것으로 바꾸는 경제질서를 구축하였고, 그 결과 자연질서를 인류질서의 한 부분이 되도록 변형을 가하면서 포섭해 나갔다. 인류공동체가 자연질서를 이해하는 데 진보하면 할수록 더욱더 자연의 과정들은 인류공동체에 유익하게 조절되었다. 그런데 인류공동체의 목적은 사회질서를 구성하는 것에 우선성이

있는 것은 아니다. 그보다는 공동체의 구성원들이 존재를 알고자 하는 욕
망을 지닌 사심 없는 지자로서의 진정한 정체성을 발견하도록 허용하고 그
렇게 할 것을 촉구하는 문화질서를 구축해야 한다. 마찬가지로 인류공동체
의 목적도 개별 문화공동체에서 기대되었던 발전과 후퇴에 대해 더욱 포괄
적이고 구체적인 이해를 통해서 가장 가치 있는 사회질서의 확립에 협력하
도록 조절하거나 조절하지 못했던 역사적 정체성을 문화 정체성으로 인식
할 수 있다. 이것이 제한받지 않고 선택하고자 하는 욕망을 갖고 있는 진정
성 있는 선택자이다. 이 진정성 있는 선택자로서 구성원들이 자신의 정체
성을 발견하도록 하는 것이 인류공동체의 목표다.

　선택하려 할 때 우리가 선택하는 것은 구체적인 어떤 특정 상품일 수도
있지만, 또한 우리가 하는 선택들로 우리는 현재 작동 중인 사회적, 문화적
질서에 참여하고 있으며 지금의 방식이 전 우주 존재의 진정성 있는 질서
와 조화할 수도 있고 그렇지 않을 수도 있다. 우리의 최종적, 도덕적인 반
성은 인간의 자유에 관한 물음에 집중된다.

6　인간의 자유

진정성 있는 선택자가 된다는 문제에는 좀 더 깊은 차원이 있다. 즉 사적으
로든 집단적으로든 존재하고 행동하는 데 더 나은 방식이라고 알고 평가한
바를 행하는 자유에 관한 문제이다. 도덕의식은 알아감과 선택함뿐만 아니
라, 해야 한다고 선택한 것과 실제 그것을 행하는 의식 사이의 관계성이다.
도덕문제에서 더 심각하고 까다로운 것은 마땅히 행해야 한다고 알고 있는
것을 하지 않는 것이다. 흡연이 좋은 보기다. 미국 사람 수백만이 흡연을
한다. 흡연자들에게 흡연과 암의 통계적 상관성을 교육할 필요가 없이 대
부분의 흡연자들은 전문가들의 말을 믿는다. 흡연자들은 왜 담배를 피워서
는 안 되는지 알기에 그들에게 흡연을 그만두라고 설득할 필요가 없고, 지
금껏 그렇게 했지만 실패했다. 흡연자들은 금연하는 데 자유롭지만 자신들

의 자유를 현실화할 능력이 없다. 흡연자들은 비흡연자로 존재할 수 있는 자유를 본질적으로 갖고 있지만, 자신의 존재를 비흡연자로 있게 할 능력이 없다. 흡연자들이 비진정성의 방식으로 존재할 수밖에 없는 이유는 현실의 반복되는 흡연 도식이 그들이 아는 더 가치 있는 행동방식을 선택하는 것과 조화를 이루지 못하기 때문이다. 이런 사람들은 자기와 모순적인 방식으로 존재하는 것이다. 이 사람들은 갖가지 합리화로 모순에서 도피할 수도 있지만 자신들의 질문을 완전히 침묵하게 하지는 못한다. 의식이 요구하는 바를 직면하지 않으면, 그 합리화에는 모종의 불편함이 남아 있다. 그래서 스스로 가치를 평가하며 심사숙고하는 가운데 생긴 자발적인 요구는 참으로 할 만한 가치가 있다고 생각한 것을 실제 행하는 것이다.

자유는 비(非)결정론이 아니다. 오히려 정반대다. 자유에는 결정론이 포함되어 있다. 하지만 그 결정을 하는 사람은 바로 우리 자신이며, 우리 자신을 자기 선택함의 존재들로 가치 매길 만하다고 결정한 이도 우리다. 아이러니하게도, 자유롭다는 것은 참으로 가치 있는 행위를 함으로써 자신이 참으로 가치 있는 자기가 되도록 기꺼이 자신을 강제하는 것이다. 오직 그럴 때만 아리스토텔레스가 말했듯 우리는 자신에게 참된 친구가 될 수 있고 타인의 존경과 애정을 받을 수 있다.

개인의 삶에서 본 선택함과 행동함 간에 있는 이 변증적 긴장이 공동체의 생활에도 있다. 정치 지도자들은 사회질서를 마련하는 데 더 이해할 수 있는 가능성과 더 가치 있는 방식을 알지만 또한 그 계획과 정책이 실제적이지 않다는 것도 안다. '실제적이지 않다'는 것의 의미는 그 행동 방침이 현실적이고, 정체(政體)가 동의하여 선택하는 것이 당연하지만 그 정책을 통과시키기에 충분할 투표를 하지 않는다는 것을 의미한다. 수많은 이익집단들이 자신들에게 이익이 되지 않기 때문에 진정 가치 있는 정책을 막는다. 이 이익집단들은 그 정책을 돌려보낼 수 있는 자유가 있지만 이들은 좀더 가치 있는 사회질서의 형성을 현실화할 수 있는 가능성을 거절한 것이다. 지자들이 자신들의 비합리적인 행동 방침을 합리화하려 애쓰는 것과 마찬가지로, 지배 계급들은 자신들의 생활방식에 이익이 되지 않는다는 이유로 더 이해가능하고 가치 있는 사회질서를 기꺼이 구성하지 않은 것을 합리화한다. 역사에 이런 증거는 정말 많다. 진정 가치 있고 성공적이었던 사회질서를 만들기 위한 조건을 맨 처음 시작했고 그것을 유지해 온 집단이 창조적 소수자에서, 사회 조건 변화의 적용을 거절하는 소수 독재자로 종종 변했다.[19]

인간의 자유는 근본적인 문제다. '사람들은 당연히 행해야 할 것이 무엇인지 알면서도 왜 행동하는 데 실패하는가'를 다시 질문하면서, 자유가 얼마나 근본적인지 낱낱이 드러난다. 우리가 형성한 편견은 매우 정교하면서도 효과적인 은폐물이며 우리가 유산으로 받아서 다음 세대에게 전해 줄 문화적 합리화이기도 하다. 이 문제가 그렇게 근본적인 이유는 더 나은 교육이나 좀 더 포괄적인 이성의 계몽으로는 해결할 수 없다는 점 때문이며 또한 내가 구축해 왔던 도덕론과 형이상학을 이해했다고 해서 풀 수 있는 것도 아니다. 아는 것, 그리고 그 앎의 맥락에서 행동하기로 선택한 것 사이에 본래적 긴장이 있는 이유는, 우리의 행동이 자발적이지 않은, 습득된 의지이기 때문이다. 예를 들면 당신이 피아노를 치고 싶은 자발적인 욕망이 일어났다고 저절로 피아노를 칠 수 있는 것이 아니며, 단지 피아노를 어떻게 치는가에 관한 책을 읽는다고 배울 수 있는 것도 아니다. 당신은 그것을 다룰 수 있을 정도의 습관이 들 때까지 연습해야 한다. 일단 그 습관이 들면 연습하라고 설득할 필요가 없으며 자신을 설득할 필요도 없다. 당신은 피아노를 치고 싶다는 이 자연스럽고 자발적인 욕망을 넘어 습득된 습관이 형성한 자발성을 새롭게 형성했기 때문에 해낼 수 있었다. 사람들은 본성적으로 용감한 이로 또는 겁쟁이로 태어나는 게 아니다. 그런 성품은 획득되는 것이다. 마찬가지로 사람들은 문화인으로가 아니라, 자연인으로 태어난다. 문화는 우리가 문화 속에서 양육되고 생활하는 가운데 발달된

---

19) *A Third Collection*, 9-12.

의미들과 동기들을 습득해 왔던 습관이나 관습에서 유래한다. 마지막으로 우리는 자유의 상태로 태어나지 않는다. 우리는 선택하는 자로 태어나지만 선택하는 습관을 갖고 태어나지 않는다. 많든 적든 우리의 선택을 실효적인 자유로 만드는 습관을 발달시켜야 한다. 그러므로 자유롭게 될 우리의 잠재성 — 우리의 본성에서 유래된 필연적인 자유 — 과 당연히 해야 할 바를 발달시켜 성취하게 된 효과적인 자유, 이 둘 사이에는 근본적으로 차이가 있다. 잠재적 자유가 우리의 자유로 되는 것은 오직 그 자유가 현실로 될 때이다. 그렇게 하는 가운데 우리의 잠재적 존재는 현실적인 존재가 된다.[20]

개인의 편견, 집단의 편견을 해결하려면, 자발적으로 의지를 품게 하는 사랑이 필요하다. 사랑의 가장 뚜렷한 효과 중의 하나는 사랑하는 사람을 위하여 무엇이든 행동하는 새로운 자발성이다. 우리의 문제는 한 사람에게만 좋은 선택함이 아니라, 전체 역사의 질서를 형성해 가는 과정에서 현명하고도 의지적으로 선택함이다. 악 또는 편견의 문제를 해결하기 위해 존재의 문화적 방식과 역사적 방식에 새로운 질서를 세우는 것이 필요하다. 간단히 말해, 이 문제는 도덕적 문제에서 생겨났지만 도덕적 해법은 없다. 다만 더 고차적 방식의 생활을 통해서 도덕적 나약함이라는 이 문제를 해결할 수 있다. 다음 장에서 도덕적 나약함의 문제에 대해 종교적 해법의 가능성을 제시하겠다.

7 요약

이 장에서는 자기 적정화의 방법을 확장해 윤리학의 영역에 적용해 보았으며 그러면서 20세기 철학에 있어서 핵심적인 쟁점이 무엇인지 제시했다. 그 수많은 쟁점들은 어렵고 또 방법론을 시도하고 있는 이 장의 범위를 벗

---

20) *Insight*, 619-30.

어나 있다. 이 철학 문제의 대부분은, 중세와 르네상스 초에 있었던 전통 스콜라 철학의 방식에서 유래한다.

나의 제안은 전통적으로 구별했던 형이상학과 윤리학의 순서를 다시 생각하자는 것이다. 형이상학이 전제와 조건인 반면 윤리학은 그 자체가 형이상학보다 더 폭넓고 더 포괄적이다. 형이상학과 윤리학의 전통적 구별이 함의하는 것은 이성과 의지의 구별이다. 이성과 의지는 인간 영혼의 능력을 정의한 것으로 간주되어 왔다. 내가 시도한 방법에서는, 이 두 능력의 구체적인 의식의 관계성이, 지자로서 당신이 선택자가 되어 갈 때 그 방법을 식별하는 데 경험적이고, 규범적이며, 비판적인 토대가 될 수 있다는 것이다. 형이상학이 인지 과정의 알아감을 알아가면서 나온 것처럼, 윤리학은 인지 과정의 선택함을 알게 되는 것에 의해 전개될 수 있고, 그 선택함의 방식은 알아감을 더 고차적인 완전함으로 이끌어 가도록 작동한다.

형이상학과 윤리학의 관계를 뒤집어 보았으며 또한 이성과 의지의 관계도 재정립하였다. 이에 더해 이 방법론으로 접근하면서 철학적으로 새롭게 주목하게 된 사실은 아주 초기의 의식적 삶에서부터 문화적 선택자들에 의해 있어 온 그리고 동화된 문화적 맥락이나 지평에서 도덕적 선택이 이루어진다는 것이다. 이 문화적 맥락은 언어라는 상징 형식을 통해 맨 처음 매개되었다. 방법론의 방식을 써서, 문화적 윤리학에 초점을 맞춘 결과, 네 가지로 요약할 수 있는 의미 있는 결과를 볼 수 있었다.

첫째, 자기 적정화의 방법은, 선택함이 알아감보다 더 상위의 형식이지만 세 층위의 첫 단계에서 일어난, 더 낮은 차원의 알아감의 활동에 의존한다는 것을 분명히 볼 수 있었다. '당연히' 해야 할 도덕적 선택함은 알아감과 선택함의 의식적 경험의 상관관계다.

둘째, 방법이 밝힌 것은 동기화된 의미와 가치의 본질적 역할, 또 사실 판단과 가치 판단 간의 구별이다. 이는 당신의 감정을 이해함과 판단함이 까다로운 문제라는 것, 이 정서적 의미들은 다양한 상징 형식을 통해서 소통된다는 문제로 나아갔다. 그다음으로 '상징적 추론' 또는 이미지와 감정의 논리라는 문제가 제기되는데, 이 문제는 적정화의 중심이 되는 문제로 당신이 무엇을 선택하는가가 아니라 당신이 행동하는 방식을 당신은 왜 선택하는가이다. 간단히 답하면 문화다. 문화가 당신에게 의미의 맥락을 제공할 뿐만 아니라 문화적 의미가 당신의 결정에 조건으로 작용하고 인도하는 동기화된 가치들을 제공했다.

셋째, 선택하는 방법적 자기 적정화는 문화적 지평에 동화하는 데 있어서 믿음이 핵심적 역할을 한다는 것을 밝혀냈다. '믿음' 혹은 '신앙'이라는 말은 항상 종교적 권위의 토대에서 종교적인 진리와 실천에 연결되어 왔다. 그러나 학자들이 알게 된 대부분의 것도 다른 학자들이 성취한 지식과 진실을 신뢰함으로써 알게 된 것이다. 이 학자들은 그 지식을 발견할 만한 위치에 있었고 신뢰할 만한 방식으로 발견 성과를 소통했다고 주장했다. 다른 누군가의 진리를 신뢰하는 근본적 이유는 그 진리가 사적이면서도 공적이기에 그렇다.

이 장에서는 믿음의 역할을 도덕적 삶으로 확장해 보았다. 당신이 집 안팎에서 매일 듣고 읽는 무수한 사건 사고, 출생과 죽음, 결혼, 과학적 발견 등이 있다. 다양하게 이 사건들은 당신 지식의 저장고의 한 부분이 되겠지만, 개인적인 당신의 경험함, 이해함, 판단함에서 나온 것은 아니다. 지금까지의 앞의 일곱 장들에서 당신의 알아감과 선택함을 아는 것은 매개되지 않고 즉각적으로 생겨난 지식으로 귀결되지만, 그러나 그 같은 즉각적으로 생겨난 지식은 당신이 알고 있는 것의 아주 작은 부분일 뿐이다.

심사숙고하고 가치를 평가하여 선택하는 과정에는 문화적 지평이 있다. 이 문화적 지평이 믿음을 통해서만 알게 되는 의미와 가치로 구성되어 있다는 사실에 대해 많은 미국인들은 놀란다. 미국인에 대해 뛰어난 통찰을 보였던 토크빌은 '데카르트는 가장 적게 읽히지만 가장 실천되고 있는 철학자'라는 말을 했다. 미국인들은 자신들은 다른 사람들이 한 말을 믿지 않는다고 믿고 있다. 그들은 개인적인 의미와 가치를 지니고 본인들이 관념을 형성하여 가치를 선택한다고 주장한다. 자신들은 모르지만 상징적으로 매개되고 동화해 온 물려받은 동기의 맥락에서 선택하고 있다는 것을 주장하도록 이끈 것도 미국의 문화적 지평이다. 문화적 지평이 이런저런 사람한테 또는 이런저런 공동체에 제한이 되고 동기가 된다는 것은 또 다른 문제다. 나의 요점은 도덕적 결단은 한 문화적 지평 내에서 행해지는 것이며 그 문화적 지평은 일련의 믿음으로 전달되었고 구성원들은 그것에 동화해 왔다는 점이다. 이는 믿음이 거짓이라거나 잘못 인도하고 있다는 것을 필연적으로 의미하는 것은 아니다. 그것과는 정반대다.

5장에서 나는 당신이 어떻게 참된 판단을 할 수 있으며 그것이 사실인지 아닌지 어떻게 알 수 있는가를 자세히 설명했다. 믿음은 어떤 누군가의 엄정한 참된 판단에 기반할 수 있다. 그 사람이 참되게 판단하고 타인과 공유할 능력이 있기 때문에 그렇다. 믿음은 다른 사람의 말을 맹목적으로 신뢰하는 것이 아니다. 그 사람이 참된 판단에 도달하기 위해 거쳐야 할 단계를 실행했는지에 대한 합리적인 평가(評價)이다. 우리는 믿음과 신뢰를 통해서 문화적 지평을 수용하고 동화해 왔으며 그 지평 안에서 심사숙고하고 가치 평가를 하는 문화적 선택자이다. 문화적 지평을 정의하는 특징은 그 문화공동체의 구성원들이 받아들여 동화해서 실천하는 가치, 그 가치들의 척도일 것이다. 이것의 의미는 당신이 선택하는 데 제한 조건이 되는 문화적 가치의 척도는, 대부분의 경우에, 과거의 문화공동체에서 물려받았다는 것이다.

이제 우리는 네 번째 쟁점, 문화적 선택자는 역사적 선택자라는 문제로 나아갈 수 있게 되었다. 각 선택자는 제한되지 않은 객관성을 향해 가는 잠재성이 있기 때문에, 문화공동체도, 문화가 현재 추구하고 있는 가까운 목표와 선택자들이 본성적으로 욕망하는 먼, 제한되지 않은 객관성, 이 둘을 구성원들이 구별할 수 있도록 공동체가 마련해 놓는 한에 있어, 그 문화공동체는 진정성이 있다고 또는 진정성이 없다고 비판적으로 평가할 수 있다. 다른 말로 하면 어떤 역사공동체가 실제로 수행하는 데 있어서 작동 중인 가치의 척도는 인류 역사의 먼 목표에 개방되어 있거나 폐쇄되어 있다.

앞 장에서 진정성 있는, 객관적인 지자가 되는 조건을 설명했듯이, 이 장에서는 진정성 있는 객관적인 선택자가 되는 조건을 보았다. 그런데 어떤 공동체가 지닌 문화의 기본적 방향 설정에 대해 비판적으로 평가한다는 것은 역사적 조사, 해석, 평가의 문제다.

6장에서 지자의 역사를 이해하고 판단하기 위한 통합적인 자기 발견 체계를 세웠다. 이 장에서 나는 이 통합 체계가 선택자의 역사로 포괄하고 확장하는 방법을 개관해 보았다. 이 도덕적 역사는, 첫째 당신이 선택할 때 당신은 무엇을 하는 중인가? 둘째 당신이 행하는 방식을 당신은 왜 선택하는가, 셋째 그것을 행함으로써 당신은 실제로 무엇이 되는가, 넷째 당연히 행동해야 한다고 알고 있는 방식을 당신은 왜 종종 실패하는가(도덕적 나약함), 이 네 가지를 적정화하는 것에 달려 있다.

종교 Religion

앞 장들에서 감각하는 자에서 이해하는 자로, 이해하는 자에서 판단하는 자로, 판단하는 자에서 믿는 자, 선택하는 자, 사랑하는 자로 우리 자신을 초월해 가는 연속된 단계를 기술했다. 이 움직임은 연속되어 있는 존재의 양태일 뿐만 아니라 각 선행 양태가 더 고차의 단계로 확대, 포섭해 가는 존재 양태이기도 하다. 더 고차의 단계로 이동해 가는 이 통합은 앞에 있는 낮은 단계의 진전을 존중하고 수용한다는 점에서 낮은 차원에 순응하는 것이다. 이 지양하는 변신에서, 전통 스콜라 철학을 능가하는 중요한 발전을 목격할 수 있다.

전통적으로 형이상학에서 인식론과 인지 이론이 나눠졌고, 형이상학의 의미들은 논리에 조절되었다. 형이상학의 의미들은 물리학, 생물학, 심리학 등 전문 분야의 이론을 구성하는 데 용어와 관계성을 제공했다. 윤리학도 형이상학의 맥락에서 생각되었다. 그러나 앞의 여섯 장들에서 우리는 인지 이론을 발전시켰고 그리고 다음으로 이 인지 이론에 기반한 인식론과 형이상학 이론을 구성했다. 인지 이론은 논리에 통제되지 않는다. 인지 이론은 당신의 의식경험들, 즉 당신의 알아감을 알게 한다. 또 매개되지 않은 의식경험들을 이해함과 판단함을 통해 매개해 가는 방식이다. 이 매개 또는 적정화는 지자로서 당신이 알아감의 연속적 순환에서 자신을 계속해서 능가해 나가는 방식이라는 것을 밝혀 준다. 이런 이유로 자기 적정화 또는 자기 알아감이라는 이 방법을 초월적 방법이라고 말할 수 있다.[1]

이 방법을 학습하는 데 있어 핵심 단계는, 당신이 생각하기에 옳게 판단했다고 생각한 바를 신념에 입각해서 주장하지 말아야 한다는 것을 발견하는 것이다. 즉 실제로는 당신이 말한 것과는 무관한 채 참이거나, 개연적으로 참인 사실을 당신은 주장했던 것이다. 그다음에 다른 지자들이 독립적으로 입증할지도 모르는 사실상의 실재 영역에, 당신이 충실한 것은 당신이 독립적으로 판단했기 때문이다. 가장 개인적이고 사적인 사실들조차도, 그것이 사실이라면 공적으로 공동체의 입증을 받은 것이다. '이는 그렇다'라는 참된 객관적 지자가 되려면, 당신은 즉각적이고 자발적인 당신의 알고자 하는 욕망과 그 객관성에 충실해야 한다는 놀랍고도 모순적인 사실로 이끈다. 알고자 하는 당신의 욕망은, 당신을 구성하는 실재를 포함해서 실재가 무엇인지 알아감을 위해 내재적인 규범과 지침을 당신에게 제공한다. 객관적 지자가 되도록 하는 규범은 당신을 둘러싼 감각적 실재를 충실하게 관찰한다고 해서 이루어지는 것이 아니라, 매개되지 않은, 감각적인 실재를 당신의 이해함과 판단함의 활동을 통해서 매개해 나갈 때 성취된다.

다른 한편으로, 당신이 감각 대상들의 매개하지 않은 공적 영역의 알아감을 실제 객관적인 알아감으로 만드는 것이라고 수긍한다면, 그때의 이해함과 판단함이란 이미 감각의 수준에서 알려진 실재에 단지 고무도장을 찍는 행위일 뿐이다. 그러나 알아감의 객관성이, 물음 안에서 물음을 통해서 드러난 지향하고 있는 객관적 장에 개방하는 정도에 달려 있다면, 매개하지 않은 감각적인 장은 세 부분으로 이루어진 객관성 — 즉 감각할 수 있거나 경험적인 객관성, 지적이거나 규범적인 객관성, 비판적이거나 절대적인 객관성 — 중 한 부분이다. 객관성의 세 부분을 적정화하면서, 당신은 이 세 부분 사이에 있는 긴장과 경험적인 객관성을 객관적 지자가 되기 위한 중요한 근거와 규범으로 과대평가하는 실수를 발견한다. 객관성의 이 세 측면을 구별하면서, 실재에 대한 세 가지 상반된 관점이 있다는 것을 깨달

---

1)   *Method in Theology*, chapter 1.

게 되고 이로부터 객관성에 대한 세 가지 다른 관점이 나온다. 자기 적정화의 초월적 방법은 객관적 지자가 된다는 것이 지금 현재 알아가는 중인 자기와 잠재적으로 알려진 자기, 이 둘의 끊임없는 분투를 포함하고 있다는 것을 드러낸다. 그리고 잠재적으로 알려진 자기는 다만 현재 실현되어 있는 자기를 초월할 때에만 현실화될 수 있다. 참으로 진정성 있는 지자는 계속적으로 분투 중인 지자이며, 축적된 알아감을 더 진전시키거나 잘못된 가정과 판단을 되돌아보는 등의 좀 더 깊은 질문의 단 위에 늘 서 있는 자다. 더구나 진정성 있는 형이상학적 지자들은, 자신의 습관적이고 잘못된 가정을 반성하여, 객관적으로 알 때 알아감이 무엇인지, 객관적 알아감은 무엇인지, 알려진 것은 무엇인지로 관심을 재조정한 회심한 지자들이다. 진정성 있는 형이상학에 토대를 둔 이 초월적 방법은 형이상학적 윤리학으로 확대될 수 있다.

초월적 방법의 맥락에서 윤리학은 형이상학을 포함하고, 그것을 넘어선다. 스콜라 전통에서 관습적으로 인간을 지자 또는 이성적 동물이라고 말하지만 이는 다만 추상적으로 그렇게 말한 것이다. 이를 구체적으로 말하면, 당신은 당신의 선택 안에서, 그 선택들을 통해서 존재하는 선택하는 자이며, 당신이 선택할 때 알아감의 당신 자신을 초월한다. 그런데 진정성 있는 또는 객관적 선택자로서 자신을 적정화함은 진정성 있는 지자로 자신을 적정화하는 것보다 더 복잡하고 까다롭다. 문제는 할 만한 가치가 있다고 여겨진 행동방식을 평가하는 데 있어서 문화적 가치 척도의 맥락 안에서 당신은 가치 판단을 해 왔다는 것이다. 이는 당신 안에서 내적으로 생겨난 지식이 아니라, 당신이 속해 있는 문화적 믿음에 의해 생겨난 것이다. 더구나 당신의 문화 유산은 상징 체계에서 전수되며 이 상징 체계는 날마다 내리는 결정에서 당신이 지향하고 있는 의미, 그리고 효과적으로 토대가 되는 의미들을 제공하고 있다. 진정성 있는 선택자가 된다는 것은 당신의 결정이 인류 역사의 진보 또는 몰락에 어떻게 연결되는지 평가할 수 있다는 것이다. 그러나 당신과 당신이 속해 있는 문화공동체를 평가하면서, 사실 참으로 가치 있다고 여긴 방침과 행동을 선택하여 실천하고 있는가 하면 그렇지 못하고 있는 근본적인 문제에 직면하게 된다. 문제는 당신이 그런 의지를 발전시키지 않으면 충분한 동기 혹은 의지를 갖출 수 없다는 점이다. 그리고 그렇게 하는 데까지 시간이 걸리고 그동안 당신은 의지 없는 상태에 있을 수밖에 없다.

문제는 개인적 차원과 사회적 차원이다. 이를 풀기 위해 요구되는 것은 더 깊은 차원의 초월이다. 이 초월로 말미암아 당신은 다른 사람들과 협력하는 데 있어 더욱 합리적이고 가치 있는 방식을 기꺼이 발전시키고 실천하려 한다. 당신을 의지 있는 선택자로 만드는 가장 효과가 큰 동기부여는 '사랑하는 것'이다. 그 이유는 사랑은 새롭게 변형된 삶의 맥락으로 고양시키기 때문이다. 간단히 말하면 사랑은 당신의 과거의 태도를 초월하여 변화시키고, 새로운 자발성을 만들어 내며, 이전에는 결코 느끼지 못했던 가치에 눈뜨게 하며, 전에는 가능하지도 가치 있다고 여기지도 않았던 것을 행하도록 동기를 부여한다. 세 유형의 사랑 — 가정적 사랑, 시민 공동체의 사랑, 종교적 사랑 — 은 사랑받는 주체들의 관점에서 구분한 것이다. 가정적 사랑은 한 여인이 한 남성과 사랑에 빠진 것이거나 그 역일 수도 있다. 시민공동체의 사랑은 우리가 정치공동체의 사랑 안에서 변하는 것이다. 그러나 종교적 사랑의 주체는 누구인가? 종교적 사랑의 주체는 알려지지 않는다. 어떻게 알지 못하는 이와 사랑에 빠질 수 있을까?

알려지지 않은 종교적 헌신의 그 대상을 전통적으로 신이라 부른다.[2] 여기서 중요한 문제는 얼마나 많은 신들이 있는가, 신들은 누구인가, 신들이 무엇을 하는가가 아니다. 이 문제들은 의미의 역사 단계에서 주어진 답과 관련 있다. 중요한 점은, 첫째, 신에 대한 물음이 있다는 것, 둘째, 그 질문

---

2) 이 장 전체에서 소문자 '신'(god)은 독자들이 갖고 있을지도 모르는 교리와의 어떠한 연결도 피하려고 소문자로 사용했다. 나의 의도는 신에 관한 교리의 의미 너머, 그 의미를 발전시켰던 근원에 초점을 맞추고자 한다.

은 본성적으로 묻게 된다는 것이다.[3]

1 신에 대한 질문

물음은 문화의 단계를 초월하며, 문화사의 모든 단계에서 사람들을 특징짓
는다. 물음은 당신을 자신 밖으로 드러내어 아직 모르는 것을 알려고 하는
물음으로 이끄는 정신적 움직임의 첫 단계다. 이 탐구의 대상이 실재 또는
존재이므로 어떤 실재를 바르게 알아가는 것에서, 당신은 잠재적 실재를
넘어 현실적인 실재로 나아간다. 존재할 필요는 없지만 사실상 존재하는
실재에 헌신하는 것을 통해서 나아간다. 사실상 실재는 그 존재의 조건이
주어졌고, 형성되었고, 인식되었기 때문에 존재한다. 이렇게 우연적인 실
재 또는 제한된 실재들이 존재한다면, 그다음 더 깊은 초월적인 질문이 생
긴다. 즉 그 우연적인 실재들은 사실 왜 존재하는가? 왜 그런 방식들로 존
재하는가? 이 존재자들은 존재할 만한 가치가 있는가?

당신의 물음은 사물의 지금 현실의 실재를 넘어 가치 있음이라는 좀 더
충만한 실재를 질문한 것이다. 바로 당신이 발견한 이 가치들을 파악하고
적정화하는 것에서, 사물은 진정 가치 있는 방식으로 존재하고 있거나, 존
재하고 있지 못하다. 당신이 이제 알게 되었고 가치를 알게 된 참으로 가치
있는 그 실재들은, 당신의 알아감과 가치 평가함의 최종적인 객관성은 더욱
알 수 없으며, 또 당신의 모든 열망들이 충족되어 당신의 질문이 멈출 때까
지 그 객관성은 결코 알려지지 않으리라는 것을 보여 준다. 그래서 신은, 당
신이 아직 알지 못해 사랑하지 않는 당신의 모든 물음과 욕망의 완전한 가
치의 대상이라고 정의된다. 그리고 이 정의는 자기 발견적이며 함축적인 정
의다. 더구나 진정성 있는 지자, 진정성 있는 선택자가 되는 유일한 길은,
현재의 당신과 당신의 능력을 다해서 더 지적이고 가치 있는 인간이 될 수

---

3)   이 장에서 논의된 주제들은 *Method in Theology*, 4장에서 다루고 있다.

있도록 알아감과 선택함, 이 양자의 근본적인 긴장을 적정화하는 것이다.

이와 반대로, 파스칼이 말했던 철학자의 신, 형이상학자와 도덕주의자들의 신을 언급할 수도 있겠지만, 이는 아브라함과 이삭과 야곱의 신은 아니다. 파스칼의 객관성은 형이상학적 경험이 도덕적 경험이 아니며, 도덕적 경험은 종교적 경험과 같지 않다는 것을 제시하였고, 이는 인간 경험의 새로운 차원을 지적했다는 점에서 부분적으로는 옳다. 이미 논의한 것은 도덕적 선택자로서 당신은 알아가는 자기를 초월해 있다는 것이었다. 이제 연구해야 할 것은, 종교적인 사랑에 빠진 자로서 당신은 어떻게 선택하는 자기를 초월하는가이다. 아주 중요한 것은 경험함이 알아감은 아니라는 점이다. 당신이 알아가는 중이거나, 선택하는 중이거나, 사랑하는 중일 때, 당신은 무엇을 하는지 모르면서도 당신은 이해하고, 판단하고, 선택하고, 사랑하는 자신을 경험할 수도 있다. 종종 '경험'이라는 용어가 지식을 의미하는 것으로 이해되어서 어떤 사람이 경험이 없다는 말을 그 사람이 어떤 직업을 만족스럽게 할 수 있으려면 그 전에 상당한 훈련이 필요한 것으로 이해한다. 그런 맥락에서 경험은 실질적 지식을 의미한다. 본 연구에서 내가 사용하였듯이, 경험이라는 말은, 어떤 경험을 주목하거나, 이해하거나, 판단하지 않은 채 지각하는 것을 의미했다. 경험은 매개되지 않고, 분별되지 않은 자각이다. 매개되지 않은 그 경험을 알려면 이해함과 판단함을 통해 반드시 매개되어야만 한다. 이해하는 사람은 의식적으로 그렇게 한다. 즉 이 사람은 이해함의 활동을 경험한다. 그러나 우리가 지금까지 살펴보았던 것처럼, 이해함을 이해하는 것은 적어도 아인슈타인이 이해했던 바를 이해하려 애쓰는 것만큼 어렵다.

우리는 내적으로 외적으로, [인지] 활동의 많은 층위들을 경험하고, 네 층위뿐만 아니라 내적인 경험과 외적인 경험을 구별하지만, 대부분의 사람들은 다중적이고 분별되지 않은 의식의 장으로 경험한다. 본 연구의 출발점은 내용이 아니라 매우 다양한 방식으로 이들 내용을 현실화하는 작동에 주목하도록 전환하면서 시작했고, 당신은 이제 내적 경험과 외적 경험을 분별하기 시작했다. 의식활동의 세 번째 층위와 네 번째 층위로 나아가는 목적은 기능적으로 연관된 이들 활동들의 차이와 관계를 발견하고, 당신 존재의 많은 층위들, 또 그 많은 층위들이 의미함과 선택함이라는 상이한 반복 도식 또는 패턴으로 결합하는 방식을 당신이 적정화할 수 있도록 하기 위해서다.

알아감과 선택함의 의식 층위들은 어떤 마련된 장면에서 드러나는 것이 아니다. 이 네 층위 전부는 항상 함께 있으면서 동시적으로 상호작용을 한다. 경험의 층위들을 분별하려는 것은 마치 음역이 다른 네 목소리의 모테트(motet) 또는 반주 없이 여러 명이 부르는 노래를 듣는 것과 같다. 동시에 들리는 네 음역의 소리를 구별하는 것은 어렵지만 주의를 기울이면 각각의 멜로디, 리듬, 음색이 다르다는 것을 구별할 수 있다. 더 깊이 들어가 당신이 듣고 있는 음질과 조화의 변주를 만들어 내고 있는 패턴이 섞여져 하나로 통합되고 있는 과정에도 주의를 기울일 수 있다. 마찬가지로 당신의 의식경험의 장도, 현저하게 다르지만 기능적으로 연결되어 점점 적정화할 수 있는, 활성 중인 활동의 네 층위들로 이루어져 있다. 이 다른 층위들을 하나로 묶는 토대는 낮은 층위들을 포섭함으로써 그다음의 층위를 만들어 내고 있는 초월하는 그러면서 변하는 관계이다.

내가 르네상스 과학의 눈부신 비약을 계속해서 강조했던 이유가 있다. 이성의 힘이 감각 세계를 능가하고, 또 데카르트의 철학 덕택에 과학의 이론 세계에서 지자의 초월하는 지향적 세계로 전환되기 시작한 것이 바로 이 시기부터이기 때문이다. 키르케고르, 마르크스, 쇼펜하우어, 니체 덕택에 우리는 초월적 선택자로 주의를 전환할 수 있었다. 마지막으로 셸러와 다른 현상학자들 덕택에 초월하는 사랑에 빠진 자에게로 철학의 초점을 맞출 수 있게 되었다. 알아가는 자, 선택하는 자, 사랑하는 자의 연속적인 자기를 적정화한다는 것은, 철학이 이전의 장들을 포함함으로써, 또 새로운 지향적 객관성들을 추구하는 새로운 방법을 소개함으로써 철학의 내적 세계가 어떻게 계속 확장되어 가는지 아는 것이다.

이 여정에서 철학적 문제는 진정성 있는 지자, 선택하는 자, 사랑하는 자로 존재의 문제이다. 그것은 알아감, 선택함, 사랑함의 아직 매개되지 않은 자발적인 객관성이 이 의식활동을 통해 형성된 매개된 의미와 가치의 전혀 다른 세계와 조화를 이루어야 한다는 점이다. 마지막으로 더 깊은 차원의 완전한 초월은 진정성 있는 선택자가 타자 그리고 공동체와 사랑에 빠졌을 때 드러난다. 그러나 어떤 한 인간을 사랑하는 것 너머, 공동체의 사랑 너머, 역사적인 알아감과 사랑함 너머, 전적인 다른 존재의 현존에서 자신을 발견할 때의 대단히 낯설고 더 신비한 상태의 감정경험이 있다. 이 전적으로 초월적인 실재의 경험을 '종교적 의식' 또는 '경험'이라고 부른다. 당신의 종교적 자기를 적정화함은 곧 '내가 종교적 경험을 하고 있을 때 나는 무엇을 하고 있는가?'를 묻는 것이다.

2 종교적 경험

서구 전통에서 종교적 경험의 성찰과 발전은 공동체가 갖고 있는 종교 이야기, 의례, 교의의 전통과 기원에 관한 공동체 믿음의 맥락에서 항상 발생했다. 이와 같은 경향에서는 아우구스티누스의 '이해를 추구하는 믿음'이라는 익숙한 말처럼 이 믿음들의 타당성을 방어해야만 했다. 그러나 이는 이해함을 추론과 동일시하고, 추론을 삼단논리와 연결한 다음 그 믿음을 공유하지 않거나 부정하는 사람들을 겨냥해 결론을 증명하고 방어할 수 있는 증거를 제시하는 방식이다. 종교적 믿음은 이성적인 사람이라면 참이라고 판단해야 하거나 할 수 있다는 명백한 결론으로 바꿀 수 있다고 생각하는 경향이 있다. 그 진리의 중심은 신의 현존이었다. 신이 과거 역사공동체에 이 진리 또는 믿음을 계시했고, 구전이나 기록 전통을 통해 계승되었으며, 이 전통은 조직화된 종교공동체 또는 교회의 권위 있는 통제하에 놓여 있거나 그렇지 않을 수도 있었다. 신이 이 진리를 특정 개인 또는 공동체에 전달했기 때문에 그 진리는 신적이며 영원한 것이어서 문화의 한 시기에서 다른 시기로 옮겨 가더라도 변하지 않았다. 그 진리는 문화를 초월하고 역사를 초월한 것으로 여겨져서, 고정되어 움직이지 않았다. 신앙을 이렇게 추론적인 것으로 보면, 이해하기, 선택하기, 사랑하기 등의 주체의 경험에 호소하는 방식을 놓친다. 우리가 지금까지 해 온 방법을 쓰면 다양한 사람들의 종교적 믿음의 배후에 있는 상이한 믿음들이 출현할 수 있었던 종교적인 공통된 토대를 발견할 수 있는 가능성이 있다.

알아감은 세 층위에 동시적이며 연속적으로 맞물려 있다. 참된 선택함도 이와 마찬가지인데, 다만 네 층위에서 작동한다는 것이 다르다. 선택함의 활동은 선택하는 자의 네 층위에서 모두 상호작용하며 선택함의 활동에 기여한다. 사람, 물, 또는 우리를 둘러싼 세계를 경험한다고 말할 때, 우리의 의식 층위 전체에서 그 대상에 동시적으로 반응한다. 우리 자신과 우리를 둘러싼 주변 세계에 대해 우리는 자연스레 경험하는데, 이는 궁금증이 일어난 매개되지 않은 의식이다. 이는 통찰을 두 번째 층위로 이끌고 가는 탐구적인 궁금증도 아니고, 판단을 조건 짓는 반성적 궁금증도 아니고, 선택을 지향하고 있는 심사숙고하는 궁금증도 아니다. 오히려 아직 분화되지 않은 기초적인 궁금증이다. 하지만 장차 다른 단계의 질문들로 분화될 것이다. 다른 수준의 질문들은, 지향하는 주체의 관심이 분별될 때 구분된다. 그래서 종교적 경험을 하는 종교적 주체로 자신을 적정화하려면, 매개되지 않은 장(field)의 이 기초적인 궁금증에 철저히 개방해야 한다는 것을 이해할 필요가 있다. 이는 아직 구별되지 않았지만 우리가 논의해 온 또 다른 경험 세계가 된다.

이와 같은 종교적 경험을 규정하고 적정화할 때, 아주 어려운 세 가지가 있다. 첫째, 지각(awareness)에 대한 생각처럼 경험에 대한 생각도 알아감보다 앞서 일어난 매개되지 않은 지각을 지시하는 것이 아니라 매개된 앎을 지시하는 것으로 받아들일 수 있다는 점이다. 의식처럼 경험이란 아직 매개되지 않았고, 개념화되기 전, 판단하기 전, 평가하기 전의 경험함을 말한다. 둘째 '종교적'이라는 말은, 인격적이고 사회적이며 역사적인 정서적 의미여서, 인간의 문화 전통에 따라 변한다는 부담감을 안고 있는 용어다. 수세기 동안 사람들은 종교 때문에 싸워 왔고 그래서 어떤 감정적인 맥락에서 늘 논의되곤 했다. 셋째 '종교적 경험'을 매개되지 않은, 언어 이전의 경험으로 생각하는 이유는 명료함을 설명과 형식화에서 나오는 것으로 이해하기 때문이다. 그래서 '종교적 경험'은 분별되지 않는 것으로, 오직 간접적 또는 암묵적으로 접근할 수 있다고 여겼다. 이렇게 된 것은 다양한 유형의 여러 종교 전통의 배후에 감정을 불러일으키는 경험을 규정하려 시도하면서였다. 여러 종교 전통들은 감정을 불러일으키는 경험에 대해 평가적인 반응들과 표현들을 발달시켜 왔다.

19세기 후반과 20세기에 종교학은 꽃을 피웠고, 종교적 경험의 생각에 관한 의미 있는 저서들이 출판되었다. 가장 중요하고 자주 인용되는 연구물은 20세기 초의 루돌프 오토의 『성스러움의 의미』이다.[4] 신의 존재와 본성 혹은 종교 윤리에 초점을 맞추는 대신, 오토는 특정 종교의 작품과 종교 행위의 근원인 '감정을 불러일으키는 다양한 종교적 경험'이라고 기술했다. 그는 감정을 불러일으키는 이들 경험을 '두렵고도 매혹적'인 '무서우면서도 끌리는', '신비스런' 어떤 것에 대한 자각이라고 말했다. 그것은 다른 경험과는 전혀 닮지 않아서, 그는 이를 '전적인 타자' 경험이라고 했다. '성스러운'이라는 종교 용어는 전적으로 낯선 경험, 마치 우주 전체의 자연적인 어떤 것들보다도 훨씬 우월한 것으로 느껴지는 어떤 압도적이며 강력한 실재 또는 힘, 그 힘의 현존 앞에 서 있는 자신을 발견하는 것처럼, 사람들을 두려움으로 떨게 만드는 그런 경험을 말한다. 이 경험은 무엇보다도 추상적이고 이성적인 경험이 아니라, 오히려 그 사람의 인격 전체를 관통하는 심지어 신경 생리계(소름이 돋고, 전율하는 등의)에도 영향을 미치는 경험이라는 것을 강조하기 위해서, 오토는 '비이성적인' 경험이라고 말했다. 또

---

4) Rudolf Otto, *The Idea of the Holy*, John W. Harvey(London : Oxford University Press, 1923), 1-5장.

한 일상적인 인간 행동의 이성적이며 윤리적인 측면을 초월한, 몹시 압도되
는 듯한 감정의 과잉라는 것을 말하기 위해서 '누미노스'(numinous)라는
용어를 사용했다. 비슷한 특징이 '전적인 타자'라는 말에도 함축되어 있다.

　여러 종교들의 역사에 있어서 오토의 저서가 '두려우면서도 매혹적인'
즉 '전적으로 다른' 종교적 경험의 핵심 또는 진수를 확정하려 했다면, 또
한 종교적 경험의 심리적 차원에 관한 흥미로운 수많은 연구가 윌리엄 제
임스의『종교적 경험의 다양성』이라는 고전에서부터 시작되었다. 종교적
경험에 관한 우리의 이해와 적정화를 발달시키는 데 도움을 준 최근의 연
구는 에이브러햄 매슬로우의『종교적 가치와 절정경험』이다.[5] 이 책은
1964년에 초판을 찍었고, 1970년에 서문을 새로 쓴 개정판이 나왔다. 이
새로운 서문이 특히 관심을 끄는데 매슬로우는 본인의 책을 요약하면서 초
판을 출판하고 난 후 6년 동안 자신의 연구를 반성한 비평을 담고 있다. 대
부분 서구의 성서 전통에 근거한 오토의 책과는 달리, 매슬로우의 연구는
무엇보다도 임상심리학자로서 본인의 임상자료들에 토대를 두었다. 더구
나 매슬로우는 오토와 마찬가지로도 종교적 경험의 본질적인 핵심을 규명
하려 했고, 과학과 가치 특히 종교적 가치와의 이분법을 극복하는 데에 관
심이 있었다. 한마디로 매슬로우는 가치의 연구, 특히 종교적 가치를 연구
하는 '방법적' 접근을 정립하려 애썼다. 그는 과학자들은 수많은 가능성이
있는 가치들 중 어느 것을 선택할지 지침이 될 사회 실험적인 규범을 발전
시킬 필요가 있다고 말했다. 인본주의자, 예술가, 종교인들이 필요로 하는
것은 '지금은 부족하지만 선택의 확고한 기준, 믿음을 강력히 요구하는 수
많은 가치의 가능성, 너무 많아서 가치 없다고 말하는 혼돈에서 선택을 위
한 확고한 기준'이라고 매슬로우는 말한다. 다음 두 단락에서 나는 매슬로
우의 중심 주제를 그의 비평을 따라 개관하겠다.

---

5)　Abraham H. Maslow, *Religions, Values, and Peak-Experiences*(New York: Viking Press, 1970).

　매슬로우는 '고등 종교' 의 내적 본질 또는 핵심은 '어떤 민감한 감수성을 지닌 예언자 또는 선각자의 사적이며, 고독하고, 인격적인 깨달음, 계시, 또는 엑스터시' 에서 드러난다고 한다. 이 같은 '토대가 되는 경험들' 이 있기 때문에 고등 종교들은 스스로를 '계시된 종교들' 이라고 말한다. 이 '신비적 경험' 에 대해 대중들과 소통하기 위해 교회 당국은 '초월적 경험들' 을 교회 구성원들의 종교적 믿음과 행동을 규제하는 다양한 율법 또는 체계 안에서 표현하려 한다. 그 결과 원래의 '신비적 경험들' 은 중성화되어 외적인 상징과 의례로 변형되었다.

　매슬로우는 종교의 '율법주의' 또는 '관료주의' 와 정반대되는 것으로 신비주의자 또는 예언자라는 가설적 단어를 발전시키는데, 이는 일종의 신비적 경험을 한 사람과 그 같은 신비적 경험에 대해 자신이 없고 겁내거나 당혹감을 느끼는 사람들을 대조하기 위해서였다. 종교 율법자들이 통제하는 조직화된 종교에서는 그 구성원이 겪은 참된 종교적 경험을 억압하거나 그 경험을 좌절시키기도 한다. 이 신비적 경험들은 '절정경험' 의 주제하에 심리학자들이 연구해 왔고 지금도 연구하고 있는 중이다. 그 같은 연구에 깔려 있는 전제는 '조명' 또는 '신비적 경험' 은 초자연적인 현상도 아니고 드문 경험도 아니라는 것이다. 오히려 이 경험은 자연적이며 많은 사람들과 공유할 수 있고 또 타자들은 그들의 경험으로부터 배우고 고무될 수 있다. 마지막으로 이러한 초자연적이지 않은 '절정경험' (peak-experiences)은 종교적 사건으로 규정될 수 있으며 매슬로우는 절정경험의 25가지 특징을 짧게 기술하면서 전통적으로 종교적 경험으로 여겨지던 것들과 연결했다.

　절정경험에 대한 그의 개정판 서문에서, 매슬로우는 초판에서 본인이 종교 제도에 대해 심하게 비판적이었으며 그의 논의가 개인의 경험에 너무 많이 의존했다는 점을 인정했다. 1970년 서문에서 '인간의 기본 욕구들은 오직 타자들, 즉 사회에 의해 그리고 사회를 통해 충족될 수 있다' 고 썼다. 소속의 욕구는 그 자체가 하나의 '기본 욕구' 다. 더구나 1970년 판에서 그는 1964년에 종교적 경험이라고 판단했던 것보다 훨씬 폭넓은 범주에서 종

교적 경험을 검토했다. '절정경험' 외에 또 '고원경험'(plateau-experi-
ences) 그리고 '심연경험'(nadir-experiences)이 있으며 이 경험들도 종교
적 경험으로 규정할 수 있다고 했다. 절정경험이 더 갑작스럽고, 초자연적
이고 경이로운 감정이라면, 고원경험은 좀 더 '잔잔하고 조용한' 특징을 보
인다. 중요한 것은 고원경험은 인지적이고 의지적인 특성을 지녀 경험하는
사람의 통제하에 더 가까우며, 심지어 의지적으로 만들어지기도 한다.

　내가 주목한 것은 종교적 경험이 무엇인지에 대한 물음을 타당하고 진지
한 과학적 연구의 물음으로 다루기 시작했다는 점, 이 분야의 방법적 규범
과 절차가 필요하다는 점을 분명히 인식하기 시작했다는 점이다. 나의 목
표는 이 규범과 절차를 명확하게 해 보는 것이다. 이를 위해 나는 역사 안
에서 종교적 경험의 여러 표현을 살펴볼 것인데, 우선은 원시 종교들에서,
그다음에는 성서적 종교들에서 살펴보겠다. 마지막으로 종교 역사에 있어
서 단계에 대한 생각에 초점을 맞추겠다.

3　원시 종교

지난 백여 년 동안 종교사, 특히 원시 종교 분야에서 괄목할 만한 성장이
있었다. 아마도 미르체아 엘리아데만큼 광범위하게 조사연구를 진행하여
원시 종교와 고대 종교를 정리, 전달한 학자는 없을 것이다. 비교 종교사학
자인 엘리아데는 현상학적 접근의 연구를 했다. 그의 특별한 공로는 같은
연대에 있는 다른 종교들의 신화와 의례에 깃든, 또 계속 이어져 내려온 종
교들의 매 역사 단계에 있는, 문화를 초월한 체계를 밝혀 놓았다는 점이다.
또한 중요한 점은 신화가 갖고 있는 기본적인 의미를, 세계와 사회에 대한
환상적이고 공상적인 설명으로부터 모든 사물들의 기원 혹은 시초라는 관
점에서 모든 사물들이 지닌 절대적이고 참된 내적 실재를 표현한 고대의
존재론으로 바꾸었다는 점이다.[6] 신화는 사물들이 어떻게 그리고 왜 있게
되었는지 그 시작을 설명해 준다. 이 신화들이 사물의 존재 기원을 설명하

기 때문에, 엘리아데는 이 의미들을 상징적으로 표현하고 전달하는 '존재
론적 이야기'라고 말한다. 현상학적인 용어로, 엘리아데의 조사연구를 '복
원의 해석학'이라고 말할 수 있다. 즉 그는 어떤 종교들의 의미와 가치가
찬송되고 극으로 재현되면서 사람들 속에서 살아 전해져 오고 있다면 그
종교가 갖고 있는 현실적인 의미와 가치가 무엇인지 복원하려 시도했다.
한 공동체를 안다는 것은 그 공동체의 신화를 이해하는 것이며, 추상적인
방식으로가 아니라 그 사람들이 신화를 수행하면서 믿었던 방식으로 그렇
게 존재했고 지금도 존재하고 있는 방식으로 신화를 이해해야 한다고 사람
들에게 알린 이가 바로 엘리아데였다. 엘리아데에게 신화는 '살아 전해 온
의미'를 잃은 것일 수 있다. 이렇게 되면 신화는 더 이상 '존재론', 어떤
'실재' 이야기로 여겨지지 않고 다만 하나의 이야기 또는 전설이 되어 버린
다.

   '현상학적' 종교사가로서 엘리아데는, 사람들은 '언어에 거주'한다는
것, 원시 종교의 언어 표현이 신화이며 의례라는 것을 알았다. 특히 고대
종교의 극적인 동작과 의례가 어떻게 이 의례의 노래, 춤, 드라마로 신화를
수행하고 있는 사람들에게 '둘도 없는 가치' 의미를 표현하는지를 밝혀냈
다. 고대 종교의식은 신화를 의례화하거나 극적으로 재현한 것이며, 신화
는 의례를 설명하는 것이라고 말할 수 있다. 원시 종교의 의식은 경배의 신
화-의례적이며 상징적인 형식이다. 이 신화-의례적 형식의 의미가 어떻게
의식을 재현하며 수행하는 사람들에게 기능적으로 작용하는지 이해하려
면, 인류공동체가 사회, 정치, 경제, 종교 등 협력적인 공동 작업을 분화하
기 이전의 초기 역사로 더 소급해 올라가야 한다. 고대 사회에서 사람들이
공동체에서 담당하던 협동적인 역할은 매우 제한적이었다. 원시공동체에
서는 오직 존재의 한 측면만 알았다. 그 결과, 일상의 세계는 종교적 신비
와 섞여 있었고 그 때문에 대부분의 경우에 의미, 동기, 가치가 구분되지

---

6)   Eliade, *Myth and Reality*, 1-20.

않았다. 『성과 속』[7]에서 엘리아데는 신화와 의례의 목적은 사회를 존재의 성스러운 양태로 유지하려는 것이며, 그 이유는 '성스러움'이 힘과 실재의 근원이기 때문이라고 말했다. 바로 그 존재를 유지하기 위해서, 원시인들은 다른 존재 형식들의 근원들과 함께 있고, 또 가까이 있기를 열망했다. 현대 사회가 세속적인 활동이라고 생각하는 낚시나 농사도 원시 사회에서는 성스러운 행위였다. 이 행위가 '성스러운' 이유는 바로 그 행위가 인류 조상들이 아닌, 혼돈에서 질서로 나아가던 우주의 '위대한 시간'(Great Time)에 초자연적 조상들이 수행하던 바로 그 행위였으며 자신들이 그 행위를 반복, 재연한다고 믿으며 참여했기 때문이다. 바꿔 말하면, 원시공동체의 사회적, 정치적, 경제적 행위는 하나의 기원을 갖는데 그것은 혼돈을 벗어나는 우주질서의 기원과 유사하다.

원시 사회마다 신화와 의례는 다르지만, 서로 관련되어 있다. 우주 발생의 신화 의례와 유사하고, 또 세계의 창조를 다시 말하고, 다시 재연하고, 다시 경험하는 것이다. 이 창조 이야기 또는 우주 발생 신화의 본성은 문화와 시대에 따라 달라진다. 그러나 문화적으로 또는 역사적으로 '변형된 이 의미들'은 무질서나 혼동에서 질서를 이룬 우주로, 또는 죽음에서 다시 태어남이라는 순환적 통과의 문화를 초월한 체계에 기반한다. 태양, 달, 계절 등 우주의 순환은 기본적인 이 통과를 보여 주는 예다. 매일 태양은 밤에 죽고 아침에 다시 태어난다. 음력은 달의 생명(빛)이 죽음을 향해 '이울었다가' 사흘 후 다시 생명으로 돌아오는 것이다. 매 겨울마다 초목의 생명을 품고 있는 땅은 죽고, 봄이 되면 다시 살아난다. 꽃은 피어나 여름이 되지만, 가을에 시들고 쇠약해져 마침내 겨울이면 죽는다. 자연의 다채로운 이 반복 순환은 기본적으로 순환하는 경험을 제시한다. 다양한 여러 문화의 신화-의례적인 시나리오는 이 순환을 해석하고 상징한다.

---

7)   Mircea Eliade, *The Sacred and the Profane : The Nature of Religion*, trans. Willard R. Trask(New York : Harper & Row, 1961), ch. 1.

비록 원시 문화공동체들이 이 종교의식(ceremony)을 형이상학적 의미로 여겼지만, 이 우주 순환을 자신들이 창조한다고 생각하지는 않았다. 이를 강조하는 것은 중요하다. 오히려 원시인들은 초자연적 존재들이 공동체의 사회적이고 정치적인 순환뿐만 아니라 우주의 순환, 동식물의 순환을 실제로 다시 창조하고 주기적으로 회복하고 개선하기 때문에 일어나고 있는 이 창조 사건에 자신들도 참여할 성스러운 의무가 있다고 생각했다. 다른 말로 하면, 이 의식을 수행하면서 원시인들은 모든 존재자들의 존재를 형성하는 신의 힘과 영향력에 집단적으로 동참하는 것이다. 이와 같은 형이상학적 신화는 인지적인 또는 도덕적인 형이상학이 아니라, 성스러운 형이상학, 분화되지 않은 존재론이다. 이 성스런 의식에서 살고 이 의식을 수행하는 가운데 초자연적 죽음과 다시 태어남을 공동체도 함께한다. 즉 우주가 주기적으로 다시 태어나는 것처럼, 사회 체계도 그렇게 해서 공동체의 집단적인 또 사적인 존재 방식을 구성한다. 이와 같은 참여가 중요하다는 것은 변증적으로 정반대의 경우에서 볼 수 있는데, 적절한 의례에 참여, 재연하는 것에 실패할 경우 그 결과는 존재의 상실 또는 존재로부터의 '추락'으로 여겨졌다.

계몽주의를 지나온 우리 시대에 원시 공동체의 이런 태도를 이해한다는 것은 어렵다. 르네상스 시기의 예상 외의 과학적 성취는 물(things) 존재의 기원에 관한 물음은 제쳐 놓고, 물(物)의 내적 체계의 관점에서만 이해하려 한다. 이상하게 들리겠지만, 엘리아데에게 있어서 과학자는 하나의 중요한 의미 속에서 '자연'을 발견했다. 원시 고대인들은 구분하는 의식이 없었기 때문에 '자연의 세계 또는 탈신화적 세계'가 없다. 과학계의 '자연의 세계'는 신성함에서 벗어난 세계다. 과학자들은 이 우주의 성스런 기원, 성스런 의미, 성스런 가치를 발견하려 하지 않는다. 엘리아데의 경우 인간을 종교적 존재로 보는데, 역설적으로, 이는 어떤 점에 있어서 인간이 초자연적 존재라는 의미다. 앞 장에서는 사람을 자연적으로 지자, 자연적으로 선택자라고 말했는데 여기서는 바로 그 똑같은 사람이 '자연적으로 종교적'이라

는 데에 초점을 맞추었다. 문제는 '초자연적'이라는 말이다. 현대와 포스트
모던의 시대에, '초자연'은 기묘하거나 섬뜩한 어떤 것, 또 자연적인 것과
반대되는 것을 의미한다. 특히 학자들이 이런 관점을 갖는데, 이들은 우리
를 둘러싼 세계에 대해 분별된 의식을 갖고서 프로이트, 마르크스, 니체가
발전시키고 진전시킨 계몽주의 시대의 '해석학적 의심과 혐의'의 시대를
살고 있다. 그러나 엘리아데와 같은 종교 사학자들이 하려고 애쓴 것은 바
로 원시인들의 종교적 경험, 신화와 의례에서 상징적으로 표현하고 있는
원시인들의 경험을 '복원하려는 해석학'이었다. 종교사학자들은 초자연적
인 것과 자연적인 것의 이해를 인간 존재와 반대되는 것으로 이해하지 않
고, 인간 존재 내에 기본적으로 또 원초적으로 관련되어 있다는 이해의 기
초를 제공했다.

　'과학적 추론'의 극적인 발달 때문에, 칸트와 같은 계몽주의 사상가들은
이성의 한계라는 관점에서 종교를 연구했다. 그것은 이성의 한계로 추락한
윤리적 율법의 세속 종교다. 칸트는 특히 '이성적인' 종교와 도덕성에서
'누미노스 경험'을 배제했다. 불행히도 루돌프 오토는 칸트의 영향하에서,
종교적 경험의 핵심 또는 본질로서 '누미노스 경험'을 다시 언급하였고, 그
또한 이 경험을 한 개인의 전 존재를 관통하며 심장이 고동치고 떨리는 것
과 같은 생리신경계의 반응을 야기한다는 것을 강조하려고 '비이성적인'
것으로 묘사했다. 이런 증상을 낯설고 섬뜩한 사건에서도, 또 진정성 있는
종교적 경험에서도 볼 수 있을지라도, 종교적 경험의 본질은 아니다.

　임상자료를 근거로 하여 매슬로우가 의미 있게 성찰한 바에 의하면, 소
위 절정경험에 더해서, 고원(안정기)경험, 심연경험이 있는데, 이 역시 종
교적 경험으로 분류할 수 있다. 종교적 경험으로서 초자연적 경험의 개념
을 분명히 할 때 엘리아데의 연구는 큰 도움이 된다. 아주 다양한 여러 문
화와 상당히 다른 시대를 망라하여 대단히 풍부한 역사적 자료들을 연구했
기 때문이다. 이 신화적이고 의례적인 시나리오에서 반복되는 주제는 혼돈
(혹은 무질서)에서 조화로운 우주(또는 질서)로의 상징적 통과이며, 이는

여러 문화의 신화와 의례에서도 유사한 형식으로 반복된다. 그래서 엘리아데는 초자연적 경험을 존재의 어떤 방식에서 다른 방식으로 상징적으로 통과하는 것으로 기술했다. 창조에서 우주가 비-존재에서 존재로 통과하는 것처럼, 출생에서 태아는 엄마의 자궁에서 (지상의) 생명으로 통과하는 것이고, 와병 중인 사람에게 상징적 매장은 다시 태어남과 생명의 회복을 재연하는 것이다. 혼례에서 우주 창조와 유사한 의례를 볼 수 있는데 상징적으로 신랑을 천신, 신부를 지모신(地母神)과 동일시한다.

앞 장에서 상징의 의미를 논하면서, 상징이 어떻게 정반대되는 두 의미를 다 포괄하는지 설명했다. 물(水)은 죽음과 그러면서 생명과 연결될 수 있다. 물은 형태를 해체해서 무형의 상태로 돌아가도록 하는 힘이 있으며, 동시에 생명을 생산하는 힘도 있다. 그래서 세례와 같은 모든 입문의식에서 물속에 담가 죽음으로 사라졌다가 곧 새로운 좀 더 차원 높은 존재로 나온다. 이는 존재와 행동의 자연적인 방식에서 생명의 초자연적 방식으로 나온 것을 말한다. 비슷하게 죄는 의례적으로 물속에서 해소되어 '옛 사람'은 사라지거나 사면되고 '새 사람'으로 다시 태어나 영혼이 회복되는 것이다. 엘리아데의 책에는 이런 예들이 풍부히 제시되어 있으며 이를 의례적 '동형성' 혹은 유사성이라고 말했다. 엘리아데에게 있어 중심 문제는 바로 고대 원시인에게 존재의 두 양태인 성(聖)과 속(俗)이 있었다는 것이다. 이들에게 신화와 의례가 의미하는 것은, 존재는 낮은 차원에서 좀 더 새로운 고차원의 방식을 향해, 자연적인 양태에서 초자연적 양태로, 속에서 성을 향해 가는, 통과 혹은 변형이다.

이 통과 또는 변형의 자세한 의미와 가치는 그것이 일어나고 있는 문화적 맥락에 달려 있다. 내가 강조하고 싶은 것은 다양한 여러 문화 안에서 추출해 낼 수 있는 문화를 초월한 체계다. 고대의 신화와 의례에서 표현된 종교적 경험은, 존재 혹은 비-존재의 어떤 방식이 좀 더 고차원의 존재 형식으로 나아가는 통과와 동일시될 수 있다는 점이다. 각 종교의 신화와 의례는 다르지만 이들 '문화적 다양성'은 문화를 초월한 통과의 특정 양식으로 이해할 수 있다. 엘리아데는 이를 두고 '다른 말로 하면, 원시인이 성취하고자 원했던 이상적 인간성을 초인적인 면에 적용한 것이다'라고 말했다. 이 의미는 첫째, '원초적 인간'은 '자연적'인 인간성을 넘어, 어느 정도에서는 자연성을 파괴하지 않으면, 완전한 인간이 되지 않는다는 것이다. 그래서 입문의식은 죽음과 부활 혹은 재생이라는 모순되고 초자연적인 경험의 환원이다. 둘째, 입문의식에 수반되는 시련과 상징적 죽음 그리고 부활은 신들, 문화적 영웅들, 신화적 조상들이 마련해 놓았다는 것이다. 이 의례는 초인적 존재에 기원하며 이를 수행하면서 신참들은 초인적인 존재의 신적 행위를 따라한다. 이를 지적하는 것이 중요한 이유는, 종교적 인간은 자연적 차원의 자신과는 다른 존재가 되기를 원하고, 신화가 제시하는 이상적인 상(象)을 따라서 자신을 만들려 한다는 것을 다시 한 번 보여 주기 때문이다. 원시인은 종교적으로 이상적인 인간성을 성취하고자 했으며 그 노력에는 이후 진화된 사회 안에서 정교하게 발달되는 모든 윤리의 싹이 이미 담겨 있다.[8] 원시 시대의 신화와 의례 안에도, 또 현대의 이론적인 윤리학 체계 안에도 규범적이며, 역사를 초월한, 그리고 문화도 초월한 '윤리학'이 존재한다.

고대 종교는 일련의 신화 의례로 정의할 수 있다. 그 신화 의례는 개인적이며 사회적인 통과의례를 다양하게 구체화한 것으로, 존재의 한 양태가 좀 더 고차적인 실존 방식으로 돌아섬을 포함한다는 점에서 존재론적 변형이다. 집단생활에서 볼 수 있는 이 같은 다양한 의례적 변형은 지상과 천상의 순환하는 통과와 유사하며 그래서 우주의 신적 질서와 조화를 이룬 상당히 다른 방식을 제시한다. 이런 이유에서 엘리아데는 원시 신화를 고대의 존재론적 세계질서라고 말했다. 우리가 6장에서 보았듯이, 존재론 또는 형이상학은 모든 물의 존재자들을 존재 안에서 서로 통합하고 질서를 이루는 자기 발견 체계다. 엘리아데의 '고대 존재론'에는 두 가지 중요한 차이

---

8) Eliade, *The Sacred and the Profane*; 서론을 보라.

가 있다. 첫째는 종교적 존재론이고, 둘째는 사람들이 살고 있는 상징적 질서의 존재론이다. 살고 있는 종교 혹은 고대 존재론이 지닌 문제는 구분되지 않은 채로 있다. 그 상징 표현의 의미를 성찰하고 가치 평가하여 인간들과 우주질서의 초인적 존재들, 이 두 존재의 기본적 차이를 구별할 수 있다.

엘리아데의 관점에서, 문제는 '영원한 회귀'의 신화 시대에서 되돌아갈수 없는 역사 시대로의 이동이 있었다는 점이다. 엘리아데는 원시 고대의 종교적 경험과 질적으로 다른 모세와 아브라함의 종교적 경험을 안다. 예를 들면 이스라엘 공동체가 모세와 연관된 사건을 기억하고 수행하는 것은 세속의 시간 밖으로 나가 신화의 시대로 들어가려는 것이 아니라, 오히려 특정한 시간과 장소에서 특정 인물에게 일어났던 역사적 사건 속으로 되돌아가는 것이다.[9] 원시공동체가 역사적이지 않은 영원한 현재에 살면서 역사로부터 도피했다면, 이스라엘공동체는 반복할 수 있는 이전의 어떤 시간이 아니라, 되돌아갈 수 없는 결과의 한 부분인 역사적 사건들의 맥락에서 살기 시작했다. 이들 역사적 사건의 의미와 가치는 야훼(Yahweh)의 의지가 계시된 것이라는 의미와 가치를 지닌다. 즉 아브라함과 모세에게 자신을 인격적으로 계시하고, 인간의 역사에 들어와 계속 전개되고 있는 이 역사적 사건에 직접 다스리기로 선택한 야훼의 의지가 계시되었다. 야훼가 아브라함과 모세에게 계시한 결과, 이스라엘 공동체는 역사적으로 성스런 시간, '구원의 시간' 속에서 살기 시작했다.

4   성스런 역사로서의 성서

성서는 인간의 활동에 관한 역사가 아니라, 인간공동체의 구체적인 역사

---

9)   Mircea Eliade, *Cosmos and History: The Myth of the Eternal Return*, Willard R. Trask(New York: Harper & Row, 1954), 특히 preface, foreword를 보라.

과정에 야훼가 행한 신적 주도권에 인간이 응답해 나간 역사다. '영원한 회귀'라는 원시 신화로부터 성서적 혹은 성스러운 역사로의 전환은 다음과 같은 방식으로 설명할 수 있다. 순환하는 시간, 즉 정기적으로 공동체가 영원한 영속에 참여하는 것에서, 직선적 시간, 곧 일련의 연속하는 역사적 사건 속에서 사는 것으로 바뀌었음을 말한다. 순환적 이미지와 직선적 이미지의 대조는 심각한 오해를 불러일으키는데, 존재의 역사적 형식의 삶 역시 '언어 속에서 사는 것'을 의미하며 이는 과거, 현재, 미래를 연속된 시간으로뿐만 아니라 한 번에 그리고 동시적으로 사는 것도 포함한다.

모든 인간 존재는 '역사적 존재'다. 일단 언어를 배운 모든 사람들은 그 언어의 의미와 가치, 그리고 그 언어가 지닌 역사 속에서 산다. 그래서 '언어적 존재'가 되는 것은 '역사적 존재'가 되는 것이다. 인간은 단지 연속적인 '현재'에 살지 않는다. 오히려 인간은 살아 있는 전통이 전해져 오는 문화공동체에서 살며 이 문화공동체의 기억과 기대에 따른 어느 정도 제한된 시간대에서 산다.

오늘날 문화 역사가들은 살아 있는 전통의 좀 더 가까운 근원과 차원을 재건하기 시작했다. 더욱 흥미로운 점은 엘리아데와 같은 종교사가들이 우리의 의식을 좀 더 먼 근원으로 확장했다는 점이다. 바로 이 과거와 현재 그리고 미래의 의미의 지평을 계속적으로 확장하면 구약성서가 구성되었던 방식을 해석하고 평가할 모델이 제시된다. 엘리아데는 아브라함과 모세의 야훼에 대한 종교적 경험을 종교사에 있어서 한 획으로 본다. 그 이유는 이 종교적 경험은, 반복적인 우주의 순환 주기라는 관점에서 해석되지 않고, 생생한 종교 역사의 관점에서 해석되었기 때문이다. 이제 우리의 질문은, '이스라엘 사람들은 어떻게 이전의 신화와 의례를, 정적인 우주의 순환 형태에서 역사적 형태로 변형하는 상징 표현으로 발전시킬 수 있었는가'하는 점이다.

금세기 구약성서학자들이 밝혀낸 바에 의하면, 이스라엘 공동체의 종교적 상징의 의미와 가치의 이 같은 변형은 수세기에 걸친 재해석과 재구성

의 계속된 작업에서 비롯되었다는 것이다. 여기서 나는, 사람들이 어떻게
우주의 순환이라는 분위기에서 당신(신의) 백성들의 마음으로 들어와 계시
하는 신의 인격적 현존으로, 그러면서도 '초월적인 타자', '전율적인 신비'
는 여전히 유지시킨 상태로 전환하게 되었는지 기본적인 윤곽을 살펴보고
자 한다. 자연적 순환에서 역사적 도식으로 근본적으로 철저히 변형된 종
교적 변형을 해명한다는 것은 복잡하다. 공동체의 살아 있는 이야기와 의
례를 비교적 최근의 근원에서부터 꽤나 먼 근원으로, 동시에 이 두 근원들
사이의 중간 시기도 포함한 전통에까지 소급한다는 것을 깨닫는다면 이해
할 수 있을 것이다. 이 촘촘히 쌓인 근원들은 연대기의 순서에 따라 말끔히
짜여진 것이 아니다. 과거 의미의 지층을 배열하는 데 의미를 부여하는 핵
심은 그 민족의 현재 경험만이 아니다. 더욱 중요하게 영향을 미치는 것은
그들이 미래 운명을 어떻게 생각했는가 하는 점이다. 역설적으로 미래의
의미가 현재의 경험과 과거의 기억을 해석하고 평가하는 것을 조절했던 것
이다.

　키르케고르와 그의 통찰을 응용한 하이데거 덕택에 우리가 미래를 대면
하는 방식이 과거와 현재를 기억하고 경험하는 방식을 통제한다는 역설적
인 주장을 분명하게 알기 시작했다.[10] 태어나는 순간 이미 죽기에 충분한
나이가 되었다. 죽음의 공포는 우리가 과거와 현재, 미래의 의미와 가치를
해석하고 평가하는 데 매우 조용히 그러면서 곤혹스럽게 끊임없이 끼어들
어 온다는 것을 하이데거는 상기시켰다. 역사적으로 산다는 것은 현재와 과
거에 산다는 것이고 이를 확장하면 미래를 예견하는 방식에 따라 결정된다
는 것이다. 고대 문화에서 '미래'는, 과거로 반복 회귀하여 현재 무질서의
혼돈을 신의 창조가 이뤄졌던 태곳적 질서로 변형하려는, 의례의 가능성 안

---

10) Joseph Flanagan, SJ, 'Where the Late Lonergan Meets the Early Heidegger,' in
Lonergan Workshop Journal, vol. 10, ed. Frederick Lawrence(Chestnut Hill, MA:
Lonergan Workshop, 1994), 83-118.

에 존재하게 하였다. 미래를 미래에 두고 과거로 회귀하지 않게 되면서 시간의 장면들이 '쭉 펼쳐지면서', 역사적 내러티브가 제시되었다. 그러나 여기에는 우리가 과거, 현재, 미래의 의미를 동시적으로 살면서 이 시간들을 연속된 것으로 경험하는 좀 더 미묘하고 존재론적인 문제가 있다. 미래에 대한 방향 설정은 우리들의 태도에 기반하지만, 일상생활을 '영위' 할 때 과거, 현재, 미래의 의미 사이를 끊임없이 순환적으로 왔다갔다 한다. 상징과 언어 속에서 산다는 것은 수많은 다른 시간대의 의미를 동시적이면서도 연속적으로 사는 것이다.[11] 더구나 저 동시성의 범위는 상당할 정도로 달라진다.

구약성서의 작가 혹은 편집 기자들은 자신이 살아오고 기록한 과거, 현재, 미래의 의미를 계속해서 확장하고 변형해 갔다. 이런 진전에 있어서 근본적인 문제는 의미와 가치를 새롭게 발견할 뿐만 아니라, 의미와 가치를 공동체에 효과적으로 전달 소통하려면 새로운 상징과 언어를 만들어 적용해야 했다는 것이다. 이런 문제점의 맥락에서 어떻게 구약성서를 구성할 때 '자연에서 역사로' 전환이 이뤄질 수 있었는지 일군의 학자들이 한 설명을 간단히 지적할 수 있다. 이들 학자들에 의하면, 구약성서의 핵심 사건은 계약의 약속, 즉 모세가 신적 질서를 따라 살겠다고 야훼와 한 계약이라고 한다. 모세가 한 계약은 어떤 제한된 참여의 긴장감 속에서 살겠다는, 그러면서 동시에 야훼와 함께 더욱 완전히 동반하겠다고 영원히 개방한, 엄숙한 동의였다. 모세는 이 '부르심' 을 야훼의 밑에서 바르게 살겠다는 근본적인 결단이라는 형식으로 공동체에 발표했다. 모세는 백성들에게 말하기를, 야훼의 계시된 계획에 따라 산다면 번영하고 성장하겠지만, 약속을 저버린다면 죽게 될 것이라고 했다. 또 이러한 '계약의 헌신' 에는 '미래의 약속된 땅' 도 포함되어 있었다. 마침내 이스라엘이 '약속의 땅' 을 갖게 되면서 이들의 계약의 '미래' 는 변하여 왕국의 성립을 상징하는 것으로 되었다. 그런

---

11) Flanagan, 'Where the Late Lonergan Meets the Early Heidegger.'

데 왕국은 변하여 정치질서는 타락하였고 이는 야훼에게 한 계약의 약속을 배신하는 것을 의미했다. 이런 맥락에서 구약성서에서 두 번째로 중요한 결정적인 사건으로 예언자들의 강한 저항이 일어났다. 그리고 뒤따라 이스라엘 사람들이 지금껏 살아온 상징적 의미와 가치를 대대적으로 재구성하고 회고하여 다시 질서를 세우는 작업이 일어났다.

예언적 저항의 두 원칙을 강조할 필요가 있다. 첫째는 모세와 아브라함에게 당신 자신을 계시했던 야훼의 인격의 새로운 분화이다. 둘째는 이스라엘이 역사적 존재라는 새로운 형식으로 들어가는 근거가 되었던 계약질서 본질의 재형식화이다. 바로 예언자 시대에 유일신의 문제가 전면에 등장했고 더불어 야훼의 성격이 주제화되었다. 이스라엘 역사의 초창기에 야훼는 단지 인격 신으로서 아브라함의 신, 모세의 신이면서 또 특정 공동체에 속한 부족신이었다. 그러나 점차 이스라엘 제국의 정치질서를 통해 이스라엘이 세계 역사의 무대로 들어서면서 야훼도 더 보편적인 신으로 되어 갔다. 예언자들에 의해, 야훼는 역사의 주인 즉 모든 나라들의 운명을 통치 지배할 뿐만 아니라, 전적으로 '초월적인 타자' 혹은 루돌프 오토가 말한 '전율적이면서 유혹적인 신비'가 되었다. 다른 말로 하면 종교적 경험의 핵심은 '초월경험'과 동일시되지만, 종교 표현의 역사를 보면, 표현은 같지만 의미하는 것은 전혀 다른 수많은 의미와 가치들이 있다. 종교 역사에서 상징 표현이 더욱 정교해지고, 개선되고, 재평가될수록, 사람과 공동체의 종교적 경험을 해석하고 평가하는 데 의미 있는 진전이 생겼다. 어떤 경우, 전통적으로 써 왔던 표현양식으로 더 이상 소통이 안 되는 상황으로 발전하면서 그것을 표현하기 위한 새로운 상징이 만들어졌다. 이것이 바로 이스라엘 역사에서 왕국시대와 예언자 시대에 일어난 바다. 이와 상당히 비슷한 발달은 다른 '고등 종교들'에서도 일어났다.

이 발전과 재평가는 에릭 뵈겔린(Eric Voegelin)의 저서에 잘 설명되어 있다. 그는 예언적인 종교적 경험과 그 경험의 표현을 세 단계로 규정했다.[12] 첫째 단계에서, 예언자는 통치하는 왕을 직접 공격한다. 이 점은 정치권력을 재편하여 바른 질서를 세웠던 계약으로 되돌아가야 한다는 맥락에서 설명된다. 둘째 단계에서, 무질서는 너무 심해 현재의 통치자가 다시 질서를 세운다는 것은 불가능하다. 이 때문에 예언자들은 야훼의 통치하에서 다시 질서 있게 살 수 있도록 할 미래의 왕에 대한 기대로 전환하였다. 셋째 단계에서, 예언적 부르심은 개인적인 차원에서도 강력하다. 계약의 드라마는 예언자 자신의 영혼으로 방향을 틀어, 예언자는 부르심에 응답하여 자신의 인격을 다시 질서 짓도록 요청받는다. 이 '새로운 계약'이 요구하는 것은 예언자 자신의 민족만을 위해서가 아니라 모든 나라를 위해서 그가 구원의 질서를 세우는 데 한 부분이 되라고 부름받은 것이다. 이 새로운 계약은 더 이상 '돌에 쓰여진' 것이 아니라 사람들의 '마음에' 새겨졌다.

이것은 오래 지속되었던 예언자 시대에 성취된 종교의 의미와 가치를 길고 복잡하게 다시 해석하고, 다시 기술하고, 다시 구성한 소묘에 불과하다. 그렇지만 원시 종교의 '영원한 회귀'와 상반된 성스런 역사 속에서 산다는 의미를 지적하려는 나의 의도를 설명하는 데는 충분하다. 핵심 문제는 우리가 과거, 현재, 그리고 미래의 동시적으로 이해된 행동 방침들을 연속적으로 수행하며 사는 동안에 어떻게 우리가 과거, 현재, 그리고 미래의 행동 방침들을 수행하며 사는지를 이해하는 것이다. 상징적으로 사유되고 기획된 그 '행동 방침'은 개인사의 '이야기', 공동체 역사의 '이야기'가 된다. 만약 상당히 중요한 방식으로 우리가 지향하는 미래의 목표를 바꾸려 한다면, 현재와 과거의 의미와 가치를 새롭게 의도된 운명에 상응하여 점차 재구성해야 한다. 그래서 이스라엘은 첫째로, 이집트를 뒤로하고 길을 떠나 야훼와 함께하는 종교적 동반자로 '약속의 땅'을 향해 출발하는 '순례하는 백성'이 되었다. 일단 약속의 땅에 도착하자 그들의 목표는 왕국을 세우는 것으로 바뀌었다. 둘째 국면은 바로 다윗 왕정하에서 이스라엘이 자신들의 과거

---

12) Eric Voegelin, *Order and History*, vol. 1(Louisiana: Louisiana State University Press, 1956); ch. 13.

를 이집트 너머 전 인류의 역사로 확대하기 시작했던 것이다. 셋째 국면에
서 예언자들은 다윗의 왕국과 야훼 왕국의 차이를 식별하면서, 자신들의 과
거 종교 역사를 다시 해석하고 다시 평가하면서 대대적으로 비판하고 반성
하기 시작했다. 새로운 운명의 야훼 왕국은 힘과 권력을 통해서 실현되는
것이 아니라 모든 사람들의 회심을 통해서 실현된다.[13] 또다시, 구약성서의
역사에 있는 이 상이한 단계들을 서술하는 목적은 다음을 보기 위해서다.
즉 역사적 삶은 성서의 화자가 의미와 가치의 지평을 이동하는 것이다. 이
역사적 삶은, 모세와 아브라함의 신과 이스라엘 간의 원래의 약속 또는 계
약을 해석하며 평가하는 가운데 이스라엘의 영화와 쇠퇴, 전진과 후퇴, 확
장과 축소를 계속 순환한다.

　이 '구원의 역사'에서 변한 것은 야훼가 누구며 자신들은 누구인가에 대
한 공동체의 해석과 평가였다. 협력의 관계에 있는 동반자 둘 다 서로 주고
받은 내러티브가 진전하거나 퇴보할 때마다 새로운 정체성을 발전시켜 나
갔다. 야훼는 수많은 신들 또는 자연신들 중의 하나에서 시작하였지만 동
시에 회심한 사람들의 마음속에도 있는 전적으로 초월적인 신으로 발전되
어 갔다. 마찬가지로 공동체도 모세의 신에 헌신하기로 한 해방된 노예들
로 이뤄진 부족공동체에서 시작했지만 무수한 변화를 겪으면서 마지막에
자신들의 마음속에 신의 영을 품을 수 있는 가능성으로 귀착되었고 그 결
과 '신의 아들들'이 되었다. 극적인 방식으로 이들의 정체성이 변했을지라
도, 만약 우리가 한 사람이 지닌 현실태의 정체성과 잠재적 정체성, 혹은
가까운 정체성과 먼 정체성, 본성적인 정체성과 역사적 정체성을 구별할
수 있다면, 역사를 초월한 정체성이 있다는 것을 알 수 있다. 본성은 태어
나면서 받은 무수히 다양한 가능성 혹은 잠재성의 총합이다. 그리고 우리
의 역사는 한 생애에 이들 가능성을 해석한다. 그래서 삶의 매 순간, 우리
는 현재의 우리와 미래의 우리 사이에 놓여 있다. 그래서 엘리아데는 우리

---

13) Voegelin, *Order and History*, vol. 1

를 '본성적으로 종교적'이라고 말했다. 이는 우리가 종교적 경험의 잠재성을 갖고 있다는 것을 의미한다. 종교사는 사람들과 공동체가 종교적 경험에 응답하고 표현하면서 종교적 본성을 해석한 역사다.

종교사에 있는 원시적 단계와 좀 더 진화된 단계 둘을 간략히 정리해 보았다. 엘리아데는 원시인의 '종교적 경험의 핵'은 '영원한 회귀'라는 신화-의례적 실천에 토대를 둔다고 제안했다. 영원한 회귀는 사람과 자연을 혼돈 혹은 무질서의 상태에서 잘-질서 지어진, 잘-조율된 조화로운 우주 공동체로 의례적 변형을 꾀하는 것이다. 이스라엘의 경우 어둠에서 빛으로의 이 원초적 통과는 노예에서 자유민으로의 통과에 해당되는데, 이 신화-의례적 변형은 이들이 야훼의 백성으로 선택되었을 때 특정 시공간에서 일어났다. 야훼와 한 이 계약 또는 종교적 약속은 새로운 공동체의 정체성이 되었고, 마침내 존재의 가장 깊숙한 곳에서 울려오는 '신의 말씀'을 받아들이도록 선택한 모든 이들의 마음에 새겨진 개인의 인격적 계약으로 되었다.

종교사에서 좀 더 진화된 이 단계는 유대교 혹은 이스라엘 공동체에만 있는 특별한 것은 아니다. 종교사가인 프리드리히 하일러(Friedrich Heiler)는 유대교, 힌두교, 불교, 도교, 이슬람교, 조로아스터교, 기독교 등 세계 종교들에서 공통적으로 발견되는 일곱 가지 특징을 정리했다.[14] 아주 간단히 말하면, 이 특징들에 공통된 생각은 바로 모든 실재 이면에 실재가 있다는 점이다. 이 실재는 우리의 이해를 초월하여 존재하는, 전적으로 '초월적인 타자', '거룩한 타자'로 자연계의 어떤 것과도 같지 않으면서 코란(Koran)에서 말하는 바대로 '우리의 맥박보다 더 가까이' 존재해 있다. 이 '지고한 타자'는 전적인 초월이면서 전적인 내재다. 이 초월적 신비를 추구

---

14) '그리스도의 미래'에서 로너건이 인용함. Bernard Lonergan in 'The Future of Christianity,' in *Second Collection*, ed. William F.J. Ryan and Bernard J. Tyrrell (Philadelphia: Westminister Press, 1975), 149-64.

하는 방식은 성스러움과 금욕을 통한 정화와 도덕적 수련의 방식이다. 우리 이웃을 대하는 데도 똑같은 방식을 따르게 된다. 우리의 이웃을 우리 자신처럼 사랑해야 하며 이는 적을 용서하는 데에도 핵심이 된다. 이 방식을 따르면서 우리는 조명과 계몽의 상태를 통과해 정화된 사랑과 지고한 행복의 최종적인 상태로 나아간다. 그래서 '초월적인 타자'를 사랑하는 것을 통해서 제한되지 않은, 사랑이면서 지혜인 존재와 완전한 합일을 이루는 것을 알게 된다. 이것이 여러 세계 종교들의 특징이다. 그러나 이와 동시에 종교에는 부정적인 측면도 있다. 우리는 종교 전쟁에 익숙하며, 야훼, 알라, 또는 그리스도의 이른바 성전(聖戰)의 이름으로 서로를 파멸로 이끌기도 한다. 더군다나 종교사에는 여성들과 아이들, 카니발, 음란한 성교, 자만적인 자기파괴 등 피의 희생제물들이 만연하다. 이들 종교적 사건들을 어떻게 설명할 수 있을까?

5 종교적 표현의 변증

사랑은 선물로 주어진다. 사랑을 배우려면 몇 년이 걸린다고 셈할 수 있는 그런 것이 아니다. 사랑은 갑작스러우며 압도적인 깊은 열정과 같다. 그러나 우리가 그렇게 되도록 놔두지 않기로 선택한다면 우리의 자유를 빼앗아갈 정도로 그렇게 압도적이진 않다. 마찬가지로 종교적 경험이 장엄하고 경이롭고 혹은 신비스런 고요일지라도, 그 경험의 실제 의미와 가치에 대해 늘 궁금증은 남는다. 모세나 아브라함이 자신들의 '부르심'을 거절했더라면, 약속하기를 거절했더라면, 그리고 야훼와 성스런 계약을 맺는 것을 거절했더라면 등은 생각할 법하다. 더군다나 엘리야 시대에는 '참된' 예언자들만이 아니라 '가짜' 예언자들도 많았다. 사람들은 어떻게 어떤 예언자들은 믿을 수 있고 어떤 이들은 신뢰할 수 없다는 것을 알 수 있었던 것일까? 간단히 답을 하자면, 종교적 경험의 핵심은 자연적 방식의 존재함에서 '초자연적' 방식의 존재함으로 사람이 변하는 것이다. 자연적인 것을 '넘어' 섰다거나 '그 이상' 이라는 말은 자연과 반대되는 존재함의 의미가 아니라, 자연적인 것에서 좀 더 완전함이라는 고차적 단계로 승화했다는 의미다. 선택함이 알아감을 변형하고, 완전하게 하고, 확장한 것처럼, 종교적 사랑은 인간적 사랑함을 완전하게 하고 고양시킬 수 있다. 그러나 행하는 것이 옳다는 것을 알더라도 여전히 잘못된 선택을 하는 것처럼, 어떤 종교적 경험을 바르게 평가했더라도 여전히 응답하기를 거절하기도 한다. 구약성서의 '예언자 부르심' 에서 빈번하게 보이는 특징은 이와 같은 종교적 소명의 부르심에 아주 강하게 저항하는 모습이다. 우리의 편견 때문에 선택함이 왜곡될 수 있는 것처럼, 종교적 사랑 또한 타락한다. 우리의 편견 때문에 다른 민족을 경멸하고 그들을 파멸시키고 싶어 할 때 종교적 사랑은 다른 민족과 또 우리 자신한테도 파괴적인 것이 된다.[15]

　사랑을 검토하면서, 사랑은 관념이 아니라 행동 가운데서 우선적으로 표현된다는 것을 알 수 있었다. 사랑은 우리를 변하게 한다. 우리의 행동에 강력하며 새로운, 동기를 부여하는 중심이 되기 때문이다. 사랑의 대상이 된 한 사람 혹은 일군의 사람들을 이해하는 데 특별한 조명을 제공해 주는 것 또한 사랑이다. 그러나 그와 같은 사랑과 '사랑하는 조명' 을 성숙, 발전시키려면, 거기에는 현명한 선택과 피상적이 아닌 실제적 이해함에서 나오는 질서 있게 하는 것이 필요하다. 식물의 생물 도식이 돌의 화학 도식을 넘어 나아가려 할 때, 흙과 물의 적절한 화학 도식이 결핍되면 생물의 삶의 조건은 점점 파괴된다. 마찬가지로 예배의 반복적인 종교 도식이 좀 더 차원 높은 개인의 삶, 공동체의 삶이 되도록 새로운 동기를 부여하는 중심이 되려면, 그것을 지지하고 보강해 줄 도덕적인 발전, 인식적인 발전도 합당하게 성숙해야 한다. 이렇게 나아가지 못하면, 종교적 삶이 모세의 계약을 진정하게 표현하고 해석하는 것처럼 보일지라도, 예언자적인 비판적 잣대로 보면, 약속과 헌신에 기원을 두고 있는 이 공동체가 기본을 배신하고 있다는

---

15) *Method in Theology*, 110-12.

것이 드러난다. 의례는 여전히 수행되고, 말씀은 되풀이되고 있어도, 그 성스런 몸짓과 엄숙한 말씀들은 헛되고 공허할 뿐이다. 가장 최악은 한때는 공동체의 종교적 삶에 좋은 질서가 있도록 동기를 부여하는 데 중심이 되었던 진정성 있는 의미와 가치를 한 그룹이 이용해서 흉내만 내고 있을 뿐이라는 것을 교묘하게 은폐하고 있는 것이다. 지자와 선택자가 인지적 발달과 도덕적 발달을 가로막는 장기적인 쇠퇴, 단기적인 쇠퇴를 반복 순환하게 하는 네 가지 편견에 노출되어 있듯이, 종교적 지자와 선택자도 고여 있거나 무너지거나 기울어지는 똑같은 이 순환에 대처할 면역력이 없다.

진정으로 종교적인 것의 문제는, 우리의 종교적, 도덕적, 인지적 자기를 쉼 없이 비판하는 이 고요한 긴장을 조성하고 있는 전적인 타자를 우리는 사랑하고자 하는 제한할 수 없는 잠재성을 갖고 있지만, 우리의 종교적 삶의 모습은 제한되어 있고 현실화된 종교적 자기를 살고 있다는 점이다. 세계 모든 종교가 갖고 있는 핵심적인 특징은 금욕주의와 정화에 대한 수련이다. 종교적 회심이 우리의 자기를 초월하도록 부르는 것이라면, 그 부르심은 또한 이전의, 진정하지 못한, 그래서 정화와 수련을 필요로 하는 우리의 자기를 부정하는 것이다. 종교적 발달 과정은 정화를 통해 조명으로, 조명을 통해 초월적 타자와의 친교와 합일로 나아간다.

원초적인 종교적 경험을 논하면서, 경험의 핵심을 무질서에서 질서로의 통과로 정의했다. 여기서는 비진정한 종교적 삶과 진정한 종교적 삶의 변증을 논하면서, 무질서한 종교의 비진정성으로부터 인지적이고, 도덕적이며, 종교적인 우리의 총제적 자기를 모두 포함한 성장하는 진정성으로의 회심 또는 유비적 통과가 종교적 발달의 특징이라는 것을 보았다.

6 신앙과 믿음들

종교적 경험과 그 표현의 논의를 거쳐, 이제 신앙과 믿음들의 근본적 차이를 소개하는 것이 가능해졌다. '가슴은 이성이 알지 못하는 이성들을 지닌다'(the heart has reasons which reason does not know)라는 파스칼의 유명한 말을 생각하면, 사랑함은 이성이 하는 평범한 방식보다 더 완벽하고 월등한, 그렇지만 이성과 상반되지 않는 알아감의 한 방식이다. 마찬가지로 종교적 사랑은 종종 '조명' 또는 '계시'라고 회자된다. 계시된 것은 전적으로 초월적 방식의 사랑할 만한, 또 어떤 방식으로 행동할 만한 그리고/또는 어떤 진리를 믿을 만한 가치가 있을 만한 것이다. 사랑하는 상태에서 전개되는 이 종교적 조명을 '신앙'이라고 부를 수 있다. 이렇게 앞선 내적 조명이라는 점에서 볼 때 신앙은 가치 있다고 판단된 특정의 종교적 믿음들, 행동들과는 반대된다.[16] 신앙은 특정 종교 전통을 믿도록, 그 전통에 속하도록 하는 동기다. 그러나 또한 어떤 사람의 조명의 기준에서 평가할 때 그럴 가치가 전혀 없어 보이면 종교 전통을 거부하는 동기가 되기도 한다.

신앙은 계시, '종교적 사랑의 눈'이다. 인간은 그런 눈을 통해서 종교적 사랑함과 살아감을 충만케 하고 고양하기 때문에 한 전통에 속하는 것이 가치 있다고 분별한다. 신앙은 나의 종교적 사랑의 대상을 계시하며, 나라는 의식 존재로 들어와 어떤 신비스런 방식으로 내 안에 계신 '초월적인 미지의 타자', 이 타자와 좀 더 완전한 친교와 합일을 어떻게 하면 발전시킬 수 있을지를 분별하도록 나를 이끈다. 그래서 이스라엘 공동체는 기록이 되었든 구전이 되었든 예언자들의 '외적 말씀'을 '신의 말씀'으로 믿기로 선택했다. 그 이유는 그들 스스로 분별한 신앙의 '내적 말씀'이 있었기 때문이다. 이 '신의 외적 말씀'을 받아들이면서, 이스라엘은 자신들의 종교적 사랑의 대상인 야훼와 완벽하게 친교할 수 있다는 것을 분별했다. 마찬가지로 무함마드 공동체도 예언자 무함마드의 '외적 말씀'을 받아들이기로 선택했는데, 그 이유는 예언자의 말씀을 따를 경우 알라에 대한 자신들의 경배와 사랑을 온전하게 할 수 있다는 것을 분별했기 때문이다.

세계 여러 종교들에 공통된 특징을 규정했던 하일러의 연구는 바로 이

---

16) *Method in Theology*, 115-19.

신앙과 믿음의 차이의 맥락에서였다. 상이한 문화공동체들의 여러 전통적인 믿음과 의례보다 앞서 있는, 다양한 종교공동체들의 종교적 헌신에서 분별되는 초월적 근원과 기원이 있다. 더구나 가치의 모든 다른 형식들을 조건 짓고, 방향을 갖게 하고, 그리고 가치 있게 하는 것은 바로 이 초월적 가치와 신비스러운 궁극적 선함이다.

그래서 바로 앞 장에서 논의했던 가치에 대한 초월적 생각이 여기서 완전히 새로운 형식으로 다시 떠오른다. 여기서는 단지 가치에 대한 생각이 아니라, '궁극적이고 신비스런 타자'로 제시된다. 사람들은 헌신하기로 선택했고, 자신들의 종교 전통을 구성한 일련의 믿음과 종교 행위를 통해 '신적 타자'와 친교를 형성하며 살아가고, 과거 종교공동체와 공유하는 등의 형식으로 제시된다. 이것이 바로 파스칼의 '철학자들의 신'과 상반된 '아브라함의 신'이다. 아브라함의 신은 갖가지 진리와 가치의 물음의 근거, 근원으로 알려지지 않는다. 오히려 아브라함이 대면했던 인격적 신은 아브라함에게 새로운 존재라는 사랑의 선물을 준 분으로, 아브라함이 자신의 존재 안에서 받아들이고 인격적 헌신으로 응답할 때 알려진다. 철학자의 신은 아브라함과 모세가 대면했던 살아 있는 신이 아니다. 아브라함과 모세에게 수여되었던 최초의 부르심과 선물로서의 새로운 존재가 없었다면, 이들은 선택하느라 고심하여, 응답할 수도 없었을 것이다. 더구나 '신의 말씀'과 동일한 것으로 여겨 자신들의 '외적 말씀'을 말하도록 고양했던 것은 예언자들에게 부여된 야훼의 내적 말씀이었다. 신의 현존인 이 내적 말씀이 이들을 비추었을 때, 예언자들이 발전시킨 것은 '신의 사람들'이 행한 사회적 가치와 정치적 가치에 대한 비판이었다. 예언자들은 살아 계신 야훼의 현존을 대면하면서 생긴 초월적 가치에 기초를 두고서 여러 가치들의 위계를 설교했다. 이 초월적 가치는 사람들이 살고 있는 문화적이고 개인적인 여러 가치를 변형하여 가치를 회복할 것을 지향한다.

이런 종교적 경험은 매개되지 않은 경험이지만, 일단 예언자가 이 매개되지 않은 종교적 경험을 쓰거나 말하기로 선택하면, 이 경험은 어느 정도 표현양식과 방식을 통해서 매개될 수밖에 없다. 이 종교적 경험이 의미가 매개되어 세계에 들어오게 되면, 예언자들의 말을 듣는 청중들은 이들의 말에 혼란을 느끼고, 예레미야와 이사야의 말이 의미했던 바에 물음을 던지기 시작한다. 우리가 이 의미들을 평가하고 예언자가 말한 것의 가치를 분별할 것을 기대하는가? 그렇게 하려면 청중은 예언자들의 헌신을 공유해야만 한다. 예언자가 말한 것은 '인간의 말'이 아니라 '야훼의 말'이기 때문이다. 그 말은 예언자를 통해 말씀하신 야훼에 의해 빛을 받은 마음과 머리를 지닌 사람만이 이해할 수 있다.

  예언자의 말씀은 똑같은 종교적 사랑과 신앙을 받아들인 사람들만이 분별할 수 있는 '계시된 말씀'이다. 그렇더라도 인간의 '자연적' 이성과 반대되지 않는다. 그렇기는커녕 자연적 이성을 완전하게 하고, 사랑과 신앙의 선물로 우리에게 수여된 '초월적 타자'를 자연적 이성이 원하도록, 이해하도록, 판단하도록 이끈다. 이렇게 하는 것이 '계시된 이성'이다. 기도와 예배와 같은 종교적 행위가 전적으로 초월의 영역에 있는 신적 실재와 친교할 수 있게 한다고 우리가 믿을 수 있는 것도 이 초월적 타자 때문이다. 신이 우주의 창조자이며 보존하는 자라는 것을 믿게 되면, 그 우주는 신의 선물이 되고, 이 우주의 본성은 무한한 가치의 프로젝트로 여겨져 이해되고 바르게 판단해야 할 과제로 된다.

  종교의 가치들이 전적인 초월적 가치라면, 다른 가치들은 더 차원이 높은 이들 종교적 가치에 통합되고 이 종교적 가치와 조화를 이룰 수 있는 경우에 한에서 더 가치를 지니게 된다. 이렇게 하려면 믿음을 지닌 종교인들이 서로 협력하는 방식은 더욱 가치 있고 이성적인 또는 참으로 할 만한 가치가 있다고 식별했던 종교적 실재들, 가치들과 좀 더 조화를 이룰 수 있는 기본적인 방식을 취해야 한다. 그런데 믿음을 지닌 종교인들이 서로 협력하는 삶의 가치를 지닌 공적 질서를 발전시키려면, 첫째, 자신들이 진정한 종교인들인지, 그다음, 자신들이 살고 있는 역사의 단계에 상당할 정도로 의존하고 있는지를 알아야 한다.

384 자기 앎의 탐구

7 종교적 역사의 단계들

앞 절에서 신앙과 믿음의 차이를 규정했다. 신앙은 종교적 사랑에서 비롯되었고, 이 종교적 사랑이 기초가 되어 이를 기반으로 한 역사적, 문화적 공동체가 생겼으며 이 공동체가 형성하여 살고 있는 것이 믿음이다. 이 차이를 구별할 수 있어서, 한 공동체의 종교적 믿음과 종교적 행위들의 배후에 있는 믿음의 기반인 '감정을 생기게 한 경험들'로 나아갈 수 있었다. 또한 세계 여러 종교들의 공통된 특징들도 발견할 수 있었다. 종교적 경험을 '초월적 타자'와 사랑하는 것과 동일시하면서, 종교적 사랑이 어떻게 받아들이는 사람에게 선물로 이해될 수 있는지 강조해서 볼 수 있었다. 만약 받아들이면 그 사람은 '새로운 존재'로 변할 수 있다. 더구나 바로 이 선물로부터 흘러나온 내적인 신앙 또는 조명이 자신이 참여하고 있는 종교 전통의 '외적 말씀'을 믿겠다고 가치를 부여하고 이 전통을 선택하도록 동기를 제공한다. 이 조명 또는 계시는 '자연적' 추론을 대신하지 않지만, 우리의 추론과 선택함을 향상시키고 완전하게 한다. 그 욕망을 느끼게 되면, 이 필요에 가치를 부여하고, 이 '신적 타자'가 누구인지 알기를, 또 이 '초월적 타자'에 대한 우리의 종교적 사랑을 매일 타인과 협력하는 일상적인 생활양식과 태도에서도 어떻게 하면 구현할 수 있을지 생각하고 선택하기 시작한다.

가부장적이고 가정에 한정된 사랑과 삶을 종교적 사랑에 통합하고 이것과 조화를 이룰 수 있는 능력은 우리가 태어난 역사적이고 문화적인 단계에 상당한 정도로 의존한다. 예를 들면, 이스라엘 사람들의 경우 예언자들의 항거가 있은 지 약 200년이 지나서야 약간의 이스라엘 사람들만이 야훼의 왕국은 그들이 살고 있는 왕국과 다르다는 것을 알아채기 시작했다. 마찬가지로 원시의 종교 문화 속에서 살고 있는 사람들이 과거의 역사 사건 안에서 현재와 미래의 종교적 사건을 뚜렷이 구별하는 것도 있을 수 없는 일이다. 원시 사람들도 실제 역사적인 삶을 살았지만, 자신들이 살았던 역사를 기록하지 않았다. 대신 자신들의 삶의 실재를 해석하고 평가한 낭송하는 신화, 극으로 하는 의례가 있었다. 더구나 이들 신화와 의례는 원시 사람들의 종교적 믿음들과 행위에서 생겨날 수 있는 중대한 발전가능성을 생각지 못하게 만들었다.

서구 기독교는 자신이 오랜 역사 종교의 역사적 연속일 뿐만 아니라 새로운 발전이라는 것을 알았지만, 기독교 신자는 자신들이 살아온 성서 전통과 초기 원시 종교들 간에 어떤 연속성이 있을지도 모른다는 궁금증을 품었던 적이 없어 보인다. 19세기 말과 20세기 초 이전에는, 세계의 여러 종교들이 갖고 있는 공통된 토대를 발견할 수 있는 기회란 없었다. 이 발견은 신앙과 믿음을 구별하게 되면서 가능했다. 기독교가 여타 세계 종교들 그리고 종교 역사 전체에 통합될 수 있는가라는 새로운 질문을 20세기를 사는 기독교 신자는 할 수 있다. 19세기 기독교의 문화적 상황과는 현저히 변했기 때문이다.

19세기와 20세기에 출현한 변화의 주된 이유들을 검토하기 전에, '상태'라는 말을 가지고 역사적 단계들을 비교, 대조하면서 역사적 단계에 대한 생각을 분명히 하겠다. 어떤 사람이 자신의 건강이 어떤지 '현재 상태'를 알아보기 위해 병원에 간다. 대통령이나 고위 인사가 국가 또는 기업의 '현재 상태'를 설명하려고 한다. 기업의 연속적인 다른 상태들과 비교하여, 경제학자는 기업의 현재 상태가 이전의 상태와 비교해서 나아졌다고 발표할지 나빠졌다고 할지 결정한다. 이 의미는 한 사람의 건강 상태는 생애의 단계라는 관점에서 해석된다는 것을 보여 준다. 그래서 의사는 환자의 나이를 보고 환자의 건강이 정상인지를 말한다. 한 사람의 건강 상태는 역동적으로 변화하는 과정의 단면일 뿐이다. 한 단계는 발달의 과정에서 본 상태이다.

인류 역사도 마찬가지의 역동적 과정이다. 자신들의 의미와 가치를 수행하며 살고 있는 상이한 역사공동체들의 삶, 그 삶을 매개하고 동기화하는 의미와 가치가 계속해서 발달하는 그리고/또는 후퇴하는 질서 또는 무질서의 역동적인 과정이다. 역사적 과정의 단계들은 자신들이 살아온 의미와 가치를 조절하는 것을 신중하게 발달시켜 온 방법에 달려 있다. 그 '의미의 조절'을 통해서 여러 공동체들은 자신들의 사적인 삶이나 남과 도우며 사는 협동적인 삶을 다양하게 조정하는 데 책임을 갖게 되고 더 지적으로 되어 간다. 종교사의 첫 단계는, '기록하지도 않고', '종교적인 서적'도 갖지 않은 문화공동체다. 그래서 이들은 아마 자신들의 종교적 의미와 가치를 오직 낭송하고 의례화했을 것이다.[17] 두 번째 단계는, 이 문화가 기록을 하면서 코란 혹은 성서와 같은 종교적인 서적을 갖게 될 뿐만 아니라 자신들의 기록 문화와 예술 문화를 발전시킨다. 첫 번째 단계는 두 번째 단계에서 제거되지 않는다. '서적 문화'는 읽고 쓸 줄 알며 또한 그 종교 의미를 읊고 듣기도 하기 때문에 첫 단계는 이 단계에도 계속된다. 불행하게도 이 두 번째 단계에서 대부분의 대중은 문맹이어서 여전히 첫 단계의 수준에 머물러 있다. 세 번째 단계는, 여러 종교적 저술들과 기록물들에 대해 새로운 정신으로 비판적 반성을 하여 이것들의 발전을 꾀하기 시작하는 소수의 엘리트 그룹에서 출현한다. 그 결과, 종교적 저술들과 사람들의 매일의 종교적 실천에 대해 새로운 형식의 이론적 저술과 담론이 형성된다. 이 단계에서 점점 새로운 이론 언어가 형성되고, 이 새로운 이론 언어를 수단으로 해서, 종교 의미의 이론적 체계가 구성된다. 이 새로운 '신학적 체계'는 문화공동체의 종교적 저술들과 사람들의 종교적 실천을 학자들이 해석하면서 발전해 간다. 그리고 종교학자들은 살아온 역사와 이론화하고, 재구성하고, 기록된 역사가 다르다는 것을 알게 된다. 우리는 이 단계에 도달했다. 이는 종교학자들의 종교 역사뿐만 아니라 타 종교들의 역사도 포함한 더 넓은 장을 포함한다.

나는 의미와 가치를 반성하고 평가할 수 있는 조절 토대에 근거해서 종

---

17) Bernard Lonergan, ʻPhilosophy and the Religious Phenomenon,ʼ in *Method: Journal of Lonergan Studies*, vol. 12, ed. Patrick Byrne, Charles Hefling, and Mark Morelli(Chestnut Hill, MA: Lonergan Institute of Boston College, 1994), 121-46.

교사의 네 단계를 구별해 왔다. 이들 상이한 조절은 무엇인가? 5장에서 나는 인류 역사의 처음부터 모든 개인들은 다 배움의 자기 교정 과정이 있다는 것을 논했다. 이 조절에 수반된 문제는 바로 그 반성의 범위가, 공동체의 협동을 목표로 한 상식적 수준의 활동이며 일상적 순환에 한정되어 있다는 점이다. 두 번째 구술 문화와 기록 문화의 단계에서 비판적 반성의 범위는 의미 있게 확대된다. 기록된 텍스트는 종교적 저술들과 종교적 실천들을 일관되게 조사, 평가할 수 있는 여건을 마련해 놓았다. 새롭게 발전된 비판적 능력에 동반해서, '축의 시대'에는 개인의 책임감이라는 새로운 감수성이 생겨났다. 사람들의 상이한 계급들, 기록된 표현들이 다양해지면서 비판적 반성 능력은 더 형성되고 더 새롭게 될 가능성이 제시되었다.[18] 타민족이 말한 것을 그리고/또는 쓴 것을 학자들이 토론하고 논쟁하면서, 또 체계적으로 추론하기 시작하고 동시에 이 체계적 의미와 가치를 조절하는 맨 처음의 외적 방법, 즉 논리의 방법이 발전해 가면서 중대한 진전이 일어났다. 우리는 2장에서 체계적 사고의 본성을 논하면서 동시에 방법으로서 논리가 갖는 장점과 단점도 보았다. 여기서 내가 강조하고 싶은 것은, 이 세 번째 역사 단계에서, 상징이 종교적 경험을 표현하며 행동하도록 동기를 부여하는 데 있어서, 상징적 양식의 표현과 방식을 다루는 외적인 방법이 없다는 점이다. 가장 중요한 것은 역사의 이론 과학이 없다는 점이다.

세 번째 단계에서 가장 중요한 것은 기술적, 문화적인 상식 세계와 이론적인 설명 세계를 구분한 것이다. 그런데 이 성공적인 진전은 상관있는 의미의 두 세계에 문제를 야기했다. 불행히도 이론의 세계는 보편적이고, 필연적이고, 비역사적인 세계로 해석하려는 경향이 있다. 이를 자연 세계뿐만 아니라 사람들이 사는 실제 세계 양쪽에 적용하려 한다. 또 공동체가 살아온 의미와 가치에 생긴 구체적이고 특정한 변화를 단지 '우연적인' 변화

---

18) Karl Jaspers, *The Origin and Goal of History*, trans. Michael Bullock(London: Routledge & Kegan Paul, 1953).

로 해석하고 평가해 전혀 중요하지 않은 비본질적인 변화로 여겼다. 날마다 일어나는 의미와 가치의 사소한 변화도 축적되면 중대한 변화가 되어 새로운 역사 단계로 진입하게 된다. 사소한 변화도 이에 영향을 미칠 수 있는데, 이론의 세계는 이를 개연적인 것으로 여기지 않고 무시했다. 그 결과, 이 세 번째 단계의 고전 문화는 스스로를 영원하고 규범적인 것을 성취한 것으로 간주했다. 자신들이 살고 있는 역사의 의미와 가치에서 일어난 변화를 반성함으로써 비판적이고 평가적인 역사 과학을 발전시킬 어떠한 필요도 전혀 없다는 투였다.[19] 바로 이 비판적이고 평가적인 역사 과학, 특히 종교적 경험의 역사가 등장한 것은 문화사의 네 번째 단계로의 변화를 표시한다.

이 네 번째 단계에서 철학은 더 이상 플라톤, 아리스토텔레스, 중세 사상가들이 했던 이론이 아니다. 철학은 알아감, 선택함, 사랑함의 작동하는 기본 체계를 적정화하여 전문화된 여타 방법들을 통합하려고 시도하는 방법이 된다. 이 특화된 방법들을 실행하면 점점 의미와 가치의 여러 세계들의 상이한 범위를 만들게 된다. 다르긴 하지만 상관있는 의미의 여러 세계들은 위의 문화사의 계속된 단계들에서 점차 드러났다. 엘리아데가 제안한 구별된 두 세계는 성스런 세계와 속된 세계로, 이는 첫 구전 단계에서도 보인다. 성과 속의 다소 막연한 이 구분은 기록 단계에서 더 분명하게 되었다. 그러나 익숙한 상식 세계와 이론 세계를 분명히 구별하게 된 세 번째 단계에서조차도 여전히 초월의 성스런 세계를 주제적으로 분화시키지 못했다. 철학이 내향적 세계로 전환해서 인류 역사를 해석하고 평가하는 근본 범주로서 초월적이고 종교적인 경험의 핵심을 규정하게 될 때까지 아마 그렇게 되지 못할 것이다. 지금까지 대략적으로 종교사의 네 단계들을 기술해 보았다.

---

19) Bernard Lonergan, 'The Transition From a Classicist World-View to Historical-Mindedness,' in *A Second Collection*, 1-10.

8 요약

앞 장에서 실천적인 지성보다 사변적인 지성을 우선시했던 평가를 역전시켰고 윤리학이 형이상학의 소전제를 변형하고 이를 포섭한다는 것도 논증했다. 이 장에서 우리의 윤리적 삶과 종교적 삶에 이 비슷한 변형과 포섭이 있다는 것을 제시했다. 나의 의도는 첫째, 종교적 경험과 도덕적 경험을 분별하고, 둘째, 독자들이 지닌 종교적 믿음들이 무엇이든지 간에 자신들의 종교적 믿음과 실천들을 비판적으로 적정화할 수 있는 방법론적인 기초를 제공하고자 하는 것이다. 5장에서 문화를 초월한 지자로서 적정화할 수 있는 방법을, 7장에서는 문화를 초월한 선택하는 자로서 적정화하는 방법을 제시했던 것처럼, 이 장에서는 초월적이고, 문화적이고, 종교적인 사랑하는 자와 믿는 자로서의 자기에 바로 이 똑같은 방법을 확장해 보았다.

　이 목표를 성취할 수 있는 방법은 인지적이고 도덕적인 경험들을 적정화하는 데 당신이 따라온 방법과 기본적으로 같다. 그 적정화의 핵심은 알아감과 선택함의 경험으로부터 인지적이고 도덕적인 표현들이 나온 '감정을 생기게 한 경험함'으로 되돌아가는 것이다. 종교적 주체로서 자기를 적정화하려 할 때 이와 똑같은 전환이 요구된다. 이는 쉬운 일은 아니다. 당신이 알고 선택하는 것과 당신이 알고 선택한 것을 통해서 드러난 네 측면의 작동들을 분별하도록 습관을 들여야 하는 어려운 과정을 포함하고 있기 때문이다. 일단 분명한 첫걸음이 성취되면, 당신은 종교적 표현 그리고 평가적인 해석의 계속된 역사를 통해서 전개되어 온 종교적 경험들에서 유래된 감정을 생기게 한 경험을 방법적으로 분별할 수 있게 된다. 내가 앞의 장들에서 했던 것처럼 수학사와 과학사의 중요한 사건들을 섭렵하면서 나아갈 필요는 없으나 그 같은 방법적 접근이 없다면 루돌프 오토, 에이브러햄 매슬로우, 미르체아 엘리아데, 에릭 뵈겔린과 같은 학자들이 과거 몇 세기 동안 해 왔던 종교 연구를 분명하게 비판하기는 어렵다. 이 학자들은 다른 방식으로 다양한 종교 전통들이 등장하고 발전하고, 그리고/또는 타락하게 된 원인들을 기술하려 시도했다.

매개되지 않은 경험은 주관적이지도 객관적이지도 않다. 주관적이고 객관적인 그런 분별은 언어적이고 상징적인 다양한 의미의 양식을 통해서 정교하게 객관화된 알아감의 형태를 통해 나온 매개된 표현들이다. 감각할 수 있는 경험들은 매개되지 않았고, 궁금해하는 경험들도 그렇다. 매개되지 않은, 궁금해하는 자각은 잠재적으로는 한정되지 않은 객관성이지만, 감각할 수 있고 매개되지 않은 자각은 주체에게 다만 한정된 객관성을 제공할 뿐이다. 매개된 경험과 매개되지 않은 경험의 이런 구별은 종교적 경험을 구체화하는 데 있어 중요하다. 그런 경험들은 감각할 수 있으며, 궁금증을 야기하는 것이어서 우리 존재의 상이한 모든 것에 우리를 참여하도록 만든다. 그래서 종교적 경험은 언어 이전의, 개념 이전의 경험이며, 사람의 전 존재에 관련되어 있다. 그와 같은 경험에 반응하는 것은 다양한 요소에 좌우되지만, 이 요소에서 중심이 되는 것은 그 경험들을 해석하고 평가하려 시도하는 사람들이 몸담고 있는 역사적 문화다.

루돌프 오토의 선구적인 시도는 '전적으로 다른 타자' — 자연적 타자가 아니라 신비적이고 절대적인 초월적 타자 — 의식에서 종교적 경험의 본질적인 핵심을 찾으려는 것이었다. 엘리아데의 고대 종교들의 역사는 좀 더 풍부한 뉘앙스와 역사의 세부적인 것들에서 '성스러움'을 기술하려 한 것으로서 더 폭넓은 맥락에 오토의 연구를 배치한 것이다. 풍부하고 다양한 여러 종교 신화와 의례에 초점을 맞춰, 엘리아데는 온 땅과 땅이 품고 있는 모든 살아 있는 구성원들의 다시 새롭게 재생하는 순환적 복원에서 이들 신화들의 중요한 핵심을 찾아냈다. 이 의례들을 통해서 사람들은 모든 것이 존재하게 되었던 '위대한 시간'으로 되돌아갈 수 있다고 믿었다. 이 성스런 의례를 행하지 않는다면, 온 땅이 다시는 힘찬 활력을 갖지 못할 수도 있어서 사람들은 갱생과 경배의 의례들을 수행하는 것이며 이것이 여러 신성들에 대한 자신들의 성스런 의무라고 믿었다. 이렇게 하지 않고 그대로 놔두게 되면 세상의 만물은 퇴색하고, 낡고, 잉태할 수 없는 불모가 되어서 생의 에너지를 잃게 된다고 보았다. 이와 같은 종교 이야기와 실천들에 들어 있는 핵심은, 살아 있는 것들은 다시-창조되고, 다시-질서를 이루고, 성스럽게 만들어지는 과정에 의해 다시 새롭게 되고, 그래서 신적인 생명에 다시 참여할 수 있다는 생각이었다. 종교는, 가장 초기의 표현에서는 오래되고, 쇠약해지고, 질서가 없던 혼돈의 존재 방식에서부터 다시 태어나 좀 더 높은 차원의, 더욱 완전한, 존재의 영원한(timeless) 방식을 통과해 가는 것을 표현한다.

종교사의 중요한 발전들을 대략 살펴보면서, 여러 종교 전통들 저마다의 과정에는 이와 같은 종교적 통과의 의미가, 그리고 자연의 존재 방식에서 지고하고 성스런 존재 방식으로 나아가는 중대한 의미 변화가 있다는 것을 지적했다. 그런데, 세계의 모든 고등 종교들은 한 사람 혹은 그 이상과 나눈 사랑의 경험을 기술하는 맥락에서 요약될 수 있는 어떤 기본적인 특징을 공유한다. 사랑은 사랑에 빠진 한 사람 또는 사람들을 비추고 지향하는 다시 태어남으로 경험된다. 고등 종교에 공통된 것은 신이다. 그 신은 사랑이며, 모든 사람들을 위해 속죄하고 구하고자 하는 욕망이다. 신이 준 사랑의 선물에 대한 종교적 응답은 그것이 개인적 응답이든 특정 종교의 믿음, 행위의 맥락에서이든, 신을 신뢰하며 믿는 새로운 자발적인 마음의 경험이다. 사랑은 그 사람의 전 존재, 머리와 가슴에 내재적이며 초월적으로 영향을 준다. 사랑이 또 다른 타자 전 존재의 선함과 존엄을 드러내고 계시하듯이, 당신은 당신 전 존재를 통해, 당신 존재 안에서 그 사람을 사랑한다. 그러나 사랑받는 것이 사랑 그 자체이며 무한하게 가치 있을 때, 그 사랑은 절대적이고 제한되지 않는다. 이는 제한된 다른 사랑들의 기초가 된다. 그러므로 그 사랑은 좀 더 열등한 다른 사랑의 기본적인 동기와 방향을 형성한다. 그것은 다른 모든 가치를 초월하는 가치이고, 참된 의미가 있다고 여긴 개인의 목표 또 공동체의 목표를 실천할 동기를 사람들에게 제시한다.

종교적 사랑함이 정치적, 가정적인 사랑함과 개인적 사랑함의 기초가 되고 이에 동기를 부여할지라도, 마치 도덕적 추론이 실천적이고 이론적인 추론의 확장에 달려 있는 것처럼, 종교적 추론도 도덕적, 인지적 추론을 포함하고 이에 동기부여를 하더라도, 만약 더 높은 목표를 성취하려 한다면, 역시 추론의 이 두 패턴 모두를 발전시키고 완전하게 할 것을 요구한다. 예를 들어, 정치 공동체의 구성원들이 참으로 가치 있는 방식으로 서로 사랑을 표현한다는 것은 그들이 실제적이며 지혜롭게 추론할 능력이 있어야 한다는 의미다. 당신은 이웃을 사랑할 수 있고, 그리고 그런 사랑은 특정한 방식에서 그 사람의 내적 존엄을 드러낼 수 있다. 그러나 곤란에 빠진 이웃을 도와줄 때, 당신은 그 이웃의 처지를 잘못 이해하여 오해하고 실제 상황을 더 나쁘게 만들 수도 있다. 종교 지도자와 정치 지도자도 마찬가지다. 이들이 사람들을 정말로 사랑하고 진심으로 사람들을 더 나은 삶으로 이끌고자 강하게 열망할 수 있지만 이들 역시 도덕적으로 둔감하고 지적으로 어리석을 수 있다. 그 결과, 그들의 도덕적 종교적 이상주의는 재난과 같은 정책들로 끔찍한 결과를 초래할 수 있다.

종교적 사랑이 도덕적 나약함의 문제에 대면한 개인 또는 공동체에 동기를 부여하는 잠재적 힘을 갖고 있긴 하지만, 그것이 성공하려면 지속적으로 도덕적이고 지성적인 발달을 요구한다. 종교사에는 터무니없는 순 공상적인 종교 이야기뿐만 아니라 기이하고 심지어 파괴적이기까지 한 의례적 행위도 그득하다. 지성을 발달시키지 않는 도덕 이상주의가 일을 그르치듯이, 종교의 발전도 도덕적이고 지성적인 발달이 견고하게 지원되지 않는다면 전진할 수 없다. 다른 말로 하면, 인간이 받는 근본적인 도전은 종교적으로, 도덕적으로, 지성적으로 진정성이 있게 되는 것이다. 알아가는 자, 선택하는 자, 사랑하는 자가 진정성이 있다는 것은, 한정되지 않은 능력과 한정된 성취, 이 사이의 기본적인 긴장을 적정화해 가는 것이다. 더 구체적으로 이것의 의미는 개인들 혹은 어떤 한 공동체는 그들이 살아온 문화적 자기와 항상 더 발전될 수 있는 잠재적 자기 사이의 차이를 적정화해 왔다는 것이다. 이 발전은 그 공동체의 맥락이나 지평을 형성한 유산으로 전해 내려온 역사적 의미와 가치를 변증적으로 해석하는 것에 달려 있

다. 그 변증적인 해석은 하나의 형이상학적, 도덕적, 종교적인 통합 체계를
상정한다.

회심으로서의 방법 Method as Conversion

일반적인 의미로 '방법'은 체계적이고 효과적인 방식으로 어떤 과제를 실행하기 위해 순서를 잘 짜 놓은 일종의 절차다. 그것은 또한 마치 어떤 규칙이 왜 그런지 설명하지 않은 채 규칙을 배움으로써 학생들이 그 문제를 풀도록 가르치는 수학 교재에서 발견되듯이 문제를 풀기 위해 일련의 규칙을 따르는 것을 의미하기도 한다. 어떤 경우이든 방법은 절차 그 자체에 부대적이다. 내가 말해 온 '방법'이라는 용어는 이 작동들을 규범적으로 지시하는 방향 또는 프로젝트를 수행하는 데 요구되는 작동들일 뿐만 아니라, 그 작동을 수행하고 있는 작동자로서 당신을 말하기도 한다. 이런 이유 때문에 나는 방법을 '자기 적정화'로서의 방법이라고 말해 왔다. 방법은 당신이 알아가고, 선택하고, 그리고 사랑하는 것과 이 작동들을 통해서 그리고 이 작동들 안에서 어떤 목표를 성취하기 위하여 당신이 어떻게 작동하는지 등의 더욱 확장된 자각으로 당신을 이끌려는 목적을 갖는다.

또한 자기 적정화의 방법과 논리의 방법에는 기본적인 차이가 있다. 논리의 방법은 아리스토텔레스가 다양한 삼단논법의 패턴을 통해 일관적이고 잘 정렬된 방식으로 하나의 가정에서 다른 가정으로 나아가는 추론적 방식을 조절하기 위해 발달시킨 것이다. 이 체계적인 추론의 토대는 맨 처음의 전제에 기반을 둔다. 맨 처음의 전제는 전제와 결론의 연속에서 구체적으로 연역해 낼 수 있는 첫 원리를 제공한다. 그 같은 체계적인 추론적인 설명에는 내적으로 잘못된 것은 없지만, 최초의 전제이든 파생된 전제이든 전제는 생각하는 사람이 이 전제들을 이해하고 판단한 방식에 우선적으로 의존되어 있다는 사실을 밝히지 못했다. 전제가 인지적이든, 도덕적이든 혹은 종교적이든 그 가정들을 만들어 낸 작동에서 생겨나므로 도덕적 사상가나 종교적 사상가 모두 똑같은 전제들과 관련되지만 다른 방식으로 심지어는 정반대되는 방식으로 그 전제를 이해하고, 판단하고, 가치를 평가한다. 그런 점에서 논리는 의미를 조절하는 데 있어 매우 제약적인 방식이다. 좀 더 넓은 의미의 방법은 의미된 내용들을 명료하고 일관성 있게 조절하려는 것이 아니라, 의미의 근원이면서 의미를 생산해 낸 작동들과 그 작동들을 주도하는 정향을 조절한다. 그 방법을 구성하는 핵심은 기본적으로 객관적인 의미를 규정하는 것이며, 또는 '의미함을 의미한다는 것은 무엇인가?' '그러한 객관성을 성취하고자 하는 알아가는 자, 선택하는 자, 사랑하는 자를 안내하는 규범은 무엇인가?' 하는 물음에 대답하는 것이다.

　나는 인지의 연속적 작동을 통해 알게 될 아직은 알려지지 않은 객관적인 물음을 규정하면서 이 연구를 시작했다. 기능적으로 연관되어 있는 이 작동들은 아직 알지 못하는 객관성을 밝히는 역동적이며 규범적인 절차를 제공한다. 나는 제약된 인지 작동과 그 결과인 가까운 객관성을 제약되지 않고 먼 아직 알지 못하는 객관성과 대조했다. 아직 알지 못하는 객관성은 알려질 수 있는 모든 것이 바르게 정말로 알려질 때에만 알게 된다. 가까운 객관성과 먼 객관성을 이렇게 대조하면서 가까운 객관성 — 존재 — 에 정향되어 있는 기본 방법과 존재 안에서 제한된 객관성을 탐색하는 특화된 방법 간의 차이를 좀 더 대조할 수 있었다. 나는 특화된 네 가지의 방법 — 고전적 방법, 통계적 방법, 발생적 방법, 변증적 방법 — 을 그 각각의 특화된 객관성에 도달하기 위한 서로 다른 네 가지의 규범적인 절차로 규정했다. 제한된 객관성을 성취하기 위한 특화되고 규범적인 절차들과 제한되지 않은 객관성을 성취하기 위한 근본적인 방법, 이 둘 사이의 대조는 새로운 방식의 형이상학적 사고와 정의를 가능하게 했다. 이 맥락에서 가까운 객관성과 먼 객관성뿐만 아니라 알아감의 체계적 작동을 이해한 형이상학자라면 존재의 학문인 형이상학이 특화된 객관성, 제약된 객관성을 탐구하는 다른 지자들에 의존되어 있음을 깨닫게 된다. 그러나 이 지자들이 진행한 범주와 특화된 범주들을 통해 정향해 온 객관성을 형이상학자는 비판적으로 이해하고 변증적으로 판단할 수 있다는 점에서 이와 같은 의존은 비판적으로 변화될 수 있다. 예를 들면 형이상학자의 임무는 갈릴레이와 뉴턴의 중력 법칙의 타당성을 입증하거나 더 발전시키는 것이 아니다. 그것은 물리학자들의 임무다. 과학자들이 자신들의 고유 영역에서 머무르지 않고 무엇이 알아감이고 아닌지, 알아감을 객관적으로 만드는 것이 무엇인지, 서로 다른 객관적 알아감의 형식을 통해 어떤 실재가 정말로 알려지게 되는지 하는 인식론적이고 형이상학적인 가정들을 명료화하려고 하면서 드러냈던 그들의 어떤 근본적인 실수를 교정하는 것이 바로 형이상학자들의 임무다. 갈릴레이는 실질적이고, 상식적인 알아감과 그것의 객관성 그리고 이론적인 알아감과 그것의 객관성의 차이를 몰랐기 때문에 물(物)의 일차적 특성과 이차적 특성의 차이를 역사적으로 혼동했다. 로크가 이 잘못된 구별을 취하여 경험 철학의 전통으로 나아갔다. 그리고 그 잘못된 구별은 뉴턴의 변형을 거쳐 칸트로 이어져 실재 운동과 현상 운동을 구별하지 못하게 하였다. 상식적 의미의 알아감을 신뢰하지 못하겠다고 하는 것이 아니라면, 이 같은 구별을 하게 되면서 얻은 한 가지 결과는 적어도 사상가들이 실질적 알아감이라는 다른 차원에 주목하기 시작한 19세기까지 인류사에서 상식적 알아감의 역할에 대한 연구를 무시했다는 점이다.

방법적 형이상학은 특화된 방법의 알아감의 결과를 비판적으로 평가하는 것뿐만 아니라 또한 갈릴레이가 했던 것과 같은 중대한 실수의 원인을 밝힌다. 갈릴레이는 실질적인 상식적 알아감을 신뢰하지 않았는데, 알아감을 객관적으로 하는 것이 무엇인지를 그가 안다고 확신했기 때문이다. 방법적인 자기 적정화의 형이상학자들은 알아감을 객관성이 되게 하는 것은 존재이며, 그리고 알아감을 가까운 객관성으로 만드는 것은 '사실상 제한되지 않은' 또는 반성적 행위로서의 판단에서 파악되는 제한된 절대를 포착하는 것임을 안다. 형이상학자는 또한 바른 판단 행위에는 세 가지 제한된 객관성이 있다는 것을 안다. 즉 감각함에 의해 알려지게 된 경험적 객관성, 이해함에 의해 알려지게 되는 이해가능적 객관성, 그리고 판단함에 의해 알려지게 된 절대적 객관성이다. 이 세 가지 제한된 객관성이 단일한 객관적 판단으로 결합될 때는, 경험적 객관성이 중심적인 의미로 과장되게 주어질 확률이 매우 높다. 경험적 객관성은 사실 최소한으로만 의미를 구성할 뿐이다. 두 번째 이해가능적 객관성은 (관념주의의 어떤 형식의) 우월성을 주장하려는 경향이 있지만 이런 확률은 훨씬 적다. 반면 세 번째 구성적 기능은 거의 늘 간과되거나 부정된다. 이 세 가지 기능 전부와 그 각각의 객관성이 규정될 때에만 어떤 판단이 참되게 객관성을 갖게 하는지를 바르게 판단할 수 있다. 더구나 자기 적정화한 형이상학자는 다음의 사항을 안다. 인간 지자들도 동물 지자들과 감각적 객관성을 공유하며, 감각할 수 있는 인식과 감각 대상에 대한 알아감은 이론적 알아감이 나오기 훨씬 전에 자연발생적으로 발달되기 때문에, 첫째, 인간의 알아감의 삼중의 기능을 감각적 알아감으로 환원하려는 것, 둘째, 객관적인 알아감의 삼중의 객관성을 경험적 객관성으로 환원하려는 것, 셋째, 경험된 실재, 이해된 실재, 판단된 실재의 삼중의 실재를 경험된 실재로 환원하려는 경향이 있다는 것을 안다.

이 환원주의적 경향은 모든 지자에서 작용한다. 그래서 자기 적정화한 형이상학자들은 세 가지 유형의 형이상학자들 즉 경험적이거나, 관념적이거나, 실재적인 유형이 있다는 것을 깨닫는다. 인간의 알아감의 역사에 몇 차례 중요한 진보가 있었지만, 방법적 형이상학자들은 뉴턴의 물리학에서 아인슈타인의 물리학으로의 전환이 특히 중요한 의미를 지니고 있음을 알게 될 것이다. 왜냐하면 이러한 전환은 물리 우주 전체의 공간과 시간, 운동을 설명하는 데 있어서 기본적 범주가 근본적으로 변한 것이기 때문이다. 뉴턴 이론의 발전과 역전 둘 다에 있었던 이 전환을 적정화함으로써, 형이상학자들은 동물에도 인간에게도 작동하는 일상적인 감각운동의 틀과 그리고 기술적인, 우리 주변의 세계를 매개 없이 자연히 감각하는 감각운동의 틀을 설명적인 방식으로 매개하고 변화시키는 정밀한 지성적 틀 간의 차이점을 분별할 수 있게 되었다.

뉴턴의 세계질서에서 아인슈타인의 세계질서로의 이 전환은 아이러니하게도 우리의 물리적 우주는 무한한 우주에서 유한한 우주로 축소되었지만, 잠재적으로 무한하며 이해가능한 우주를 개시한 것이다. 이 예는 일상적인 알아감의 틀에서 잠재적으로 무한한, 알 수 있는 존재 우주에 놓여 있는 사실상 제한되지 않은 물리적 우주를 유한한 물리적 우주로 역전하는 것에 방법적 형이상학이 달려 있다는 점을 보여 준다. 그래서 방법적 형이상학은, 알아감의 본질에 대한 이유 그리고 그 알아감을 참된 객관성으로 만드는 것이 무엇인지 설명하는 가운데서 근본적인 회심을 겪고 있는 사람에게 달려 있다. 지자가 이미 알려진 객관성에서 잠재적으로 무한하며, 알려지지 않은 객관성으로 재정향할 때 무엇이 알아감을 객관성으로 만드는지 알게 된다.

나는 성취된 지자로서의 정체성은 여전히 성취되고 깨닫고 있는 지자에 의해 계속해서 대치되고 있다는 사실을 인식한 지자를 진정한 지자라고 정의했다. 알아가는 과정에서 가까운 객관성과 먼 객관성 사이의 차이를 알고 방법적으로 규범적인 방식에서 이 차이가 어떻게 생겨나는가를 아는 회심한 지자를 진정한 지자라고 이제 말할 수 있게 되었다. 방법적 형이상학을 제시한 진정한 혹은 회심한 지자와 더불어, 방법적 윤리학을 기반으로 한 진정한 혹은 회심하는 선택자도 있다.

형이상학이 인지적 물음과 대답을 벗어나, 변화하여, 인지적 영역을 포함하는 것처럼, 윤리학도 형이상학으로부터 부상하고 변해 형이상학을 포함한다. 방법적 윤리학은 방법적 형이상학과 나란히 간다. 인지적 알아감은 연속적인 부분적 객관성을 통해서 알게 될 아직은 알지 못하는 객관성에서 시작된다. 또 도덕적 알아감은 아직 알지 못해 선택되지 않았으나 연속적인 부분적 객관성을 통해서 알게 되고 평가되고 선택되는 객관성에서 시작된다. 이들 부분적인 도덕적 객관성을 분별하는 문제는 객관적 알아감의 요소를 분별하는 것과 비슷하다. 이 문제를 해결하려면 기술적이고 상식적인 도덕적 추론에서 이론적인 도덕적 추론으로 나아가는 것이 요구된다. 기술적인 도덕적 추론에서 설명적인 도덕적 추론으로의 전환은 경험되어진 것으로의 좋은 것과 제도적으로 질서 지어진 것으로의 좋음, 또는 좋은 직업과 좋은 경제질서, 좋은 계급, 좋은 교육시스템 등의 차이를 구별하는 것을 가능하게 한다. 이 같은 설명적 차이는 또한 사회질서 내에 작동하고 있는 오랜 기간의 역사적 흐름과 역사적으로 제약된 제도질서를 유지하거나 의미 있게 변형하는 짧은 기간의 흐름에 대한 깊이 있는 연구를 가능하게 한다. 이들 질서는 문화공동체의 구성원들을 도덕적으로 진정성이 있거나 진정성이 없는 선택자가 되게 만든다. 의미를 동기화하는 이 길고 짧은 순환의 차이를 분별할 수 있을 때에만 방법적 방식의 진정성 있는 선택자와 진정성 없는 선택자의 차이를 정의할 수 있다. 자신이 속한 문화의 실천 규범을 따르는 것이 진정한 선택처럼 보일 수 있지만, 모든 개개인에게서 작동하고 있는 문화를 초월한 규범에 의하면 실제로는 진정하지 못한 선택이라는 것이 판명된다. 선택자가 제한되지 않은 선 혹은 가치에 대한 궁극적 도덕 객관성에 정향되어 있다면, 모든 문화권의 선택자의 의식의 지각에서는 이 규범이 작동하고 있다.

도덕적 형이상학은 그 문화가 제공하는 매개적 구조의 방법을 명료화해서, 선택자들이 그 문화공동체의 선택할 수 있는 범주 속의 다양한 이력을 지닌 선택 가운데서 가까운 객관성을 구한다. 이 같은 이력이 있는 선택은, 유지되고 있는 제도에서 협력적인 역할을 한다. 이 제도들은 협력관계에 있는 각 구성원으로 하여금 공동선에 유익하도록 고안된 조직화된 객관성을 추구하게 한다. 이때 다양한 문화 상징이 동기 부여의 의미를 매개해 준다. 동기 부여가 된 의미는 개인이 자신이 속한 공동 운명체에서 각각의 역할을 수행하고 협력하는 선택을 하도록 영향력을 행사한다. 이들 여러 문화 상징이 경제, 정치, 사회, 종교 등의 서로 다른 협력 도식들에서 공동체 구성원들이 수행하도록 동기를 부여한다. 이들 제도적 도식들에 관한 비판적 질문은 인간 가치를 어떤 비중으로 보는지 사회 구성원들이 그런 방식으로 자신들의 가치를 다루는 데 어떤 비중을 두고 있는지를 묻는 것이다. 다른 말로 하면 '영혼의 질서는 축소된 국가'이기 때문에 중요한 변증은 지속하고 있는 문화 도식에서 작동하는 가까운 가치에 대한 평가와 지금도 계속되고 있는 역사의, 모든 사회질서의, 모든 문화적 선택자들이 향하고 있는 먼 문화를 초월한 객관성 사이에 존재한다. 참된 방식의 해석과 비판적 가치 평가를 위해서, 사회 구성원들의 발달에 도움이 되거나 방해로 작동하는 장기적으로 동기화된 의미들을 매개해서 다소간이나마 도덕적으로 진정성 있게 해야 한다. 구성원들은 스스로에게 그리고 서로에게 좀 더 우호적으로 만들어 주는 사적이고 공적인 의미들을 선택하기 때문이다. 그래서 구성원들은 역사공동체의 모든 개개의 구성원들에게 동기 부여를 하는 궁극적 선에 스스로 더 책임감을 지니게 할 수 있다.

아이러니하게도 과거 역사공동체의 발생적이면서 변증적인 매개에서 드러난 것은 진정한 지자가 되려면 더 나은 확장되고 실질적인 이해의 방식으로 문화공동체를 조직하고 정향하도록 헌신해야 한다는 것이었다. 협동적 삶에 더욱더 가치 있게 발달하고 실천하도록 헌신하기로 선택했을 때 요구되는 것은 아직은 지니지 않은 기꺼이 하려는 의지(willingness)다. 사람은 더욱더 합리적이고 가치 있는 방식으로 살 수 있는 본질적인 자유가 있지만, 그렇게 할 수 있는 실효적 자유는 아니어서 자신들의 공동 운명체를 구할 더욱 선택할 만한 가치가 있는 방법을 발전시키고 실행하려는 동기 부여가 되는 의미 혹은 기꺼이 하려는 의지를 필히 발달시켜야 한다. 거의 반드시 발생하는 일은 사람들이 자신의 도덕적 나약함을 인정하지 않고 다양한 상징 언어들을 써 가면서 실효적 자유가 부족하다고 합리화를 한다는 점이다. 그래서 이 문화적 은폐는 다음 세대에게 전수되고, 그 결과 미래의 무질서한 순환을 잉태한다. 도덕적 나약함이라는 이 문제에 대한 잠재적인 해법은, 사람 혹은 공동체가 인간 사랑의 모든 형태를 초월하여 더욱 확장된 종교적 사랑을 추구하는 것에 헌신하도록 할 새로운 유형의 종교적인 진정성에 기반한 종교적 회심이다.

그 같은 종교적 회심은 '전적인 타자'에 대해 사람 혹은 공동체의 편에서 응답할 것을 포함한다. 이 '전적인 타자'는 인간의 우주를 완전히 초월해 있지만 또한 내재적이며 실효적으로 현존한다. 그것은 개개의 모든 선택자들의 인격적 자각 안에서 현존하고, 그 사람을 더 완전하고 신비적인 교감으로 이끈다. 신비적인 매력이기도 한 '두려운 타자'의 현존에 있는 존재 경험은 다른 문화들과 역사 안에서 수많은 다른 형태를 취하기도 하지만, 그 역사와 문화의 다양성은 종교사가들이 공통된 특징을 규정할 수 없을 정도로 그렇게 다르지는 않다. 이것이 의미하는 바는 참된 종교적 회심에 대해 갖고 있는 생각은 서로 다른 믿음의 전통을 초월하여, 힌두교, 이슬람, 유대교, 기독교 어느 종교가 되었든 다른 종교 전통에 있는 구성원들이 근본적인 도전을 형성할 수 있게 한다는 점이다.

내가 사용하고 있는 '종교적 회심'이라는 말은 어떤 사람에게는 매개되지 않은 의식경험에 속한다. 개인 혹은 공동체가 그 경험을 어떻게 매개하는가 하는 점은 역사적 시기에 따라 문화 전통들에 따라 다양할 수 있다. 그렇지만 서로 다른 믿음의 역사적 전통에는 문화를 초월한 공통점이 일곱 가지가 되는데, 이는 문화가 다르지만 신앙인들이 속한 도덕적 인지적 지평 내에서, 자신들의 경험에 있는 초월적 근원을 알아가고 사랑하는 데에 더 충만하고 더 완전하게 응답하려면 자신들과 다른 공동체와 협력하는 데도 더욱더 도덕적으로 완전한 방식을 발전시켜야 한다는 것으로 요약할 수 있다. 그러므로 이 진정성 있는 회심은 인간 삶을 더욱 도덕적이며, 합리적으로 질서 지어진 방식으로 실천할 것을 우선적으로 요구한다. 이는 도덕적이고 종교적인 실천이 개인적으로나 공동체적으로 제약되어 있는 현재의 반응과 개인 혹은 공동체에 있는 제한되지 않은 알아감, 평가함, 사랑함에 항상 더욱 완전하게 반응하는 것 사이의 기본적인 긴장을 의미한다. 또한 이 종교적 회심은 믿음이 없는 이들에게도 해당한다. 이 호소는 어떤 종교 진리나 종교 실천에 호소하는 것이 아니라, 지자이면서 선택자의 지평에서 작동하거나 혹은 작동할 수도 있는 의식경험에 호소하는 것이기 때문이다.

그러므로 우리는 지금까지 살펴본 방법의 토대를 실증적(empirical) 토대로 이해할 수 있게 되었다. 르네상스 시대의 자연 과학은 제일원리에 호소하는 스콜라 철학의 추론적 연역 방법에서 벗어나 감각자료에서 검증할 수 있는 명제나 이론을 고려하는 방식으로 전환되었다. 이 연구에서 우리가 추구해 온 방법 역시 그와 같은 실증적 방법이지만, 과학자가 하는 식의 매개되지 않은 감각자료에 호소하는 것과 더불어, 우리 자신에게 있는 매개되지 않은 의식경험의 자료에 호소하기 때문에 보편화된 실증적 방법이다. 이는 우선적으로 주체나 대상에 호소하는 것이 아니라, 주체와 대상이 인지적으로, 도덕적으로, 그리고 종교적으로 매개되어 있는 작동을 향해 직접 호소하는 것이다. 더구나 이 작동들은 가깝고 제한된 대상과 멀고 제한되지 않은 대상을 향하여 역동적이며 규범적이다. 이 두 객관성 사이의 긴장은, 인지적 체계를 통해 작동하는 지자로서, 가치 평가하여 선택하는 체계를 통해 작동하는 선택자로서, 그리고 인격 전체를 관통하여 작동하는 종교적 사랑하는 자로서 한 사람의 진정성을 검증하는 실증적 규범들을 제공한다.

Appollonius. *Appollonius of Perga Treatise on Conic Sections*. Edited by T.L. Heath. Cambridge: Cambridge University Press, 1896.

Aristotle. *Nicomachean Ethics*. Translated by Martin Ostwald. Indianapolis: Bobbs-Merrill, 1982.

Boyer, Carl. *History of Analytic Geometry*. New York: Scripta Mathematica, Yeshiva University, 1956.

―――. *The History of Calculus and Its Conceptual Development*. New York: Dover Publications, 1959.

Burkhardt, R.W. 'The Development of an Evolutionary Ethology.' In *Evolution of Molecules to Men*, edited by D.S. Bendall. Cambridge: Cambridge University Press, 1983.

Butterfield, Herbert. *The Origins of Modern Science*. New York: Free Press, 1965.

Byrne, Patrick H. 'Mystery and Modern Mathematics.' In *Lonergan Workshop*, vol. 7, edited by Frederick Lawrence. Atlanta: Scholar's Press, 1988.

Capek, Milic. *The Philosophical Impact of Contemporary Physics*. Princeton: D. Van Nostrand, 1961.

Cardwell, D.S.L. *From Watt to Clausius*. New York: Cornell University Press, 1971.

Cassirer, Ernst. *Essay on Man*. New Haven: Yale University Press, 1944.

Cohen, Bernard. *The Birth of a New Physics*. Garden City, NJ: Doubleday, 1960.

Conn, Walter E. *Conscience: Development and Self-Transcendence*. Birmingham: Religious Education Press, 1981.

Darwin, Charles. *Origin of Species*. Introduction by Richard Leakey. New York: Hill and Wang, 1982.

_____. *The Voyage of the Beagle*, Edited by Leonard Engle. New York: Doubleday, 1962.

Descartes, René. *Geometry of René Descartes*. Translated by David E. Smith and Marcia L. Latham. New York: Dover Publications, 1954.

Doran, Robert M. 'The Theologian's Psyche: Notes toward a Reconstruction of Psychology.' In *Lonergan Workshop*, vol. 1, edited by Fred Lawrence. Missoula, MO: Scholar's Press, 1978.

Einstein, Albert. *Relativity: The Special and the General Theory*. New York: Bonanza Books, 1961.

Eliade, Mircea. *Cosmos and History: The Myth of the Eternal Return*. Translated by Willard R. Trask. New York: Harper & Row, 1954.

_____. *Myth and Reality*. New York: Harper & Row, 1963.

_____. *The Sacred and the Profane: The Nature of Religion*. Translated by Willard R. Trask. New York: Harper & Row, 1961.

Erikson, Erik H. *Toys and Reason*. New York: W.W. Norton, 1977.

_____. *Childhood and Society*. New York: W.W. Norton, 1963.

Euclid. *The Elements*. Vol. 1, translated by Sir Thomas L. Heath. New York: Dover Publications, 1956.

Farrell, Thomas J., and Paul A. Soukup, eds. *Communication and Lonergan: Common Ground for Forging the New Age*. Kansas City, MO: Sheed & Ward, 1993.

Flanagan, Joseph, SJ. 'Where the Late Lonergan Meets the Early Heidegger.' In *Lonergan Workshop Journal*, vol. 10, edited by Frederick Lawrence. Chestnut Hill, MA: Lonergan Workshop, 1994.

Frye, Northrop. *The Well-Tempered Critic*. Bloomington: Indiana University Press, 1963.

Gleick, James. *Chaos: Making a New Science*. New York: Viking Press, 1987.

Glendon, Mary Ann. *The New Family and the New Property*. Toronto: Butterworth, 1981.

Goldstein, Martin, and Inge F. Goldstein. *The Refrigerator and the Universe.* Cambridge: Harvard University Press, 1993.

Hacking, Ian. *The Emergence of Probability: A Philosophical Study of Early Ideas about Probability, Induction, and Statistical Inference*. London: Cambridge University Press, 1975.

Jacobs, Jane. *Economy of Cities*. New York: Random house, 1970.

Jaspers, Karl. *The Origin and Goal of History*. Translated by Michael Bullock. London: Routledge & Kegan Paul, 1953.

Kammen, Michael. *A Season of Youth: The American Revolution and the Historical Imagination*. New York: Oxford University Press, 1978.

Kearney, Richard. *The Wake of Imagination*. London: Hutchinson Press, 1988.

Klein, Jacob. *Greek Mathematical Thought and the Origin of Algebra*. Translated by Eva Brann. Cambridge: MIT Press, 1968.

Kline, Morris. *Mathematics in Western Culture*. London: Oxford University Press, 1953.

Lewontin, Richard C, 'Gene, Organism, and Environment.' In *Evolution from Molecules to Men*, edited by D.S. Bendall. Cambridge University Press, 1983.

Lonergan, Bernard. 'An Essay in Circulation Analysis.' Unpublished Manuscript.

――――. *Insight: A Study of Human Understanding*. Edited by Frederick E. Crowe and Robert M. Doran. Collected Works of Bernard Lonergan, vol. 3. Toronto: University of Toronto Press, 1992.

――――. *Method in Theology*. New York: Herder and Herder, 1972.

――――. 'Philosophy and the Religious Phenomenon.' In *Method: Journal of Lonergan Studies*, vol. 12, edited by Patrick Byrne, Charles Hefling, and Mark Morelli. Chestnut Hill, MA: Lonergan Institute of Boston College, 1994.

――――. *A Second Collection*. Edited by William F.J. Ryan and Bernard J. Tyrrell. Philadelphia: Westminister Press, 1975.

――――. *A Third Collection: Papers by Bernard J.F. Lonergan, SJ*. Edited by Frederick E. Crowe, SJ. New York: Paulist Press, 1958.

――――. *Topics in Education*. Collected Works of Bernard Lonergan, vol. 10. Toronto: University of Toronto Press, 1993.

――――. *Understanding and Being: An Introduction and Companion to Insight*. Edited by Elizabeth A. Morelli and Mark D. Morelli. New York: Edwin Mellen Press, 1980.

_____. *Verbum: Word and Idea in Aquinas*. Notre Dame: University of Notre Dame Press, 1967.

Machiavelli, Niccolò. *The Prince*. New York: Appleton-Century-Cross, 1971.

MacIntyre, Alasdair. *Three Rival Versions of Moral Inquiry: Encyclopedia, Genealogy, and Tradition*. Notre Dame: Notre Dame University Press, 1990.

Marx, Leo. *The Machine in the Garden: Technology and the Pastoral Ideal in America*. London: Oxford University Press, 1964.

Maslow, Abraham H. *Religions, Values, and Peak-Experiences*. New York: Viking Press, 1970.

May, R. 'The Evolution of Ecological Systems.' In *Evolution: A Scientific American Book*. San Francisco: W.H. Freeman, 1978.

McCarthy, Michael H. *The Crisis of Philosophy*. New York: State University of New York Press, 1990.

McEvenue, Sean E., and Ben F. Meyer, eds. *Lonergan's Hermeneutics: Its Development and Application*. Washington: Catholic University of America Press, 1989.

McShane, Philip. *Randomness, Statistics, and Emergence*. Notre Dame: University of Notre Dame Press, 1970.

Montagu, M.F. Ashley. *Culture and the Evolution of Man*. New York: Oxford University Press, 1962.

Otto, Rudolf. *The Idea of the Holy*. Translated by John W. Harvey. London: Oxford University Press, 1923.

Pattee, Howard H., ed. *Hierarchy Theory: The Challenge of Complex System*. New York: George Braziller, 1973.

Philips, John L., Jr. *The Origins of Intellect: Piaget's Theory*. San Francisco: W.H. Freeman, 1969.

Porter, Theodore M. *The Rise of Statistical Thinking*. Princeton: Princeton University Press, 1986.

Ricoeur, Paul. *The Symbolism of Evil*. Translated by Emerson Buchanan. New York:

Harper & Row, 1967.

Rousseau, Jean-Jacques. *First and Second Discourses*. Edited by Roger Masters ; translated by Roger D. and Judith E. Masters. New York : St Martin's Press, 1964.

Salthe, Stanley N. *Evolving Hierarchical Systems*. New York : Columbia University Press, 1985.

Scheler, Max. *The Nature of Sympathy*. Translated by Peter Heath. Hamden : Shoestring Press, 1973.

Shea, William. *The Naturalists and the Supernatural : Studies in Horizon and an American Philosophy*. Macon, GA : Mercer University Press, 1984.

Snell, Bruno. *The Discovery of the Mind*. New York : Harper & Row, 1960.

Taylor, Charles. *Sources of the Self : The Making of the Modern Identity*. Cambridge : Harvard University Press, 1989.

Toulmin, Stephen, and June Goodfield. *The Architecture of Matter*. New York : Harper & Row Torchbooks, 1962.

————. *The Fabric of the Heavens*. New York : Harper & Row, 1961.

Tracy, David. *Plurality and Ambiguity : Hermeneutics, Religion, Hope*. San Francisco : Harper & Row, 1987.

Voegelin, Eric. *Order and History*. Louisiana : Louisana State University Press, 1956.

Waldrop, M. Mitchell. *Complexity : The Emerging Science at the Edge of Order and Chaos*. New York : Simon & Schuster, 1992.

Westfall, Richard S. *The Construction of Modern Science : Mechanisms and Mechanics*. New York : John Wiley & Sons, 1971.

Wright, Frank Lloyd. *An American Architecture*. Edited by Edgar Kauffmann. New York : Horizon Press, 1995.

뉴잉글랜드 예수회 구술 역사 프로그램
94권. Fr. Joseph F. X. Flanagan, S.J.

구술 역사의 중요성

구술 역사는 흥미롭고 중요한 인물에 대한 인터뷰 기록이다. 이 기록들은 민간 전승, 잡담, 풍문, 소문 등이 아니고, 인터뷰한 사람의 목소리다. 이 구술 기록들은 겨우 1–2시간에 걸친 인터뷰이지만 중요한 역사적 기록들이며, 이 기록의 가치는 시간이 갈수록 높아진다.

무슨 이유에서인지, 뉴잉글랜드 예수회는 구술 기록물을 만들지 않았다. 교회와 사회에 미친 업적과 영향력을 고려할 때, 이것은 중요한 기회를 놓친 것처럼 보인다. 그들은 신의 더 큰 영광을 위해 할 수 있는 최선을 다했다. 그들은 뛰어난 일들을 해냈고 중요한 일들을 해냈다. 모든 이들이 영성, 교육, 예술, 과학, 발견, 그리고 그 밖의 많은 분야에서 가치 있는 공헌을 했다. 기억들은 빠르게 사라진다. 가치 있고 영감을 주는 이야기들은 사라진다.

그렇게 될 필요가 없다. 그들의 이야기는 다시 들을 수 있고, 그들의 업적은 기억되고, 그들의 모험은 보존될 수 있다. 그들의 영감은 미래 세대에게 매력적인 귀감을 제공할 것이다. 이것이 바로 예수회 구술 역사의 진정한 의미이다.

조지프 플래너건(Joseph Flanagan, 1925-2010)과의 인터뷰

2009년 1월 15일
대담자: 리처드 루소(Fr. Richard W. Rousseau, S.J.)

시작하면서

리처드 루소(이하 **RR**): 인터뷰에 응해 주셔서 감사합니다. 연대순으로 대
화를 진행하겠습니다. 시작해 볼까요. 당신이 태어났을 때의 이야기를
해 주시겠습니까?

조지프 플래너건(이하 **JF**): 저는 1925년 오후 10시 30분에 태어났습니다.
어머니는 제가 불꽃놀이가 한창인 7월 4일에 태어났다고 말해 주시곤 했
죠.(웃음) 저는 3층 집 안방에서 태어났습니다. 베어링 박사가 시가를 피
면서 분만을 도왔습니다.(웃음) 그는 어머니의 분만을 돕기 위해 약간의
마취약을 주었지요. 어머니는 그 약을 드셨기 때문에 머리가 약간 멍해
지셨다고 합니다. 그 박사는 여전히 시가를 피면서 저를 어머니 앞에 들
어 보이면서 말했답니다. "로즈, 아들입니다." 그러자 어머니는 저를 보
고 말했습니다. "이 아이는 마치 우유배달원처럼 생겼어요." 꽤 엄격하
고 종교적으로 보수적인 어머니는 우리가 그녀가 했던 말을 꺼내면 부끄
러워하셨죠.(웃음)

RR: 재미있는 이야기군요.

JF: 더 있습니다. 저는 할아버지께서 돌아가시던 날 저녁에 태어났습니다.
그래서 아버지는 7월 4일에 아버지를 잃은 동시에 아들을 얻었지요. 게
다가, 그날은 저의 아버지 생신이었습니다. 저의 형제들은 늘 그날은 아
버지에게 이중 재앙의 날이었다고 말했습니다.

RR: 대단합니다! 좋습니다. 아버지에 대해서 말씀해 주시겠습니까?

친절한 변호사이셨던 나의 아버지

JF: 아버지는 매우 종교적인 사람이었습니다. 저는 특히 아버지께서 변호사 시험이 있기 전에 9일 기도를 하셨던 것이 생각납니다. 변호사 시험을 치고 난 그날부터 아버지께서는 변호사 시험 합격에 대한 감사의 9일 기도를 드리기 시작했습니다. 저는 아버지께 말씀드렸습니다. "아버지는 어떻게 합격했다는 것을 알 수 있으세요?" 아버지가 말씀하셨습니다. "내가 전에 9일 기도를 드렸기 때문에 신이 내가 변호사 시험에 합격할 것을 예정해 놓았다고 절대적으로 확신한단다." 그리고 그것은 실현되었습니다. 아버지는 일상생활에서도 매우 종교적이었습니다. 매일 미사에 참석했고, 우리들도 그렇게 했는지 확인했습니다.

RR: 훌륭한 분이셨네요.

JF: 그리고 어머니는 가정주부셨는데, 우리의 점심 도시락을 싸 주셨습니다. 이것은 내가 자라난 우리 가정생활의 일부를 당신에게 보여 주는 것입니다.

RR: 네. 아버지는 법조계에서 어떤 일을 하셨습니까?

JF: 아버지는 개업 변호사이셨어요. 나중에 변호사가 되어 아버지의 사무실을 물려받은 저의 형제 한 명은 이렇게 말했죠. "내가 아버지의 서류들 중에 유일하게 찾은 것은 큰 뭉치의 청구서 양식들이었어. 나는 아버지가 얼마나 모든 사람들에게 인기 있으셨는지 농담하곤 했지, 왜냐하면 아버지는 그들에게 한 푼도 받지 않은 것처럼 보였거든." (웃음) 자주 아버지는 이혼하기 원하는 고객들을 아치 스트리트(Arch Street) 성당으로 데려가 기도하고 고해성사를 하게 했습니다. 그는 그렇게 하는 것이 그들의 서로 다른 점을 해결할 것이라고 느꼈습니다. 그럼으로써 그는 법적인 역할과 동시에 성직자의 역할을 했습니다.

RR: 아버지의 사무실은 어디에 있었습니까?

JF: 사무실은 보스턴의 베리스터스 홀에 있었습니다. 법원 바로 옆이었지요.

재능이 풍부하고 친절하셨던 나의 어머니

RR: 좋습니다. 이제 당신의 어머니에 대해서 말씀해 주세요.

JF: 저의 어머니, 로즈 프릴리는 록스베리에서 자랐고, 꽤 재능 있는 분이 셨습니다. 저의 이모의 말대로, 어머니는 학급에서 일등이었습니다. 그녀는 존스맨빌(Johns-Manville) 회사의 비서가 되어 젊었을 때부터 가족을 부양했습니다. 왜냐하면 외할아버지께서는 알콜 중독자였기 때문입니다. 어머니는 학교에서 돌아와 숨겨진 술병들을 찾고, 술을 싱크대에 붓고, 병들을 깨뜨렸다고 말씀하시곤 했습니다.(웃음) 그래서 어머니는 아일랜드인들의 술 문제에 대해서 제대로 알았답니다.

어머니는 자기가 가족들을 부양하고 있다는 것을 자랑스럽게 생각했습니다. 심지어 가족들이 어머니의 봉급 없이도 잘 지낼 수 있을 때까지 결혼을 연기했습니다. 당시에 여성들은 결혼하면 곧 임신했고, 집에 있어야 했습니다. 그것이 바로 결혼한 여성들이 당시에 일을 할 수 없었던 이유였죠. 그래서 나는 학교에서 돌아오면 어머니가 매일 초콜릿 케이크를 만들어 놓고 있는 것을 보면서 자랐고, 이것은 저에게 소중한 경험이었습니다. 우리는 매우 행복한 가족이었습니다.

RR: 훌륭합니다.

JF: 제가 지난 3-4년 동안 본 영화는 제가 자라난 가정환경이 오늘날에는 기이한 것으로 보여질 것이라는 생각을 갖게 했습니다. 우리 가족들은 모두 같이 어울려 지냈습니다. 저는 이혼하는 사람도 없고, 모든 사람이 교회에 가는, 30-40명의 커다란 가문에 속했던 거죠. 오늘날의 기준으로 보았을 때 그것은 다소 비현실적으로 보이겠죠.

나의 형제자매들

RR: 당신의 형제자매들은 어땠나요?

JF: 지난번에 이야기했듯이 형 짐은 제2차 세계대전에 참전했습니다. 형은 조니 루작(Johnny Lujak)과 같은 팀의 미식축구 선수였습니다. 그리고 그는 빌 레히가 가장 좋아하는 선수였습니다. 형은 레히가 보스턴대학(Boston College)의 코치일 때 보스턴대학에서 장학금을 받았습니다. 그러나 레히가 노트르담대학교로 옮겨 가게 되자 그는 형을 같이 데려갔습니다. 그래서 형은 노트르담대학교에서 미식축구를 했습니다. 그 후 형이 미식축구 선수로서 해군에 입대하게 되었을 때, 네이비실(Navy Seal)이라 불리는 해군 특수부대원이 되었습니다. 형은 PT 보트의 잠수부가 되었습니다. 그가 집으로 돌아올 때면 그 당시에는 아무도 가질 수 없었던 오리발과 마스크를 가지고 오곤 했습니다. 그래서 우리는 2년 동안 소매상에서는 전혀 볼 수 없는 장비들을 가질 수 있었고, 케이프 코드(Cape Cod, 미국 동부 해안 지역 – 옮긴이)에 있는 우리 가족의 집에서 스쿠버 다이빙 연습을 할 수 있었습니다.

해군 가족

RR: 다른 형제들에 대해 좀 더 이야기해 주세요.

JF: 저의 동생 케빈도 군복무를 했습니다. 신병 훈련소에서 선원들을 다루었던 장교가 "지금 잠수부대에 들어가면 보수를 두 배로 받게 될 것이다"라고 말하자 케빈은 즉시 손을 들어 말했습니다. "그것은 저를 위한 자리입니다."(웃음) 그래서 동생은 잠수부가 되었습니다.

막내 남동생 뉴먼은 제2차 세계대전이 아닌 한국전쟁에 참전했습니다. 동생은 거대한 미항공모함인 오리스카니(USS Oriskany)에서 근무했습니다. 그 배는 13년 동안 케이프 혼(Cape Horn, 남미 최남단 곶 – 옮긴이)을 거쳐 남미를 일주한 최초의 해군함이었습니다. 한번은 그들이 항해를 하는 동안 거대한 폭풍을 만났습니다. 파나마 운하는 배들이 돌아서 가는 것을 막기 위해 지어졌습니다. 배 상태가 좋지 않아 그들은 한국으로 가기 전 6개월 동안을 샌디에이고에서 보내야 했습니다. 저의 동생 둘이 해군에서 복무했습니다. 그리고 저 또한 해군에 입대함으로써 우리 형제는 완전히 해군 가족이 되었습니다.

RR: 당신에게 자매들도 있었나요?

JF: 네, 저희 형제 중에 막내인 저의 여동생, 로즈마리가 있습니다. 형제 중 유일한 여자라서, 그녀는 우리가 가장 사랑하는 사람이었지요. 어머니는 항상 우리가 그녀를 망쳤다고 말했죠. 그녀는 우리에게 마치 두 번째 어머니 같았어요. 우리는 이상적인 가족 관계를 가졌지요. 모든 구성원들이 매우 잘 지냈습니다.

교육

RR: 학교생활로 화제를 돌려 보죠. 어느 초등학교를 다녔나요?

JF: 저는 성 프란시스 자비에르(St. Francis Xavier) 학교에 다녔어요. 로슬린데일(Roslindale)의 성심교회(Sacred Heart Church)의 바로 맞은 편에 위치하고 있었죠. 저는 보스턴대학(BC) 부속고등학교에 들어가길 고대하고 있었습니다. 저는 형 짐을 따라 보스턴대학 부속고등학교에 갔고, 동생 케빈과 뉴먼도 저의 뒤를 따랐죠. 그래서 우리 형제 넷 모두 그 고등학교에 다녔습니다.

RR: 초등학교에 대해서는 어떤 기억을 가지고 있나요?

JF: 가톨릭 초등학교에 다녔는데, 수녀님들이 가르쳤죠. 그리고 우리 대부분이 수녀님들과 함께하는 일상적인 경험을 했고, 수녀님들이 우리를 얼마나 잘 돌보아 주셨는지 아직도 그것은 멋진 경험으로 기억됩니다.

우리 세대에게 가장 중요한 것은 이웃과의 친밀함이었습니다. 대부분이 가톨릭 신자들이었고, 서로를 잘 알았죠. 이 모든 것의 중심은 지역 교회와 학교였습니다. 이것은 잘 짜여진 문화를 만들었고, 성장 과정 중에 어려운 시기를 겪을 때 놀라운 지원을 제공해 주었죠. 이것은 오늘날의 세대가 보이는 모습과 뚜렷한 대조를 이룹니다. 오늘날 사람들은 우리 모습을 아미시(Amish, 개신교의 재세례파 중 일부이며 17세기 이후 유럽에서 종교적 탄압을 피해 주로 미국 펜실베이니아와 캐나다 온타리오 주로 이주해서 정착하였다 – 옮긴이) 공동체가 그들 구성원들을 바깥 영향으로부터 보호하는 것에 비유할지도 모릅니다. 물론, 이러한 문화적 장벽이 60년대에 무너졌을 때, 가톨릭 공동체는 광범위한 문제들에 직면해야 했습니다.

RR: 당신은 보스턴대학 부속고등학교 시절의 경험을 어떻게 기억하고 계신가요?

JF: 그때를 회상해 보면, 매우 평온한 시절이었던 것 같습니다. 제가 예수회 회원이 되어 다시 돌아와 보스턴대학 부속고등학교에서 가르쳤을 때, 저는 학생으로서의 경험과 선생으로서의 경험을 비교하는 것이 흥미롭다는 것을 느꼈습니다. 저는 우리를 가르쳤던 선생님들에 대해 아름다운 기억들을 가지고 있었는데, 왜냐하면 그들이 우리에게 많은 관심을 가져주었고, 영감을 주었기 때문입니다. 저는 특히 신입생 시절의 제 스승인 토미 도르시(Tommy Dorsey)와 2학년 때 선생님 조 퀸(Joe Quinn)을 기억합니다. 두 분 다 기억에 남는 스승이었고, 더욱 중요한 것은 그들이 저에게 훌륭한 귀감이 되었다는 것입니다.

해군 입대와 구강 외과학

RR: 고등학교 이후에는 어떤 일이 있었나요?

JF: 제가 보스턴대학 부속고등학교에 있었을 때, 전쟁이 발발했습니다. 그래서 저는 저의 형 짐과 동생 케빈처럼 해군에 입대하기로 결심했습니다. 저는 입대하기에는 아직 어렸지만, 저의 아버지는 해군 장관과 친했습니다. 그들은 제가 조기 입대할 수 있도록 약간의 조치를 해 주었습니다. 그때 저는 16살이 된 지 6개월이 지난 상태였습니다.

해군은 저를 V12 프로그램을 위해 브라운대학으로 보냈습니다. 저는 거기서 속성으로 대학 프로그램을 끝냈습니다. 그 후 저는 브라운대학에서 로드아일랜드(Rhode Island) 데이비스빌(Davisville)에 있는 거대한 시비(Seabee) 해군훈련소로 가라는 명령을 받았습니다. 저는 치과대학(dental school)으로 가게 될 때까지 그 훈련소의 보조 약제사였습니다. 그곳에 있던 많은 사람들은 구강 수술을 받기를 원했습니다. 또한 많은 사람들이 얼굴에 부상을 입었고, 치과 수술이 필요했습니다. 저는 그때 데이비스빌에서 세인트루이스에 있는 워싱턴 치과대학으로 옮겨 갔습니다.

RR: 당신은 구강 수술을 돕고 있었나요?

JF: 처음에는 아니었습니다. 저는 워싱턴대학에서 치과 학위를 땄습니다. 치과대학 2년 동안, 우리는 또 몇 차례의 구강 수술을 했습니다. 저는 운 좋게 인턴십을 하게 되었고 세인트루이스에 있는 노인병원에서 일했습니다.

RR: 다음에는 무엇을 하셨나요?

JF: 전쟁이 끝나고 저는 여전히 세인트루이스에 살았습니다. 그리고 어느 일요일 아침, 병원에서 신문의 로토그라비어(rotogravure) 부분을 읽다가 트라피스트 수도자들과 조지아(Georgia)에서 문을 여는 새 수도회에 대한 기사를 우연히 발견했습니다. 그 순간 시계를 보니 11시 정각이었고, 시계소리가 댕하고 울렸습니다. 갑자기 제가 예수회원으로 부름을 받았다는 것을 깨달았습니다.

이것은 매우 갑작스러운 은총이었고, 저를 놀라게 했습니다. 왜냐하면, 저는 결코 예수회원으로서의 소명을 고려해 본 적이 없었기 때문입니다. 제가 어릴 때, 트라피스트 수도원에 아버지의 친구가 있었고, 우리는 종종 그를 방문했습니다. 10살 때 저는 트라피스트 수도자가 되는 것에 대해 생각했지만, 그 후로 완전히 그것에 대해 잊어버렸습니다.

신학 과정

RR: 다음으로 넘어가 보죠. 일반적인 예수회 훈련 과정 후에, 당신은 어디로 갔나요?

JF: 예. 저는 1956년 신학교로 돌아갔습니다. 저의 신학과정 동안에 중요한 것은 별로 없었다는 것을 말해야겠군요. 왜냐하면 제가 얻은 신학은 꽤 많은 부분 제 스스로 공부하는 과정이었기 때문입니다. 저는 당신이 우리 모임의 학문 발전을 돕기 위해 일요일 저녁에 보스턴대학 신학부에서 웨스턴(Weston)으로 오던 것을 기억합니다.

RR: 매우 훌륭한 모임이었습니다. 모임에 참석했던 모두가 박사 학위를 땄었지요.

JF: 네, 저는 우리 자신을 교육하는 철학에 계속 관심을 가져 왔습니다. 우리 신학교 생활의 분기점은 몬시뇰(Monsignor, 가톨릭교회에서 성직자들에게 사용하는 명예 칭호 – 옮긴이) 트레이시 엘리스(Tracy Ellis)가 쓴 소논문 「미국 가톨릭주의 안에서 지성적인 삶의 결여」의 출판이었다는 것을 언급하는 것이 중요하다고 생각합니다. 그것은 우리들 일부가 의심은 했지만 결코 설명할 수 없었던 것에 대한 강력한 자극이자 확신이었습니다. 그것은 우리 공동체의 지성적 삶을 많이 바꾸어 놓았고, 우리 자신을 교육해야 한다는 것을 깨닫게 해 주었습니다.

포드햄에서 보스턴대학(BC)까지

RR: 1960년 제3수련기(예수회의 최종서원을 하기 전의 엄격한 수련기간 – 옮긴이) 이후 당신은 무엇을 하셨습니까?

JF: 그때 저는 대학원 과정을 위해 포드햄에 갔습니다. 저는 로너건의 『통찰』(Insight)에 대한 박사 학위 논문을 쓰길 원했습니다. 저의 지도교수(mentor)는 예수회원 노리스 클라크(Norris Clark)였습니다. 1964년에 대학원을 마치고, 저는 보스턴대학으로 갔습니다. 교사생활이 1년이 되어 갈 무렵 당시 수도원장이자 교장이었던 마이크 월시(Mike Walsh) 신부님이 저를 불렀습니다.

마이크 월시는 프랭키 맥킨(Frankie Mackin)에게 전국 각지에서 최고의 학생들을 찾아서 데려오라고 부탁했습니다. 2년이 넘는 시간 동안, 그는 젊고 재능 있고, 지적인 학생들을 많이 데려왔습니다. 그러나 그때는 학문적으로 혼란한 시기였습니다. 젊고 재능 있는 이 학생들은 그들이 보스턴대학에서 배우는 방식과 내용에 대해 불평하고 반항했습니다.

먼저, 그들은 신학과 철학 책들을 모아서 언덕 아래에 있는 저수지에 버렸습니다. 그들은 또한 일부 출판물과 그림도 버렸습니다. 그다음 해, 그들은 광장에서 그들의 책을 불태웠죠.(웃음)

그래서 마이크는 저에게 말했습니다. "조, 나는 자네를 철학과 학장으로 임명해도 된다는 허락을 관구장으로부터 받았네. 자네가 내 대신 이 아이들을 맡아 줄 수 있겠나?"(웃음)

RR: 그때는 매우 어려운 시기였지요.

JF: 신학과 학장인 빌 레너드(Bill Leonard)와 제가 함께 협력했습니다. 우리는 철학과 신학 선택과목을 새롭게 계발하는 시도를 했습니다. 우리는 또한 필수과목의 숫자를 줄이려고 했습니다. 그때, 모든 보스턴대학 학생들은 9개의 철학 필수과목과 6개의 신학 필수과목을 들어야 했습니다. 그 결과 보스턴대학의 모든 학생들은 철학을 주전공으로, 신학을 부전공으로 하고 있었습니다. 그 교과 과정의 주요한 문제는 철학과 신학 선생들이 구시대적 학업 모델에 갇혀 있다는 것이었습니다.

빌 레너드는 선택과목을 도입하는 것에 대해 신학과 안에서 투표에 부쳐야 했습니다. 그 투표 결과는 반대 스물두 명이었고 찬성은 두 명뿐이었습니다. 22:2의 투표와 같았고, 우리 철학과 안에서도 거의 마찬가지였습니다. 그럼에도 마이크 월시는 신뢰를 가지고 말했습니다. "그냥 선택과목을 넣게."

RR: 마이크 월시는 그의 재직 기간 동안 보스턴대학에서 중요한 변화를 많이 만들었습니다.

바티칸 2차 공의회와 새로운 교과 과정

JF: 핵심 교과 과정의 이와 같은 변화에 대해 예수회원들은 상당한 적대감을 가졌습니다. 그러나 그때, 바티칸 공의회가 로마에서 진행 중에 있었고, 세계에 많은 영향을 주었습니다. 이것은 기존의 일부 원로 예수회원들에게 많은 분노를 일으켰습니다.

아마도 제가 보스턴대학에서 시도했던 가장 중요한 것은 철학 교과 과정 안에서 가능한 변화들을 열어 두었다는 데 있을 것입니다. 예수회는 400년 동안 훌륭하게 통합된 철학 교과 과정을 형성해 왔습니다. 그러나 최근 그것은 꽤 많은 부분이 빈사 상태였습니다. 그래서 우리의 직면한 문제는 우리가 여전히 새롭게 통합된 교과 과정을 종합해 낼 수 있는가 하는 것이었습니다.

RR: 저도 보스턴대학의 신학 프로그램에 성서 비평을 도입하는 과정에서 똑같은 문제에 직면했습니다. 50년대 당시, 그것을 완전히 수용하지는 못했습니다.

JF: 그래서 저는 새롭게 통합된 교과 과정을 정착시키기 위해 지난 40년을 보냈습니다. 그것을 우리는 퍼스펙티브(Perspectives, 통합교육관점) 프로그램이라고 불렀습니다. 그리고 우리는 그것을 위해 좋은 일들을 많이 했습니다. 매년 우리는 진정으로 교양 교육에 도달하기 위한 더 위대한 통합의 통찰들을 배워 나갔습니다. 올해 우리는 더욱더 근본적인 방법으로 그것들을 설명할 수 있었습니다.

RR: 당신이 교과 과정이라고 말할 때, 그것은 전체 교과 과정을 말하는 것인가요, 아니면 교과 과정의 부분을 말하는 것인가요?

JF: 전체 교과 과정입니다. 철학과 신학은 프로그램의 1년차에 문학과 예술, 2년차에 음악 등이 이루어지고, 3년차에는 사회 과목에 집중합니다. 그리고 4년차에는 과학과 수학에 집중하는 것을 말합니다.

RR: 꽤 포괄적이군요.

JF: 네, 그것은 전체 대학 교과 과정을 다룹니다. 이것들이 통합되어 있다고 해도, 그것들을 순서대로 들어야 한다는 것을 의미하는 것은 아닙니다. 1년차 프로그램인 철학과 신학은 35년간 존재해 왔고, 꽤 성공적이었습니다. 다른 프로그램들은 점차적으로 진행되었습니다.

학제 간 연구에 대한 관심

RR: 학제 간 연구에 대한 당신의 관심을 조금 말해 주실 수 있으신지요?

JF: 60년대에는 학제 간 연구에 대한 어마어마한 관심이 있었습니다. 그것은 뜨거운 관심의 대상이었습니다. 물론, 그 문제는 다양하고 자율적인 학과를 통합하는 방법이었습니다. 저는 이러한 새로운 학제 간 노력을 다루는 4-5개의 다양한 위원회에 속해 있었습니다. 수년 동안의 이러한 논의를 통해 저는 다양한 교수진과 학과들을 다루는 방법을 알았습니다. 일반적으로, 사람들은 이러한 통합의 문제가 얼마나 어려운 것인지, 그리고 얼마나 결실 없는 논의로 빠져들기 쉬운지 깨닫지 못했습니다.

교수진에 대한 논의

JF: 우리는 로스쿨을 포함한 다양한 학과의 교수진들과 논의하기 위해 교학부총장(academic vice-president)으로부터 활동착수 기금을 받았습니다. 그 후, 우리는 국립인문재단(National Endowment for the Humanities)으로부터 일련의 연구보조금을 받았습니다. 그 보조금은 다 합해 대략 수백만 달러 정도가 되었습니다. 그래서 우리는 각 세미나마다 8-9명으로 이루어진 4개의 그룹을 만들었습니다. 우리는 매주 한 번씩 모임을 가지면서 2년을 보냈습니다. 우리는 새로운 교과 과정을 형성하는 데 적절한 도움이 된다고 생각했던 책들을 함께 읽었습니다. 그러나 우리는 테이블 위에서 어떠한 지적인 방법을 내도록 요구받지 않았습니다. 단지 3-4년이 경과한 후에 비로소 우리는 새로운 교과 과정에 관해 어떠한 결정을 내릴지 생각하기 시작했습니다. 이러한 모든 일들은 저에게 가장 중요한 교훈을 가르쳐 주었습니다.

　여기 하나의 예가 있습니다. 저는 보스턴대학의 로스쿨의 메리 앤 글렌던(Mary Ann Glendon), 사회학과의 리치 로리(Richie Lowery)와 다른 몇몇 사회학자들과 함께 '퍼스펙티브 III' 교과 과정(사회 과학과 관련된 과정)에 대해 고민하고 있었습니다. 그리고 제가 말했듯이, 우리의 독서와 토론의 시기 동안, 우리는 어떤 개인적인 성과물이나 초안을 제시할 필요가 없었습니다. 어느 날 정오에, 우리는 일상적인 토론을 하고 있었고, 리치 로리는 메리 앤 글렌던을 보고 말했습니다. "지금, 베버주의자로서 이 사안에 대해 어떻게 이야기하실 수 있으신지요?" 단 한 번도 자신을 베버 연구자로 생각하지 않았던 메리 앤은(웃음) 그 질문에 대답했습니다. 그러고는 리치에게 물었습니다. "마르크스주의자로서는 이 텍스트를 어떻게 해석할 수 있을까요?" 리치 또한 결코 마르크스주의자의 틀 안에서 연구했던 적이 없었습니다.

　그 모임이 끝난 후, 저는 프레드 로렌스(Fred Lawrence)와 걸어 나오면서 그에게 물었습니다. "당신도 내가 들었던 것을 들었나요?" 그는 말했습니다. "네. 놀라웠습니다." 그도 동의했습니다. 우리는 이것에 대해 이야기하면서 이런 계속되는 토론에서 얻게 된 가장 중요한 것은 바로 우리의 우정임을 깨달았습니다. 우정은 지적인 관계 이상을 의미하는 것이었습니다. 우리들이 서로 진정한 우정을 공유한다면, 우리가 행복하게 어울리고 서로를 존중하는 것이 가능하다는 것을 알게 되었습니다. 매주 토론하고 함께 식사를 하면서 수년을 보낸 후 우리는 서로 탄탄한 우정을 갖게 되었습니다. 이것은 우리에게 엄청난 교훈이었습니다. 그때부터 저는 교실 교육(classroom)과 문화교육(cultural education) 간의 차이라고 하는 것에 대해 연구하기 시작했습니다.

퍼스펙티브 프로그램과 저술활동

RR: 조금만 더 설명해 주실 수 있으신지요?

JF: 보스턴대학에 오는 모든 학생들은 우리의 문화에 의해 교육을 받습니다. 학생들이 교실로 가져오는 문화교육에 의미 있는 영향을 줄 기회는 매우 적습니다. 학생들이 보스턴대학에 들어오기 전에, 그들의 기본적인 가치와 의미들은 꽤 잘 형성되어 있습니다. 그리고 그들의 교실교육은 그들의 교육에 있어서 다소 적은 역할을 해 왔습니다.

수십 년 전에, 조 에플야드(Joe Appleyard)와 저는 새로운 실험을 하기로 결심했습니다. 제가 신입생들에게 철학과 신학에 관련된 퍼스펙티브 과목을 가르치고, 그는 그의 뛰어난 글 쓰는 법에 대해 가르쳤습니다. 우리 둘은 같은 클래스에 있는 학생들을 가르쳤습니다. 학생들은 같은 기숙사에 함께 살았습니다. 우리는 학생들과 자주 만나서 프로그램에 대해 이야기했습니다. 우리는 학생들에게 물었습니다. "너희들은 왜 우리가 너희들과 어울리려고 하는지 아니?" 정직하게 말하자면 우리 자신도 몰랐습니다. 그래서 우리는 그들의 말에 관심을 가졌습니다.

학생들과 가졌던 마지막 수업과 토론에서 저는 그들에게 물었습니다. "나는 너희들이 이 수업에서 정말 많은 것을 배웠다는 인상을 받았다." 저는 그 수업의 성공에 대해 완전히 자신감을 가지고 있었습니다. 왜냐하면, 그들이 매우 열정적으로 반응하고 있었기 때문입니다. 저는 우리가 그들의 삶을 변화시켰다고 생각하면서 그들에게 말했습니다. "그러나 나는 너희들이 기숙사에서 살면서 더 많은 것들을 배웠다는 인상을 받았다." 그리고 나서 저는 물었습니다. "여기 있는 사람들 가운데 자신이 수업에서 배운 것이 기숙사에서 배운 것보다 더 가치 있다고 느끼는 사람이 있나?" 당황스럽게도, 단 한 사람도 없었습니다. 어리석게도, 저는 저의 가르침으로 그들의 삶을 바꿨다고 추측해 왔던 겁니다.

보스턴대학에 오기 전의 학생들의 배움

RR: 놀랍네요.

JF: 예수회원들이 깨닫지 못했던 것은 40-50년대 이전의 학생들은 보스턴대학에 오기 전에 그들의 의미와 가치들을 교육받았다는 사실이었습니다. 우리는 우리가 그들의 인격을 훈련시킨다고 생각했습니다. 그러나 실제로 그렇지 못했습니다. 그들의 인격은 이미 대부분 형성되어 있었습니다.

오늘날 보스턴대학(Boston College)에 가는 학생들과 보스턴대학교(Boston University)나 하버드대학교에 가는 학생들 간에는 거의 차이가 없습니다. 그 이유는 그들이 모두 기본적으로 미국인들이기 때문입니다. 그들은 초보적인 가톨릭 신자가 아니라 교육받은 가톨릭 신자들입니다. 그들에게 삶의 의미와 가치를 주는 것은 바로 미국적인 문화 기준이자 가치입니다. 그들의 문화적인 인격을 바꿀 수 있는 기회는 거의 없습니다. 오직 펄스(PULSE) 프로그램 같은 것만이 그들을 바꿀 수 있을 것입니다.

펄스 프로그램

RR: 펄스 프로그램에 대해서 더 이야기해 주세요.

JF: 펄스 프로그램은 철학과에서 진행되어 온 변화로부터 발전했습니다. 그와 관련해 매우 흥미로운 이야기가 있습니다. 이 이야기는 60년대 문화 혁명기에 보스턴대학 캠퍼스에서 시작합니다. 저는 그것에 매우 심취해 있었고, 그것은 저의 예수회 생활에 큰 영향을 주었습니다. 예를 들

어, 저는 60-70명의 학생들이 금요일마다 정기적으로 건조한 평원지대
에서 무릎을 꿇고 평화 철야기도를 하는 것을 보고 받았던 인상을 잊을
수가 없었습니다. 그들 중에는 저의 학생이며 친구인 패트릭 번(이 책의
추천서를 써 주었고 현재 보스턴대학 로너건 연구소 소장 – 옮긴이)도
있었습니다. 그는 그 그룹의 일원이었고, 다양한 학생운동에 몰두해 있
었습니다. 60년대 문화혁명은 잊을 수 없는 여러 측면들이 있었습니다.

저는 패트릭 번이 곤란에 처한 학생들을 위해 "드롭인(drop in)"센터
(학생들이 예약 없이 방문해서 도움을 요청할 수 있는 센터 – 옮긴이)를
보스턴대학의 위쪽 캠퍼스에서 시작했던 것을 기억합니다. 저는 또 그가
저의 사무실에 오곤 했던 것을 기억합니다. 우리는 학생들의 캠퍼스 생
활과 이웃의 노인들과 아이들을 돕도록 장려하는 프로그램에 대해서 이
야기하곤 했습니다. 그 당시 학생들은 학교 교육이 우리 사회가 직면하
고 있는 구체적인 사회적 문제들에 대한 교육을 하지 않는다고 불평하고
있었습니다. 또 그 당시 베트남 전쟁에 대한 시위도 있었습니다. 결국,
패트릭과 저는 학생들의 불만에 초점을 맞추어 프로그램을 짠 사회활동
센터를 만들어 학생들이 자원봉사를 할 수 있도록 조직했습니다.

그와 동시에, 패트릭과 저는 로너건의 철학에 대해서 연구했고, 우리
는 학생들이 자원봉사활동과 더불어 자신들의 경험을 성찰하고 평가하
게 하는 정규적인 수업들에 참여하게 했습니다. 이것은 학생들의 사회적
경험을 교실에서의 성찰과 연결하는 펄스 프로그램의 독특한 특성이었
습니다. 20년 동안 우리는 학생들의 사회적 경험과 교실에서의 토론을
연관시키려는 문제와 씨름하였습니다. 꽤 놀랍게도 우리는 퍼스펙티브
프로그램에서 우리가 공부했던 많은 고전들이 신앙과 정의에 대한 우리
의 교실 토론을 잘 안내해 준다는 것을 발견했습니다.

펄스 프로그램은 매우 성공적이었습니다. 왜냐하면, 단순히 사회적 정
의에 대해서 이야기하는 대신에 우리는 학생들에게 이웃과 감옥으로 나
아가라, 실제로 죄수들을 위해 일해라, 약물 센터에서 일해라, 곤란에 처

해 있는 도시의 십대들을 위해 너 자신을 헌신해라, 노인들과 극빈자들을 도와라, 그들을 도와 이 상황을 실제적으로 변화시켜라, 네가 철학과 신학적 토론에서 배웠던 것들을 이용해서, 그들과 함께 그들을 위해 실제적인 무엇인가를 해라, 그렇게 해라, 그러면 너의 삶과 그들의 삶에 중요한 변화를 만들어 낼 수 있을 것이다라고 말했기 때문입니다.

　지금 우리는 학생들을 파견하는 도시에 35-40여 개의 다양한 사회 활동 프로그램을 가지고 있습니다. 이 프로그램은 매우 인기가 있습니다. 학생들의 요구를 모두 만족시킬 수 없는 경우도 있습니다. 학생들이 록스버리와 도체스터(Roxbury and Dorchester) 같은 장소에서 그동안 활동 프로그램에 참여해 온 것을 반성하게 하는 최고의 방법은 그들에게 좋은 책을 많이 읽도록 하는 것임이 증명되었습니다. 우리에게 그 사실들은 꽤 놀라운 것이었습니다.

일을 수행하는 방법

RR: 일반적으로, 학생들의 개인적 경험은 이 빈민가에 사는 사람들의 경험과 꽤 다를 텐데요.

JF: 정확히 맞는 말입니다. 그들이 그 일들을 할 때, 그것은 문화적 충격입니다. 그래서 처음에 저는 우리가 이 프로그램을 시작할 때, 말할 수 없을 만큼 겁이 났습니다. 저는 학생들이 강탈당하거나 성추행당하는 상상을 할 정도였습니다. 그래서 저는 모든 사전예방 조치를 취했습니다. 예를 들어, 저는 학생들이 이 프로젝트에 안전하게 참가하도록 학교 행정부에 자동차를 준비해 줄 것을 주장했습니다.

　우리는 사회 활동기관을 운영하는 사람들과 매우 중요한 관계를 가졌지만 인턴십 프로그램을 가지고 있지는 않았습니다. 그 프로그램은 단지 다른 사람들을 위해 이로웠습니다. 그러나 각 기관의 기관장들은 학생들의 성적의 반을 채점하는 책임이 있었고, 나머지 반은 수업을 담당하는

선생에게 있었습니다. 이와 같은 채점방식은 중요한 합의였습니다. 저는
35년 이상 펄스 위원회에서 가르쳤습니다. 이 위원회는 2-3개의 프로젝
트에 대해 책임이 있는 14명의 학생들로 구성되었습니다. 이 위원회는
지속적으로 발생할 수 있는 문제들을 찾아내기 위해서 학생들의 참여를
감독했습니다. 펄스 위원회는 자체적으로 대체해 갈 수 있는 학생집단으
로 구성됩니다. 이 합의는 60년대부터 시작하였습니다.

학문에 대한 개인적 헌신

RR: 매우 인상적이네요!

JF: 보스턴대학에서의 저의 일생 중 또 다른 흥미로운 면은 제가 저의 가
족으로부터 꽤 많이 물려받은 성향, 즉 지적인 사도직에 대한 관심이었
습니다. 이러한 맥락에서, 저는 보스턴대학에서 철학 박사 과정 프로그
램을 발전시키는 것에 관심이 있었습니다. 그 당시에는 정식 대학원 위
원회가 없었습니다. 그래서 저는 찰리 도노번(Charlie Donovan) 교학
부총장에게 박사 프로그램을 시작할 가능성에 대해서 물어보았습니다.
그의 동의를 얻고 난 후 우리는 대학원 프로그램을 만들기 위해 교수진
과 전문위원들을 모았습니다. 우리가 그 프로그램을 준비해서 승인받기
전에, 계획하는 데만 몇 년의 시간이 걸렸습니다.

이 계획을 세우는 데 있어서 중요한 발전은 우리들의 전문위원들 중의
한 분인 노트르담대학교의 철학과 과장인 어니 맥뮐런(Ernie Mc-
Mullen)이 한 역할이었습니다. 그는 가톨릭 대학으로서 우리가 다른 미
국 대학들의 박사 연구와 조화를 맞추어 철학 프로그램을 발전시킬 필요
가 있다고 말했습니다. 그것은 곧 우리의 프로그램이 분석 철학에 기반
해야 함을 암시했습니다.

그러나 저는 버나드 로너건과 지속적인 대화를 하고 동시에 그의 사상
에 대한 연구를 하면서 분석 철학이 중요한 기여를 했지만 그것이 심각

한 한계를 지녔다는 것을 알게 되었습니다. 저는 이곳 보스턴대학에서 제 일의 대부분은 로너건 사상에 대한 지속적인 연구를 통해 많은 영향을 받아 왔다는 것을 말해야 합니다. 다행스럽게도 박사 과정을 시작하는 것에 대한 토론에서 교수들의 대부분이 유럽 사상에 의해 훈련을 받았다는 것을 다시 확인하였고, 그 결과 대부분이 박사 과정이 유럽 철학의 노선을 따라야 하는 것에 열렬히 찬성했습니다. 우리가 박사 과정을 개선하자마자, 저는 또다른 철학 교수, 빌 리처드슨(Bill Richardson, 하이데거와 자크 라캉 사상을 접목한 연구자 - 옮긴이)을 불렀습니다. 그리고 그에게 우리 대학원 과정에서 가르칠 유럽 철학자를 초빙하는 것에 대해 자문을 구했습니다. 그는 우리가 루벵대학교의 젊고 총명한 교수 자크 타미니오(Jacques Taminiaux)를 초빙할 것을 제안했습니다. 이것은 매우 중요한 제안으로 판명이 났습니다. 이것은 결국 유럽 사상을 이끌고 있던 저명한 가다머(Hans Georg Gadamer) 교수를 고용하도록 이끌었습니다. 이들 두 학자들은 우리의 박사 과정을 형성하는 데 엄청난 공헌을 했습니다. 그들은 우리가 지속적으로 대륙 사상을 연구하도록 도왔고 우리 교수진들과 학생들에게 유럽 대학교들과 접촉하는 중요한 기회를 제공했습니다.

　그 후로, 우리는 최고의 학자들을 두세 명 더 초빙할 수 있었습니다. 요약하면, 우리는 이곳 보스턴대학의 박사 과정에 대해서 자랑스럽게 생각합니다. 이 과정은 우리나라에서 다소 독특한 것이며 탁월한 평가를 받고 있습니다.

신학교를 케임브리지(Cambridge, 미국 동부 매사추세츠 주에 있는 지역 - 옮긴이)로 옮기다

RR: 웨스턴대학의 예수회 회원들도 당시의 철학과 신학의 발전과 관련되었었나요?

JF: 네, 그렇습니다. 저는 오랫동안 조지 맥레, 폴 루시, 톰 암브로시아, 그 밖에 이름을 기억할 수 없는 사람들과 함께 우드스톡(Woodstock)에서 그 질문에 대해 고민했습니다. 그 과도기 동안에 우리는 우드스톡대학 (Woodstock College)을 케임브리지로 옮길 것을 제안했습니다. 우리는 어떻게 이것을 실행할 것인가를 두고 일 년을 보냈습니다. 그것은 진행되어 가고 있는 것처럼 보였습니다. 그러나 뉴욕의 예수회가 그것을 반대했습니다. 그래서 옮길 수 없었습니다.

그러나 훨씬 더 흥미롭게도, 조지 맥레와 저는 케임브리지로 옮기는 것이 웨스턴을 위해 얼마나 중요한지를 논의했습니다. 우리는 그 일이 웨스턴대학(Weston College) 교수진들을 통해 이루어질 수 없음을 알았습니다. 그래서 우리는 뉴잉글랜드 관구의 발기인들과 주동자들인 20명의 예수회원들을 라운드 힐(Round Hill) 모임에 초대했습니다. 이 모임에서 웨스턴대학을 케임브리지로 옮기는 것에 만장일치의 강력한 지지가 있었습니다.

저는 조지와 제가 앉아서 함께 말했던 그날 정오를 결코 잊지 못할 것입니다. 저는 거기에 앉아서 말했습니다. "음, 이건 어때?" 그리고 조지가 말했습니다. "그래, 나는 이미 그것에 대해 생각해 왔어, 조. 그러나 나는 우리가 그것을 이런 방식으로 말하는 것이 더 나을 거라고 생각해." 저는 조지의 총명한 생각과 우리 모임의 제안을 표현하는 그의 뛰어난 언어적 기량을 완전히 이해했습니다. 그때 우리는 만장일치의 추천을 제안하여 관구장에게 알렸습니다. 그리고 그는 케임브리지로의 이동이 적절한 시기라고 동의했습니다. 그것은 명백히 뉴잉글랜드 관구를 위해 주요한 결정이었습니다.

JF: 이 모든 것을 역사적으로 되돌아봤을 때, 우드스톡대학이 케임브리지나 예일로 옮겨졌다면, 여전히 오늘날까지 존재했을 것이라는 것은 매우 역설적입니다.

RR: 네, 그렇습니다. 당시 케임브리지의 우드스톡대학 신학부 학장이자,

그 구체적인 협상에 참여했던 사람으로 볼 때, 이 분석은 옳습니다.

마무리

RR: 시간이 1-2분밖에 남지 않았기 때문에, 마지막으로 이 질문을 하고 싶습니다. 수많은 세월 동안, 당신은 당신에게 일어났던 위대한 사건들 모두를 신의 섭리가 인도했다고 느끼시나요?

JF: 저는 제 생애에서 두 가지 순간을 회상합니다. 첫 번째가 처음 보낸 긴 피정기간 동안에 신이 저의 존재를 주셨다는 것에 대한 경험이고, 두 번째가 교회와 예수회에 대한 저의 소명입니다. 이것들은 제 일생에서 두 가지의 엄청난 사건으로 지속되어 왔습니다. 비록 우리가 오늘날 다른 시대에 있다고 해도, 우리는 고요한 물결이 항상 우리와 가까이 있듯이 신이 우리 곁에 머물고 계시다는 것을 압니다.

RR: 저는 당신의 개방성과 정직함에 감사하고 싶습니다. 당신은 매우 많은 정보를 주었고 친절하셨습니다. 우리 모두를 대표해 다시 한 번 감사의 말씀을 전하고 싶습니다. 그리고 신이 언제나 당신을 축복하시기를 바랍니다.

JF: 천만의 말씀입니다.

김재영은 서강대 종교학과 교수이며, 한국종교학회 회장을 맡고 있다. 서울대학교 종교학과 에서 석사학위를, 인도 마드라스대학교의 마드라스 크리스천대학 철학과에서 석사학위(M. Phil)를, 그리고 캐나다 오타와대학교 인문학부 종교학과에서 종교학 박사학위를 받았다. 그 후 2003년과 2004년에 하버드대학교 세계종교문제연구소 플브라이트 연구교수, 2009년에는 보스턴대학(Boston College) 로너건 연구소 연구교수로 있으면서 종교학 이론을 중심으로 종교심리학, 종교교육 정책, 종교철학, 종교와 죽음에 대한 연구를 집중하였다. 저술로는 공 저인『종교철학 연구』(1997),『인격확립의 초월성』(2002), *Education and the Kyoto School of Philosophy*(Springer, 2012) 등이 있으며, 역서로는『종교적 경험의 다양성』(2000),『죽음의 부정』(2008) 등이 있다. 버나드 로너건의 사상과 관련된 연구로는 'Bernard Lonergan's Approach to Religious Value in a Pluralistic Age', in: *Gregorianum*(2012), 'Bernard Lonergan and Raimon Panikkar on Faith and Belif', in: *Journal of Dharma*(2012), 'William James and Bernard Lonergan on Religious Conversion', in: *Heythrop Journal*(2010) 등의 논문이 있다.

이숙희는 서강대, 연세대, 아주대 등에서 동양종교, 종교일반과 관련한 강의를 하고 있다. 서강대 신학전문대학원에서「'영명주재지천'-정약용의 천관에 대한 신학적 성찰」(2002)을 쓴 후, 여기서 비롯된 문제의식이 동기가 되어 서강대 종교학과에서「'영체'와 '행사'에서 본 정약용의 종교적 의식 연구: 버나드 로너간의 인지이론 관점에서」(2011)로 박사학위를 취득 했으며, 이 논문은 13회 다산학술상 우수연구상(2013)을 받았다. 궁극적인 것에 대한 인간의 인지과정, 동아시아 종교전통과 그리스도교의 비교종교 등에 대한 관심이 깊다.「다산 정약 용의 종교적 의식: 버나드 로너간의 인지이론의 관점에서」, in:『종교연구』(2011), 'Chŏng Yag-yong's 'One and Only Mind': in Comparison to B. Lonergan's Cognitive Process', in:『儒教文化研究』(國際版, 2012)의 논문들,『제삼천년기 신학-어디로 가는가?』(공역, 2012)의 역서가 있다.